作者简介

魏建，男，山东博兴人，1969 年出生，经济学博士，经济学教授，博士生导师。现为山东大学经济研究院法经济学研究所所长、《山东大学学报（哲学社会科学版）》主编。2006 年入选教育部“新世纪优秀人才支持计划”。2006—2007 年在美国伊利诺伊大学法学院法经济学方向访学一年。主要研究领域为法经济学、制度经济学和资本市场。先后出版 5 部专著，主持承担和完成国家级、省部级科研项目多项，在《中国社会科学》《经济研究》等期刊发表文章百余篇。主要著作有《法经济学：分析基础与分析范式》《管理层收购的成功之路》《法经济学：基础与比较》等。

周林彬，男，湖北宣恩人，1959 年出生，法学博士，法学教授，博士生导师。专任中山大学法学院法律经济学研究中心主任、民商法研究所所长。兼任中国法学会商法学研究会副会长，中国法学会经济法学、国际经济法学研究会常务理事，中国国际经济贸易仲裁委员会仲裁员，广东省社会科学界联合会常务理事，广东省法学会民商法学研究会会长等职务。先后出版学术专著和教材 10 余部，在《中国社会科学》等刊物上发表学术论文百余篇，主持承担和完成多项国家级、省部级科研项目，先后获得“国务院政府特殊津贴”“省级优秀教师”荣誉称号以及“全国十大杰出青年法学家”提名奖等奖励。

内容简介

本书是法经济学的入门教材。主要内容包括法经济学的概念、发展历史和基本理论，财产法、知识产权法、合同法、侵权法、民事程序、刑法、公司法、规制等方面法律相关内容的经济分析，以及法律与经济增长的研究进展。

本书第二版的修订主要围绕两个方面展开：一是对法经济学发展比较快和法律实践变化比较大的几个领域进行了完善，基本概念和较为传统的领域，如财产法、合同法、侵权法和程序法等都没有进行大的修改；二是此次修订采取经济学和法学交叉的方式进行，也即原先以经济学学者为主撰写的部分这次修订主要由法学学者完成，反之亦然。作者们希望本书能够进一步促进经济学和法学的水乳交融。

本书适合法学和经济学本科生学习或研究生以及经济、法律实务工作者参考使用。

目 录

第一章

法经济学导论

1.1 什么是法经济学

法经济学从萌芽、初创、产生到发展，其丰富的研究成果在学术界及实务界中的影响越来越大。随着“法经济学”“法律的经济分析”“法和经济学”“法律经济学”“经济分析法学”等名词在学术界、法律实务界中曝光率的急剧上升，法经济学也逐渐从默默无闻的边缘学科跃升为炙手可热的交叉学科，在学界享有颇高的知名度。那么，什么是法经济学？“法经济学”“法律的经济分析”“法和经济学”“经济分析法学”这些不同的称呼差异何在？如何把握法经济学的内涵？

国外学者至今未对“法经济学”的概念和含义达成共识。这不仅是因为法经济学涉足经济学与法学两大领域且不同学科背景的学者对法经济学拥有不同的学术世界观，也是因为法经济学的理论和研究范围在不断发展。因此“法经济学”有着不同的称谓，被赋予了丰富的内涵。Law and Economics、Economic Analysis of Law、Economic Approach to Law、Economics of Law、Jurisprudence of Economic Analysis 等英文称谓被不同的学者所采用。其中，Law and Economics 和 Economic Analysis of Law 是最普遍的名称，广泛存在于各种英文文献中（William M. Lades and Richard A. Posner，1992：1）。这里，以“法经济学”一词统称上述不同的英文称呼，即广义的法经济学。

虽然大多数学者对这些名称不加以区分①，但不同的学者从不同的分析视角、不同的

① 麦乐怡（Robin Paul Malloy）认为 Law and Economics 和 Economic Analysis of Law 这两个名称具有不同的含义，应将两者进行区别。罗宾·保罗·麦乐怡. 法与经济学. 杭州：浙江人民出版社，1999：1-5.

分析方法赋予了法经济学不同的内涵。① 一般而言，国外经济学界趋向于将法经济学谓之“法和经济学”或“法律的经济分析”，认为法经济学是一种用经济学的方法和理论研究法律问题的学科理论。② 国外法学界则趋向于将法经济学谓之“法律的经济分析”或“经济分析法学”，认为法经济学是归属于法理学范畴的一种经济学与法学交叉的研究方法或学科理论。

我国学界在引入国外法经济学概念时也受到了国外学者的影响。“法经济学”“法律经济学”“法律的经济分析”“法和经济学”“经济分析法学”等不同的称呼在我国上演着百花争艳的一幕。法经济学究竟是一种方法还是学科理论，究竟是一种法学方法或学科理论，还是一种经济学方法或学科理论，至今仍无定论。因此，必须从研究方法、学科理论、经济学范畴和法学范畴等不同角度分析、把握法经济学概念的内涵。

1.1.1 作为研究方法的法经济学：法律的经济分析

从方法论角度定义法经济学，法经济学是法学和经济学的一种新的研究方法。法经济学的发展史印证了法经济学是研究方法创新的结果。法经济学思想的萌芽产生于早期法学家、经济学家将经济学分析方法运用于法律问题的研究中。③ 在 20 世纪 70 年代法经济学被认定为独立的研究领域之前，法经济学一直以研究方法的形式存在。方法论意义上的法经济学强调经济学是方法，法律是研究对象。

由于法经济学发端于借用经济学的工具和理论，而经济学的核心是研究方法，因而法经济学的核心也在于方法。学科理论的革命首要起因于方法论的革命，方法的革命对学科理论的创新具有举足轻重的作用。④ 作为研究方法的法经济学，同时推进了经济学和法学的理论创新。因此，无论将法经济学视为经济学的一个分支，还是将法经济学作为法哲学的一个流派，经济学方法论均是其精髓所在。

从方法论角度来看，法经济学可以分为经济学方法论和法学方法论两个方面。经济学方法论角度的法经济学，是“经济学帝国主义”⑤ 的主要体现之一，是经济学研究方法对经济学研究范围的开拓，强调以法律问题和实践对经济学分析方法的应用和理论的检验。法学方法论角度的法经济学，是作为一种全新的法学研究方法出现的，提供了与传统法学

① 各个学派理论之间的观点及差异，可参看麦乐怡（1999）。这种划分表明，麦乐怡更多地从法哲学视野看待法经济学，其划分基本能在法哲学思想上找到对应的流派。比如新马克思主义法经济学与以哈伯玛斯、阿尔都塞、普兰查斯等为代表的新马克思主义法学，自由主义法经济学与以哈耶克、诺锡克等为代表的新自由主义法学。

② Gerrit De Geest（1996）将法经济学称为最富有争议的经济学分支之一。

③ 参见第二章“法经济学的发展历史”的内容。

④ 科学界里不乏因方法论的革新而导致理论、科学飞速发展的例子。例如，在自然科学界，由于 17 世纪前半叶伽利略创建了实验和数学相结合的科学方法，这种方法论的创新成为近代科学产生和发展的主要动力，至今仍为推动现代自然科学向前不断发展的动力。它不仅产生了伽利略的运动学、牛顿的力学、拉瓦锡的氧化学说、法拉第的电磁理论等物理科学学科，而且产生了生理学、遗传学、分子生物学、心理学等生命科学学科。在经济学界，马歇尔将数学边际分析引入经济学分析，开创了经济学的“边际革命”，并促使数学与经济学联姻。这一方法论的创新，产生了计量经济学、数量经济学、应用经济学等经济学分支，极大地推动了经济学的发展。

⑤ 所谓经济学帝国主义，是指对包括诸如消费者选择、企业理论、市场、宏观经济行为等古典经济学问题范围的扩展。这种扩展是沿着多条道路进行的，并取得了令人瞩目的成就。经过数十年的扩张和渗透，经济学征服了越来越多的其他学科领域，如经济社会学、政府经济学、公共选择理论、教育经济学、法经济学等已经形成，经济学的学科体系及家族成员也逐步壮大。

研究完全不同的新研究思路，但它无意也不可能以此方法否定或取代传统法学研究方法。

因此，方法论意义上的法经济学，因其“低调”而受到了传统经济学和法学研究的欢迎，并从法学方法论意义上将法经济学理论作为法理学的范畴，给予其一席之地，将其谓之“经济分析法学”，以区别于经济学研究范畴上的“法律的经济分析”。尽管都使用同一个英文表达，即 Economic Analysis of Law，但其中有所差异。①

1.1.2　作为学科理论的法经济学：法和经济学

作为学科理论的法经济学，是把经济学作为分析工具、把法律作为研究对象的一门法学与经济学的交叉学科。② 换言之，法经济学是将经济学的理论和经验方法全面运用于法律制度分析，主要研究法律和法律制度的形成、结构、过程、效果、效率及未来发展方向的一门整合法学和经济学的交叉学科。

作为交叉学科的法经济学是理论发展和实践需求的必然：(1) 法学与经济学的联盟极大地推动了各自的理论发展，并加深了对这两个学科的理解；(2) 现代科学技术发展的规律表明，交叉学科是完成科研创新项目和培养科研创新人才的必备学科条件，法经济学是将分属于传统法学和经济学领域的知识纳入统一的理论框架之内的交叉学科新现象，从而形成了现代经济学和法学的一个“前沿部门”；(3) 现代社会中许多重大的经济和法律问题同时具有经济和法律双重属性，要求经济学和法学用各自理论、思维、观念、技术和方法协同合作才能透彻理解和找到解决之道。

国外法经济学的产生与发展历程也表明，它的研究过程就是由方法论研究到学科论研究的理论创新过程。因此，当今中国法经济学发展的一个重要路径，是通过加强法经济学基础理论研究、注重法学与经济学的跨学科创新研究，实现从“方法研究”的重点向“学科研究”的重点转变，推动法经济学这一交叉学科的发展。“所谓交叉学科，也并不是要事先确定学科，而是根据对研究问题的对象需要来丰富扩大自己的知识，不让自己的学科把我们的研究角度和方法限定死了，而是以一个多面手或通才的眼光来研究中国的法律问题。”③

1.1.3　作为经济学范畴的法经济学：法经济学

从法经济学发展史中可以发现，法经济学作为经济学的一个分支，最早产生于经济学领域。产权理论、交易费用理论、企业理论、制度变迁理论等制度经济学的主要理论也是法经济学中广泛运用的理论。将法经济学视为从属于经济学的一种研究方法或学科分支，业已为经济学界所公认，并被多数经济学者谓之法经济学。④ 法律的这一经济学属性，自然而然地把法经济学推进众多经济学分支之列。因而，从经济学范畴理解法经济学也是题中应有之义。作为经济学范畴的法经济学，强调其作为经济学分支（尤其是制度经济学分支）在发展、完善经济学理论体系上所发挥的重要作用，强调法经济学研究者在充分理解

---

① 对此区别及意义，容后详述。

② 波斯纳. 法律的经济分析. 北京：中国大百科全书出版社，1997：3.

③ 苏力. 法治及其本土资源. 北京：中国政法大学出版社，1996：217.

④ 国内第一本翻译国外法经济学的著作《法和经济学》的主译者、著名经济学者张军就明确地把法经济学定位于隶属经济学领域的交叉学科。

经济学理论的基础上运用真正的经济学分析工具与理论对法律问题进行探索，反对“幼稚”的法经济学，反对“庸俗”的法经济学。①

应该强调，经济学对法律的研究不能取代对法律的法学研究，所以明确法经济学的以下特点是十分必要的：

（1）法经济学使用的范畴是经济学范畴，而非法学范畴。因此，不能用法经济学意义的法律概念，取代法学意义上的法律概念。如法经济学更多是从交易这一角度研究“合同”这一经济概念，而法学更多是从企业外部财产关系（如债权关系）这一角度研究“合同”这一法律概念。因此，不能用经济学中的理论概念套用甚至取代法学中的同名法律概念。那种用“合同”与“产权”等经济学概念取代“合同”与“所有权”等法学概念的做法，不仅是片面的，而且容易混淆法律与经济基础的关系。②

（2）法经济学关心的不是“书本上的法”，即以白纸黑字形式表现的法条，而是“行动中的法”，是为立法和法律适用而在社会经济生活中表现出的行为。对“行动中的法”的关注，要求立法和改革法律制度时需充分了解现实中人们对法规、制度的反应，即要注重法律法规的事前分析。由此产生了法经济学研究中开放式研究（强调法律逻辑的不自足、以变适应不变）的特点。这一特点虽然不利于法律秩序的形成，但优点是增强了法律与现实社会经济关系的适应能力，超前立法的高效率恰好是该点的典型例证。这正是法经济学对法学研究最有借鉴意义的地方。

（3）法经济学关心的不是法律内部结构的逻辑一致性，而是法律实际效果与预期目标的一致性。此点使法经济学成为法律改革的一个重要政策指导。但是由此产生的问题是，在法经济学中，相关经济学概念往往是多义的，或者不甚明确的，缺少立法要求的精确性。如“产权”概念在不同经济学家那里就有着不同的定义。造成这种现象的原因是，法律概念的界定与权力和利益的分配密切相关，它必须是确定和明确的；而经济学中的概念通常服务于研究内容的便利，因而会出现同一名词在不同分析背景中有不同含义的现象。

（4）法经济学从经济学视角对现行法律采取怀疑和批判的态度。因此，法经济学坚持的不是法定主义，而是合理主义，即坚持合理是合法的前提，“恶法”不是法，为此应该采取“变动”的法律技术，以期及时修改或废除“恶法”。比如，经济学家强调法律过多将产生不良后果，导致政府干预能力过大，出现限制社会自由、侵犯产权的现象，故经济学家主张适度的法律才是好法。而在法学语境中，合法是合理的前提，“恶法”亦是法，强调的是法律的逻辑自足和严格的规则主义，典型体现就是大陆法系特点的法律解释学（如所谓民法是裁判法）。因为法学家们倾向于认为法律多多益善，要建立一个法律帝国，用法律调节社会中的所有关系。

（5）法经济学提出的法律改革意见不是服从于法学理论，而是服从于经济理论，其目的是从更广泛的经济角度理解法律，其研究路径是“经济—法律—经济”。因此，法经济

① 所谓“幼稚”的法经济学是指在进行法经济学分析时，仅限于对所分析的法律问题加入经济学注释，经济学理论与法学理论只作为两张皮，并没有实现两种学术资源的真正融合；所谓“庸俗”的法经济学是指在对经济学一知半解的基础上进行法律的经济分析，在运用经济学理论时却没有把握、理解经济学理论的前提条件及缺陷所在，出现“张冠李戴”“病急乱投医”等现象。

② 应该注意的是，对于一些经济学基础薄弱的学者（主要是法学学者），在使用经济学概念和范畴时，存在对经济学概念的非规范化使用和错误使用的情况，因此，认真学习经济学基础知识是必要的。

学研究主要围绕经济学展开，强调法律是研究对象、价格、行为激励。经济学界从制度经济学角度看法经济学，以至它们有意识地回避强调法律对经济重要作用的法经济学观点。①

(6) 法经济学思考的法律是“向前看”的法律，而不是“向后看”的法律，所以对案例的经济学研究重在对以后问题的“处理”，而不是对以前问题的“处理”。正如波斯纳(Posner) 指出的，经济学对侵权的分析，不重视事后补救，而看重事先预防，所以是“过去的就让它过去”和“一切向前看”的逻辑思路。而在法学语境中，法律具有滞后性，一方面表现在它不能对未来发生的情况作出裁判；另一方面表现在它通常是在行为发生、一定的社会关系成就以后，对行为进行评价和对社会关系进行调整。比如侵权法关注的是侵权行为发生以后何种赔偿方案是合理公平的，合同法关注的是合同违约行为发生以后违约责任的合理承担问题。

总之，经济学视角的法经济学注重对经济理论的准确把握，关注相关经济体制的完善。因此，在展开相关研究时要特别注意法律问题在经济学语境与法学语境中的差异及统一，防止概念的混淆使用。同时这种现状也给法经济学的推广提出了建立统一的学术和概念平台的任务。

1.1.4　作为法学范畴的法经济学：经济分析法学

经济学范畴的法经济学，重点研究的是法律制度如何影响经济活动，目的是改革和完善法律制度以使经济的运行更加有效率。而法学范畴的法经济学，研究重点是法律规则，并据此原则改革和完善法律制度。

从法经济学的发展史可知，早期法经济学以经济学范畴的法经济学研究为主，有关法律的论述主要是为了佐证经济学家对法律制度的某种认识。现代法经济学则以法学范畴的法经济学研究为主，其研究中贯穿的经济理论，主要是为了佐证法学家对法律制度的某种认识。② 这种研究重点的变化，拓宽了法经济学的研究范围，出现了“重经济学研究的旧法经济学，与重法学研究的新法经济学的不同”。作为现代法经济学的发源地，美国的法经济学研究已经形成了“法学研究为主导，经济学人士参与”的局面。③ 其中，以波斯纳④的专著《法律的经济分析》为突出代表，该书不仅全面吸收了以往法经济学的各种研究方法和成果，而且构建了全面阐释法律的经济原则的宏大法经济学体系，至此法经济学才得以以法经济学的名义，正式成为一个独立的法学流派（Mitchell Polinsky，1983：38-42)。受到波斯纳的影响，研究法经济学的法学学者，往往习惯于将法经济学谓之“法律的经济分析”或“经济分析法学”。

---

① 张乃根．法经济学．北京：中国政法大学出版社，2003：18.

② 如波斯纳所言，早期法律的经济分析集中在反托拉斯法和显性经济市场其他法律管制领域，这些工作与经济学家们传统上所做的工作差异不大，均为了更好地解释经济行为、经济制度。20 世纪 60 年代以后，法经济学已扩展至非市场领域，“经济学理论和经验主义方法全面用于对法律制度的分析”，“使法律制度原则更清楚地显现出来”（波斯纳，1997：25-26)。

③ 比如，在美国，法经济学最有名的研究项目“约翰·M. 奥林（John M. Olin）法经济学项目”都是设在比如哈佛大学法学院、斯坦福大学法学院、加州大学伯克利分校法学院等法学院之中，而非在这些学校很出色的商学院或者经济学系中。而且，从这些项目所发表的工作论文来看，论文作者的主体也是法学院的法学教授。

④ 现在波斯纳已经成为联邦第七巡回法院巡回法庭的法官。

经济学范畴的法经济学不能代替法学范畴的法经济学。为此，有必要正确认识和把握法学家运用经济学研究法律的特点。

（1）这种研究从属于法学范畴。法经济学以法律为研究对象，虽然在法律研究中运用经济学的研究方法是新方法，但所研究的是法律问题。如权利和义务、实体和程序这些法学问题，往往是法经济学研究的基本问题。国外有关法和经济学或法律的经济分析的著作大致包括以下内容：财产法、合同法、侵权法、犯罪和刑法、诉讼程序法等。

（2）它关注的是“书本上的法”（如法律条文）与“行动中的法”[①]（如立法与司法活动）是否一致的问题。如果不一致，就要求提出解决这种不一致的法律方法和途径。对“书本上的法”与“行动中的法”的一致性的关注，要求“运用经济学预言法律规则的效果”“运用经济学决定何种法律规则在经济上是有效率的”“运用经济学预言法律规则的演化和发展”[②]，在此基础上设计、制定法律制度。它认为只有充分考虑到各主体在某特定法律制度下的理性选择行为，才能设计和制定出“书本上的法”与“行动中的法”高度一致的法律制度。

（3）对法律的改革不是服从于经济学理论，而是服从于法学理论，所以其研究的路径是“法律—经济—法律”。法学范畴的法经济学以法律为研究对象，同时法律也是研究目的、研究结果，即为了完善法律制度、法律原则及法律发展的法哲学。不难发现，对各种法律问题的经济学分析，最终论述基本上都回到具体的法律规则、法律制度如何改善以有效地实现法哲学所追求的正义、公平等原则上来。

因此，法学范畴的法经济学在运用诸多经济理论分析法律诸现象的过程中，不仅应置身于经济学研究之中，而且要时刻注意超然于经济学之上，亦即提出符合法学理论范式的法律内容和命题。此点是法学范畴的法经济学研究的一个本质特点。在法律的法经济学研究中，这种对经济理论既“置身”又“超脱”的方式，是法经济学研究摆脱经济学和法学相互脱节的“两张皮”[③]困境的根本途径之一。

1.1.5 法经济学概念的特征

综上，从研究方法、学科理论、经济学范畴和法学范畴不同角度理解的法经济学有着不同的内涵。那么，把握这些不同视角下的法经济学概念的技巧是什么呢？关键在于抓住法经济学概念所具有的多元化、动态性、法学与经济学相结合这三个本质特征。

1. 多元化

法经济学作为法学与经济学“交集”的产物，双学科结合的特征从根源上决定了法经济学具有多元化的本质特征。既可以从学科革命的导火线方法论革命着手，从研究方法创新——运用经济学方法研究法律角度，将法经济学定义为“法律的经济分析”，强调作为研究方法的经济学，也可以从学科发展的规律入手，从边缘学科角度将法经济学定义为“法和经济学”，强调它是一门法学和经济学整合的边缘学科；既可以立足于研究方法——

① 这里的“行动中的法”是指现实中的各种法律行为，法在现实生活中的运作和实现，包括立法、司法、执法活动，以区别于国家等立法机关颁布的法律规则，即“书本上的法”。

② 大卫·D. 弗里德曼. 经济学语境下的法律规则. 北京：法律出版社，2004.

③ “两张皮”是对法学特别是经济法学著述中经济学用语不符合法学语言规范之缺陷的俗称，它表明著述者对有关经济学理论知识一知半解和法学功底肤浅，也导致学习者对有关法学和经济学知识不能深入学习。

经济学范畴，将法经济学视为“经济学帝国主义”的产物——属于经济学的一种研究方法或学科分支，称之为“法经济学”，也可以立足于研究对象——法律范畴，将法经济学视为法学“进口”经济学理论和方法的产物——属于法理学、法学理论的一种研究方法或学科分支，谓之为“经济分析法学”。多元化也暗示着“法经济学”的概念多种含义并存。四种不同的称谓从四种角度赋予法经济学概念四种不同的内涵，进而构成有机的、全面的法经济学概念体系。

2. 动态性

法经济学概念不仅多元化，而且具备动态性，是一个开放式的理论体系。进一步来说，研究对象法律制度的开放性以及研究方法经济学理论的演进性也预示着法经济学概念的动态性。

从纵向维度看，随着法经济学从萌芽期、法经济学运动的第一次浪潮到第二次浪潮，经济分析方法逐渐被法学者接受，进而使法经济学成为一个独立的研究领域。法经济学概念也随之逐步形成强调研究方法的“法律的经济分析”、强调学科理论的“法和经济学”、强调经济学范畴的“法经济学”、强调法学范畴的“经济分析法学”四种不同概念“四足鼎立”的状态。

从横向维度看，学者的研究目的、研究背景不同，分析视角不同，进而所强调的理念也不同。为了研究法律制度如何影响经济活动、为改革和完善经济制度出谋献策，学者们强调经济学范畴的法经济学。但如果主要为了研究法律规则、法律制度背后的经济原则，并据此原则改革和完善法律制度，学者们往往强调法学范畴的法经济学。

从研究范畴看，法经济学的概念在不断扩展。波斯纳所区分的“旧”法经济学与“新”法经济学就反映了法经济学概念从主要限于反托拉斯法和显性经济市场其他法律管制的经济分析（如税法、公司法、公用事业和公共运输业管制）扩展至对囊括显性市场行为和非市场行为在内的法律制度的全面经济学分析（包括实体法、程序法、法理学等）。①

从研究工具看，法经济学的分析工具在不断更新。经济学是法经济学的主要分析工具，随着经济学理论的迅速发展和不断完善，法经济学所采用的经济学理论、方法也不断更新，因而法经济学概念也出现不断更新的趋势。早期它主要运用微观经济学理论、福利经济学理论（如“旧”法经济学），目前主要运用博弈论、公共选择理论、行为经济学等。自“新”法经济学以来出现的芝加哥学派、耶鲁学派、公共选择学派、制度分析学派等所主张的理论的不同，也从不同程度上印证了法经济学概念中的经济学理论和方法的变化。

3. 法学与经济学相结合

不同学者从不同的分析视角定义法经济学所形成的多元化概念，均强调了法学与经济学的结合，差别在于所强调的结合度有所不同。强调分析方法的“法律的经济分析”，法学与经济学的关系为研究对象与分析工具；强调交叉学科的“法和经济学”，不仅强调研究对象与分析工具的关系，更重要的是关注两个学科的全面结合，即关心这一交叉学科对

---

① 波斯纳将20世纪60年代以前的法经济学称为“旧”法经济学，20世纪60年代初卡拉布雷西《关于风险分配和侵权法的一些思考》、科斯《社会成本问题》和贝克尔《人类行为的经济学研究》三篇开山之作的发表标志着“新”法经济学的出现（波斯纳，1997：21-22）。

经济学、法学自身发展的影响，不限于交叉学科自身的成长；强调经济学范畴和法学范畴的法经济学更多地关注其对经济学或法学单一范畴的影响，即法经济学如何完善或促进经济学研究或法学研究。

1.1.6 法经济学概念的意义

分析不同视角下的法经济学的不同内涵，主要目的在于把握法经济学研究的基本方向。如波斯纳所言，“定义法经济学的唯一可能准则是它的实用性而不是准确性”（波斯纳，1997：905)。探究不同视角的法经济学概念，不在于追求概念的准确性，而在于法经济学研究的实用性。

首先，全面理解法经济学。多元化、动态性、法学与经济学相结合这一特征表明，在进行法经济学研究时，不能把眼光局限于单一视角，应从研究方法视角、交叉学科视角、经济学视角、法学视角全面理解法经济学，了解不同视角所强调的内容及各自的差别与联系。在此基础上，结合研究目的、研究背景来确定自己的分析视角，选择最优的研究角度。

其次，与时俱进。法经济学概念的动态性已充分显示法经济学研究体系、理论框架的开放性。这要求研究者要时刻关注和把握经济学理论发展动态及研究方法的发展，而不能局限于原先所运用的经济学理论和方法。与此同时，尽可能地把这些新理论和新方法作为新血液注入法经济学理论和实践体系中，把握好新分析工具的更新节奏，进而实现与时俱进的法经济学研究。不仅仅了解理论、方法的新动态，更重要的是将其运用于法经济学理论研究和实践。

最后，共同语境的构建。法经济学领域作为法学者和经济学者的“合作企业”，由法学者和经济学者分工协作、联合投入，最终联合“生产”出法经济学这一相对独立的交叉学科。这种联合性迫切要求构建法学和经济学的共同语境，即法学与经济学之间的交流平台。要求在进行法经济学研究时注意经济学与法学的语境差异，力图使自身的研究同时符合法学与经济学的研究规范，进而有利于两个学科之间的交流与发展。这也是法经济学研究走向深入层次的基本需求。

综上所述，可以以“法经济学”一词统率上述强调研究方法的“法律的经济分析”、强调学科理论的“法和经济学”、强调经济学范畴的“法经济学”、强调法学范畴的“经济分析法学”，将法经济学定义为运用经济学方法和理论全面分析法律问题的经济学和法学整合的交叉学科。

鉴于国外法经济学的发展历程和目前我国的研究现状，我们应做到以下几点：

(1) 强调方法论意义的法经济学。法经济学作为一种方法论，更容易为经济学学界、法学界所接受，更有利于其在经济学领域、法学领域的发展，有助于法经济学在我国的发展。

(2) 注重通过学科建设这一途径来加速法经济学在我国的基础理论研究，增强法学与经济学的跨学科创新，提升中国法经济学的研究水平及研究地位。注重从学科理论视角来发展法经济学，更有利于实现法学与经济学学术资源（包括财力资源和人力资源等）的优化配置，从而为理论创新、研究水平提高奠定坚实的基础。

(3) 在进行法经济学研究时，要把握法学范畴与经济学范畴的法经济学的差异，同时，通过经济学、法学视角法经济学的结合，实现经济学理论与法学理论、经济学方法与法学方法的真正融会贯通，从而杜绝经济学与法学“两张皮”，“幼稚”和“庸俗”的法经济学现象。

(4) 在进行法经济学研究时，要从经济学角度准确把握经济理论和方法，清楚认识到经济学理论及方法的前提条件、局限性，同时，强调法律问题在经济学语境与法学语境中的差异及统一，关注相关经济体制的完善，而不仅限于法律制度的完善。

(5) 在进行法经济学研究时，要从法学角度认识、理解法经济学的研究对象，关注“书本上的法”与“行动中的法”的一致性，注意从法学理论角度进行思考、分析。

1.2　为什么要学习法经济学

法经济学作为一门新兴的法学与经济学交叉学科，在最近短短几十年时间里，挤进了世界上许多大学法学院（尤其是英美法系国家的大学）和经济系（尤其是欧洲许多国家的大学）的核心课程之列。随着法经济学在学术界、实务界的影响日益扩大，许多大陆法系国家的大学在法学专业教学中也越来越多地开展法经济学教学。大学法学和经济学教育领域推行法经济学课程教学已经成为了一种明显的趋势。那么，为什么要学习法经济学？学习法经济学的意义何在？

(1) 学习法经济学是拓宽分析视野、丰富研究方法的要求所在。法经济学不但拓展了法学研究，也开拓了经济学研究的新领域。无论在法学或经济学的理论研究中，还是在经济决策、经济实践或法律实践中，都无法截然割裂法律与经济之间的内在联系。在法学研究中，通过学习法经济学，掌握好法律的经济分析，以丰富法学研究方法，拓宽研究的分析视角；在经济学研究中，通过了解法经济学，充分意识到主流经济学将法律等制度因素视为外生的局限性，有利于丰富经济学研究方法，深化对某一经济法律问题的研究。

具体来说，对法学而言，以经济法、民商法为例，法经济学的运用不但丰富了传统法学关于这些经济法律“是什么”的理论和实践，而且通过引进效率标准、实证分析与规范分析等经济分析方法，弥补了传统法学忽视经济法律“为什么”以及“书本上的法”如何与“行动中的法”统一的理论与实践。

对经济学而言，法经济学作为经济学与法学的交叉学科，不仅检验了经济学的基本理论，而且丰富和发展出了更多的现实性更强的新理论，使法学研究者、法律工作者从中受益，同时也使经济学研究者、经济工作者受益良多。

(2) 学习法经济学是满足社会对法学与经济学复合型人才日益增长需求的要求所在。法经济学具有强烈的实用性和复合性，满足了培养法学与经济学复合型人才的需求。

1) 对于有志于今后从事律师实务的法学学生来说，在大学期间如果能接受良好的社会科学的训练，尤其掌握法经济学知识，其日后的律师实务工作必定会因此受益匪浅。由于现实生活中的法律问题往往不是单纯的法律问题，而是一个个现实的人际交往、商业操作的难题，一个仅仅掌握法律知识的人是无法通盘把握他所要面对的实务问题的。而且，律师行业的现状是非诉律师在中国的发展不论是在从业人数上还是收入水平上都要优于诉讼业务律师。非诉律师，尤其是公司法务人员，其日常业务中所要进行的工作往往是处理和许多经济方面的人员合作才能解决的财务和金融等问题，如果不具备将法律和经济知识联系起来的能力，他们的职业前景不会乐观，而法经济学正是这样一座沟通法律和经济的桥梁。

即使是进入了法律程序，法经济学的知识仍然有很大的用武之地。虽然中国是大陆法系国家，法官的职能主要是解释成文法规定，但是，在诉讼中法官和律师所面对的问题并非仅仅是如何注释法律，解释法律本身并非一项简单的文本解释工作，当遭遇法律的灰色地带（这种地带的现实存在也往往是法律争议会进入法院、进入诉讼程序的根源所在），就无法宣称法律解释是一项价值中立的工作。在不同的、相互冲突的法律解释之间进行取舍的工作在很大程度上本身就是一个价值取舍的过程，而价值取舍则必然牵涉到对社会现实的判断，这种判断则往往需要借助法经济学，或者更广义的社会科学的知识。一个只会在条文上进行推理的律师是无法完成这种重任的。法律问题的解决经常会牵涉到事实上的标准问题，而这种问题通常是事实而非法律问题，是实证性质的问题，没有其他学科的知识是很难理解和调查此类问题的。

2）对于今后要成为政治家、社会活动家等社会公共服务人才的学生，掌握法律和其他学科的交叉尤其是法经济学知识的运用则显得尤为重要。在中国政府主导型经济改革中，法律作为政府推动和深化改革、进行经济干预的主要工具，同时也是改革利益的平衡器。在这种经济转型的社会背景下，无论是政治家还是经济工作者抑或社会工作者，他们都必须关注何种法律制度有利于实现社会经济目标、法律制度出台后对经济和社会的影响如何。对法律制度的效果分析、效率分析、效果预测，这些恰是法经济学的主要议题。这就要求这些政治家、经济工作者或社会工作者在掌握一定法律知识的同时，也必须掌握相关的经济学知识。此外，改革这一利益的再分配过程要靠法律这一利益的平衡器协调才能正常进行，很多改革的制度改革问题也因而归结到改革的法律问题之上，改革的法律问题主要是经济法律问题。要解决这些问题，法经济学知识不可缺少。

（3）学习法经济学是我国市场经济发展的要求所在。法治是建立现代市场经济体制的制度基础。法治作为深层次的制度问题，是保证现代市场经济体制有效运作的条件，而法治通过约束政府行为、约束“经济人”行为这两个基本经济作用来为市场经济提供制度保障，从而促进经济发展。法经济学强调法律对经济的重要作用，而“市场经济就是法治经济”这一经济发展的基本规律，决定了市场经济体制建立的一个基本途径，就是建立和健全市场经济法律体系。那么，为研究和理解中国市场化改革而广泛开展的经济立法热，特别是研究那些在经济立法及其执法和司法活动中出现的有悖于市场规律的低效率的法律，不仅是完善市场经济法律体系及其运作的需要，也是中国法经济学研究的使命和特色所在。

总之，通过学习法经济学，有利于开拓分析视野、丰富研究方法，有利于法学、经济学学科发展，有利于满足社会对法学与经济学复合型人才的需求。而我国市场经济的不断发展、改革的不断深入，也要求经济、法律学术界与实务界人士掌握一定的法经济学知识。

1.3 本书的安排

本书是研究法经济学的入门教材，主要目的在于，为法学专业、经济学专业本科生或经济法律实务工作者提供法经济学的基本知识，为日后在法学、经济学相关领域进一步深造或提高法律、经济实践的理论水平打下扎实基础。法学专业人士可以通过对法经济学的学习而掌握对法律进行经济分析的基本理论和方法，把握法经济学研究的基本原理；经济学专业人士则可以通过对法经济学的学习，在较短的时间内了解法律的基本知识，掌握对法律进行分析的基本思路和方法。同时对于研究生阶段进行法经济学专业研究的学生来说，该书也是一本很好的入门和了解法经济学基本结构的教科书。

本书具体安排如下：第一到五章是法经济学的入门基础知识。第一章法经济学导论从分析法经济学概念出发，指明全面把握法经济学思想的基本思路，并指出学习法经济学的重要性及必要性。第二章简明扼要地介绍了法经济学在国外发展的历史，并介绍了法经济学在我国发展的历史及现状。第三章和第四章分别为法学专业人士、非法学专业人士简单回顾了法经济学相关的经济学、法学知识，为以后各章的学习奠定基础。第五章介绍了法经济学的基本理论与分析方法，该章内容是进行法经济学研究的理论基础。

第六到十三章是法律部门的经济分析，主要是法律的微观经济分析。第六到十二章分别介绍了对财产法、知识产权法、合同法、侵权法、民事程序、刑法、公司法等具体部门法进行经济分析的思路、方法。第十三章具体介绍了反垄断与规制的经济分析。

第十四章介绍了对法律与经济增长之间的关系的研究进展，是法律的宏观经济分析，同时也是总结性的一章，将全书统一到法律与经济增长之间的关系这一核心思想上来。

本教材的特点主要体现在以下六方面：

第一，兼顾理论与实践。本书在介绍法经济学基本知识、基本原理的过程中，注重利用中国具体的法律实践、经济实践案例作为例证，有利于读者将所学的法经济学理论运用到实践中，提高理论学习效果。

第二，兼顾教学与研究。本书不仅能作为培养法学与经济学复合型人才的教学的主要教材，而且通过全面介绍法经济学的基本知识与理论体系，为有志于进行法学、经济学科研的人士提供法经济学的理论基础，为提高科研素质奠定一定的理论基础。

第三，兼顾经济学与法学。本书同时面向法学专业人士与经济学专业人士，在编写的过程中充分考虑了不同专业人士的不同知识背景。第三、四章就为不同知识背景的人提供了速成的经济学、法学知识介绍。此外，在介绍法经济学分析的理论、方法及具体运用的过程中，本书充分关注了经济学、法学各自专业术语的准确运用，避免了法经济学研究中的经济学、法学“两张皮”的现象。

第四，兼顾国外与国内的区别。法经济学起源于国外，要与国际研究水平接轨，因此必须学习国外法经济学理论最新研究动态。而将国外法经济学理论运用于我国经济、法律分析时，本土化是关键。本书在对部门法进行经济分析时，就注意在结合中国实际情况和特殊国情的基础上进行介绍。

第五，兼顾英美法系与大陆法系的差异。法经济学的发源地主要在英美法系国家（如美国、英国），而我国属于大陆法系国家。这两大法律体系的差异也决定了法经济学在我国具体运用过程中必须考虑法经济学理论适用的前提条件。因此在运用法经济学进行本土化研究的过程中，就需要充分注重法系差异的影响。

第六，兼顾已有研究的基本结论和当代前沿进展。法经济学研究虽然历史不是很长，但是研究的内容在不断扩张，研究方法在不断丰富。在这个过程中有些以前的基本结论，在引入新的研究方法和放宽研究视野后，已经不再成立或者需要补充说明成立的条件。因此，在教材编写过程中，本书一方面力争清晰阐述法经济学在各个领域的基本结论，另一方面也力争对各个领域的前沿进展给予关注，比如行为法经济学、法律与经济增长之间的关系等就是法经济学的前沿体现。

习 题

1. 从研究方法、学科理论、经济学范畴和法学范畴这四个角度阐述“法经济学”概念的含义。
2. 从法经济学概念的三个本质特征来说明你对法经济学这个学科的理解。

推荐阅读书目

1. 波斯纳. 法律的经济分析. 北京：中国大百科全书出版社，1997.
2. 罗伯特·考特，托马斯·尤伦. 法和经济学. 上海：上海财经大学出版社，2004.
3. 罗宾·保罗·麦乐怡. 法与经济学. 杭州：浙江人民出版社，1999.
4. 周林彬，黄健梅. 法律经济学学科建构探析. 思想战线，2006（2）.

第二章

法经济学的发展历史

现代法经济学起源于1960年科斯的经典文章《社会成本问题》，但是在此之前学者们就对法律与经济之间的关系有着丰富的阐述，因此法经济学的学术渊源远比1960年要早得多。本章从社会的经济政治状况、学科自身的传承发展等方面对法经济学的发生、发展历程进行梳理。首先综述法经济学思想的历史渊源，然后阐述1960年及其以后现代法经济学的发展[①]，最后对中国法经济学的发展和现状进行说明。

2.1 早期的法经济学思想

2.1.1 早期法学家的经济思想

许多早期的法学家都拥有丰富的经济思想。18世纪古典自然法学派重要代表之一孟德斯鸠就对法律与经济的关系进行过研究。在《论法的精神》中，他讨论了法律与气候、土壤、地理、贸易、货币、人口等之间的关系。[②] 意大利的法学家贝卡里亚在其著作《论犯罪与刑罚》中，运用数学方法处理法律问题，用成本—收益方法分析了法律的行为问题，提出了“犯罪与刑罚均衡原理”。英国功利主义的创始人边沁则提出了以功利主义为原则、以对痛苦与享乐进行计算为基础的改革英国立法的宏大方案。在《道德与立法原理导论》中，边沁用经济学家的术语阐发出一套精确的准则。比如惩罚被说成是“一项开支”或“投资”，需要“节约”，即避免不必要的苦痛；其表面“价值”（由一个潜在的犯法者所估计的痛苦程度）必须大得足以抵消他从犯法中得到的“收益”。比起许久以后关于法律和政治的经济学理论，这些经济比拟是非常超前的。贝卡里亚和边沁的刑罚思想是

① 关于法经济学发展的历史，国外学者希思·皮尔逊（Heath Pearson）、尼古拉斯·麦考罗（Nicholas Mercuro）、史蒂文·曼德姆（Steven G. Medema）以及伊詹恩·麦卡伊（Ejan Mackaay）做了很好的研究。

② 张乃根．西方法哲学史纲．北京：中国政法大学出版社，1997：132.

后世刑罚威慑理论的思想渊源。①

2.1.2 早期经济学家的法律思想

在政治经济学形成之初，法律问题就是早期经济学家们研究的内容之一。按希思·皮尔逊的说法，法律本来就是政治经济学一个很自然的关注对象。②

古典政治经济学的创始人威廉·配第就曾专门对刑罚规则进行分析。他认为普通施行的刑罚如死刑、切断肢体、监禁、当众侮辱、一时体罚、严刑拷打等，都可以从增加社会福利的目的出发，考虑是否能够用罚款的方式来取代。③

古典政治经济学理论体系的建立者亚当·斯密也对法律问题予以重点关注。亚当·斯密既是伟大的经济学家，同时还是法理学家、伦理学家、政治学家。法理学家和经济学家的身份使得他既可以带着法律头脑来分析经济现象，也可以带着经济学头脑来分析法律，因此被当代法经济学家视为真正的鼻祖。在《国民财富的性质和原因的研究》（简称《国富论》）中，斯密从经济角度对那些妨碍经济自由的法律法规如学徒法、长男继承法和限嗣继承法、谷物法等作了鞭辟入里的分析。斯密还对近代欧洲的司法体系做了经济学分析。他证明，近代欧洲的司法判决体系就是一种利润最大化行为。这样，斯密把经济学视野扩展到法律制度，并且开创了用经济学的目光、以效率为依据检视和评价法律制度的先河。

马克思是英国古典政治经济学的批判性继承者，在从法学研究转向政治经济学研究之后，更是在政治经济学研究的过程中推进和发展了自己的法学思想。他将被黑格尔颠倒了的经济基础和上层建筑的关系改正回来，指出经济基础决定上层建筑，上层建筑又对经济基础有反作用。在这一原理的指导下，马克思从宏观上阐明了法与经济彼此之间的关系。

2.1.3 经济学家对法律及法学家对经济的逐渐冷落

令人遗憾的是，早期的法经济学思想并没有得到不间断的延续。从经济学发展历史来看，社会制度问题（包括法律制度问题）一度受到研究的冷落。比如萨伊就对他的学生们说："为了学习社会财富的性质以及如何增加财富，没有必要知道财产权的起源或者财产权的合法性。"④ 塞缪尔·P. 纽曼（Samuel P. Newman）也认为，"考察财产权建立在什么原则上，或者解释财产权最能得到充分和有效保护的方法，不属于政治经济学这门学科。这门学科的逻辑是，假定财产权已经存在，并受到尊重。"⑤ 从李嘉图之后，政治经济学日益变成了一门成熟的关于商品的科学。尤其是到19世纪末20世纪初，随着以马歇尔为代表的新古典经济学的产生及在欧洲大陆主导地位的确立，经济学取代了政治经济学，资源配置成了经济学研究的核心问题，社会制度问题被作为研究资源配置问题的一个

---

① 魏建，宋艳锴. 刑罚威慑理论：过去、现在和未来. 学习与探索，2006 (4).

② Heath Pearson (1997), *Origins of Law and Economics: The Economists' New Science of Law, 1830—1930*, Cambridge University Press, p. 6.

③ 配第. 配第经济著作选集. 北京：商务印书馆，1981：66.

④⑤ Heath Pearson (1997), *Origins of Law and Economics: The Economists' New Science of Law, 1830—1930*, Cambridge University Press, p. 7.

既定前提被搁置在一旁，淡出了经济学的研究视野。

从法学发展的历史来看，自19世纪下半叶开始，实证主义开始渗透到包括法律科学在内的社会科学的各个分支学科。法律实证主义将价值考虑排除在法理学科学研究的范围之外，并把法理学的任务限定在分析和剖析实在法律制度的范围之内。这一点在分析实证主义法学派中显得尤为突出。这一学派认为法是自我封闭和自我完善的效力层次不同的规范体系，是一般和抽象的体系。这些规范体系为人们提供了普遍的行为模式，足以解决各种纠纷。法官只要根据适当的逻辑推理就可以作出正确的判决，而无须求助于包括经济在内的法律以外的因素。为了保持法律科学的"纯粹性"，经济学理论与方法被排除在法学研究之外。

不过，即便如此，这一时期仍然有德国历史学派以及北美大陆的美国制度学派经济学家们继续研究社会制度和法律问题，形成了法经济学运动的第一次浪潮。①

2.2　法经济学运动的第一次浪潮

法经济学运动的第一次浪潮起源于欧洲，主要与德国历史学派有关，后来传播到了美国，美国的制度学派对此作出了突出贡献。

以罗雪尔（Roscher）等为代表的旧历史学派对土地和契约安排中的产权利用情况进行了大量的历史研究。② 这些研究表明了制度安排是如何因人口密度、土壤的质量以及土地开发利用的方式而变化的。他们考察哪些权利是明确赋予个人的，哪些属于公共权利以及对公用土地适用何种规则等。新历史学派的主要代表瓦格纳（Wagner）则特别强调法律对经济的制约作用。在他看来，一个时代的经济制度和法律制度的关系是不可分割的。在财产私有制的经济制度下，经济自由、财产权利、契约关系等都是以当时的法律为根据的，因而都是立法权力所能更改的历史变数。

在美国，根据霍维坎普（Hovenkamp，1995）的研究，在比较大的范围内用经济方法来分析法律问题首先是从进步主义时代（progressive era）开始的。其中一位重要的先驱是亨利·卡特·亚当斯（Henry Carter Adams）。他关于《国家与产业行为的关系》（1887）的论文，通过对生产过程中政府干预经济程度的阐述，重新定义了政府对商业企业的规制政策。另外，霍维坎普认为，美国的托马斯·尼克松·卡弗（Thomas Nixon Carver）实际上比 F. Y. 埃奇沃思(F. Y. Edgeworth) 更早地运用了边际效用理论来讨论累进税对社会福利所产生的影响。另一位经济学家埃德温·R.A. 塞利格曼（Edwin R. A. Seligman）关于累进税方面的理论，则被美国法庭广为引用。

---

① 对于是否可以称之为"第一次浪潮"，学者的意见并不完全一致，比如，达克斯伯里（Duxbury）对称其为一次浪潮就表示怀疑。同样持怀疑态度的还有霍维坎普、曼德姆和麦考罗。参见 Ejan Mackaay（2000），History of Law and Economics，*Encyclopedia of Law and Economics*（*Volume* Ⅰ）：*The History and Methodology of Law and Economics*，（ed.）Boudewijn Bouckaert and Gerrit De Geest，Edward Elgar，Cheltenham，UK · Northampton，MA，USA，p. 69.

② 由于没能找到有关德国历史学派关于土地和契约安排中的产权利用情况历史研究的原始文献，我们这里只是转述皮尔逊的有关论述。

到20世纪初，制度学派的兴起进一步推进了对法律经济作用的研究。制度学派的主要代表凡勃伦对工商企业的性质作了第一次全面的新古典分析。另一个代表人物J.R.康芒斯，从其实践的、历史的和以实验为根据的研究中，对法律制度问题的经济分析提出了自己的理论见解。康芒斯不赞成古典经济学那种重市场、轻制度的传统做法。康芒斯特别强调法律和经济现象之间不可分割的紧密联系，认为法律制度在社会经济生活中起最主要的作用，积极主张提高国家和法律对经济的干预程度和作用，主张从制度上改变资本主义的经济法律结构。康芒斯还把经济关系的本质归结为法律上所有权的"交易"，通过"交易"这一基本单位，康芒斯把法律和经济学联系在一起。康芒斯对法经济学的贡献表现在他的《资本主义的法律基础》《制度经济学》等著作中，这些著作成为法经济学制度学派的经典。他对"交易"的理解、对财产和财产权利的划分，对包括科斯在内的新制度主义经济学家产生了影响。另外，他的思想也被威廉姆森、诺思，尤其是法经济学制度学派的当代代表塞缪尔斯、施密德所继承和发扬。

由德国历史学派和北美制度学派掀起的法经济学运动的第一次浪潮并不是凭空臆造出来的，它是应社会经济发展实践要求而生的，是社会经济发展实践在理论上的一种真实反映。自19世纪末至20世纪初，整个资本主义经济正处于由自由竞争资本主义向垄断资本主义过渡的发展阶段。尽管在理论上，经济自由主义一直被斯密以来的西方经济学家们奉为圭臬，但实践中国家对经济的干预大大增强，许多明显具有公法性质的社会经济立法得以建立和实施，市场经济受到越来越多的法律规制。比如美国国会于1890年通过了《谢尔曼法》，1914年通过了《联邦贸易委员会法》《克雷顿法》，这些反托拉斯法的目标是保护竞争、抑制垄断、提高经济效益；又如德国为了缓和国内的各种矛盾冲突，1881年11月17日，在俾斯麦的建议下，德国皇帝威廉一世颁布了《建立完善的社会保险的皇帝诏书》。1883年又颁布实施了《疾病保险法》，1884年颁布实施了《工伤保险法》，1889年颁布了《养老·残疾·死亡保险法》。这一时期的法律，尤其是经济运行规范和管制类法律对经济的影响已不是个别的或局部的，而是全面的、具体的。正因为如此，德国历史学派和北美制度学派才可能、也有必要把法律和经济学联系在一起，从而掀起法经济学运动的第一次浪潮。

不过，由历史学派和制度学派掀起的法经济学运动的第一次浪潮从20世纪三四十年代之后就开始走向衰落。有学者把衰落归结为两个方面的原因：第一，社会科学的专业化分工导致了这一结果；第二，在这次浪潮中，两个学派所依赖的经济学理论与方法都不成熟。① 的确，从经济学角度看，经济学家逐渐转向了与市场直接相关的，特别是，在一个给定的法律约束下，经济如何运行的问题的研究。从法学角度来看，如前所述，法学也愈益变成一门"自足"的学科，法学家们沉醉于从概念到概念的文字游戏，在法律的弹性空间里寻找"创造性"的解释。这样，法学与经济学变得日渐疏远。另外，由于此时经济学本身的发展还处在一种"贫乏"状态：更加关注个人主义方法论的边际革命在19世纪后期才刚刚兴起，微观经济学体系还没有最终完成，可以说，当时的经济学也还没有成熟到对法律进行经济学分析所需要的程度。

---

① Heath Pearson (1997), *Origins of Law and Economics: The Economists' New Science of Law, 1830—1930*, Cambridge University Press, p. 131.

2.3　法经济学运动的第二次浪潮：现代法经济学

1960年，科斯发表了经典论文《社会成本问题》，该文既是新制度经济学的经典文献，又是法经济学的奠基之作。文中的"科斯定理"通过引入"交易费用"这一核心概念，将法律制度安排与资源配置效率有机地结合在一起。一方面为运用经济学的理论和方法研究法律问题奠定了基础，同时还引发许多其他经济学家、法学家以"科斯定理"为基础，投入到法经济学的研究中来，法经济学运动进入第二次浪潮，现代法经济学正式兴起。

现代法经济学是与新制度经济学同步发展并逐渐成为一门相对独立学科的。新制度经济学得以产生的历史条件也可以说是法经济学产生的历史条件。新制度经济学是在20世纪60年代末70年代初经济学界对凯恩斯主义的财政政策和货币政策的反思中兴起的。当时美国面临失业与通货膨胀并存的宏观经济形势，凯恩斯主义政策失灵。因为如果为了降低失业而刺激需求，那么通货膨胀就将加速；如果为了反对通货膨胀而故意压缩需求，那么失业就会上升。经济发展现实给理论界提供了一个反思凯恩斯政策主张的机遇，需要对经济运行的决定因素进行更大范围的探索。这样，经济解释的浪潮开始上涨，新制度经济学和法经济学都是该浪潮的具体体现。

伊偣恩·麦卡伊把法经济学运动的第二次浪潮划分为五个阶段：发轫期、孕育期、接受期、质疑期和成熟期。①

2.3.1　发轫期：关注经济法律

早在20世纪30年代，就有一些研究从不同的立足点出发，预示了法律经济分析的复活。在英国，阿诺德·普兰特（Arnold Plant）对知识产权的经济学问题进行了研究；科斯则发表了《企业的性质》这篇著名论文。

法经济学的真正兴起是在20世纪40年代由芝加哥大学法学院的经济学家艾伦·迪雷克托（Allen Director）促成的。迪雷克托这位伟大的经济学家将经济分析方法贯穿到对法律问题，尤其是反托拉斯法的研究当中，促使和提倡从经济学的角度来认识和理解法律问题。当时关于垄断的主流观点是：为了实现有效竞争，应该对产业进行监控和管制。但迪雷克托证明，这个结论在很多情况下是不恰当的，并且事实上它还会产生相反的结果，垄断对消费者利益的损害并不像人们经常宣称的那般大。迪雷克托的研究带动了芝加哥大学其他学者的研究。他的努力在20世纪四五十年代导致了大量对经济法律的研究，反垄断、金融规制、所得税法、公共事业规制等进入经济分析的视野。波斯纳和其他学者在总结法经济学发展历史时，把这一时期的法经济学称为"旧"法经济学（the 'old' law and economics）。因为这一时期的经济分析主要集中在管制问题的研究上，主要是分析法律对一些经济领域的介入效果，还没有将经济分析一般化。不过，到20世纪60年代，研究法律的经济效果已经成为无可争辩的学术主流了。

---

① Ejan Mackaay (2000), History of Law and Economics, *Encyclopedia of Law and Economics* (*Volume I*): *The History and Methodology of Law and Economics*, (ed.) Boudewijn Bouckaert and Gerrit De Geest, Edward Elgar, Cheltenham, UK · Northampton, MA, USA, p. 71.

2.3.2 孕育期：经济学进入法学的主要领域

现代法经济学形成有两个明显标志：一是由迪雷克托担任首任主编的《法经济学杂志》的创刊、出版；二是1960年科斯在这一杂志上发表了法经济学的奠基之作《社会成本问题》。随后科斯来到芝加哥大学接替退休的迪雷克托担任《法经济学杂志》的主编。同期其他学者也对法经济学的发展作出了重大贡献。

科斯的《社会成本问题》从讨论外部性问题入手，通过对一些法律案例的分析，揭示出外部性的存在并不一定就是政府对经济进行干预的理由，他强调应当以交易费用的高低作为制度选择的标准。施蒂格勒把文中表达的思想命名为"科斯定理"，并进行了系统阐述。科斯本人则把"科斯定理"看作进一步分析正交易费用经济世界的"垫脚石"。科斯证明，当人们从一个交易费用为零的体制转向一个交易费用为正值的体制时，法律制度的至关重要性就会立即变得明显起来。①

科斯不仅在理论上证明了对法律进行经济分析的重要性，更为重要的是，科斯在方法论上展示了对法律进行分析的方法。即坚持理性选择的成本—收益比较方法，以交易成本为基础对法律制度进行实证分析，而不是进行抽象的概念推演。交易成本分析方法因此成为法经济学的基础分析方法。也正是因为其方法论上的贡献，《社会成本问题》成为现代法经济学诞生的奠基文献。

第二篇富有启发意义的论文是阿尔钦的《产权经济学》(Alchian，1965)。这篇文章是阿尔钦在加利福尼亚的兰德公司工作时所作的关于产权理论的基础研究。这篇论文在20世纪50年代就已广为传播，但好几年之后才得以出版。这篇论文讨论了公私产权产生的不同经济结果，说明产权结构可以作为一个变量来影响最终的经济结果。

耶鲁大学的卡拉布雷西发表了同样起基础性作用的第三篇论文——《关于风险分配与侵权法的一些思考》(Calabresi，1961)。这篇论文把侵权法视为一种激励适当预防行为的体系，提出侵权法的目标是最小化侵权的社会总成本，侵权的社会成本包括侵权预防成本、侵权损害成本和管理成本三部分，从而使侵权法的分析进入了一个崭新的里程。

这些论文引起了众多经济学家和法学家的研究兴趣，并且成为产权、侵权、合同、程序法等领域的研究基础。科斯、阿尔钦、卡拉布雷西的工作分别把法律的经济分析带入了法律的核心领域——财产法和侵权法，更重要的是，他们的工作为经济分析的一般化开辟了广阔的前景。在此之后，大批经济学家（如德姆塞茨）和法学家（如波斯纳）进入这一领域，并取得了丰硕成果。尤其是芝加哥大学一部分学者致力于法律的经济分析，声名鹊起，最终形成了法经济学中的芝加哥学派。卡拉布雷西所在的耶鲁大学则形成了法经济学中的另一个学派——耶鲁学派。

2.3.3 接受期：法经济学进入法学院

麦卡伊（2000）指出，有三件事情标志着法经济学得到法学家们的拥趸。② 一是1972年《法律评论杂志》(*Journal of Legal Review*) 创刊。二是1973年波斯纳的《法律的经

---

① 科斯．财产权利与制度变迁．上海：上海三联书店、上海人民出版社，1994.

② Ejan Mackaay (2000): History of Law and Economics, *Encyclopedia of Law and Economics* (*Volume* Ⅰ): *The History and Methodology of Law and Economics*, (ed.) Boudewijn Bouckaert and Gerrit De Geest, Edward Elgar, Cheltenham, UK · Northampton, MA, USA, p. 76.

济分析》首次出版。这两件事都发生在芝加哥大学法学院。三是自 1971 年起，梅因教授组织的法学教授经济学协会（Economics Institutes for Law Professors）定期对律师、法官、其他从事法律工作的人以及法律教师进行经济学的短期培训。三件事结合在一起表明法经济学已经进入美国大学的法学院当中。

波斯纳的《法律的经济分析》既是系统分析法学各个领域的著作，也是一本具有里程碑意义的法经济学教材。该书将经济学原理渗透到了每一个法学家所熟悉的法学规则和法条之中，全面展示了法律经济分析的魅力。理查德·爱泼斯坦（Richard A. Epstein）说："1973 年首次出版的《法律的经济分析》最清楚地显示了'经济学帝国主义'的现代主题：你举出一个法律领域，我将给你展示价格理论的一些基本原理是如何表明它所隐含的经济结构的"（Richard A. Epstein，1997）。《法律的经济分析》所贯穿的"效率主题"获得了巨大的成功。波斯纳在《法律的经济分析》1992 年版中进一步强调，作为一个规则体系的普通法，有效引导人们的效率行为，不仅体现在显性的市场中，而且贯穿于整个社会的互动过程中。

波斯纳的研究纲领吸引了大量的追随者，因为波斯纳书中介绍的新古典方法简单易学，很容易运用到法律问题的分析中去。法经济学逐渐进入美国各个大学的法学院，并成为核心课程。

2.3.4　质疑期：批判、反驳和深入

早在 20 世纪 70 年代初期，芝加哥学派的法经济学就受到了质疑。在波斯纳将全部的经济分析归结到"效率主题"之下后，芝加哥学派更是受到了来自各方面的批评和怀疑。20 世纪 70 年代末期，在几次讨论法经济学必须为法学理论贡献一些什么的学术研讨会上，批评家们进一步发难。这些讨论会把那些赞成和批评法经济学的最优秀的美国学者集中到一起，法经济学受到了来自德沃林（Dworkin）、弗里德（Fried）等法哲学家以及霍维茨（Horwitz）、肯尼迪（Kennedy）等学者的猛烈批评，同时也有来自经济学界内部以萨缪斯为代表的制度学派和以里佐（Mario J. Rizzo）为代表的奥国学派的批评。即使在法经济学内部，以科斯和波斯纳为代表的芝加哥学派、以卡拉布雷西为代表的耶鲁学派和以威廉姆森为代表的新制度经济学之间也展开了相互批评。面对批评，波斯纳为芝加哥法经济学进行了全力辩护。在批评和辩护过程中，法经济学的理论基础得到了进一步充实。

批评和反驳主要围绕着波斯纳提出的"效率主题"展开，所涉及的内容十分广泛，既有对具体法律规则实施效果和改革建议的争论，又有对法经济学的基本观念和方法论的争论。在批评与反批评的过程中，一方面，以波斯纳为代表的芝加哥法经济学继续高举"效率主题"的大旗，不断完善及修正自己的理论，开拓新的分析领域；另一方面，批评者们也在逐渐形成系统的观点，发展成为法经济学中的新派别。因此批评与反批评的过程也是法经济学的影响不断扩大的过程。在这一时期，法经济学开始走出美国，向国际学术浪潮演变。20 世纪 70 年代中期，法经济学进入了英语国家，到 70 年代末期，北欧和西欧的一些国家也开始研究法经济学。①

① Ejan Mackaay (2000), History of Law and Economics, *Encyclopedia of Law and Economics* (*Volume* Ⅰ): *The History and Methodology of Law and Economics*, (ed.) Boudewijn Bouckaert and Gerrit De Geest, Edward Elgar, Cheltenham, UK · Northampton, MA, USA, p. 76.

2.3.5 成熟期：法经济学运动的持续深入

自20世纪80年代中期以来，法经济学进入了一个相对平稳的持续发展阶段。这主要表现在两个方面：

1. 法经济学的影响日趋扩大

一方面，世界范围内从事法经济学研究的学者越来越多，开设法经济学课程和设立法经济学研究计划的法学院和经济学系越来越多。另一方面，法经济学的专业期刊也越来越多，《法经济学杂志》和《法律研究杂志》依然是主导期刊。1979年开始出版的"法经济学研究"年度系列论文（哈佛大学出版社出版）一直持续到现在。此外，1981年由著名法经济学家库特（Robert Cooter）主编的《法经济学国际评论杂志》创刊，1985年耶鲁大学的《法学、经济学和组织杂志》创刊。各大学法学院的法学评论更是长期以法经济学作为选题方向。① 美国政府自里根执政时起就颁布总统令，要求对政府的所有法令进行成本—收益分析，此后美国的立法多了一个必经程序——法律的成本—收益分析程序。并且法经济学的国际影响也日趋扩大。加拿大和欧洲先后成立了法经济学研究会，后者还创办了《法经济学欧洲杂志》。在日本等地也已经有了较为深入的法经济学研究。法经济学已经成为当代西方法学研究中不可忽视的一个重要派别。

2. 法经济学的内容发生了重大变化

(1) 作为主流学派的芝加哥法经济学的变化。在波斯纳等的领导下，芝加哥法经济学一方面不断开辟新的分析领域，所分析的问题日趋细致；另一方面，在接受外来批评的过程中，对自己坚持的"效率主题"作了一些调整，以增强假说的现实性和预测力。尽管一些批评已经触及了法经济学的分析基础，使法经济学的分析不再是芝加哥法经济学独步天下，但芝加哥法经济学依然保持着主导地位。(2) 法经济学的其他流派已不再满足于对法经济学的批评，而是在探索建立自己的分析体系。但由于除新古典经济学以外的经济学的成熟程度还不能为其对法律进行分析提供足够的工具，因此这些学派目前只是提出了一些基本的观点，离系统分析还有相当的距离。(3) 引入新的分析工具。出于对已有分析的不满和追踪经济学最新发展的需要，作为交叉学科的法经济学继续引入新的分析工具。一方面，法经济学继续从与之竞争的其他法学派别（包括法社会学、分析法学、行为法学、法人类学等）中吸收营养，提高自己理论的涵盖力和解释力；另一方面，法经济学继续跟踪经济学的最新发展，力争将经济学的新工具用于法律分析。博弈论和行为经济学在法律分析中的应用是这方面的体现。(4) 加强实证经验分析。既有的法经济学研究多是理论与演绎性的，绝大部分结论还都停留在假说阶段，还没有得到法律实践的全面检验。进行实证研究，尤其是对法律规则在不同环境中经济效应的比较研究，是法经济学的一个前沿研究重点。

2.4 中国的法经济学研究

法经济学在中国的发展历程可划分为空白期、酝酿期、萌芽期、成长期四个阶

① 兰德斯和波斯纳从数量上分析了法经济学论文的引用情况，指出它们的引用率超过了其他法学领域的研究（Landes and Posner，1993）。

段。① 这四个发展阶段充分显示了经济体制改革和法治建设对我国法经济学发展的推动作用。

2.4.1　空白期

在“文化大革命”以前以及20世纪70年代末至80年初的改革初期，我国的法经济学处于完全空白时期。“文化大革命”以前的经济改革缺乏经济理论指导。改革开放后，在从计划经济向市场经济转轨的过程中，中国理论界才逐步接触并引进有关市场经济的经济学，借助经济学理论来探讨改革方向及改革路线。但在这一阶段，中国理论界只是接受西方经济学理论，缺乏本土化过程，也没有充分意识到制度在经济发展、经济改革中的作用。

2.4.2　酝酿期

20世纪80年代初至90年代初是法经济学在中国发展的酝酿期。80年代中后期，已有包括国内法学界的学者将国外法经济学的研究成果逐步介绍到中国②，但没能引起法学界学者的充分重视。但同期国内经济学界广泛引入了新制度经济学。③ 运用新制度经济学理论研究我国本土问题的文章层出不穷。新制度经济学成为认识中国改革进程、提出政策建议的主要工具。此阶段可称为我国法经济学的“酝酿期”。因为有少量国外法经济学研究成果被介绍到中国，新制度经济学研究成果受到广泛关注并被用于分析我国制度改革，而法经济学理论的重要性仍未被发掘。但是制度经济学理论的重要性得到认可，这恰恰为和制度经济学具有同样背景的法经济学在中国的发展扫清了思想和理论障碍。法经济学在中国的发展蓄势待发。

2.4.3　萌芽期

20世纪90年代初至90年代中期是我国法经济学的萌芽期。随着制度经济学在中国的发展，制度在经济发展中的重要作用已得到公认。人们开始注意到法律作为正式制度的主要构成，其在经济发展过程中所发挥的作用不容置疑，法经济学理论的重要性逐渐被发现。由于法经济学是国外（尤其是美国）学术资源，加上法经济学的国内学术资源贫乏，早期在我国出现的法经济学方面的论著多为译著及对国外法经济学理论的研究。随着国外法经济学理论不断被引入，法律在中国经济发展中的重要性也被逐步揭示和认可。同时随着我国市场经济改革的不断深化，法治建设成为改革的关键之一。法律与经济之间的关系成为关注的重点。学者们开始尝试运用国外法经济学理论和研究方法来研究我国经济制度改革问题，从而使我国法经济学最早出现在经济制度改革领域。但此时的研究大部分是简单地将西方法经济学运

---

① 法经济学研究在中国大陆的发展历史及情况，可参看吴锦宇．略述“法和经济学运动”在中国大陆的发展（1983—2003）//黄少安．制度经济学研究（第二辑）．北京：经济科学出版社，2003。

② 该时期介绍的法经济学方面的论著名单可参看吴锦宇（2003）。

③ 改革开放引发的强大新理论需求在20世纪80年代中后期开始得到逐步满足，1985年涉及新制度经济学的第一本论著《美国新自由主义思想思潮》进入国内学术界视野；1987年、1989年产权学派的代表人物之一威廉姆森的访华，掀开了新制度经济学的影响在我国迅速扩张的序幕；其后科斯的代表作、新制度经济学的著作等被批量引进我国。（盛洪．现代制度经济学．北京：北京大学出版社，2004.）

用到对中国问题的讨论中，没有对法经济学本土化研究问题给予足够的重视。

2.4.4 成长期

20 世纪 90 年代后期至今，是我国法经济学开始成长的时期。随着改革深化，法律的重要性得到全面肯定。同时法经济学在国内的积累和发展达到了深入研究中国本土法律问题的阶段。学者们开始理性对待法律，不再单纯追求立法，而开始注重执法、司法、守法问题，注重“书本上的法”和“行动中的法”统一的问题。政府也开始注意到法律的成本问题，关注法律对经济发展的负面影响，认识到法治也是经济发展的结果，开始真正意识到“市场经济是法治经济”的含义。法经济学研究开始关注本土化问题，不再停留在简单地照搬西方法经济学的研究模式。同时开设法经济学课程的经济学院和法学院越来越多，学术研究团队也逐渐建立[①]，有越来越多的经济学和法学专业硕士、博士选择以法经济学为毕业论文选题，这些都极大地推动了法经济学在我国的发展。

习 题

1. 简述法经济学自 20 世纪 60 年代以后的发展历程。
2. 谈谈你对国内法经济学研究现状和未来发展方向的看法。

推荐阅读书目

1. Heath Pearson (1997), *Origins of Law and Economics: The Economists' New Science of Law, 1830—1930*, Cambridge University Press.

2. Nicholas Mercuro and Steven G. Medema (1997), *Economics and the Law: From Posner to Post-Modernism*, Princeton University Press.

3. Ejan Mackaay (2000), History of Law and Economics, *Encyclopedia of Law and Economics* (*Volume Ⅰ*): *The History and Methodology of Law and Economics*, (ed.) Boudewijn Bouckaert and Gerrit De Geest, Edward Elgar, Cheltenham, UK · Northampton, MA, USA.

4. Avery Wiener Katz, *Foundations of The Economic Approach to Law*, Foundation Press, 1998.

5. 魏建，黄立君，李振宇. 法经济学：基础与比较. 北京：人民出版社，2004.

① 由山东大学经济研究院黄少安教授和浙江大学经济学院史晋川教授倡议发起的“中国法经济学论坛”极大地推动了中国法经济学研究的团队化、正规化和交流的正常化。该论坛成立了“中国法经济学论坛”组委会，2003 年在山东大学举办了第一次论坛。该论坛有力推动了中国法经济学研究力量的团队化和正规化，促进了研究者之间的交流，成为了经济学家和法学家的重要沟通和合作平台。

第三章

理性选择的经济学：法经济学的经济学基础

3.1 概述与基本概念

3.1.1 理性选择的经济学

经济学被定义为研究如何在稀缺资源具有的多种相互竞争的用途之间进行选择的学问。经济学提供了一个关于人们如何进行选择的一般性理论。理性选择理论是主流经济学的基本行为假定，法经济学的创建和发展实际上是一个对理性选择理论应用、深化和反思的过程。

认为决策者具有理性是经济学最基本的理论假设。“理性”概念强调人是追求自身效用最大化的行为主体。它认为人们能够发现和界定自身的追求目标，然后按照收益和成本之差最大化的原则来用尽一切可能的措施实现目标。

理性选择理论表明，选择就是指决策者这一经济个体从自身的角度进行成本和收益的比较，并且只有经济行为人之间的自我利益最大化选择都得以实现，才能达到所谓的效率均衡，如果没有对经济行为人行为方式的准确判断，则根本不可能建立均衡。因此，主流经济学在方法论上是个体主义的。它始终从个体的角度出发理解个体所生活的社会，认为是个体的选择决定了社会关系的内容和形式，而非相反。

成本—收益分析方法是经济学中最基本、最连贯、最彻底的分析方法，甚至可以简单地把经济分析方法视为成本—收益分析方法。实际上人们在进行许多非经济活动时也都在使用成本—收益分析方法。然而，成本—收益分析方法尽管方法简单，但是对待成本和收益的态度存在很大差异。不同的个体对于同样的事情可能持有不同的看法，一些人认为是成本，另外一些人却认为是收益；在特定的时段和事件背景下被认为是成本，可能在另外的状态下又被视为收益。例如：失败无疑会给每个人的成长带来挫折，使人们付出代价。但事后回顾失败的经历却会带来诸多启发，教会人们如何面对失败和挫折，所以在某种意义上它又是一种收益。

对于成本—收益分析方法，经济学给出了一些基本的分析框架，在介绍这些分析方法之前，先讨论几个基本概念。

3.1.2 一些基本概念

1. 最大化（maximization）

经济学通常假定每个经济主体都要实现自身利益的最大化，即如何使成本和收益之间的差值达到最大——使获得的收益尽可能大，付出的成本尽可能小。可以从两个方向对其进行说明：一是在既定成本下实现收益的最大化，一是在既定收益下使付出的成本最小化。经济分析认为，当目标追求行为达到了行为边际成本等于边际收益的状态时，该目标追求行为就实现了最优状态。

例如，减少犯罪是法律的一个重要追求目标。减少犯罪需要社会制定刑法、执行刑法并因此配套法院、警察、监狱等设施，这些都需要付出巨大的成本。当整个社会为减少犯罪付出的边际成本等于因此而得到的边际收益时，即社会多投入 1 元的犯罪惩罚成本形成的犯罪减少所创造的社会收益也是 1 元时，减少犯罪的行为实现了社会最优，达到了收益和成本之间的最大差距。因为，如果所产生的收益超过 1 元（如 1.2 元），理性的社会会投入更多的犯罪惩罚成本来获取那超过 1 元的收益（0.2 元），直到二者相等。反之，如果投入得到的收益小于 1 元（如 0.8 元），理性的社会则会减少这些得不偿失的投入，直到二者相等。

2. 均衡（equilibrium）

均衡是经济学的基本理念，是从经济学角度对人类社会和谐美好的理想状态的模拟。最大化就是一种均衡状态，在这个状态中每一个行为主体的行为都达到了边际成本等于边际收益的水平，因此所有的参与人都不愿意离开这种状态，任何偏离都会导致其边际成本与边际收益不对等。为了识别满足最大化要求的均衡状态，最基本的判断标准之一就是效率标准。

3. 效率（efficiency）

生产效率：生产过程具有生产效率的基本条件是：(1) 既定成本条件下生产出最多的产品；(2) 既定产出条件下支付最小的成本。

帕累托效率：帕累托效率是指任何的改变都不可能使社会中至少有一个人的状况变好而又不同时使其他任何人的状况变坏的一种均衡状态。它是由意大利著名经济学家帕累托率先提出的。帕累托最优状态就是一种理想的社会均衡状态，当达到这种状态时，整个社会就是有效率的。换言之，在这种状态下，为了使其中任何一个人的利益变得更好，前提条件是必须损害他人的利益，即整个社会已经到了一种不能再往更好的方向调整的状态了。

帕累托改进是指社会中存在这样的改进余地，即在使一部分人的福利水平有所提高的同时，却不损害其他人的福利。帕累托改进是阻力最小、理想的改革方式，但也是条件要求比较严格的改革方式，因为多数改革在实施时都将不同程度地损害部分人的利益。此时改革所要遵循的效率标准是卡尔多-希克斯效率标准。

卡尔多-希克斯效率：卡尔多-希克斯效率标准是指尽管改进会损害部分人的福利，但只要改进产生的收益大于因此而产生的损害，那么从整个社会的角度来看，改进带来了社会整体福利水平的提高，因此也是可以接受的。这个效率标准由两位著名经济学家卡尔多和希克斯几乎同时提出，因此用他们的名字命名。从理论上说，因为改进而受到损害的部分人可以得到改进收益的补偿，但是补偿并不是这个效率标准要求必须具备的条件，也就是说补偿并不需要现实发生。

上述效率标准是判断最大化和均衡是否得以实现的标准。尤其是帕累托效率标准和卡尔多-希克斯效率标准经常被用来作为判断改革是否得当、制度是否合理的主要标准。法律分析中更多使用的是卡尔多-希克斯效率标准，因为绝大多数法律都是在不同的主体利益之间进行权衡、取舍，在对部分利益保护的同时会对其他主体的利益造成影响。例如专利制度，专利权的赋予就要在给予发明者足够激励和减少由权力垄断导致的社会福利损失之间进行权衡。过失侵权制度则是在侵害人行为代表的社会收益和受害人行为代表的社会收益之间进行权衡。

经济学给出的理论判断和政策建议都要满足最大化、均衡、效率这三个基本概念的要求：从个人来讲要实现最大化，从整个社会来看要实现均衡，个人和整体效率的提升应满足效率的标准。这三个基本概念也是刻画行为决策是否理性的三个基本标准，整个经济学的实践都要满足这三个基本概念的要求。由此在对法律进行经济分析时也是贯穿上述三个基本概念的要求，从法律主体的角度出发，分析法律制度安排是否促进了各个相关主体的利益最大化，由此形成的状态是否达到卡尔多-希克斯效率标准要求的均衡状态。如果实现了，那么这个法律制度就是有效率的，否则就需要改进以促进效率的实现。

3.2　消费者选择与需求理论

消费者选择消费品消费的过程也就是消费者如何实现个人利益最大化的过程。这一节以消费者需求理论来具体说明消费者是如何进行选择的。

3.2.1　消费者的偏好

所谓“偏好”就是爱好或喜欢的意思。消费者的偏好简单地讲就是消费者喜欢什么，希望得到什么。对于各种不同的商品和服务的组合，消费者的偏好程度是有差别的。也就是说，偏好主要是消费者的主观感受，尽管其中具有一定的客观基础。因此，为使分析能够进行，对偏好的特性有着以下三个基本假定：

第一是完全性，即消费者能够按照偏好的大小对所给出的不同商品和服务组合进行比较和排列。例如，对于任何两个商品和服务的组合 A 和 B，消费者总是可以作出，而且也仅仅能作出以下三种判断中的一个：对 A 的偏好大于对 B 的偏好；对 B 的偏好大于对 A 的偏好；对 A 和 B 的偏好相同。

第二是可传递性。可传递性是指对于任何三个商品组合 A、B 和 C，如果消费者对 A 的偏好大于 B，对 B 的偏好大于 C，那么面对 A 和 C 这两个组合，消费者必定有对 A 的偏好大于 C。

第三是稳定性，是指消费者对任何商品的偏好是保持一致、长久不变的。这个假定是经济学中比较严格的假定，因为如果对商品带来的偏好是不稳定的，那就很难判断决策是否理性，就会出现决策在某一特定时刻和状态下是理性的，在另一个时刻和状态下可能就不是理性的现象，此时消费者的偏好变得难以捉摸，经济分析也将难以进行。

3.2.2 效用函数和无差异曲线

消费者效用是指消费者从对商品和服务的消费中所获得的满足程度。为了更好地描述消费者效用，经济学创造了“效用函数”和“无差异曲线”概念。效用函数表示某一商品和服务的组合给消费者所带来的效用水平。假定对于一个给定的消费者，仅有两种商品和服务：X 和 Y。如果用 U 代表消费者的效用，则 $U=U(X, Y)$ 描述了消费者从消费不同数量的 X 和 Y 商品组合中所得到的效用水平。

同一商品或服务给消费者带来的单位效用不是不变的，而是会随着消费者对该商品和服务消费数量的变化而变化。例如，当消费者非常渴望吃苹果时，刚开始的每个苹果对他的满足程度很高，效用很大，然后逐步递减，继续下去可能会出现负的效用。这就是边际效用递减规律，即在一定时间内，在其他商品的消费数量保持不变的条件下，随着消费者对某种商品消费量的增加，消费者从该商品连续增加的每一消费单位中得到的效用增量即边际效用是递减的。

无差异曲线是指给消费者带来同等效用水平或福利水平的不同商品和服务的所有组合。

例如在图 3-1 中，A、B 两点在同一条无差异曲线上，A、B 两点所代表的商品和服务的组合对消费者具有相同的效用水平。

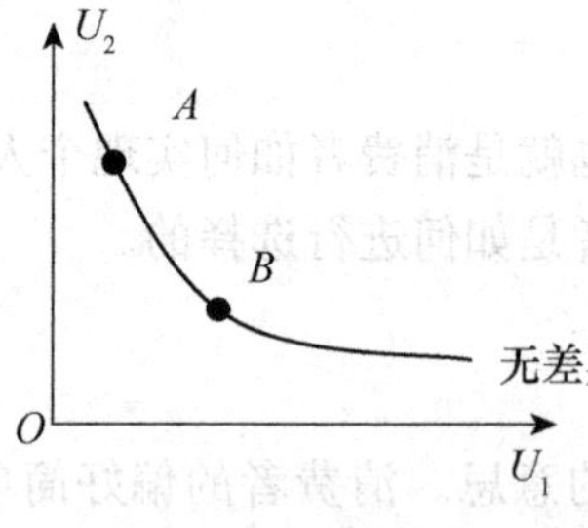

图 3-1　效用无差异曲线

消费者选择问题是由消费者的多种偏好和他们所面临的约束之间的冲突所引起的。在消费者所面临的众多约束中，收入约束是最主要的。由此引出“预算约束”的概念。预算约束线表示在消费者收入和商品及服务的价格给定的条件下，消费者的全部收入所能购买到的商品和服务的各种组合。

在图 3-2 中，预算约束线 $I=P_1X+P_2Y$ 上的点代表了在给定的收入水平 I 下恰好可以购买的商品 X 和 Y 的组合。在这条线右上方的点表示利用全部收入都不可能实现的商品购买组合，在这条线左下方的点表示全部收入在购买该点的商品组合以后还有剩余。

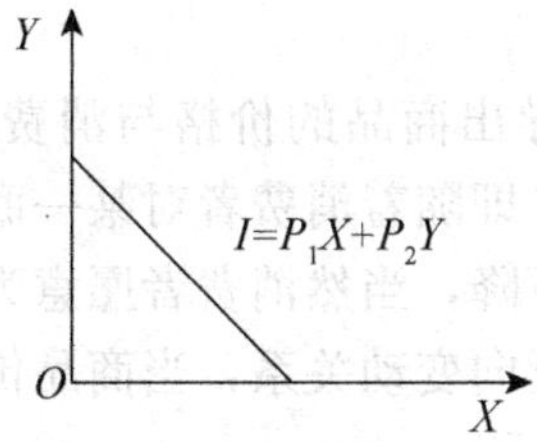

图 3-2　预算约束线

3.2.3　消费者最优

无差异曲线给出了消费者偏好的表达形式，预算约束线给出了在收入约束下消费者能够实现的购买组合，将两者结合起来就可以得到在收入约束下消费者的最优选择。图 3-3 中 M 点代表了消费者的最优选择，它所对应的 x_1 和 y_1 是所有可行集合中给消费者带来最大效用水平的组合。

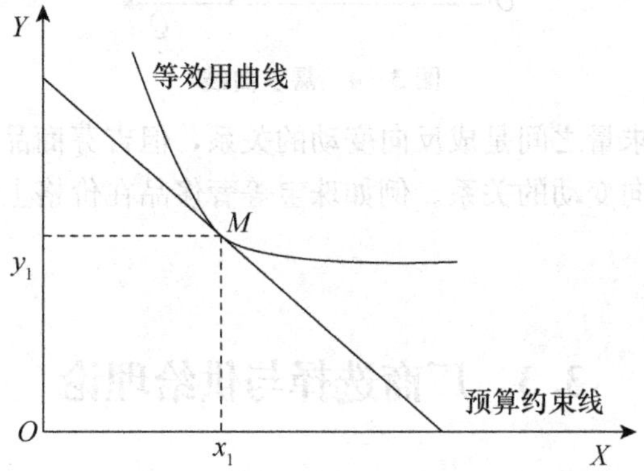

图 3-3　消费者的最优选择

3.2.4　一般化：边际成本等于边际收益

边际是指新增加的微小的量。决策者如果从初始位置处进行微量的增加，这一微量的增加所带来的成本称为边际成本，这一微量的增加所带来的收益称为边际收益。如消费者在吃掉三块饼干后，再吃第四块饼干时，这第四块饼干就是新增的边际增量，这块饼干给消费者带来的满足就是边际收益，带来的撑胀和货币付出就是边际成本。

在图 3-3 中，消费者在 M 点实现的就是在预算约束下消费商品组合（X，Y）的最优组合，边际收益等于边际成本。偏离 M 点，要么因为预算有限不能实现，要么因为不符合效用最大化而不被选择。

将上述消费者的选择一般化，可以得到：只要这微小的增加所带来的边际收益大于这一变动的边际成本，该决策者在与前期选择形成的效用水平比较时就会认为自己在这一新的水平上的处境更好。只要边际收益超过边际成本，他就会继续进行这样微量的调整，直到最后调整时的边际成本与边际收益相等才会停止，所以所有的最优决策都应处于边际成本与边际收益相等的状态。当边际收益小于边际成本时，消费者就会进行相反方向的调整，直至实现二者相等时的均衡。

3.2.5 个人需求及需求决策

根据消费者选择模型可以推导出商品的价格与消费者最优选择的商品数量之间的关系。由于存在边际效用递减规律，即随着消费者对某一商品消费数量的增加，这种商品给该消费者带来的单位满足程度会下降，当然消费者愿意为其支付的费用也就会下降。也就是说商品的价格和需求量之间成反向变动关系，当商品价格上升时，消费者的需求量会下降，反之则会上升，如图 3－4 所示。

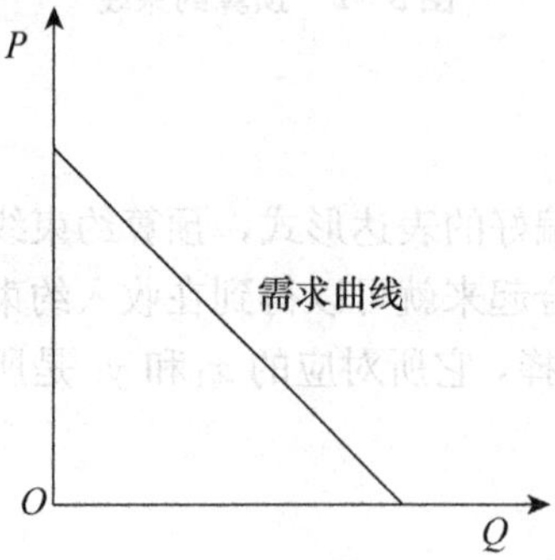

图 3－4 需求曲线

多数商品价格和需求量之间是成反向变动的关系，但吉芬商品是一个特例，商品的价格和需求量之间会成同向变动的关系。例如珠宝等奢侈品在价格上升时反而会导致更多的需求。

3.3 厂商选择与供给理论

3.3.1 利润最大化的厂商

厂商追求利润最大化，而不是其效用满足程度的最大化。厂商的利润追求与消费者的效用追求展示了两种不同类型的选择，也就是说影响选择的因素是不同的，但是选择的基本逻辑是一致的。

利润是生产的总收益和总成本之差，厂商的总收益等于产出的数量乘以其价格水平，总成本则等于单位投入品的成本乘以包括各种投入品在内的所有投入品的单位数。

追求利润最大化的厂商生产的是使厂商的收入与其成本之间的差额最大的产出水平。如果将边际成本定义为由生产最后一单位的产出引起的总成本的增加，同样边际收益被定义为由多销售一单位的产出引起的总收益的增加，那么当厂商生产的是其边际成本等于其边际收益的产出量时，该厂商的利润将达到最大。

3.3.2 厂商面临的约束：成本与技术

厂商在组织生产时面临着技术约束和经济约束。技术约束从生产技术和工艺的角度决定了能否生产出某种商品，而经济约束则是指厂商需要在控制一定成本的情形下组织生产，一个层面的意思是指厂商需要控制总成本，也就是说控制生产的规模，另一个层面的意思是指厂商需要控制单位成本——在既定的成本约束下实现产出最大化。

需要注意的是，经济分析基本上都假定技术是既定的，也就是在分析时都假定厂商是在一定的不变的技术水平上从事生产，只分析厂商的经济成本和收益之间的关系。

3.3.3　厂商供给决策：长期和短期

在经济学中长期和短期有着特殊的含义。在短期内，厂商至少有一种投入要素是固定不变的。但在长期内，厂商的所有生产要素都是可以调整的。它们分别对应于会计学中的变动成本和固定成本。

例如，某个发电厂，已有发电机组的发电能力是 60 万千瓦，在很长的一段时间里都是这个水平，现在准备上一套新的机组。在没上这个新的机组前电厂的生产决策就是一个短期决策，因为只需要考虑现有机组运转而产生的成本，不需要考虑机组的建设成本。建设新的机组则是对电厂固定成本的改变，即要新增庞大的新机组建设成本，所以这个决策就是长期决策。当然，长期和短期只是相对的概念，在对不同问题进行分析的过程中需要具体认定。

不论是长期决策还是短期决策，改变的只是厂商决策时的成本范围，厂商依然是按照边际成本等于边际收益的基本原则进行决策的。例如，当发电能力处于边际收益大于边际成本时，存在获利空间，这就促使发电厂贷款融资引进新的设备，提高生产能力，这个决策就属于长期决策。

3.4　市场均衡、一般均衡、福利经济学与市场失灵

3.4.1　完全竞争下的市场均衡

在一个行业中有如此众多的厂商以至于其中任何一个厂商都无法通过其自身决策影响市场价格水平，消费者也是如此之多以至于实现效用最大化的消费者也无法独自影响市场价格水平，这样的行业被称为完全竞争行业。对于这样一个行业，产出的总需求和总供给可以分别用向下倾斜的需求曲线和向上倾斜的供给曲线来表示。

如图 3－5 所示，当市场出清时均衡价格和均衡产量位于总供给曲线和总需求曲线交点之处，即 M 点，在该点给定的价格水平 p 上，厂商所生产的所有商品 q，消费者都愿意消费；消费者想购买的商品厂商也都能够且愿意供给。

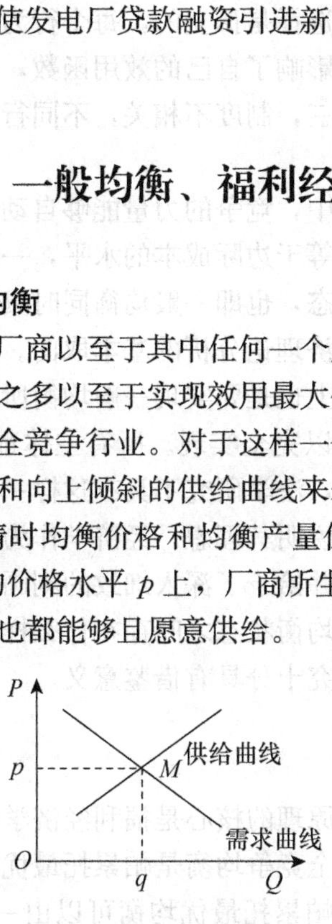

图 3－5　市场均衡

市场均衡思想最早是由斯密在《国富论》中描述的，即所谓的“看不见的手”假说。斯密说，面包师烤面包不是觉得社会需要面包，而是要从每个面包中赚取利润，屠夫卖猪肉也不是想增加社会福利，而是在追求个人利益，但他们的行为在追求个人利益的同时也

满足了社会的需求。整个社会在这样一种状态下会使消费者愿意买的东西都买得到，厂商愿意卖的东西都能卖出去。后来瓦尔拉斯系统地阐述了这一理论，并将其发展为一般均衡理论，到 20 世纪 50 年代阿罗和德布鲁等人从数理上严格地证明了一般均衡的存在性问题。

3.4.2 一般均衡

当效用最大化的消费者和利润最大化的生产者之间的独立决策活动使得所有市场同时实现出清、达到均衡状态时，一般均衡实现。

一般均衡的实现需要一系列的前提条件：(1) 经济行为人具有完全意志能力，能够保证其效用函数具有有序性和单调性。有序性保证行为人在不同行为方案下得到的效用是可以比较的。单调性保证行为人能够在不同的效用之间判断出偏好程度的差异，并进行排列。(2) 保证行为人具有完全计算能力，即使存在不确定性，行为人也可以通过概率判断各种可能行动方案的预期效用，并比较它们之间的大小。(3) 保证行为人具有完全记忆能力，对影响决策的一切因素具有完全信息。(4) 环境的不相关是理性选择理论对决策环境的基本要求：第一，排除了历史对选择的影响，行为人过去的选择对将来的选择没有影响，选择只着眼于未来；第二，选择是孤立的，每个行为人根据自己的效用函数及面临的约束单独决策，除非他人的选择影响了自己的效用函数，否则不考虑他人的决策，更不考虑自己的行为对他人的影响；第三，制度不相关，不同行为人在决策时基本上面临着相同的制度环境，因此假定制度不变。

在上述假设条件构成的环境中，竞争的力量能够自动使得所有市场上的每种商品和服务的供给和需求都达到边际收益等于边际成本的水平，一般均衡自动实现。一般均衡刻画了经济学中所描述的社会最优状态，也即一般均衡同时具有生产性效率和配置性效率。追求和实现一般均衡也因此成为经济理论分析的基本取向。

建立和实施法律的目的实际上也是要实现一般均衡所界定的状态。在一般均衡中，不仅效率得到保证，而且公平也得以完全实现。所有主体都以自身的约束（能力或者收入）为基础实现了效用最大化。但是，法学研究不具有这样一个已经被刻画得十分清楚的理想状态，没有一个共识性的标准来说明其理想。经济学作为一种研究方法，它的优势就在于树立了一般均衡这个理想状态，并给予了深入细致的刻画。这样，所有的经济分析都是在比较所研究的市场和制度与一般均衡状态之间存在什么样的差距，为实现一般均衡需要进行什么样的改进。这对于法学研究十分具有借鉴意义。

3.4.3 福利经济学

福利经济学基本理论和基本原理的核心是福利经济学的两大基本定律。福利经济学第一基本定律指出，市场经济的完全竞争均衡是帕累托最优均衡。福利经济学第二基本定律指出，在经济满足一定条件下，帕累托最优均衡可以由一个转移价格（转移禀赋或财富）实现。换言之，即计划经济也可以达到帕累托效率。但是在当前现实经济体制选择中，世界上的主要经济体制都选择以市场经济体制为主导（即使最为纯粹的市场经济也存在计划的成分），而没有选择计划经济体制。其中关键的原因，一是中央计划者缺乏足够的信息来协调生产和消费，从而使转移价格偏离了最优均衡要求的价格水平；二是中央计划者难以达到完全的利益超脱，其偏好难以完全集中在实现经济的帕累托效率上。①

3.4.4 市场失灵

一般均衡是理想的市场状态，也是成立条件十分严格的状态，存在众多的原因使一般均衡要求的条件无法达到，从而导致市场偏离了最优状态。市场失灵是指市场机制无法顺利发挥作用的情况，导致市场失灵的原因主要有以下四方面：

1. 垄断

如果市场是完全竞争的，边际收益和边际成本相等，市场完全出清，均衡实现。但是在垄断的情形下，垄断者利润最大化的产出和价格组合位于价格高于生产的边际成本的位置。从经济效率的角度来看，垄断价格过高，而提供的产量过少，因此不符合最优原则。

和竞争性企业一样，垄断者也是通过使得边际成本等于边际收益来实现利润最大化的。在图 3-6 中表现为生产 q_1 的产量，对应价格为 p_1。而市场需求的产量为 q_2，对应的市场价格为 p_2。所以在垄断条件下，社会将有一个效率损失，不仅社会需求的产品的数量没有全部被满足，只有一部分得到了满足，并且这些得到满足的消费者是以付出更高的代价得到满足的，即消费者福利没有达到最大化，只是实现了垄断厂商利润的最大化。因此垄断对整个社会来说是有效率损失的。

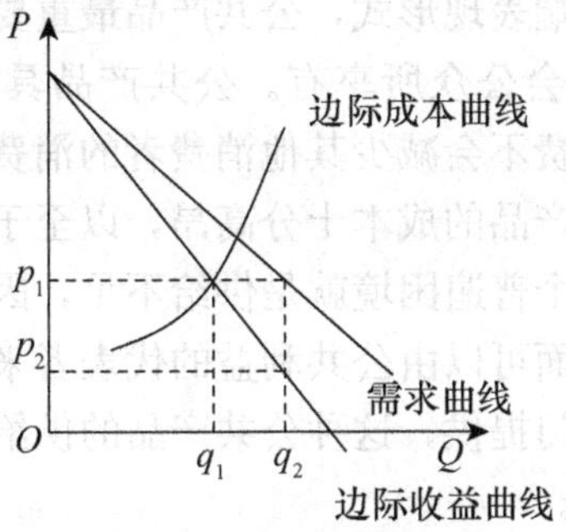

图 3-6　垄断的效率损失

垄断的出现主要是因为其他潜在的生产者进入这个市场存在障碍，一种障碍来源于法律。例如，我国历史上对金融市场的管制，最早只有中国人民银行一家金融机构可以进入金融市场，后来放松到允许四大国有商业银行进入，现在加入世界贸易组织后逐步允许外资银行的进入。这就是在法律约束条件下的垄断。

另一种障碍就是技术障碍。技术障碍与规模经济有关，规模经济是指某种生产条件，在这一条件下，产出水平越高，单位产品的平均成本越低。当这种条件存在时，一个企业生产给定水平的产出要比多个企业联合生产花费更小的成本，出现自然垄断的情形。

2. 外部性：供给不足与过度供给

当某个经济主体决策产生的结果并没有全部被该经济主体承担时，由此而产生的效应被称为外部性。当决策的收益被他人全部或者部分占有时，产生的是正外部性。例如：蜜

① 其实这也说明了一个"独裁"（令行禁止，改变资源应用或价格）的"明君"（为了社会的帕累托效率）所统治的社会可能是非常有效率的，它类同于一个高效运作的民主社会和分散经济。但是问题在于，这样利益超脱和中立的中央社会计划者是不存在的，更准确地说，是难以稳定存在的。

蜂在采集花蜜时，也传播了花粉，使得果树结果。蜜蜂的行为产生了两个结果，一个结果是养蜂人采集到了花蜜，另外一个结果是促进果树结果，收益被果树的所有人享有了。如果行为所产生的成本部分或全部被他人承担，这时产生的外部性是负外部性。例如：吸烟者会使他周围的人也呼吸到不清洁的空气，这就是吸烟者产生的外部性。

博弈论深化了外部性理论。例如在囚徒困境中，每一个囚徒的决策都会对其他囚徒产生影响，也就是说每一个囚徒都没有全部获得其行为所产生的结果。外部性之所以会导致市场失灵，主要原因就是行为的收益与成本之间不统一。当某一生产者的行为成本并没有由自己全部承担时，他被激励继续进行生产，使得边际成本等于边际收益，但对整个市场来讲，他的生产是过剩的，导致过度供给；而当某一生产者所产生的一部分收益被其他人占有时，他所提供的产品就会低于市场所需要的数量，导致供给不足。

克服外部性的基本途径是外部性内部化，即通过一定的制度安排使行为的成本和收益之间重新具有一致性。例如强制吸烟者赔偿非吸烟者所遭受的侵害，就可以将吸烟导致的成本外溢，重新为吸烟者承担。外部性理论是进行经济分析时经常使用的工具，因为几乎所有的行为都具有外部性。法律问题中的许多决策都有外部性，例如侵权就是典型的负外部性例子。法律制度也是实现外部性内部化的重要途径。

3. 公共产品

公共产品是正外部性的极端表现形式，公共产品最重要的特征就是它所产生的收益能够被供给者之外的不特定的社会公众所享有。公共产品具有两个显著特征：(1) 非竞争性，即一个人对公共产品的消费不会减少其他消费者的消费水平；(2) 非排他性，即排除没有付费的消费者来消费这个产品的成本十分高昂，以至于没有企业愿意提供这种产品。

因此，公共产品面临的一个普遍困境就是供给不足，因为它的供给成本远远大于它的收益。要解决这个问题，一方面可以由公共利益的代表者来提供公共产品，即由政府来提供；另一方面也可以由私人部门提供，这种公共产品的供给可以由政府提供补贴，使公共产品的提供者成本和收益相等。

4. 决策信息的问题

决策需要足够的信息支持，但是当进行决策时通常会面临信息问题的困扰。这些困扰主要表现为：一是信息不完全或不完美，二是信息不对称。不过，当信息拥有量不足以支持决策者作出决策时，并不意味着决策者不能作出决策，行为经济学对此进行了研究与回答，而信息不对称则是信息经济学的主要研究对象。

3.5 信息经济学：影响决策的信息因素

信息不对称是指一方拥有信息，而另一方缺乏该信息的情况。信息不对称显著地影响着人们的选择和决策，如信息不对称会影响消费者对交易对象的选择。有调查显示，消费者面对同样都不是很熟悉的产品时，做过广告的产品与没做过广告的产品相比会成为更多消费者的选择。尽管做过广告的产品可能并没有比不做广告的产品好，但是由于消费者对产品不了解，所以在选择时会受到影响。

信息不对称分为两种情况，一种是事前的信息不对称，一种是事后的信息不对称。前者是指在双方发生经济关系之前就存在信息不对称。例如在招聘过程中，招聘企业对每位应聘者的信息并不是十分了解。事后的信息不对称是指在经济关系建立后产生的信息不对称。最典型的例子是企业的管理层和企业的所有者之间的信息不对称。

逆向选择是指当存在事前的信息不对称时，人们为了减少信息不对称风险而采取一些措施时所导致的效应或结果。如在疾病保险中，保险公司对每一位投保人的健康状况并不了解，保险公司为了防止那些风险很高的人来投保，就故意提高保费水平，这会使身体好的投保者退出，剩下的是那些身体不好、风险很高的投保者。保险公司提高保费是为了使风险高的人退出，结果反而使风险高的人来投保，而风险低的人退出了，这就是逆向选择效应。这种效应使追求的目标没有达到，反而出现了相反的结果。为了防止这种现象出现，保险公司应设置不同的保费水平，使不同风险水平的投保者选择相应的适合自己的保费水平，这就是自选择机制或筛选机制。

事后的信息不对称造成的结果是道德风险，是指那些拥有信息的人不会将真实的信息告诉需要知道信息的一方。例如管理层不会将自己努力水平的真实信息告诉企业的所有者。消除道德风险的一种方法就是道德激励约束机制，例如对国有企业的管理层进行激励约束；另一种办法就是竞争，给信息优势一方设立一个基本的信息告知或披露的标准，达到某个标准就给出相应的激励。

3.6　博弈论：行为主体决策相互影响下的决策均衡

博弈论研究的基本问题是行为主体在决策时相互之间是如何影响的。传统的微观经济理论只考虑主体所面临的一些不变的约束，博弈论中讨论的决策是建立在对方决策基础之上的，即 A 的选择建立在 A 的博弈对手的选择之上。也就是说，A 的选择不仅是 A 个人追求的函数，还是 A 的博弈对手的函数。

博弈分析有三个基本要素：（1）参与人，即博弈的人；（2）每个参与人的战略；（3）每个选择都要有相应的得益，即每种选择都要有相应的成本与收益。

囚徒困境清晰地说明了博弈论的基本概念。假设两个被怀疑合谋偷窃的嫌疑犯甲、乙被警方抓获，但警方掌握他们偷盗的证据不充分，于是将他们分开单独进行审讯，即双方无法进行信息交流、订立攻守同盟。警察向这两个嫌疑犯交代的基本原则是：如果一方坦白，另一方不坦白，则坦白者从宽处理，判刑一年，不坦白者从重处理，判刑七年；如果两人都坦白，则对每个人各判刑五年；如果两个人都不坦白，则警方由于证据不足，只能对每个人各判刑两年。选择矩阵如图 3－7 所示：

		乙	
		坦白	不坦白
甲	坦白	−5　−5	−1　−7
	不坦白	−7　−1	−2　−2

图 3－7　囚徒困境博弈

这两个囚犯的博弈过程如下：如果两个人都不坦白即合作抵赖，则可以获得最好的结果（－2，－2）。但由于他们无法订立攻守同盟，每一方都担心对方坦白而自己不坦白时所要遭到的重判，所以每个囚犯的占优策略都是坦白，即双方不合作。于是（坦白，坦白）便是该博弈的占优策略。但是由此导致的结果是最差的（－5，－5）。囚徒困境清晰地显示出了个人理性和整体理性的冲突，从个人角度出发所选择的占优策略，从整体来看却是最差的结果。

博弈决策即在决策时不仅要考虑选择对自己的影响，而且也要考虑其他人的选择对自己的影响。博弈会产生多种结果，参与者在对方策略给定的情况下作出自己的选择，当这种选择不再改变的时候所形成的均衡称为纳什均衡。纳什均衡是一种比一般均衡范围更广的均衡，一般均衡是有效率的均衡，而纳什均衡并不一定是有效率的均衡。（坦白，坦白）是囚徒困境中的纳什均衡，它就不是效率均衡，并且还可能存在多个纳什均衡。

博弈论的一个重要内容就是，如何把不符合效率标准的纳什均衡排除出去，找出有效率的纳什均衡。由此使博弈分析更适合法律分析。因为法律处理的都是特定主体之间的关系，特定主体之间的关系也都会影响到特定主体之间的选择，博弈最终形成的结果可能是有利于当事人的，也可能是不利于当事人的，可能是社会追求的结果，也可能不是社会追求的结果。对法律关系展开博弈分析就是要找出哪种结果是社会所需要的（有效率的），以及如何来实现这个结果。

共同知识是博弈论中的一个重要概念，是指博弈的参与人所共同拥有的知识，如囚徒困境中警察告诉囚徒的行为及其后果的信息就是囚徒拥有的共同知识。共同知识的不同会显著影响参与人对博弈得益的判断，由此也会改变参与人的行为选择，从而影响博弈均衡。从根本上看，共同知识取决于整个社会的文明程度和知识积累水平。因此提高社会文明程度和知识水平能够使博弈均衡更多地向效率均衡方向发展。

3.7　不确定条件下的决策：风险与保险

不确定性是现代经济学研究的一个核心问题，实际上现代经济学的许多进展都是建立在对不确定性问题的研究上。不确定性从两个方面影响人们的行为：或者使人们在行为上过度反应，或者使人们的行为反应不足。例如面对传染病，当人们感觉到被传染的可能性很小的时候，没有人愿意预防，而当人们感知被传染的可能性很大的时候就会过度预防。针对在不确定条件下如何进行决策，经济学发展出了期望效用理论。

3.7.1　期望效用的最大化

瑞士的数学家和牧师丹尼尔·伯努利在18世纪发现，在不确定条件下，人们追求的不是货币价值的最大化，而是预期效用的最大化，预期的范围要比用货币来表示的范围更为广泛。经济主体在面对未来作出决策的时候追求的不是效用最大化而是预期效用最大化，预期效用有向下倾斜的趋势，即距离当期越远的效用折现到当期效用就会越低。这样通过对未来预期效用的折现，决策者能够对不同行为的预期效用水平进行比较，从中作出选择。

法经济学的一个显著特点就是，推动法律主体在实施行动前，主动比较法律行为的成本和收益，通过对成本和收益的调整实现对当事人行为的影响。法经济学认为建立和实施法律制度的目的，不是事后对当事人的行为进行追究，而是着重于在事前影响当事人的行为选择。这些事前的行为选择都是以期望效用理论为基础进行分析的，比较的都是未来行为所产生的预期效用水平。期望效用理论是对法律进行经济分析时使用的一个基本理论工具。

3.7.2 风险态度

预期效用的水平受人们风险态度的显著影响。风险态度主要有三种：风险规避、风险中立和风险偏好。

1. 风险规避

人们在面对风险时总是想方设法规避风险，消除不确定性，在进行经济分析时也经常假定消费者是风险规避的，因为它更符合实际情形。风险规避是指对确定性高的财富具有更高的效用评价。例如在以100%的概率获得100元和以10%的概率获得1 000元之间进行选择，尽管二者的预期价值相等，但风险规避者的选择是前者，因为前者具有更高的确定性。因此要让风险规避者放弃无风险项目而选择有一定风险的项目，则需要支付一定的额外回报作为承担风险的补偿。

2. 风险中立

风险中立是指只要预期价值相等，确定性的大小对决策者的预期效用水平没有影响。在前例中以100%的概率获得100元和以10%的概率获得1 000元，对于风险中立者来说没有效用水平的差异。在经济分析中一般假设厂商是风险中立的，假设只要预期价值是一样的，厂商对风险高的方案和风险低的方案没有什么特殊的偏好。

3. 风险偏好

风险偏好是指对风险感兴趣，风险偏好者认为风险会增加他们的效用。在前例中，风险偏好者将选择以10%的概率获得1 000元。在分析中一般不假定经济主体是风险偏好者，只有在少数情况下会进行这样的假设，例如对企业家特别是具有企业家精神的企业家。因为企业家的定义本身就包含有创新的内涵，创新就是低概率的风险事件，创新的成功概率是很小的，所以假定企业家是风险偏好者。

不同风险态度的区分对我们进行经济分析是有很大裨益的，在不同的偏好之下我们得到的结果也是不一样的，也就是说对风险的不同态度影响了经济主体的最终选择。一般假设消费者是风险规避者，假设厂商是风险中立者，而很少假设经济主体是风险偏好者。

3.7.3 保险

保险是人类社会发明的化解风险的最重要的制度安排。保险就是把个人风险转化为社会风险，让社会分担个体的风险。保险供给的理论依据是大数定理（law of large number），该定理认为在个体看来是随机的、不可预测的风险在群体中会变成确定的和可以预测的。保险合同的实质就是：风险规避者放弃一定水平的确定性收入（保险费），保险公司因此承担不确定性事件的风险。

保险制度的良好运行需要克服信息不对称问题：（1）道德风险。投保人在投保后，当产生了新的风险事件后，投保人因为已经参与了保险而不采取积极的预防措施。例如，当电线老化时，正常情况下需要更换新的电线，但投保人觉得自己投了保，产生的损失会由保险公司来赔偿，所以就对电线老化的风险不加预防。因此一般采取保险公司和投保人共担风险的安排来激励投保人主动进行预防。(2) 逆向选择。逆向选择导致参加投保的都是风险较高的主体。为消除其影响，一般采用根据风险水平对应分段收取保险费的做法，让投保人自己根据风险水平选择适当的保险费来投保，促使风险和保费水平相匹配。

3.8 行为经济学：决策中的心理因素

3.8.1 概述

行为经济学是在西蒙（Simon）的大力倡导下发展起来的，实验经济学是从 20 世纪 40 年代以后逐渐发展起来的另一个新兴经济学学科。但它们研究的问题和工具基本相同，实验是它们共同的研究方法。实验的目的是为了检验经济学的基本经济理论成立与否，比如一般均衡在现实生活中是否存在、市场能否出清等。行为经济学特别强调心理因素对决策的影响。这些心理因素的存在使决策并不是理性选择理论界定的那样，存在着众多与理性选择理论不一致的反常现象。这些心理机制使决策模式多样化、复杂化，从而使对行为的判断和规范制度的安排更加复杂。

3.8.2 行为经济学的基本内容

行为经济学的主要贡献在于发现了许多决策的心理行为机制，深入揭示了影响和决定决策的心理因素（Cass R. Sunstein，2000）。行为经济学的主要研究集中在两个方面：一是认为偏好不是独立存在的，它的形成受制于行为人的心理环境；二是发现了许多影响决策的心理因素——直观推断和偏见，其中重要的是后者。

1. 偏好构造：决策时环境的作用

偏好构造强调每个行为人的偏好都不是独立的，而是由决策的环境及其心理感受构造出来的。偏好取决于环境，是在社会决策背景中生成的。因此偏好会随着环境的改变而改变，不是一成不变的。

折中效应（compromise effect）是指在给定的可以排序的选择面前，大部分人会选择其中具有折中性质的组合。对比效应（contrast effect）则是指决策不是独立进行的，而是在不断的比较中完成的，因此是不同选择之间的对比导致了折中效应。尽管选择最终只有一个结果，但实际上这个结果是在与众多没有被选择的结果的对比中产生的。这些没有被选择的结果构成了选择的潜在框架，选择是在这个框架中完成的。新出现更多的选择后，就可能改变选择结果。如当在 800 元的衣服和 1 000 元的衣服之间选择时，多数人会选择 800 元的衣服，但是当出现了一件 1 500 元的衣服供选择时，大部分人会转而选择 1 000 元的衣服。因为与 1 500 元相比，1 000 元已经不是与 800 元相比时那样贵了。没有被实际选择的选项——1 500 元的衣服的介入，改变了前两个选项之间的选择结果。

Kahneman and Tversky（1979）的“期望理论”（prospect theory）同样揭示了决策受制于环境、偏好是被心理环境构造出来的道理。他们提出了著名的“框架效应”（frame effect）概念。框架效应指的是在不确定状态下，行为人的选择不仅与不同行动方案的预期效用有关，更与这些行动方案与基准点的偏离方向有关。根据基准点，当行动方案代表的是“收益”时，行为人将表现为风险规避者，即在具有同样预期效用的确定性收益和风险性收益中，选择前者；而当行动方案代表的是“损失”时，行为人则成为风险爱好者，即在具有同样预期效用的确定性损失和风险性损失中，选择后者。在实验中，当要求行为人在获得 240 美元和以 25%的概率获得 1 000 美元之间进行选择时，84%的人选择了前者，尽管后者的预期效用（250 美元）比前者还多 10 美元。而当被要求在损失 750 美元和以 75%的概率损失 1 000 美元之间进行选择时，87%的人选择了后者，但二者的预期效用是一样的。

上述三个效应都说明，选择依赖于环境。当选择空间变化时，选择结果也将随之发生变化。并且在这个过程中指导选择的风险态度也将发挥作用。

2. 偏见：决策中的心理机制

（1）厌恶极端偏见（extremeness aversion bias）。

人们在决策时总是尽力避免走极端，不选择最大与最小、最前与最后等结果，走一种所谓的中庸路线。折中效应实际上就是厌恶极端偏见的体现。

（2）厌恶损失偏见（loss aversion bias）。

人们在心理上总是想将损失尽可能地降到最低。框架效应就是这种心理偏见的具体体现。尽管人们在不同的基准点方向上表现出了不同的风险态度，但都是为了避免损失。下面的现状偏见和禀赋效应也是类似的体现，不过具体的作用环境不同。

（3）现状偏见（status quo bias）与禀赋效应（endowment effect）。

现状偏见指的是人们总是喜欢维持现状而不喜欢改变，因为人们能很清楚地了解改变现状的损失是什么，但是不知道改变的收益是什么，所以就倾向于维持现状。禀赋效应指的则是行为人对其拥有的物品（包括有形的实物、无形的权利等在内）比对其不拥有的同样物品有更高的效用评价。典型表现就是对损失的评价要高于对收益的评价。“接受意愿”和“支付意愿”之间的差异充分说明了这一点。支付意愿（willingness to pay，WTP）是当事人在心理上为得到某一商品而愿意支付的价格；接受意愿（willingness to accept，WTA）则是当事人为出让某一商品而愿意接受的他人对该商品的出价。一般地，接受意愿大于支付意愿。这与理性选择理论的判断不一致。理性选择理论认为行为人在不同物品之间进行选择，只要这些物品给他带来的效用是相同的，选择就是无差异的，不管行为人是否拥有这些物品。禀赋效应不仅表明接受意愿和支付意愿之间存在差异，而且差异是与所有权联系在一起的。这样科斯定理就可能是无效的。科斯定理认为只要交易成本为零，权利和禀赋不重要。但禀赋效应表明谁拥有所有权很重要，拥有权利的主体对其权利的评价要高于不拥有权利的主体的评价，因此权利主体放弃权利的要价可能高于谈判对方所能接受的价格，这样即使交易成本为零，交易也无法达成。

（4）后见偏见（hindsight bias）。

后见偏见是指行为人在事件发生前对事情发生概率的判断要低于事件发生后的概率判断水平。实验充分证明了后见偏见的存在：让参加实验的学生判断，一座桥梁倒塌，造桥公司是否应该承担责任。第一组学生被告知桥梁已经倒塌；第二组则没有被告知该信息。结果第一组给出的桥梁倒塌的概率水平明显高于另一组，因此更倾向于让造桥公司承担责任，这就是后见偏见在起作用。

这种概率判断偏见经常可以被观察到，影响范围很广。特别是在法律问题上，因为所有的审判和法律责任的追究都是在对已经发生的事实进行审判和追究。“汉德公式”是侵权法经济分析的基础理论。该公式认为判断侵害人是否存在过失，应通过比较预防的收益和成本来确定。假定损害的发生概率为 P，造成的损失为 L，侵害人的预防成本为 B，则如果 $B>PL$，则侵害人没有过失；如果 $B<PL$，则侵害人有过失。因为理性的行为人在收益大于成本时应当支付成本，没有支付就违背了理性原则。公式中的概率 P 指的是侵害发生的客观概率，但是后见偏见的存在影响了判断者对概率的认识，因为审判都是在事故发生后进行的。如果法官和其他判断人不知道事件已经发生，他们会作出较低概率判断。但当他们知道事件已发生时，其概率判断水平将上升。因此对于预期成本和收益的比较，事前预测和事后分析会产生较大差异。后见偏见提高了事故发生概率预期，进而要求更高的预防水平，由此就可能导致过度预防、浪费资源。

（5）乐观偏见（optimistic bias）。

所谓乐观偏见，即人们认为自己总是幸运的，且自己幸运的概率要远远高于平均水平。如统计数据显示在加利福尼亚州婚姻大约以 50%的概率以离婚结束。但是询问将要登记结婚的新人，绝大多数都认为自己的婚姻将是幸福的，不会离婚，尽管已经把上述客观信息告诉了他们。侵权法中的盲目乐观和过度自信实际上就是这种心理的反映。

（6）易得偏见（availability bias）。

人们在进行判断时，形成概率判断的基础是与判断相关的信息。这些相关信息本身是容易被想起还是要经过一番努力思考之后才能想起，会影响概率判断的高低。易得偏见就是指相关信息越是容易被记起（越是容易获得），那么得出的概率判断水平越高的心理现象。例如比较心脏病的死亡概率和飞机失事的死亡概率，多数人会认为飞机失事的死亡概率要高于心脏病的死亡概率。但实际上，心脏病的死亡概率远远高于飞机失事的死亡概率。之所以会有这样的判断，是因为每一起飞机失事都会有大量的详尽报道，而因心脏病死亡却很少有报道。因此，进行判断时往往根据信息以及信息的易得程度来判断，这样就会使概率判断出现偏差。

（7）锚定偏见（anchoring bias）。

锚定偏见也可以称为固执己见偏见，是指人们一旦形成了一个概率的判断之后，除非获得大量足够的新信息，才会改变既有判断。例如认识陌生人最初的印象很重要，如要改变必须有很充分的信息，而如果新信息没有积累到一定程度，就会出现认识上的固执己见。固执己见会影响人们随后的认识和判断，形成偏见，影响决策。

3. 价值的心理评价

在判断物品的价值时，心理因素也会产生重要影响。禀赋效应、现状偏见已经充分说明，即使对于同样数量的货币或其他财富，因为所有权不同，人们对其的评价就是不一致的。框架效应同样也说明在不同环境下对同一结果人们也会有着不同的评价。

精神账户，或者说是心理账户，更进一步反映了价值的心理评价现象。微观经济学认为货币是同质的，给人们带来的消费满足是同样的。实际上人们对于货币的不同用途有着不同的心理评价。同样一笔钱可以进行教育投资，也可以作为医药费，不同的用途使相同的货币得到了不同的评价。例如父母生病，人们就会马上把旅游的钱用于医疗。特别是在父母生病急需要用钱时，同样数量的钱这时就会有着比平时更高的评价。

也就是说，人们实际上是将自己的资产存放在不同的心理账户上，并对不同账户上的资产有着不同的评价。因为不同心理账户上设定的追求目标和满足的需求不一样，偏好的满足程度和迫切程度也不一样，由此决定同一货币在不同账户中的评价是不一致的。这就是心理账户的意义。例如 800 元对于一个学生来说足够一个月的生活费，并且生活水平还不会很低。但是如果这个学生同时准备对股市进行投资，这 800 元就不会得到同样高的评价，因为 800 元连最低的投资门槛都达不到。

3.9　产权经济学：成本与收益的边界

3.9.1　产权及产权经济学

产权是经济主体之间围绕财产建立的经济权利关系。经济学文献中“产权”这个概念基本上仅限于指称经济性权利，既包括全部权能具有经济性质的权利（如财产权利），也包括部分权能具有经济性质的权利（或者说是权利中的经济性部分，如肖像权的商业使用）。并且“产权”既可以指称一个经济性权利，也可以指称一组经济性权利。前者如收益权，后者如所有权。需要注意的是，“产权”在经济学中是一个较为宽泛的概念，在许多情况下并没有严格限定其含义，甚至笼统地指向所有权利。

占有、使用、处分、收益构成了产权的四个权能，并且这些权能还可以独立成为一个单独的产权向外转移，为其他经济主体拥有，这就是产权的细分。产权的细分实际上是资源使用方式进步的体现。当在技术进步的推动下，资源有了更丰富、更多样的使用方式时，要充分发挥这些新型利用方式的作用就需要对资源的产权构成进行细分。如电视信号在使用有线电视技术前是无偿使用的。每一个电视机的拥有者在安装天线后就拥有了观看电视节目的权利。有线电视技术使信号的无偿使用转变成为有偿使用，不仅能够有效区分不同的使用者，而且能够根据使用者的付费情况供给不同内容和质量的电视信号。

产权经济学是研究产权的产生、发展及其与经济发展之间关系的理论体系。产权经济学是在科斯、阿尔钦、德姆塞茨等经济学家的推动下逐渐发展起来的。它的出现使人们不仅关注资源的物理使用状态，而且认识到建立在资源之上的权利体系对于资源配置和有效利用也具有重要的影响。

3.9.2　产权的功能：界定成本和收益的边界

假设 A 和 B 两个人生活在一个没有产权、没有秩序的世界里。① 两个人同时从事两种生产活动：一种是种植，一种是偷盗。各自的生产能力见表 3－1：

① 该模型为偷盗—保护模型，源自 Cooter and Ulen（2003）的第 4 章“产权的经济理论”。

表 3-1　无产权秩序的社会

	种植的谷物	偷得的谷物	被偷谷物	实际消费的谷物
A	50	40	−10	80
B	150	10	−40	120
总和	200	50	−50	200

现在假设两人达成一个协议，承认自然状态下产生的结果。即B向A提供30单位的谷物，这样A获得80单位的谷物并向B提供一种承诺——承诺除此之外不再偷盗B的谷物，B同时也放弃偷盗A的谷物。这样就建立了一种基于产权的秩序：具有偷盗优势（一种财富转移活动）的A对80单位的谷物拥有了所有权，但更重要的是具有种植优势（一种财富创造活动）的B此后不需要再付出防范成本和偷盗成本，而集中于自己的优势领域，从而能够实现更高的财富产出，B的投入增加了，社会的总收益上升了。具体改变体现在表3-2中：

表 3-2　有产权秩序的社会

	风险值	剩余的分享份额	实际消费的谷物
A	80	50	130
B	120	50	170
总和	200	100	300

这个思想实验说明：一是产权能够促进经济增长。在实验中，一种是有产权的状态，一种是没有产权的状态。在有产权的状态下，社会福利水平上升了。产权秩序有效地将一部分社会无效投入转换成了有效投入。实际上，权利的维护成本对一个社会来讲是一种纯粹的资源浪费，它不能带来社会财富的增加，只是提高了社会成本。也就是说，如果社会将绝大多数资源投入在财富生产而不是财富转移上，那么整个社会的产出将会发生巨大变化。

二是产权的配置对于经济增长十分重要。产权的配置有两重含义：一是把产权赋予谁，二是赋予什么样的产权。从理论上讲，对应于社会既定的技术水平（技术水平代表着资源的可能使用方式），存在着一个最优的产权配置状态。在这个状态下，合适的产权被赋予了适当的主体，从而使产权指向的资源得到了最大化的利用，社会因此处于福利水平最大化的均衡状态中。在实验中给予具有偷盗优势的A以固定的产权份额（每年80单位的谷物），而给予具有种植优势的B以激励性的产权份额，B的投入越高，收益越大，产生了经济增长的结果。而如果反向配置，使社会过多的资源被用于财富转移，将导致财富生产枯竭，陷入经济困境。

从整个社会来看，经济活动可以分为生产和分配两大类，生产和分配都是不可缺少的。那么从产权界定这个角度看，社会资源在生产和分配之间配置就应该有一个最优的边际成本等于边际收益的点，对每一个同时从事这两种活动的主体而言也应该有一个微观的边际成本等于边际收益的点。这就是产权最优的配置状态。需要强调的是，这个最优状态建立在经济主体不同的能力优势之上。在思想实验中，B的生产能力相对高一些，因此就要把权利向B倾斜，给他更具有优势的权利和保护，使他投入更多的时间进行生产，得到更好的经济增长结果。经济学的一个核心目的就是研究如何把资源向使用效率最高者手中集中。A具有比较强的偷盗能力，尽管偷盗能力在这里看来是没有产出的，但也是在社会中存在的，因为它代表着分配。也就是说A分配的能力比较强，给予他相应的产权，以避免财富分配成为财富生产的障碍。

三是，产权是通过明晰经济活动的成本、收益边界来实现促进经济增长功能的。产权是如何实现促进经济增长功能的？其中的关键在于，产权有效界定了经济活动的成本和收益边界。B通过产权获得了除去转移给A的30单位的全部剩余收益，A则因此获得除去自身种植所得之外的30单位的谷物。A、B之间的收益因为产权的出现而划出了清晰的边界，从而使A、B对今后的行为结果获得了一个稳定的预期。

产权匹配于社会的全部资源，也就明晰了使用资源的收益和成本承担者，划定了所有经济活动的成本和收益边界，形成了一个有体系的社会性的稳定预期和投资秩序，从而激励了整个社会中的生产性投资，实现了经济增长。

习　题

1. 理性选择的基本含义是什么？
2. 消费者是如何最大化效用水平的？厂商是如何最大化利润的？
3. 均衡是一种什么样的状态？
4. 经济学的三个效率标准分别是什么？帕累托效率标准和卡尔多-希克斯效率标准的区别何在？
5. 什么是市场失灵？导致市场失灵的原因有哪些？
6. 博弈论要研究的是什么行为？阐述一下囚徒困境。
7. 人们的三种风险态度是什么？保险中出现的逆向选择和道德风险是什么？
8. 行为经济学中影响概率判断的心理效应有哪些？
9. 用偷盗—保护模型说明产权的重要性。

推荐阅读书目

曼昆．经济学原理．北京：机械工业出版社，2003.

第四章

法律与法律制度概论

法律是法经济学分析的对象，是法经济学的重要范畴。法律理论有其自身理论体系且博大精深。本章着重从法律的含义、法律的形成和演进、法律体系与法律结构以及法律的运行等方面对法律进行描述，初步勾画出法律理论的框架；同时，结合法经济学的内容和特点，分别从法学和经济学不同的视角对上述法律话题进行分析，提供了经济分析的若干基本思路。

4.1 法律的含义

4.1.1 静态的观点

传统法学认为，法律是一个封闭的、固定的规则或者命令体系。法律被定义为由一个总的标准（基本规则和承认规则）确认的、用于决定何种行为应该受到国家权力的保护或者惩罚的一套社会装置。因此，法律是一个自给自足的规则体系，即所谓“静态的法律”。传统法学运用的方法主要是注释方法。这种方法通常是对于社会现象进行分析，然后把握其本质，赋之以概念；在各种具体概念的基础上，概括抽象出上位阶的更具有普遍性的严谨、位阶层次分明的概念体系，进而通过概念体系推演出具体的法律规定。

显而易见的是，在传统视角中，第一，法律以国家的正当存在为前提。第二，法律必须被遵守，纠纷的解决应该在固有法律的条文内寻找答案，即“恶法亦法”；第三，法律是静止、封闭的，它与价值无涉，即所谓的“法律科学”。第四，法律必须通过国家强制力保障其实施。传统法学的困境主要表现在：第一，它无法解释国家政权的合法更替，因为如果法律必须被遵守，那么新政权对于旧政权的颠覆就是非法的。第二，它无法解释法律本身的形成和演化，如果法律是静止封闭的，那么法律的分化、新部门法的出现是如何成为可能的？第三，现实中，法律规则存在任意性规范，它并不一定以国家的强制力保障其实施。第四，实践上，拘泥于现有的法律条文，往往以牺牲社会的正义为代价。比如，在我国某些司法机关常常以法律没有规定为由驳回当事人的合理起诉而使当事人的利益受损，显然，这不符合社会“向善”的基本价值观。

4.1.2　动态的观点

与传统法学不同的是，现代社会科学从动态视角认知法律，认为法律是一个开放的、运动的体系，即“动态的法律”。比如：法律多元论者认为，法律是秩序或者不同社会关系以及它所调整的社会或者群体的性质，法律可以是创制的，也可以是非创制的，可以是事先确定的，也可以是事后创造出来的，或者直觉的，它可能包括但并非必然包括一个外来的强制规定。法是由涉及权利、义务的连带感情组成的心理现象，可以分为实证的（建立在确定的惯例或明确的正式规则之上）和直觉的（没有建立在确定的惯例或明确的正式规则之上），官方的（由法院或者其他国家机关承认的）和非官方的（没有由国家机关承认的）。社会控制论者认为，法律是发达的政治社会中高度专门化的社会控制形式，是一种有系统、有秩序地适用社会强制力的社会控制。这种方式的统治是根据权威性的理由或者指南有系统、有秩序地进行的，并且是通过一定的司法程序和行政程序，借助公认的权威性技术和理想进行的。法律活动论者认为，法律是合乎道德的权力规范。他们在承认法律是一系列规则的前提下，主张把法官、行政官员和强制执行官员的日常实践纳入法律的概念结构。

需要指出的是：第一，正如人们对制度的理解一样，对于法律的不同理解并不意味着它们是相互对立的，不同理解的形成往往是因为出发点不一样或者偏好兴趣的差异。比如静态的法律较为注重的是法官如何适用法律，动态的法律关注的是法律如何实施，不同观点在法律实践中是可以共存的，而且必须是相互依存的。第二，法律概念的多元化恰恰反映了法律的多维性，其原因在于现代社会分工所带来的不同利益诉求的多样性，人们必须从多个面向理解法律；由于现代社会分工所形成的知识（信息）分布的均衡性，人们从多个面向理解法律成为可能。

4.1.3　上述结论的法经济学意义

第一，法律的多维性意味着法律经济分析方法的发展性。作为实践理性的法律本身具有非自足性和不断变化的动态特征，因此拘泥于法律文字或者法律条文本身的注释法学方法，难以满足法律变迁以及法律所具有的社会功能的需求。不断拓展法律的研究空间，不断拓展其他学科的分析方法对社会关系的解剖，就成为法学研究中确立社会关系多面性的固有要求。法经济学的研究方法就是符合这一要求的研究方法，它是一个动态的体系，正在试图综合其他社会科学发展所取得的一切有用成果，比如心理学和人类学的成果（行为法经济学也恰好证明了这一点），来展开对法律问题的分析。那种认为把福利经济学分析方法视为法经济学唯一的方法而认为法经济学过时的观点显然是错误的，法经济学是不断发展的，包括方法和内容的发展。

第二，法律的多维性意味着法经济学分析方法的多元化。法律的经济分析所研究的重点不同，所选择的方法也会有所差异。例如，成本—收益分析方法是解决具体纠纷、进行利益平衡时的良好方法。制度变迁理论则是研究法律（产权保护）是如何促进经济增长、法律（正式制度）和意识形态（非正式制度）在经济发展中的作用的良好方法，如诺思的研究。因此要根据研究对象的不同选择适当的研究方法展开研究，而不是拘泥于旧有的封闭理念，一味采取单一的研究方法来处理所有的法律问题。

4.2 法律的形成和演进

4.2.1 关于法律的形成和演进：宏观和微观的角度

从宏观层面看，法律的形成和演进在内容上是随着社会分工而逐步形成的，在形式上是从禁忌到习惯再到法律的过程。具体而言，法律的形成过程大体上可以划分为四个阶段：一是先民社会时期，这一时期的社会规范主要表现为禁忌、图腾、复仇等社会规范形态；二是法律的萌芽时期，人类历史上的第一次分工使得母系氏族社会逐步向父系氏族社会过渡，标志父系社会的新的氏族习惯得以产生（例如，父系宗亲财产继承的习惯、确认父权的习惯等），这些新的氏族习惯带有法的胚芽性质；三是法律的雏形期，商品和货币的出现以及文字的发明使得有些习惯已具有法律的雏形（例如土地私人占有的习惯、财产由父系子女继承的习惯、具有刑罚功能的习惯等）；四是法律的形成期，第二次社会大分工使得社会分裂为自由民和奴隶、富人和穷人，私有制得以确立，政治国家趋于成熟，氏族习惯得到国家法律的认可，权利、义务、人格、债、契约等法律概念的产生，刑罚体系的发达，专门裁判机关、诉讼程序（仪式）的形成以及监狱的建立标志着法律的正式形成。

从微观角度看，所谓法律的形成和演进是指立法机关制定或者修改法律，或者法官司法判决确立新规则的过程（判例法）。前者是成文法法律形成和演进的主要方式，后者则是判例法法律形成和演进的主要方式。通常，就成文法的制定或者废止而言，要遵循一定的法律程式。首先是立法权力的分配，例如，根据我国立法的规定，享有立法权的机关以及权力的配置是，法律应由全国人大及其常务委员会制定，行政法规应由国务院制定，地方人大享有制定地方法规的权力等；其次是法律制定的程序，例如按照我国立法的规定，我国法律制定或者修改要经过提出法律议案①—法律草案的审议—法律草案的表决和通过—法律草案通过四个步骤。就判例法的产生而言，通常是法官针对个案按照“遵循先例的原则”进行法律推理（最基本的是三段论推理，即法律前提—法律事实—判决结果），从而形成新规则。应该指出的是，现在世界范围内法律演进的一个发展趋势是，成文法的发展和判例法的发展相互融合，一方面表现为，判例法国家有法典出现，比如《美国统一商法典》，另一方面表现为，成文法国家通过法官对一般条款的法律解释形成了一些新规则，例如，合同法的缔约过失责任。在中国最高人民法院以及最高人民检察院作出的司法解释也是法律渊源之一。

① 法律议案是指依法享有法律议案提案权的机关或个人向立法机关提出的关于制定、修改、废止某项法律的正式提案。法律议案一经提出，立法机关就要列入议事日程，进行正式审议和讨论。法律议案与法律草案不同。法律议案是指有关法的制定建议，内容一般比较概括，但也可以比较具体；可以只提立法主旨和理由，也可以附有法律草案。法律草案内容比较具体、系统、完整。提出法律议案并不等于提出法律草案。提出法律议案时是否附法律草案由提案人自主决定。如果提案人不附法律草案，可由立法机关的有关部门委托一定的机关或个人起草法律草案，也可以组织专门的人员负责起草法律草案。

4.2.2 经济学对法律的形成和演进的研究

经济学对法律的形成和演进的兴趣主要表现在两个方面：一是制度变迁。制度经济学认为，法律的形成和演进是一个产权博弈演化的过程，是一个非正式规则与正式规则相关作用的结果。二是公共选择。公共选择理论认为，法律的制定或者修改是一个公共选择的过程，是各个利益集团的政治博弈过程。

制定变迁理论这一研究路径与法律人关于法律演进的宏观角度分析具有一些共同之处：第一，它们都关注非正式规则（习惯等）与正式规则（制定法）之间的关系；第二，它们都强调经济对制度（包括法律在内）的影响（其实，诺思等人的观点受到马克思观点的影响，因此这个结论是很自然的）。公共选择理论研究路径对应的则是法律的形成和演进微观过程；它以“经济人”这一范畴为核心，分析法律形成过程中各种权力的博弈和制衡，对议会投票制度、院外活动等立法活动和现象进行了详细剖析。

经济学和法学对于法律的形成和演进关注的不同之处在于：第一，法学角度更加注重描述性，而经济学家更加注重其进化的微观机制，比如，它们在进化过程中主体之间如何博弈（例如格雷夫、青木昌彦的研究）。第二，法学角度侧重注释对于基本法律概念原来含义的理解以及含义的演进，其服务于法律的适用；制度经济学侧重于研究法律如何达到均衡，如何实现效率，目的在于理解法律，更好地进行法律创新。第三，公共选择理论关注立法过程的合理性（即考虑何种程序更为合理，比如，对投票制度的设计），法律人关注立法权力的配置、法律效力的位阶等。

4.2.3 一些启示

从法学以及经济学关于法律的形成和演进的研究结论中可以得到如下重要启示：

第一，法律起源于具有“地方性知识”的习惯这一非正式制度。这一事实又具体体现为，法律在国与国之间具有较大的差异性（或者称法律的“本土资源”的特点）。因此法经济学研究要加强对非正式规则的研究，在本土规则中挖掘制度资源，从而深刻理解法律背后的逻辑。这样给出的法律建议才能满足或者符合本土法律演进的一般规律。

第二，传统的法律并非都缺乏效率，一些表面上看来似乎是非理性的法律制度在一定的范围内是有效率的。例如，企业的家族治理能有效降低代理成本，这是所谓的现代企业制度所没有的优点；又如，私人讨债这一私力救济方式比法院的执行这一公力救济方式更为有效（徐昕，2005）。因此要认真研究传统法律与社会的契合性以及现代社会如何有效利用传统法律制度构建更加有效的本土法律体系。

第三，法律演进是劳动分工的结果，是一个永不休止的过程。一方面，随着未来社会经济、政治和文化生活的日益复杂化，一些新的法律子部门将会不断产生，如信息法、网络法、生物工程法等，同时传统的法律部门也会不断膨胀，二者共同构成法律体系的主要部门；另一方面，未来社会情势的变更，未来法律精神、价值观念的变化，会使当代一些通行的法律原则、法律制度得以补充、修改或废止。这些都要求立法者和法官吸取包括经济学研究成果在内的一切文明成果，提高立法技术和司法技术。

第四，法律虽然不是建构的产物，也不是以一定目的为核心人工设计的产物，而是演进的产物，但是这并不意味着人类在规则面前是被动的、消极的。公共选择理论的研究显示，按照理性原则进行某些法律规范的设计不仅是可行的，也是必要的。这说明法经济学在法律规则的设计方面具有强大的优势。明显的例证是，信息经济学中显示机制在金融商品设计中的应用，比如保险合同、可转换债券的设计等。

4.3 法律体系与法律结构

4.3.1 基本概念

法律结构是指法律各个基本要素之间的关系以及它们构成的有机整体，这些基本要素包括法律效力、法律关系、法律责任等。

法律体系是指由本国各部门法构成的、具有内在联系的一个整体，也可称为部门法体系。

法律体系和法律结构是法律学的独有范畴，是法律适用的基础。

具体而言，法律体系是以一国本国现行法为基础的。首先，它既不是几个国家，也不是一个地区或几个地区的法律构成的整体，而是特指一国的法律构成的整体；其次，构成法律体系的法律只能是本国的现行法，既不包括本国历史上已经宣布废止和失效的法律，也不包括尚未制定或已经制定但尚未生效的未来的法律。部门法，又称法律部门，即宪法（占有主导地位）、刑法、民法等。具有中国特色的社会主义法律体系大体上由下列主要部门法构成：宪法、行政法、民法、经济法、劳动法、环境法、刑法、诉讼程序法等。在每一个独立部门法之下，可以再分为第二层次、第三层次的法律。

法律效力是指人们应当按照法律规定的那样行动，必须服从法律。法律效力可以划分为对人的效力、空间效力和时间效力三个方面。法律对人的效力是指法律对谁有效力，适用于哪些人。确定对人的效力的基本原则包括属人原则、属地原则、保护主义和以属地主义为主的原则、属人主义与保护主义相结合的原则。法律的空间效力是指法律在哪些地域有效力，适用于哪些地区。一般来说，一国法律空间效力及于一国的领土。法律的时间效力是指法律何时生效，何时终止效力以及法律对其生效以前的事件和行为有无溯及力等问题。

法律关系是法律实施中的另一个重要方面，即法律确认和调整的人们之间的权利和义务关系（包括国家机关及其公职人员在执行公务过程中的职权、职责关系）。法律关系包括主体、内容和客体三个方面：法律关系的主体是指在具体法律关系中享有权利并承担义务的个人或组织，通常包括公民、国家机关、企事业组织、社会团体和国家等；法律关系的客体是指主体之间权利和义务所指向的对象，一般包括物、行为和精神财富；法律关系的内容是指法律上的权利和义务。

法律责任是指行为人由于违法行为、违约行为或者由于法律规定而应承担的不利的法律后果，包括刑事责任、民事责任和行政责任等。其中，刑事责任是指行为人因为其犯罪行为所必须承受的，由司法机关代表国家所确定的否定性法律后果；民事责任是指由于违反民事法律、违约或者由于民法规定所应承担的一种法律责任；行政责任是指因为违反行政法或者因行政法规定而应承担的法律责任。

所谓法系是在对各国法律制度的现状和历史渊源进行比较研究的过程中形成的概念。

当代世界主要法系有三个：大陆法系、英美法系、以苏联和东欧国家的法律为代表的社会主义法系。其他的法系还有伊斯兰法系、印度法系、中华法系[①]、犹太法系、非洲法系等。对当代社会影响最大的是大陆法系和英美法系。

大陆法系，又称民法法系、罗马法系、法典法系、罗马—德意志法系，是以罗马法为基础而发展起来的法律体系的总称。大陆法系最先产生于欧洲大陆，以罗马法为历史渊源，以民法为典型，以法典化的成文法为主要形式。大陆法系包括两个支系，即法国法系和德国法系。法国法系是以1804年《法国民法典》为蓝本建立起来的，它以强调个人权利为主导思想，反映了自由资本主义时期社会经济的特点。德国法系是以1896年《德国民法典》为基础建立起来的，强调国家干预和社会利益，是垄断资本主义时期法的典型。属于大陆法系的国家和地区除了法国、德国外，还包括意大利、西班牙等欧洲大陆国家，也包括曾是法国、西班牙、荷兰、葡萄牙四国殖民地的国家和地区，例如阿尔及利亚、埃塞俄比亚等以及中美洲的一些国家。

英美法系，又称普通法法系、英国法系，是以英国自中世纪以来的法律，特别是它的普通法为基础而发展起来的法律体系的总称。英美法系首先起源于11世纪诺曼人入侵英国后逐步形成的以判例形式出现的普通法。公元1066年，诺曼公爵威廉一世征服英格兰，加强司法管辖权，至13世纪形成了三个独立的法院系统（财务法院、普通诉讼法院和王室法院），这些法院经常派巡回法官到各地进行审理活动，形成了在英国全国通行的普通法[②]；公元14世纪末，由于法院的法律创造力渐趋衰弱，国王把在普通法院得不到救济的当事人的请求交给大法官处理，大法官通过判决发展起了一套复杂的规则，这些规则被称为“衡平法”。“衡平法”与“普通法”构成了英国法律的重要渊源。英美法系的范围，除英国（不包括苏格兰）、美国外，主要有曾是英国殖民地、附属国的国家和地区，如印度、巴基斯坦、新加坡、缅甸、加拿大、澳大利亚、新西兰、马来西亚等。另外，中国香港地区也属于英美法系。

中国清末修律，主要以德、法两国的法律作为范本，并且沿用至今。因此，现代的中国法律具有大陆法系的一般特征，包括：在法律理论上，采用大陆法系的法律术语（比如债权的概念），讲究部门法的划分以及法律体系的完整性；注重制定法的地位，不

---

① 中国是世界上著名的文明古国，中华民族创造了悠久而灿烂的法律文明，形成了世界上五大法系之一的中华法系。一般认为，中华法系开始形成于秦朝（公元前221—公元前206年），到隋唐时期（公元581—公元907年）成熟。最初的国家与法产生于夏朝，以后经商朝到西周时期逐渐完备。经过春秋战国时期法律制度的大变革，成文法在各国颁布，到秦朝时中华法系有了雏形。从现在湖北云梦出土的秦简来看，秦朝的法律制度已经很完备，初步确立了中国古代各项法律的原则。此后，经过西汉和东汉以及三国两晋南北朝长达八百多年的发展，到隋唐时，法律思想和法律制度都很成熟，自成体系了。代表性的法典就是保存至今的《唐律疏议》，这是中华法系完备的标志。唐朝以后，宋元明清各朝都以此为蓝本创制自己朝代的法律制度。日本所学的正是隋唐的法制，至今日本还在用的省（相当于中国的部）、县（相当于中国的省）、府、道都是学习隋唐法制的结果。到清朝末年，在修律的过程中，中华法系宣告解体，同时建立了中国近代法制的雏形。中华法系具有诸法合体、礼教最高、刑法发达、民法薄弱以及行政司法合一等特点。

② 普通法也称为判例法，是指某一法院判决中所隐含的法律原则或规则对其他法院（包括本法院）以后的审判来说具有一种前例的约束力和说服力。判例法存在的基础是“遵循先例”的原则，这一原则的含义是：法官在审理案件时应考虑上级法院甚至本法院在以前类似案件判决中所包含的法律原则或规则。依据这一原则，法院在审理案件时运用、区别、转述、援引先例所提供的准则进行判决。可见，法官在法律的创制中发挥着主要作用。

承认判例的约束力；司法上，采用法官职权主义，而非当事人主义；在法律方法上采用大陆法系的法律解释方法；等等。然而，需要注意的是：第一，由于历史的原因，中国香港采用的是英美法系，中国台湾采用的是大陆法系；第二，随着市场经济的发展，中国大陆也逐步引入英美法系制度，典型表现在商法上，比如合同法、保险法、信托法和公司证券法等。因此，应把法系视为一个开放的体系；对于转型中的中国大陆而言，更应该博采众长。

4.3.2 大陆法系和英美法系间的主要差异

大陆法系和英美法系各具特色，它们的差异表现在：

第一，在法律渊源方面的差异。在大陆法系国家，制定法是最重要甚至是唯一的法律渊源。在英美法系国家，法律渊源主要包括判例法和制定法。判例法是英美法系国家最重要的法律渊源。

第二，在法律分类方面的差异。在大陆法系国家，法律被分为公法和私法，在此基本分类大法的指导下，法律体系包括以下一些基本法律门类，如宪法、行政法、刑法、诉讼法、民商法、劳动法等，在英美法系国家，并无公法和私法之分，而有普通法与衡平法之分、实体法与程序法之分。①

第三，在法典化方面的差异。在大陆法系国家，建立内在和谐一致的、没有内在矛盾的法律体系，一直是这些国家立法活动所追求的理想，而在英美法系国家，由于其法律创制的特殊性，法律规范反映在法官的判决之中，传统上不实行法典化。第二次世界大战以后，情况发生了一些变化。大陆法系国家广泛采取单行法律和法规的方法，使立法活动具有更大的灵活性，在英美法系传统上就有一些法典编纂，例如美国的宪法，《美国统一商法典》之类的一系列统一法典。

第四，在法律术语方面的差异。英美法系的概念术语是由法官们在司法实践中独创的，它们在民法法系和其他法系很难找到精确的对应词语，例如侵害（trespass）、财物委托（bailment）、信托（trust）、禁止反言（estoppel）、约因（consideration）等，而大陆法系中“债”等概念也具有独创性。

第五，在法律推理的技术方面的差异。当大陆法系的法官审理案件时，遵循从抽象、一般到具体、个别的推理模式，即从规则和原则的一般规定结合当前案件中的事实，得出案件的判决，而在英美法系国家，依据遵循先例的原则，法官在解决当前的争端时，需要从有约束力的先例中发现可以适用于当前案件的相似判例，并从中总结出一般性规则或原则，再用以指导当前案件的判决。

第六，在诉讼程序方面的差异。大陆法系倾向于职权主义，法官在诉讼中起积极主动的作用；英美法系倾向于当事人主义，控辩双方进行对抗式辩论，法官在审判过程中采取消极中立的立场。

---

① 受大陆法系的影响，英美法系国家的法学也倾向于公法和私法之分，但对所属部门法的构成上，与大陆法系有很多区别。例如，英美法系国家没有一个统一的民法部门，而是分为财产法、契约法、侵权行为法等，它们在普通法内自成一体、彼此分立。这是因为英美法系国家的法律是在司法实践中发展起来的，是对判例的简单分类，因此没有系统的结构，不像大陆法系国家的立法活动受到系统的法学思维的指导，整个法律体系具有严密的结构。

4.3.3　对经济分析的意义

法律体系和法律结构是法学从形式理性的角度对于法律的学理解剖，其目的在于获得法律研究的共同语境，便于法律学者之间的交流，也便于执法者适用法律；经济学对于法律的观察更加注重的是实质理性的角度，关注的是法律的功用及其社会效果，因此，表面上，经济学与法学在法律体系与法律结构这一层面难以“对话”，然而事实并非如此。

首先，无论是法律原则还是法律规则，都隐含在法律体系之中；其次，法律适用或者立法过程都最终表现为一定的法律责任和法律关系构成的法律规则或者原则。一项被视为好的制度，如果无法纳入法律体系或者用法律结构进行表达及保障其适用，也是无效率的(即为“不可信的威胁”)。例如，责任的承担都可以将侵害人所造成的外部性内部化，但是不同的法律责任配置的后果是不同的，所以经济分析不能仅仅停留在“外部性的内部化”的层面，更应进一步探究不同责任方式的效率。因此，法经济学分析的出发点和落脚点都应该是法律结构和法律体系所规定的法律原则和法律规则，法律结构和法律体系是法经济学分析的重要对象。

法系传统的差异性法律经济分析的意义在于：首先，两大法系在司法系统、法律概念等方面存在较大的差异，因此，在进行经济分析的时候，不能离开法学背景。例如，“ownership”一词，在英美法系中表示的是对于土地之上的权益的拥有，在大陆法系中表示的是物的归属。在英美法系中，“property”一词开始时表示的与大陆法系的“ownership”具有相同的意义，但是后来用来指称个人对任何事物使用、享有和处置的权利，而这里的任何事物不受限制，可以指有形物，也可以指无形物（比如权利）（周林彬，2002；梅夏英，2002)。因此，当法律经济分析需要运用产权经济学理论时，应该对于其中的“产权”的概念有清晰的把握，这样才能更好运用到大陆法系的财产法分析之中。

其次，不同的法律体系具有的独特法律范畴为经济分析拓宽了研究范围。在英美法系中没有法律体系的概念，大陆法系引入部门法和法律体系的概念在于法典化和法律适用的逻辑性的需求，因此，法律体系、部门法的划分应成为经济学分析的重要内容，比如，周林彬教授对于民法、商法、经济法的关系交易成本分析为解释法律的调整对象以及部门法的划分提供了创新思路。①

最后，两大法系“和而不同”，相互影响，法律移植成为现代社会一个流行的立法模式（特别明显的是商法），而尤以发展中国家为甚。然而法律移植的绩效如何、效果如何，必须通过经济分析的方法来探求。

4.4　法律的运行

4.4.1　法律的运行及其环节

所谓法律的运行是对法律这一种社会规范在形成生活中形成、适用等方面作用机理的概括。具体而言，法律的运行包括法律制定、法律遵守、法律适用、法律执行和法律监督

① 周林彬. 经济法的经济根源——兼论经济法与民商法的边界. 经济法研究，2000.

五个环节。①

所谓法律制定，也即立法，通常是指有关国家机关（或个人）根据法定职权和程序制定、修改或废除规范性法律文件的活动。

所谓法律遵守，也即守法，是指公民、社会组织和国家机关以法律为自己的行为准则，依照法律行使权利、履行义务的活动。这里的法律应该做广义理解，即不仅包括宪法和全国人民代表大会及其常务委员会制定的基本法律和非基本法律，而且包括和宪法与法律相符合的行政法规、地方性法规、部门规章和其他所有法律渊源。与之相对应的概念是违法，它是指特定的法律主体由于主观上的过错而实施或导致的、具有一定社会危害性、依法应当追究责任的行为。广义的违法是指一切违法，包括一般违法和严重违法（即犯罪）；狭义的违法仅指一般违法，不包括触犯刑法的犯罪在内。

所谓法律适用也即司法，通常是指国家司法机关根据法定职权和法定程序，具体应用法律处理案件的专门活动。在我国，享有司法权力的机关是人民法院和人民检察院，其中人民法院是审判机关，人民检察院是检察、监督和公诉机关。

所谓法律执行，也即执法，通常是指国家行政机关以及其工作人员依法履行职责，行使职权实施法律的行为。法的执行主体是国家行政机关、法律授权组织、委托的组织及其公职人员，法的执行内容涉及国家社会、经济生活的各个方面，包括政治、经济、外交、国防、财政、文化、教育、卫生、科学、工业、农业、商业、交通、建设、治安、社会福利、公用事业等各个领域。

法律监督包括两层含义，一是狭义的法律监督，是指由特定国家机关依照法定权限和法定程序，对立法、司法和执法活动的合法性所进行的监督。二是广义的法律监督，是指由所有国家机关、社会组织和公民对各种法律进行监督。一般认为，我国的法律监督体系可分为国家监督和社会监督两大系统。国家监督是指国家机关对法律活动的监督。国家机关是法律的制定者和执行者，同时也是法律活动的监督者，国家机关必须依据其职权行使法律监督权。国家监督具有直接的法律效力，是法律监督的基本形式。

4.4.2 经济学视角下的法律运行及其成本

在法学视角中，以上五个环节被认为是法律运行过程中必不可少的部分。此类研究的特点是：第一，侧重于保障法律来源的正当性（或者“合法性”），比如法律制定必须按照一定的程序，又比如法院审判过程必须遵循一定的程序，最后结果表现为判决书等法律约束文件，但是这个视角较少关注法律程序的合法性，往往为了所谓的正当性而牺牲了合理性。比如，在我国，作为一种强制性规定，劳动纠纷的解决必须经过劳动仲裁阶段才可提起诉讼，这无形增加了劳动纠纷当事人解决纠纷的成本，阻碍了纠纷的合理恰当解决。第二，侧重于保障法律的正确实施，落到实处，而比较少关注法律实施的成本。比如，在法律监督方面，往往强调一切积极因素在法律监督中的作

---

① 我们可以用一个例子简单说明法律的运作过程。国家立法规定，侵犯他人人身、财产权利，应当承担行政、民事或者刑事责任。今有甲殴打乙，如果（1）乙向公安部门投诉，公安部门依照治安管理处罚法对甲作出拘留的决定；（2）乙也可以向人民法院提起民事诉讼，要求甲赔礼道歉、赔偿损失，法院适用法律作出判决；（3）由于甲殴打乙，致乙伤残，人民检察院对甲提起公诉；（4）甲不服法院判决，请求人民检察院进行监督。其中，国家的行为属于“法律制定”，甲的行为属于违法，（1）为“法律执行”，（2）和（3）为“法律适用”，（4）为“法律监督”。

用，但是没有考虑法律监督的成本（比如，公众监督必然会产生成本），成本的负担直接影响了当事人或者公众提起监督的积极性，法律监督往往成了“看上去很美”的幻影。

经济学重点关注的是法律运行成本，这一视角弥补了传统法学的研究不足，摒除了法律运行没有成本的当然假设，把交易费用这一基本范畴引入了法律运行的研究中。开拓这一研究领域的是科斯，科斯认为，当交易费用为零的时候，产权的配置是无关紧要的；但当交易费用不为零的时候，产权的配置是至关重要的，这就是所谓的科斯第一、第二定理。① 该定理指出了法律的重要性，也隐含了法律实施的成本。随后，威廉姆森明确指出法律往往是不完备的，由于法官“认知”的局限，法院解决纠纷也会出现失灵的状态，他进而强调“私人安排”在社会治理当中的重要地位。② 可见，经济学清楚地认识到，法律运行的各个环节都需要耗费一定的资源，进而资源约束成为法律运作必须考虑的对象，因而必须把法律运行成本引入法律设计中，唯有建立在“经济基础”（经济约束）之上的法律设计才是真正可以实施的法律。

经济学视角下的法律运行可以分为微观和宏观两个层面。在微观层面上，经济学认为当事人的行为是理性算计的结果，包括犯罪、结婚和诉讼等。因此要判断程序设置是否合理，就应从程序给当事人带来的成本、收益方面考虑。比如，在医疗事故案件中，实行举证责任倒置的原则，否则会给予患者更大的成本负担，造成不合理的结果；在宏观层面上，国家对某些利益的保护也必须考虑到成本—收益分析。比如，监狱的建设以及刑罚配置之间的关系。因此法经济学更多关注的是法律的可行性以及法律所具有的激励功能。在这一分析视角中，不具有可置信威胁的法律是没有价值的，或者只能起到宣示的作用，不会产生任何实质效果。

那么，法律运行成本包括哪些内容呢？法律运行成本可区分为立法成本和法律实施成本。其中，立法成本是指立法过程中人力、物力、财力、时间等资源的支出（这里仅讨论有形的会计成本），包括立法调查研究、拟定草案、征求意见、讨论表决、法律文本制作和发布等各项活动的费用。根据法律形成机制的不同，立法成本可以分为国家专门机关支付的费用和社会公众及个人直接支付的费用。前者主要是制定法的成本，后者主要是诸如习惯法等非正式规范的成本。法律实施成本是指法律实施（司法、执法、守法）过程中的投入：一是来自国家机关方面的投入，包括为准备实施新法律而投入的宣传、教育费用，实施过程中改变人们习惯、清除旧法影响的费用，司法、执法及法律监督的投入；二是来自社会公众和个人方面的投入，如案件处理中当事人支付的金钱和劳务（举证、律师费用等），违法者支付的赔偿金、缴纳的罚款以及公众守法的成本。守法成本是指公众依照经济法律进行活动而增加的支出或放弃的利益，如企业因遵守有关产品质量法律法规，接受政府部门产品质量抽查，提供受检验样品、缴纳检验费而增加的支出，这些支出被摊入生产成本后带来产品价格的上涨，使消费者承受的负担加重（李胜兰、周林彬、邱海洋，1997）。

综上所述，法律理论的基本构成如图 4-1 所示。

---

① 参见第五章对科斯定理的阐述。

② 奥利弗·E. 威廉姆森. 治理机制. 北京：中国社会科学出版社，2001.

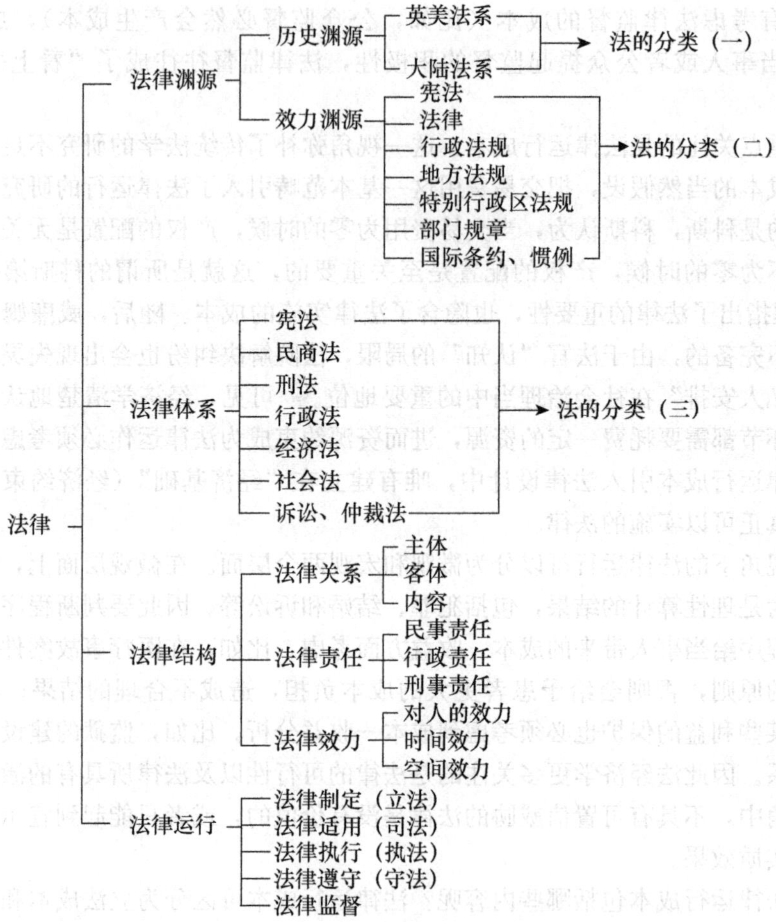

图 4-1　法律理论的基本构成

习　题

1. 简述法律演进发展的一般规律。
2. 简述大陆法系与英美法系的差异。
3. 简述我国法律体系的构成。
4. 简述法律的运作规律及其经济学意义。
5. 应该如何从静态和动态的角度理解法律？

推荐阅读书目

1. 博登海默. 法理学：法律哲学与法律方法. 北京：中国政法大学出版社，1999.
2. 沈宗灵. 法理学. 北京：北京大学出版社，2000.

第五章

法经济学的基础理论与分析方法

现代法经济学起始于20世纪60年代，科斯、卡拉布雷西、梅因、波斯纳对法经济学的兴起和发展作出了突出贡献。在1991年5月24日的美国法经济学学会全体会议上，他们被授予法经济学“奠基人”的荣誉称号。其中科斯的贡献具有划时代的意义，是其他三位不能比拟的。科斯及其提出的科斯定理是开启现代法经济学大门的钥匙。此后，以理性选择理论为基础，法经济学发展出了自己的分析方法，并随着现代经济学的进步经历了分析范式的转变历程。

5.1 科斯的贡献与现代法经济学大门的开启

5.1.1 科斯定理

1. 狭义的科斯定理

科斯定理是科斯在其经典论文《社会成本问题》中表述的核心思想。科斯自己没有对其进行定理式的归纳。1966年施蒂格勒在其著作《价格理论》中首次提出并将科斯定理表述为：“科斯定理表明……在完全竞争条件下，私人成本和社会成本是相等的”（Stigler，1966）。随后不同的学者根据各自的理解给出了科斯定理的定义。这些定义归纳起来主要包括两个具有普遍意义的命题：第一，有效性命题，即不管权利的初始安排如何，如果交易成本为零，资源配置的结果都是有效率的。这一点在所有的表述中都得到了体现。第二，无关性命题，如果交易成本为零，资源的最终配置结果与权利不同的初始安排无关，但这并没有得到所有表述的承认。按照表述中是否全部包含了这两个命题，可以将这些表述分为“强科斯定理”和“弱科斯定理”。既包括有效性命题又包括无关性命题的为强科斯定理，只包括有效性命题的为弱科斯定理。

科斯在《社会成本问题》中是通过一个例子来说明科斯定理的，即农场主和牧场主之间就牧场主的牛偷吃农场主的庄稼而造成的损失进行谈判的例子。在科斯看来，是牧场主有权利让他的牛去吃农场主的庄稼，还是农场主有权利不让牧场主的牛吃他的庄稼，是无关紧要的。科斯认为不管权利给谁，最后产生的结果是一样有效率的，但前提条件是交易成本为零。

一种状态是：把权利赋予牧场主，也就是认为牧场主的牛有权利去吃农场主的庄稼。在这种状态之下为解决因为牛吃庄稼引起的损害问题，牧场主与农场主之间就此进行谈判。在谈判时牧场主会比较拥有这个权利（即让牛去吃庄稼）和放弃这个权利（即约束自己的牛不去吃农场主的庄稼）两种情况下所得的收益，如果前者（设为 X）大于后者（设为 Y），那么牧场主就不会放弃这个权利，反之则会放弃权利，接受农场主的“贿赂”。他比较的是两个行为所产生的不同收益。

此时农场主也在进行权衡，比较不购买权利的损失（即放任牧场主的牛吃庄稼产生的损失）和购买权利的支付（即为制止牛吃庄稼所付出的“贿赂”）的大小。如果他认为前者（设为 M）大于后者（即为 Y），他将选择“贿赂”牧场主以求牧场主制止他的牛吃庄稼。反之则选择前者，放任牛吃庄稼。与牧场主不同的是，农场主比较的是两个损失。

那么达成谈判需要什么样的条件？从牧场主来看，要求农场主付出的贿赂要大于牧场主放弃权利的损失，即 $Y>X$，牧场主才会有激励放弃让牛吃庄稼，选择与农场主谈判。从农场主方面来看，只有放任牛吃庄稼造成的损失大于付给牧场主的贿赂，即 $M>Y$，农场主才会有激励与牧场主谈判。这两个条件中任何一个得不到满足，都不会有谈判结果的出现。

如果上述条件满足，农场主与牧场主之间就会就权利进行交易。谈判结果是农场主付出贿赂 Y 收买牧场主，牧场主制止自己的牛不去吃庄稼。

另一种状态是：把权利赋予农场主，即农场主有权禁止牧场主的牛吃庄稼并就此向牧场主索赔。此时，与上述状态相反，农场主将在两个收益之间进行权衡，即拥有权利的收益（即坚决不允许牛吃庄稼也不接受赔偿，设为 P）和放弃权利的收益（即接受赔偿后允许牛吃庄稼，设为 Q），而牧场主将在两个损失之间进行权衡，即不购买权利的损失（即牛不吃庄稼造成的损失，设为 S）和购买权利的支付（即赔偿农场主的损失，即为 Q）。按照同样的逻辑，如果农场主认为 $Q>P$，同时牧场主认为 $S>Q$，那么双方就权利进行交易，牧场主付出赔偿以购买农场主允许牛吃庄稼的权利。

这两种状态下的谈判都是在经济利益驱动下的自愿谈判，当牧场主有权的时候，农场主出价购买这个权利，使其放弃行使这个权利；而当农场主有权的时候，牧场主也同样出钱购买这个权利。双方实际上是就权利进行交易，不管双方谁拥有这个权利，只要进行交易，原先不拥有权利的一方就通过交易获得了对方的豁免，权利就转移到交易对方去了。也就是说，一方支付了权利的价格，通过这个交易使权利的拥有者发生变化，权利向对方流动，这样就相应地形成了一种新的资源配置状态。在上述例子中，两种交易最终形成的结果都是一样的，都是权利从拥有权利的一方通过交易转移向了原先没有权利的一方，所以产生的结果也是一样的，那么资源配置效率也是一样的，这就是当交易成本为零时的情况。

2. 广义的科斯定理

国内学者黄少安（1995）将科斯定理表述为一个定理组。第一定理：如果市场交易成本为零，不管权利初始安排如何，当事人之间的谈判都会产生资源配置效率最大化的安排。第二定理：在交易成本大于零的世界中，不同的权利界定会带来不同效率的资源配置结果。第三定理：产权制度的供给是人们进行交易、优化资源配置的前提，不同的产权制度将产生不同的经济效率。这个表述的进步之处在于，定理组中包含了对科斯定理的引申。而这些引申正是科斯在《社会成本问题》中着重要表明的思想。引起学者们重视的也正是这些引申。但是西方学者比较公认的是将科斯定理限定在黄少安所谓的第一定理上，争论也是围绕着第一定理展开的，因此称之为“狭义的科斯定理”。包含有引申意义的定理组被称为“广义的科斯定理”。

科斯重点强调的是，在交易成本为正的世界中，制度（权利的赋予格局）及其相对应的交易成本对资源配置有着十分重要的作用。科斯认为，花大量时间考察零交易成本世界不值得，在被描述成零交易成本的“科斯世界”中什么结论也得不出来，所以着重研究的应是交易成本的来源及其降低，他说：

> 如果我们从零交易成本世界进入真实交易成本世界，法律制度的重要性会立即清晰起来。我在《社会成本问题》中曾解释说，市场中所交易的不是经济学家们常认为的物质实体，而是完成特定行为的权利，这些权利是由法律制度建立的。我们可以设想在假想的零交易成本世界中，交换各方会进行谈判以改变所有阻止他们增加产出价值的法律规定。而在交易成本为正的真实世界中，这样的改变将花费巨大成本，即使允许这样做，围绕法律的许多此类合同也会无利可图。因此，个人拥有的权利连同责任和特权在很大程度上就是由法律制度所决定的。结果是法律制度不仅对经济系统的运行有深刻影响，而且在某些方面可以说是控制了经济系统。显然最好是将这些权利赋予能最有效利用它们的人，并激励人们有效行使权利……只有一个适当的财产权制度，才能出现这种情况。

进入存在交易成本的现实世界，科斯揭示出了交易成本、制度安排与经济绩效之间的关系，即不同的制度安排具有不同的交易成本因而具有不同的经济绩效。制度的交易成本与其经济绩效之间存在反比关系。那么建立高经济绩效制度的关键在于降低其交易成本，而降低交易成本的关键在于适当的产权安排。最优的产权安排是将权利赋予最能有效利用它的主体的制度安排。

科斯的这些思想，经过德姆塞茨、张五常等人的阐释，越发体现出了其具有的一般性，成为制度分析的基础。

5.1.2 科斯贡献的重要性

1. 侵害的相互性

外部性造成的侵害具有相互性是科斯在《社会成本问题》中着重表达的重要思想之一。他所批判的思想是认为施害者是天然的责任承担者的观念。庇古是这种思想的代表者，认为外部性的基本解决思路是谁制造了外部性谁负责，主张让政府对外部性的制造者征税，使他承担责任，这样就使外部成本内部化了。

但科斯认为外部性（损害）具有相互性。所谓相互性是一种行为在带来成本的同时也产生了收益。因此对待外部性，不能仅仅看到外部性所带来的社会成本，也要考虑它产生的社会收益。允许或禁止外部性就是在比较外部性所产生的社会成本和社会收益。在这种行为一定会带来损害的前提下，要做的是两害相权取其轻，而不是庇古所说的那样完全禁止污染工厂的生产或者是采取其他惩罚措施。

在《社会成本问题》中，科斯还举了很多类似的例子，目的在于说明不能只看到外部性造成的损害，然后就因为它带来损害就消灭它，还要看到这个外部性同时也产生了收益。这个思想发展成为侵权法经济分析的一个基本思想，也是权利赋予和保护的基本思想。尽管很多权利不是完美的，赋予之后肯定会产生一些负面影响，但不能因此而否定，只要符合卡尔多-希克斯效率标准，就要允许这些权利存在。

2. 交易成本分析方法

交易成本分析方法就是在交易成本不为零的时候，判断制度安排效率高低的方法。制度安排所决定的产权配置导致的交易成本越小，该制度的效率就越高、经济绩效就越好。在这里交易成本就是制度运行的成本，制度运行付出的交易成本越小的制度越好，因为社会付出的投入少了，产出或者是增加了，或者是既定收益不变。

例如我国从计划经济体制向社会主义市场经济体制的转变，在本质上就是因为计划经济体制具有过高的交易成本。计划经济体制交易成本高昂的典型例子是排队，排队和不排队的最终收益是一样的，即买到了想购买的东西，但是排队和不排队付出的成本是不一样的，排队的人都付出了等待时间，这些时间加总在一起就是社会因此付出的总成本，而这些时间完全可以用来从事其他生产性活动以增加社会财富总量。

每一个经济资源都对应着不同的最优使用方式，因此资源配置的关键在于把资源配置到正确的地方，使产出最大；若投入到错误的地方，本来应该产生的对社会的贡献就会无法产生。在排队问题中，本来可以用来进行生产的时间却用来排队了，本来应该产生的收益却没有产生。这样的制度就是运行成本很高的一种制度。

市场经济制度和计划经济制度所追求的目标都是一样的，都追求在现有技术约束条件下的社会生产力最大化。但在追求过程中，市场经济体制下的交易成本小，市场机制具有推动资源实现最优配置的内在动力。可是在计划经济体制下要完成这种配制，需要具备大量且准确的信息和高效的信息传递支持，但信息的获得和传递要付出高昂的交易成本。并且计划经济体制还要面对寻租和腐败的挑战，由此导致计划经济体制的低效率。

这就是科斯的交易成本分析方法。交易成本分析方法就是比较两个制度之间为了实现同样的目标而付出的交易成本的多少，也就是分析制度运行成本的大小。交易成本小的制度比交易成本大的制度更具有效率。这实际上是在比较既定收益下的成本最小化水平。简而言之，科斯的交易成本分析方法就是比较制度的交易成本，从中判断制度的效率水平。

3. 制度竞争与制度选择

交易成本分析方法实际上提供了一个判断制度是否有效率的标准，因此与交易成本分析方法紧密联系在一起的是制度竞争与制度选择标准。

科斯在《社会成本问题》中通过如何选择克服外部性的制度安排，说明了制度竞争和制度选择问题。面对外部性，科斯指出有多种处理方式，可以通过谈判由当事人自己解决，也可以采取外部性双方合并为一家企业的方式解决（如农场主和牧场主合并），也可以采取长期契约的方式解决，还可以通过政府征税、管制等方式解决。企业、长期契约和政府等由于其具有与市场不同的权利调整手段，因而具有不同的交易成本优势。但这并不意味着企业、长期契约，尤其是政府的调整不需要成本。“问题在于如何选择合适的社会安排来解决有害的效应。所有解决的办法都需要一定的成本，而且没有理由认为由于市场和企业不能很好地解决问题，因此政府管制就是有必要的”（科斯，1994）。这些制度的目标是一致的，即有效解决外部性问题。但是各自付出的成本不相同，关键在于比较哪一种解决外部性的制度安排具有最小的成本，成本最小的制度安排是最优的制度安排。庇古的错误就在于过高估计了政府管制的优势。

制度竞争就是实现同一目的的不同制度之间的竞争。制度选择就是要在这些相互竞争的制度之间进行选择。竞争的结果取决于各自的交易成本，选择的标准也是各个制度具有的交易成本的大小。但是制度竞争和选择的结果并不是完全排他的，即选择其中一个制度不意味着其他制度被彻底排除。因为尽管这些制度追求的目标是一致的，但是实际上它们在处理不同的外部性上各有优势，因此要根据不同的外部性特点来选择制度。从这一点上讲，不同的制度都有其存在的理由和空间，不可相互替代。因此制度之间还存在着除竞争之外的另一个关系——互补关系。不同制度分别针对不同的外部性，共同构成了一个克服外部性的制度系统。

通过交易成本分析方法以及以它为基础的制度竞争和制度选择理论，科斯为后人开辟了利用主流经济学方法进行制度分析的理论通路。在科斯之后，法律制度成为经济学视野中影响资源配置和利用效率的重要因素。

4. 制度与经济发展之间的关系

科斯比较的是整个经济制度运行付出了什么样的经济成本和对经济运行产生了什么样的影响。他主要想解释清楚整个法律制度对经济运行有什么样的影响，如果有影响是怎么影响的。借助交易成本，科斯完成了他的分析。

科斯的这种方法和思路使理论界原来就存在的认为法律和经济发展之间肯定有关系的直观认识有了清晰的理论基础。科斯定理清晰地说明了法律和经济发展间的具体关系以及关系机制。即当交易成本为零的时候，法律可以随意配置权利，配置给谁都无所谓。因为交易成本为零，想得到权利的主体通过谈判就可以得到，最终结果就是资源评价最高者拥有了这个权利，从而实现资源的最优配置和最优利用。

那么为什么说资源评价最高者拥有资源就能够实现资源的最优配置和最优利用？因为只有这些主体才有这个能力使资源发挥出最高效率，他们也正是基于对自己能力的自信，才敢出最高价以获取资源。这是一种理性判断，没有能力就不会出高价。只有当一个主体发现有潜在的利润空间时，才会把资源买来，通过自己的使用发挥出更多的效用。而一旦其使用效率降低了，其他认为自己更有能力的主体就会出钱将它买走，这样资源就会自动流向真正使用效率最高的主体手中。市场通过不断地“试错”，能够最终找寻到使用效率最高的主体。这就是市场机制的优势所在。

市场是通过“试错”来完成资源最优配置的，并且“试错”可能因为高昂的交易成本而难以进行，那么能否直接将资源配置给使用效率最高的主体呢？假设能达到这样一个状态，那这个社会将是一个很美好的社会。当交易成本为正的时候，为实现最优的资源配置状态，就应当尽量把资源直接配置给使用效率最高的主体。这就是科斯的主张，也是权利界定的基本原则。

如经济学已经证明的，政府在某些领域是一个低效率的资源使用者，那么可以通过立法将资源转移给私人资本、外国投资者、民间资本等。国有企业改革实际上就是这样一个基本思路，通过产权多元化，让国有股东慢慢降低持股比例，甚至退出，整个企业成为一个社会公众企业，以提高资源使用效率。

在说明法律和经济发展之间关系的同时，科斯给出了制度改革的方向。当交易成本为正时，资源配置状态就决定了资源使用效率，那么要提升资源使用效率，就要从资源的配置状态——权利的分配开始。以往的经济学思想都没有清晰地指出法律到底是如何影响经济增长的，现在科斯明确指出了资源的配置状态影响资源的使用效率，要改革就要从这里开始改革，这就是制度改革的基本模式和基本思想。

5.1.3 交易成本：理解和使用科斯定理的关键

正确理解和使用科斯定理的关键是如何理解“交易成本”这个概念。科斯在《社会成本问题》这篇文章里定义的交易成本是“狭义的交易成本”，就是为了达成上面所说的那个农场主和牧场主的谈判而付出的交易成本，包括搜寻交易对手的成本，双方讨价还价成本、合同签订后的履约成本以及合同履行过程中出现的违约成本和救济成本。简而言之，凡是围绕交易而产生的成本，科斯把它定义为交易成本，此处为狭义的交易成本。本书中除非特别说明，一般使用的是狭义的交易成本的概念。

但是后来学者们把交易成本这个概念泛化了。如张五常认为，“在最广泛的意义上，交易成本包括那些不可能存在于一个克鲁索·鲁滨逊（一个人）经济中的所有成本”（张五常，1999，第 65 页）。科斯虽然不同意张五常如此宽泛的定义，并进一步认为“制度成本”是一个更好的术语，它描述了用以协调运用经济资源制度安排的成本（科斯，1999，第 93 页），但他也没有给出严格的定义。鉴于交易成本概念的不确定性，有人主张放弃使用这个概念，因为使用它只能给理论研究带来混乱。费希尔说：“交易费用在理论上有一个现成的坏名声……部分是因为人们怀疑，是否只要规定了适当的交易费用，就能使几乎任何事物都合理化”（转引自威廉姆森，1996，第 24 页）。所以使用科斯定理一定要明确交易成本的含义，不能将所有成本都无差别地看作交易成本。

5.2 法律的市场类比与目标

5.2.1 法律的市场类比

科斯将成本—收益分析方法延伸为交易成本分析方法，其基础还是理性选择理论。理性选择理论是经济学向外扩张、形成“经济学帝国主义”的基本武器。无论是法律的经济分析，还是政治的经济分析以及婚姻家庭领域的经济分析，都在讨论在不同的约束之下，人们如何最大化自己的追求目标。

所谓的法律的市场类比，就是把法律类比成一种价格体系，认为法律给出了各种行为的法律定价。例如，每一种侵权行为都对应着不同水平的侵权责任，不同水平的侵权责任就是侵权行为的法律定价。市场机制的优势就在于能够实现资源的最优配置，将法律比喻成一种隐性的价格体系，也就是将法律体系比喻为“隐性的市场机制”，认为法律具有与市场相同的功能，能够实现对人类行为的最优控制。因为行为人在法律规则下的选择行为和市场价格下的选择行为是相似的。法律规则和市场价格都构成了行为人所不能左右的影响选择的约束条件，系统的法律规则体系构成了不同行为的隐性价格体系，因此可以确信法律规则约束下的行为选择和市场价格下的行为选择具有相同的机制。如法律对侵犯他人财产、违约、过失伤害他人都规定了一定标准的损害赔偿，损害赔偿就代表了侵权、违约的“价格”。理性的行为人在实施侵权或违约行为前就要比较行为的成本（法律规定的责任和被追究概率的乘积）和收益。只要承认行为人面对法律规则的行为选择具有最大化自我利益的理性，法律对人们行为的调整和法律规则的选择就有了根据，进而法律所指向的资源配置也将实现最优配置的可能。同时，通过这个类比，就能够使用经济学中关于理性选择及其影响因素的理论模型对“法律市场体系”中的决策进行分析、判断。实际上，认为法律规则下的行为选择与市场行为具有相同的性质是法经济学主要的理论创新和基本的理论支柱之一（Ulen，1999）。

5.2.2　法律的目标：规范的霍布斯定理和规范的科斯定理①

将法律类比为市场，市场的核心在于自愿交易形成的合作，进而实现资源的流动、配置和高效率利用。但是合作并不是都可以自动实现的，存在着众多障碍阻碍着合作的实现，市场失灵是与市场出清并存的现象，那么推动社会主体选择合作就成为法律的首要目标。

所谓规范的霍布斯定理是指：立法以最大化地降低私人合作失败导致的损失（Cooter and Ulen，2003）。推动不合作转向合作是降低合作失败及其损失的最优办法。当合作面临的障碍足够大，以至于合作不能产生的时候，就应该制定法律，消除这个障碍，使由于这些障碍产生的不合作变为合作。但这并不代表着合作能够顺利实现，因为还存在着阻碍合作的交易成本。

所谓规范的科斯定理是指：立法以消除阻碍私人合作的障碍（Cooter and Ulen，2003）。也即法律要尽量消除阻碍人们之间进行合作的各种交易成本，尽量减少各种产生交易成本的因素的作用。

霍布斯定理要求的是，尽量建立合作使不合作产生的损失最小。也就是说，本来按照人们的自然利益倾向选择的话，是产生不合作的结果，但是不合作不是社会所期望的结果，不符合社会福利最大化的要求。社会期望的是合作，因为合作可以带来社会福利水平的提高。但按照社会个体的自然选择是不合作，那就需要建立法律尽量促使人们由不合作转向合作。法律常用的方式就是提高不合作的成本。例如获取他人财物有两种方式：一是自愿交易；二是偷盗或抢夺。自愿交易就是合作，是要追求的目标。但并不是人人都希望通过交易方式得到他人财物，偷盗或抢夺也是一部分人的选择，偷盗和抢夺就是不合作，会给社会带来损失。为鼓励交易、合作，禁止偷盗、抢夺，立法给予偷盗和抢夺一个“负激励”，对实施偷盗或抢夺的主体进行惩罚，剥夺人身自由和罚款。这样就使偷盗和抢夺的成本大大上升至大于收益的水平，从而激励人们通过自愿交易获取他人财物。

但合作要切实实现还面临着交易成本的障碍，也就是说，即使人们基于理性自然而然选择的就是合作，但合作还需要克服交易成本造成的障碍。科斯指出交易成本的来源如下：一是搜寻成本，就是找到交易对手的成本；二是讨价还价的协商成本；三是达成协议

①　这两个定理的基本思想都源自 Cooter and Ulen（2003）第 4 章第 96–98 页。

之后，为了履行协议所支付的成本，特别是违约救济成本。这些交易成本在每一个环节上都可能存在，都可能导致交易无法完成。所以，法律的第二个目标就是尽量减少交易成本。这就是规范的科斯定理所着重强调的。例如降低交易成本就是合同法的一个基本目的。合同法的基本立法思想就是提供一个基本的合同框架，交易双方不必就每一条条款都进行谈判，双方基于这个基本框架形成合作即可。

归纳起来，规范的科斯定理强调的是，当交易存在可能的时候，法律要尽量降低完成合作而付出的各种各样的成本；规范的霍布斯定理强调的是，当合作没有一个很好的基础时，要通过法律来尽量减少不合作所造成的损失。

5.3 法经济学分析方法

5.3.1 个体主义方法论

所谓个体主义方法论是指通过对社会中个体的思维与行为过程的研究，获得对于整体社会现象的认识的方法论途径。这种方法论被广泛应用于社会科学研究中，是与整体主义方法论相对的两个基本方法论之一。法经济学也是从个体出发来看整体的，而不是从整体出发分析个体。个体主义方法论要求在进行法经济学分析时，要从每个个体的决策及其影响因素出发来理解最后形成的结果（均衡或者不均衡）。如从每一个法律关系的参与者——承诺方、受约方、施害人、受害人、原告、被告等的角度，来分析、研究决定他们决策的成本、收益及影响成本、收益的因素，从而判断行为人的行为方向，进而在众多行为人选择基础上判断整个社会的选择结果。如果社会选择结果符合帕累托效率标准或者卡尔多-希克斯效率标准，那么这个结果就是理想的结果。如果不符合就需要规范和改进。

实际上，以个体主义为基础的所有结论都面临一个挑战，即个体决策加总之后是否等于社会整体的决策结果。就像微观经济学中在完全市场竞争之下的一般均衡状态，事实上是暗含了一个同样的假设，即个体的决策加总起来就等于市场的决策，这样才能得出整个经济社会达到一般均衡、市场出清的结论。然而是不是就是如此呢？囚徒困境博弈已经成功展示出：个人的决策加总并没有带来社会的整体最优，其选择结果反而是最差的结果。这也是个体主义方法论的重大缺陷所在。

5.3.2 最优化分析和激励分析

理性决策是人类行为决策的基本假设，最优化分析包含两层含义：一是从个体角度看，个体决策有效实现了收益和成本之间的最大差距；二是从社会角度看，所有相关主体都实现了收益与成本之间的最大差距。实际上后者体现的是帕累托效率标准要求的均衡，是更高的要求。

要产生最优化结果，要使所追求的法律结果产生，就必须使所有参与主体都符合激励原则。所谓激励原则，基本要求是决策产生的收益大于成本，而要使收益大于成本有两种途径：一个途径是加大成本，刑法、侵权法的基本思路就遵循这样的原则，对犯罪和侵权行为实施惩罚，也就是提高了这些行为的成本；另一个途径是提高收益，如发明者有了发明创造，就赋予其一定范围、时间内的垄断该发明创造的专利权，以便能让他据此获得收益。激励分析就是要找出一种状态，在这样的状态下，所有的参与者都基本上能够实现成本小于收益，只有这样，相关主体才有动力追求和实现法律制度要求的均衡结果。这是法律制度设计的基本原则。这样的法律制度在实施过程中遇到的阻力会最小，甚至达到自我实施的程度。

5.3.3　规范分析和实证分析

规范分析和实证分析是指法经济学分析中两种不同的目的分析方法。规范分析的目的在于给出改革法律制度的建议，实证分析的目的在于判断法律制度的实际效果。

规范分析着重于为立法提供理论支持，分析的最终目的是要得出法律政策建议。激励分析、最优化分析是规范分析使用的基本方法。如分析刑法中的经济犯罪，按照激励分析方法得出的结论是，惩罚经济犯罪不应该强调自由刑而要特别强调罚款，因为经济犯罪的主要目的是获取收益，量刑时就应该加大罚款力度使其没有任何收益。再如毒品犯罪，在中国很多贩毒者是本着即使自己被判死刑但家人也可以过上好日子的想法进行贩毒犯罪活动的，因为在东方文化中的个人决策基本上是基于家庭收益最大化而不是个人收益最大化。这样，要有效惩罚贩毒活动就需要将贩毒者的犯罪所得全部收缴，包括其用贩毒所得建筑的房屋。

实证分析着重分析法律制度的实施效果，分析在法律规则约束下法律要追求的目标有没有实现。也就是说不对既有法律规则进行规范判断，专注于分析在法律规则约束下，所有的相关主体付出的成本是什么、得到的收益是什么、成本和收益是在什么条件下发生的、是否都满足了激励约束原则、是否实现了帕累托效率要求的社会最优。实证分析要看这些结果和法律所预期的结果一致还是不一致。如果是一致的，至少从经济分析这个角度来说，是一个理想的法律。不过可以确定地说，法律制度追求的结果和其实际结果之间总是存在差距，甚至是完全背道而驰的差距。

规范分析和实证分析尽管在理论上可以明确划分，但实际上二者在运用时常常紧密联系在一起。实证分析基本上是用来服务于规范分析的。研究和判断法律实施结果的目的，就是为改革那些没有有效实现其追求目标的法律提供理论支持。几乎所有的实证分析最后会得出改革法律的政策建议。

5.3.4　微观分析和宏观分析

法经济学的微观分析着重分析法律规则所涉及的法律主体的成本、收益状况及主体之间在相互影响下形成的行为结果，重点在于理解各种法律规则背后的经济逻辑结构。研究的对象基本上是具体的法律规则，如财产法中的先占原则，在这个原则约束下，一方面有利于快速、方便地确定财产的所有者，第一个占有者就是所有者，但另一方面也将引起主体之间的占有竞争，受制于财产所有者只有一个的权利赋予约束，其他竞争者的占有投资在所有者确定后就成为无效投资，这对社会来说就是一种资源的浪费。微观分析在实证分析中有着广泛的应用，随着博弈论的应用，微观分析中越来越多地使用了博弈分析工具。

法经济学的宏观分析着重分析法律制度与经济发展之间的关系，说明法律制度如何影响经济发展的水平。最为典型的研究是在法与金融领域关于投资者保护的法律制度与金融市场之间关系的研究。[①] 宏观分析实际上源自科斯，科斯定理之所以在学术历史上得到的评价那么高，就是因为它给出了一种如何分析法律对经济发展的影响的思路指引。

但是宏观分析在目前法经济学的研究中，除在部分领域有进展外，没有得到更多的重视。法经济学研究主要集中在微观分析领域。在科斯之后，法经济学主要代表人物波斯纳所做的工作主要是微观分析。所以科斯强调他的法经济学思想和波斯纳的不一样。新制度经济学更多地继承了科斯的思想，并逐渐发展出计量分析方法来确定法律制度和经济发展之间的关系。不过微观分析是法经济学最为基础的工作，没有坚实的微观分析为基础，宏观分析就缺乏足够的支撑。不过目前这种状况正在改变，法律与经济发展之间的关系已经成为当代法经济学研究的前沿领域，本书最后一章对这个方面的进展进行了一个简单的介绍。

5.4 法律的三个分析范式

现代法经济学从诞生到目前已经有几十年的历史，随着经济分析工具的完善和理论的拓展，法经济学自身的分析水平也在不断提高，先后形成了三个具有代表性的分析范式[②]：谈判分析范式、博弈分析范式和正在发展的行为分析范式。

5.4.1 谈判分析范式

谈判理论以传统价格理论（实际上也就是狭义的科斯定理）为基础，认为自愿合作可以使一项资源从估价低的主体手中自动转移到估价高的主体手中，从而提高资源的使用效率和合作双方的福利水平。在谈判过程中，双方自愿、自主地对交易对象、价格、数量、方式以及风险分配等进行协商，结果或是达成一致进行合作，或是难以达成一致无法合作。在零交易成本的前提下，出现何种结果取决于合作风险值的大小和如何分配合作剩余。

谈判过程可以分为三个阶段：首先是确定风险值，不仅要明确各方的资源禀赋状况，还要明确交易双方的竞争情况，确定竞争出价；其次是预测合作剩余，找出交易双方的评价差异，预测双方福利水平提高的可能程度；最后是分配合作剩余，在预测的基础上明确各方获得的份额，分配合作中的风险，履行协议，获得剩余。在不存在外界压力和双方谈判实力均等的情况下，当事人可以通过谈判找到合作均衡解，提高资源配置效率和社会福利水平。

然而有诸多因素阻碍着自愿合作的进行，合作是有成本的。不仅存在着风险值难以确定、合作剩余难以预测和顺利分配等阻碍谈判顺利进行的内部因素，而且垄断、外部性和信息不对称等外部因素也阻碍着谈判的进行。合作不能和合作失败使资源难以正常流动，无法被用于最能发挥作用的地方，也无法提高社会的整体福利水平。如果采取非正常的手

---

① 参见 La Porta，Lopez de Silanes，Shleifer，Vishny 等人的共同研究，这个领域在他们的推动下已经成为一个新兴的重要的研究领域。

② 魏建．法经济学分析范式的演变及其方向瞻望．学术月刊，2006（7）．

段进行流动，如偷窃，将会造成更大的效率和福利损失。所以要克服合作障碍，努力减少因合作不能和合作失败带来的福利损失，从而引出了规范的霍布斯定理和科斯定理。

以谈判理论为核心展开的法经济学分析框架是建立在新古典经济学上的，它以传统价格理论的三大假设——理性人、稳定偏好和均衡分析为基础，加入了产权、信息及交易成本等因素分析制度对资源配置的影响，具体说明了合作的益处和阻碍自愿合作的交易成本的来源，为建立法律制度克服阻碍、促进合作提供了理论基础，同时也提供了评价标准。并且谈判理论是以市场主义来看待法律问题的，认为法律规则形成的只是不同行为的隐性价格，人们之间的法律关系是另一种形式的交易。法律的作用在于使人们进行合作的交易成本最小化，并竭力降低合作不成带来的损失。因此谈判理论实际上揭示了在交易成本为正的世界中如何实现效率的问题。

对各种阻碍因素的克服涉及多方面的经济理论，克服阻碍的制度安排也涉及几乎所有的法律制度。尤其是在财产法、契约法、侵权法以及程序法等部门法的分析中，谈判理论起到了基础理论的作用。[①] 这些部门法分别涉及权利的界定、流转和保护三个方面，被认为是法律体系的主干。谈判理论对这些领域均提出了自己的解释，以效率观对它们进行了重新检验。谈判理论将它们都统一到降低交易成本、促进自愿合作的宗旨之下，形成了一个较为完整的理论体系，使较为散乱的对部门法的经济分析有了一个统一的理论核心。谈判理论因此成为法经济学在兴盛之初的主流分析范式。

5.4.2 博弈分析范式

博弈分析范式是将博弈论应用于法律分析中形成的分析范式。它把谈判分析范式又推进了一步，因为谈判实际上也是一种博弈。法律的博弈分析被引入后，逐渐取代了构建在新古典经济学基础上的谈判分析范式，成为新的主流法经济学分析范式。

法律的博弈分析之所以取得突破性进展，主要在于博弈分析的行为假设与法律行为具有更高的一致性。法律不仅关注个体对法律规则的反应，更关注在法律规则下行为人之间的相互反应。博弈论所分析的对策行为的基本特征就是行为的形成不仅是自身约束条件的函数，同时也是博弈对方行为的函数。这与法律关系中当事人的行为模式是一致的。在既定的法律关系中，任何一方当事人的行动选择，既受到自身因素的影响，也必然受到其他当事人行为的影响。并且这一行为也将影响当事人今后的决策。因此将法律规则下行为人之间的行为互动归结为对策行为比新古典经济学的行为假设更加准确。

同时博弈论承认个人理性与集体理性之间存在冲突。博弈论解释与分析了个人理性与集体理性之间的冲突，并不再认为这是一种不正常的状态，反而认为均衡的实现要符合一系列严格的条件才能达到。博弈论严格地坚持了个人理性最大化的假设，但这个最大化是将其他参与人的决策考虑在内的最大化，说明了参与人之间的相互制约是人们选择不利制度及其长期存在的重要原因。

博弈论具有一种和法律分析结合的天然优势，都是处理特定情境之下不同主体之间产生的关系。博弈分析在谈判分析的基础之上引入了一种新的均衡——行为均衡，这和法律

---

① 关于谈判理论在具体法律制度中的应用，参见魏建．谈判理论：法经济学的核心理论．兰州大学学报（社会科学版），1999（4）。

关系是一致的。可以看到，所谓纳什均衡就是给定对方的最优策略后己方的最优策略是什么，而这个最优策略所指的就是一种行为反应。如囚徒困境中最优策略就是"坦白"这种行为，而谈判分析只是建立在利益均衡之上。这样博弈分析更清晰地说明了法律分析所要追求的目标——找出一种理想的行为模式，并且博弈论突破了新古典经济学无外部性、信息完全和竞争充分的假设，运用了不同于新古典经济学的分析方法，具有比新古典经济学更强的解释力和预测力。目前博弈论已经被学者们较为成功地应用于重新分析法经济学的几乎所有领域①，成为主流的分析范式。

5.4.3 行为分析范式

行为法经济学（behavioral law and economics）是法经济学研究中出现的运用行为经济学研究成果分析法律问题的学术趋势。学者们将行为法经济学的研究目的谨慎地定位为：运用行为科学的成果更好地解释法律所追求的目标及实现这些目标的手段，提高法经济学的解释力和预测力，使其摆脱远离现实的困境。②

行为法经济学的内容主要包括两个方面：一是构造一个良好的法律环境，最大化地降低行为人理性受到的限制和影响。各种因素的限制使行为人的计算能力、意志力不能符合最优决策的要求。理性选择理论尽管不现实，但它毕竟描述了一个理想的完美状态，说明了实现最优决策所需要的条件。因此行为法经济学的一个主要研究内容就是说明如何限制那些使行为人理性受限的因素发挥作用，使行为人的计算能力和得到的信息符合最优决策的要求。法律的重要作用就是建立这样一个环境。从这个角度来理解法律比传统法经济学的理解更为深刻，解释力更强。二是应用行为科学的结论，判断在法律规则约束下行为人的反应，说明法律规则的效果，进而为法律规则的选择提供依据。

行为法经济学对法经济学的影响是多方面的。首先体现在货币化的异质性上。如法律在进行赔偿和对伤害进行处理时，常常将它们表现为一定数量的货币。但是心理账户现象已经充分说明人们对于货币的评价是不一样的。对于货币计算，每个人会有不同的看法，所以在进行判断或法律运作的时候就遇到了不同的判断标准。这就会使赔偿和对伤害的处理偏离了社会要求的最优水平。

其次，也是最重要的，行为法经济学给出了更为丰富和广阔的法律需求。传统分析坚持最大化假设，在自我利益最大化前提下展开对行为主体行为的分析。但是行为经济学已经反复证明人们不是总在追求效益最大化，也在追求公平。比如交易超出一定程度后就被认为是不公平的，这就是人们心中关于公平的框架在起作用。这个判断标准是存在于交易当事人及交易评判者心中的潜在的心理标准、心理框架。这些标准或者框架根源于社会及其文化价值观，并且每个社会给出的公平标准（还有效率标准）是不一样的，所以每个社会在进行交易的时候判断的标杆就不同，由此而导致在这个社会认为是合法的交易在另一

① 关于博弈论在具体法律问题上的应用，参见拜尔，等．法律的博弈分析．北京：法律出版社，1999。

② Jolls，Sunstein and Thaler（1998）说："我们分析的核心观念是，行为经济学还允许我们用传统的经济分析方法对法律行为进行判断和模型化，但是是在对人类行为更准确地假设、对法律更精确地判断的基础上进行。"Korobkin，B. Russell and Ulen（2000）则认为："正如我们反复强调的，我们并不是提出一个新的范式来代替理性选择理论。我们的目标仅是将来自其他社会科学的大量的实验结论融合进法经济学中，以使人类行为判断和法律体系目标实现之间的关系得到精炼。"

社会则不合法。如在荷兰吸毒是合法的，但在大多数国家则是不合法的，这就是所谓的框架（frame）或起始点不一样。框架效应实际也给出了可接受的成本和收益的范围边界，超出边界的成本和收益就不会被社会接受。倒卖票证、倒卖投票权和倒卖人体器官之所以为多数国家的法律所禁止，就是因为这些行为的收益或者成本超出了社会可以接受的边界。

行为法经济学合理地说明了人们对公平的需求，进而也就说明为实现公平需要进行相应的法律制度构建。这就证明法律有着更加广泛的构建基础，而不是仅仅以效率为基础。不管行为法经济学对上述不当交易行为的解释是否正确，但至少解释了传统法经济学不能解释的问题。传统法经济学认为这些行为不应被禁止，因为它们也是自愿交易的一种。但是这种解释与世界上多数国家的法律实践明显不一致。这也说明传统分析遗漏了一些很重要的因素，行为法经济学的引入能够在一定程度上进行补充和深化。

但是行为法经济学还是很单薄的，行为科学所得出的结论还没有得到很好的消化，这些结论对于法律分析到底有哪些意义还在探索中，如何统一这些散乱的结论和分析更是还没有找到有效途径。行为经济学是建立在对新古典经济学的批判之上的，是分散的，是从多个角度展开的，很难发展为一个统一的行为模式，这是它面临的第一个挑战。第二个挑战就是它的很多结论都是基于特定实验的，一旦脱离实验环境、脱离具体案例后，结论能否依然成立是需要讨论的。所以行为法经济学只是处于起步阶段，能够提出很多研究纲领和研究方向，是一个正在成长的法经济学分析范式。

习　题

1. 用农场主和牧场主的例子阐述科斯定理。
2. 为什么科斯定理是法经济学的奠基石？
3. 法律的市场类比与规范的霍布斯定理和科斯定理有什么样的理论关系？
4. 用法经济学中具体的分析例子阐述法经济学的分析方法。
5. 从相同和差异这两个角度分析法经济学三个分析范式之间的关系。

推荐阅读书目

1. 魏建. 法经济学分析范式的演变及其方向瞻望. 学术月刊，2006（7）.
2. 麦考罗，曼德姆. 经济学与法律：从波斯纳到后现代主义. 北京：法律出版社，2005.

第六章

财产法的经济分析

6.1 财产与财产法

6.1.1 财产与产权

1. 财产

经济学和法学对财产的定义有所差异。经济学中定义的财产有两个基本要素：一是稀缺；二是有用性，即有使用价值。法学中定义的财产也包含两个基本要素：一是人类可以支配，二也是有使用价值。这两种定义的不同主要体现在所界定的第一要素上，即稀缺和是否可支配。经济学认为，如果一种物品不稀缺，人们就可以随意获取、使用，就不能定义为“财产”，稀缺及其导致的资源不同用途之间的权衡是该资源被确认为“财产”的关键。法学则认为可支配是成为法律上的“财产”的关键，如果一件物品尽管客观存在，但是囿于人类的技术水平无法被人类社会控制，就不能定义为“财产”。如有一段时间曾经出现了出售月球土地的事件，虽然月球上的土地是稀有的，但在现有条件下不是人类所能支配的，从法律意义上来讲，月球土地就不具有财产意义，因而这种出售行为根本不具有法律基础。

经济学和法学的“财产”定义并不是完全对立的，二者是兼容的。如果一件物品不能为人类社会所支配，那也就谈不上稀缺问题了。同时，如果该财产很难被控制，那么就无法确立权利的边界，无法确定权利人到底在多大的范围内可以行使权利，其他人在什么样的情况下才没有侵犯其权利。这里需要注意的是，可支配不是指权利人的可支配，而是指人类的可支配。

2. 产权

“产权”（property rights）在现代首先是一个经济学概念。产权经济学的主要代表人物阿尔钦将产权定义为：人们在财产的不同用途之间自由选择的权利（Alchian，1966）。

一个人一旦拥有了产权，就拥有了在该财产不同的利用方式之间进行自由选择的权利，别人不能干涉。而对资产不同使用用途的选择，实际上就代表着不同的使用效率。理性的人们总是倾向于选择那种使用效率最高的方式。

产权由产权主体、客体和内容三个基本要素构成。产权主体包括权利人和义务人两类。权利人是拥有产权的主体，如房屋的房主，义务人是负有不干涉权利人权利行使自由责任的主体。产权是对世权，要求除权利人之外的所有主体都要尊重和不干涉权利人的权利，因此义务人是除权利人之外的所有主体。产权客体是权利义务指向的对象，即对什么样的客观物体拥有权利。如土地产权的客体是土地，知识产权的客体是专利、作品、商标等。

产权的内容也称为权能，用以说明权利人拥有的对权利客体可以自由行使权利的行为，包括占有、使用、处分和收益，其中占有、使用和处分是三个行为体现，收益是这些行为的可能结果。占有是对产权客体的实际支配的体现，一般情况下占有是其他权能顺利行使的前提，也是产权的首要体现。占有可分为实际占有和虚拟占有两种情况，实际占有是产权客体在物理上控制在产权主体手中，如房主同时也是房屋的居住者；虚拟占有是在产权客体不被物理占有的情况下法律支持确认的占有，如房主将房屋出租后依然代表其对房屋拥有所有权。使用是产权主体根据财产的用途亲自对财产的实际利用，如用笔写字、用灯照明等。这里强调的是产权主体亲自而不是委托，因为委托本身就是一种使用行为，但是委托后代理人的行使行为不再认为是产权主体的使用行为。处分是产权主体对所拥有的权利进行处理的行为，包括放弃和转让两种情况。它不是按照客体的用途来使用客体，而是针对产权本身的行为。放弃是产权主体将客体抛弃，新的产权主体不特定。转让则是将产权客体通过一定方式出让给其他主体，原来的产权主体相应失去对客体拥有的全部权能，新的产权主体是确定的。

产权之所以重要，是因为它具有重要的功能。一是产权具有激励财富创造的功能。人类社会的发展历史实际上是财富不断创造和累积的过程。但是如果对于新创造出来的财富没有清晰地事先界定好产权归属，那么创造者因为预期到新财富可能不属于其所有，就没有动力进行财富创造。就像前面关于法律制度的思想实验显示的那样，本来用于财富创造的投入就会转而用于偷盗和防止偷盗，社会的财富创造水平就会急剧下降。二是产权具有提高未来预期准确性的功能。绝大多数经济行为都具有跨时性质，需要在不同的时间段内完成。但是，如上所述，如果在上一期的投资产生的收入在下一期不能为投资人所有，那么理性的投资者就不会进行投资，而是选择在当期将财富消费完毕。产权安排加强了对未来的预期确定性，进而激励了先期的投资水平，从而使人们有激励对自己的财富进行保护和改善投入。三是产权具有预防和抵御风险的功能。借助于产权，人们可以在风险发生之前进行预防，以降低风险发生的概率；也可以在风险发生后，以产权获取化解和分散风险的资源。四是产权具有明晰行为界限、减少纠纷的功能。产权的权能实际上代表的就是产权主体一定的自由作为的行为范围。在该范围内产权主体可以自由作为，不受其他主体的干涉。产权及其体系构成了每一个产权主体的行为边界，这样就有效减少了纠纷产生的可能性。五是产权具有财富分配的功能。从静态来看，每一个产权体系都代表着对社会现有财富的分配格局。从动态来看，当期的产权体系将决定着未来的财富分配格局。

随着越来越多的学者使用“产权”这个概念，“产权”概念出现了泛化的倾向，以致现在的"产权"概念，首先是一种统称，可以用来指所有的权利，相当于法学中的"权利"这个概念，是一个基本的概念。这是最广义的"产权"概念，它的外延也最广。不过，在经济学中"产权"概念一般是指经济性的权利或者权利中的经济部分。经济性的权利是指基于财产产生的能够为权利人带来经济收益的权利，如后面要讲到的物权、债权和知识产权等；权利中的经济内容是指整体权利中能够产生经济收益的那部分权利，如继承权中的财产继承权，人身权中的可以用作商业用途的肖像权等。

"产权"概念泛化的直接结果是经济学中的"产权"概念难以和法学中的权利体系相对应。法学中已经建立了完备的权利体系，其中大陆法系的权利体系最为系统。大陆法系将权利划分为三大类：第一大类是人身权，就是与人的身份有关的基于社会成员身份而产生的权利，如作为一个社会成员，任何人都拥有姓名权、肖像权等，还有一系列政治权利等。第二大类是财产权，财产权又包括三部分：物权、债权和知识产权。物权是对世权，即其权利指向权利主体之外的所有人，要求权利主体之外的所有人都负有不干涉权利人权利自由的责任，又进一步细分为用益物权、担保物权等更细致的权利。债权是对人权，是特定的主体之间存在的一种权利义务关系，二者之间的关系不涉及其他人，如借贷债权只限于债权人、债务人二者之间，对其他人没有影响。知识产权是围绕人类创造的知识而产生的物权性质的权利体系。第三大类是继承权。继承权是既具有人身性质，又具有财产性质的权利。它基于特定的人身关系发生，但是它指向的权利客体主要是财产。

按照上述阿尔钦以及泛化的产权定义，可以发现上述三大类权利都可以认为是产权。这样就造成了经济学和法学之间对话的困难。事实上，财产法的经济学分析中要分析的产权只有物权和知识产权，不将债权放在财产法中研究，而主要是在合同法中进行研究。

6.1.2 财产法的基本问题

财产法是关于产权的法律体系。围绕着产权的界定、使用、处分和保护，现代法律制度构建起了完整的财产法律体系。其中的核心问题有两个：一是产权如何界定，二是产权如何保护。

产权界定中包含四个问题。一是哪些资源可以被确定为财产，进而建立产权？如在历史上就有人是不是财产的问题。奴隶社会中人是可以被作为财产的，奴隶可以被奴隶主自由支配、买卖和处死。但在现代社会，人已经不能被视为财产。任何人都没有奴役他人的权利，任何人也没有自愿为他人奴役的权利。① 此外，还有很多不能作为财产的东西，如投票权，虽然具有稀缺性、使用价值这两个财产的基本要素，但不能作为财产。财产法首先要回答"什么是财产"这个问题，不仅要给出一般性的财产的法律定义，还要对具体的资源是否属于财产范围给出界定。

二是产权主体包括哪些主体？首先从普遍意义上来看，哪些主体可以作为产权主体？如动物能不能作为产权主体？② 胎儿能不能作为产权主体？其次从时间角度来看，在不同时段内法律认定的产权主体会有什么变化？如未成年人就不能拥有一些成年人才能拥有的产权，因而不能作为这些产权的主体。最后从空间角度来看，产权主体的变化有哪些？在

① 拐卖妇女儿童，就是在一定意义上将人当作了财产，因而为法律所禁止。

② 随着环境保护主义和动物保护主义的兴起，出现了赋予动物以权利的主张，但是引起了强烈的争论。

一个国家（地区）认可的产权主体在另一个国家（地区）可能就不被认可。

三是产权主体可以对哪些财产拥有产权？这个问题实际上是对以上两个问题的总结。首先是私人可以对哪些财产拥有产权，如私人能否拥有枪支、矿藏、土地？这在不同的国家的法律规定是不同的。其次是社会集体（组织）可以拥有哪些产权以及这些产权是如何界定的？最后是国家（政府）拥有哪些产权？

四是财产上可以设定哪些权利，即可以在财产上建立哪些权能？并不是所有的产权都可以建立或者建立了全部的权能。财产的物理属性和社会价值观对于权能的建立构成了两大重要约束。如对于流动中的河水，考虑财产的物理属性，根本就没办法确定对河水里的某些水的产权，就算确定也只能针对某个时点的一定量的水。再如对于网络游戏中的虚拟财产，网络游戏玩家难以从物理上支配，只能拥有一定条件下的使用权。社会价值观，如现代社会对于人体器官的处分就有着众多限制。

产权的保护。在设定了权利之后，就必须有权利的保护，否则设定的权利就没什么现实意义了，不被保护的权利就不能称之为权利。保护涉及很多方面，比如侵权之后的救济、对侵权的预防等都有很多相应的措施。

社会关于财产的价值观支配着对上述问题的基本答案。社会关于财产的价值观决定了法律在对上述问题进行回答时的基本取向，也即对于什么是财产、哪些人拥有财产、设立了什么样的权利、如何保护的回答有一个基本的价值观念指导着。[①] 正如下面将要阐述的，法经济学是以效率作为基本观念来分析和研究财产法的，不同于法学以公平为价值基础进行的分析和研究。

6.2　财产法的经济目的：稀缺资源的最优利用

财产法经济分析的核心目的就是说明财产法律体系是如何以及应当如何将产权分配给最有效率的使用主体，从而使产权指向的财产能够发挥最大的作用，以提高社会福利水平。资源、财产都是有限的，但是它们具有多种不同的使用方式，每一种方式及其组合都分别代表着不同的财产使用效率。从小处说，如铅笔的最优用途是用来写字、画画，用铅笔做筷子来夹菜显然不是笔的最优利用。从大处说，不同的企业聚集着不同的财产，但是企业的财产利用效率高低不同，进而有着破产和兼并，使低效率利用的财产从破产和落后的企业转移到高效率的企业手中。因此，财产法从积极意义上来说，是构建一个有效促进财产最优利用的法律体系，从消极意义上来说，是最大化地减少财产最优利用的法律成本。那么，财产法是如何决定和影响财产的使用效率的呢？

6.2.1　产权形态与最优利用：产权形态的社会最优选择

产权的具体形态对于财产的利用有着重要影响。因此在产权形态的选择上，财产法要构建起一个良好的框架，以有利于财产的最优利用。

---

① 但是每个社会的价值观是不同的，由此产生了财产法体系上的差异，如毒品、枪支在绝大多数国家是禁止私人拥有的，但是在荷兰，毒品可以成为财产，在美国大部分州使用枪支是合法的。

假设一块土地的最优用途是用于种植。接下来考察，在不同的产权状态下，土地是否达到了最优的利用状态。

首先，假设是无产权状态。在一个没有产权的假想世界，面对这块土地，人人都可以自由使用，也就是说这块土地对于这个假想世界中的所有主体来说处于开放进入（open access）状态。第一步，假设所有有权利用这块土地的人都是农民，按照土地的最优使用方式来利用土地，进行种植。进一步假设这些农民相互之间达成协议，按照先占原则确定每一个人的耕种面积，先耕种的人拥有该年度的土地收益权。那么，从一个耕种年度来看，土地的最大价值就是，庄稼的全部收入（S）减去耕种农民的全部投入（W），即 $S-W$。但是由于预期到在下一个年度土地将按照先占原则再次进行重新分配，那么上一期的农民就会采取尽量掠夺土地肥力的做法进行耕种，这样每一期土地的利用价值都将下降，设为 Q。结果是每一期土地的价值应当是 $S-W-Q$，低于土地最优的利用价值。这是开放进入状态下产生的第一个不利于财产最优利用的结果——财产的过度利用。

再进一步假设农民没有就土地的当期利用达成协议，不承认先占规则，那么就将陷入前述思想实验所描述的种植、防盗的困境中，每一个农民的最优收益将停留在种植的边际收益等于边际防盗成本的均衡点上。由此导致的土地利用价值下降，设为 T，此时土地的价值为 $S-W-Q-T$。这是开放进入状态下产生的第二个不利于财产最优利用的结果——财产价值的耗散。不仅因为一部分本来可以用来进行财富创造的投资转而用于进行和预防财富转移，而且因为一部分已经进行的财富创造投资因为财富转移而被破坏，如偷盗对庄稼的毁坏。

再进一步假设有权进入和使用这块土地的不仅有农民，还有其他职业者，如牧民、猎人。那么不仅部分土地将被用作非种植用途，而且将因为不同用途之间的冲突进一步导致土地价值下降。这是产权开放进入状态下产生的第三个不利于财产最优利用的结果——技术上非最优利用。

其次，假设对土地建立了私人产权。私人产权不仅确认了有权耕种该土地的是农民，而且确定了农民对于投资及其未来收益具有产权。确认产权主体是农民保证了土地将被用于种植——假设中的最优利用方式。确认农民对投资及其收益的产权，一是消除预防偷盗的成本，农民可以专注于耕种，消除了土地价值的耗散；二是消除了土地过度利用的内在基础，因为过度利用的成本将由该农民本人在未来承担；三是，也是最重要的，建立为未来投资的激励。而在无产权状态下，不仅因为产权不能持续，而且因为未来收益有被剥夺的危险，所以没有人会对未来进行投资。这也是产权开放进入状态下产生的第四个不利于财产最优利用的结果——缺少未来投资。在私人产权下，对土地的良好维护及其改良所产生的收益都将由土地所有者获得。

但是，私人产权在拥有上述优势的同时也有着不足。当这块土地被允许有足够多的农民进入耕种时，土地的利用价值也将下降。一是因为地块过小会使耕种收益无法有效覆盖种植的固定成本；二是土地种植在现代的最优利用越来越表现为大规模的机械化生产，但这就需要以大块土地为保证。这样不适合农业机械化生产的土地分配也将不利于土地最优利用。这是由土地利用技术提出的产权界定要求，私人产权并不一定符合这个要求。

再次，假设对土地建立了共有产权（common property）。共有产权是多个主体基于一定的关系建立起的对某一财产一起占有、使用和享受收益，处分必须获得全部或者多数产权主体同意的产权。共有产权是处于私人产权的完全清晰和开放进入状态的完全模糊之间的一种产权状态。一方面，共有产权具有一定范围内的排他性，因为其主体数量基本上是确定的，这个范围之外的主体都有义务尊重和不干涉共有产权的行使；另一方面，又存在一定程度的开放进入问题，因为这些主体都可以随时主张权利，共有产权主体之间不具有排他性。

从开放进入状态来看，共有产权具有表现出上述不利结果的潜在倾向，财产的过度利用、财产价值的耗散、技术上非最优利用和缺少未来投资等问题都会表现出来，从而形成"公地悲剧"（Hardin，1968；Gordon，1954）。现实中的公共草地、公共渔场和众多的公共资源都在不同程度上具有公地悲剧的表现。但同时也可以看到有众多公共资源没有表现出上述问题，关键就在于共有产权得到了良好治理，良好治理的基础是共有产权主体之间就公共财产的最优使用达成相应的契约。如共有产权主体之间共同同意限制同时使用公共财产的人数、按照公共财产的最优利用方式进行使用、共同进行投资以增加公共财产价值、禁止掠夺性使用和不当处分等。为此，要付出相应的治理成本，设为 P。共有产权因为开放进入而产生的一定损失设为 M。那么，在良好治理的情形下，共有产权的价值为 $S-W-P-M$，其中 P 和 M 是负相关关系，P 投入越多，治理越精良，M 就越小。从短期看，二者有一个边际均衡点，即达到边际治理成本等于边际损失的水平是治理的最优边界。但是从长期看，因为治理必须具有延续性才能保持良好绩效，需要在先期投入高于边际治理成本决定的治理成本水平，在未来才能有效抑制开放损失。

因此，共有产权的治理就成为关键。共有产权主体之间如何才能达成一致并建立起相关治理机制呢？达成一致要面临许多难题，一是协议达成的收益是未来的，而不参与共有产权获利竞争的损失是当期的；二是达成协议需要较高的成本，因为只要其中一个主体不同意，协议就不能达成，此前的所有协议达成付出都成为无效投入；三是正因如此，每一个共有产权主体都有激励成为最后一个契约签订者，以期利用这个特殊地位为自己牟取更多的利益。每一个主体都保有同样的预期，契约进程就难以启动。

自愿达成、长期关系、借助于权威是形成契约的三个主要方式。自愿达成一般是在共有产权主体数量较少且相互之间具有较高的共同追求（也即主体之间具有较高的同质性）的情况下达成的。主体数量少，需要付出的协调成本就小。共同追求则保证契约内容容易达成一致，如脾性、生活习惯基本相同的合租者容易就合住房屋的共同使用达成一致。

长期关系则是产权主体围绕公共财产的使用建立了长期关系，从而使其中任何主体对公共财产的不当利用都可以在将来受到惩罚，惩罚威胁是可置信的，因而推动和激励共有产权主体就公共财产最优利用达成契约、建立治理机制。所谓长期关系并不是指该关系永恒存在，而是指共有产权主体无法事前预期到关系何时终结，并且他们都期望该关系长期存在下去。产业集群是借助于长期关系形成公共治理的典型代表。

借助于权威是依靠权威的强制和威慑来推动共有产权主体突破上述难题建立契约。这里的权威是指在契约达成前就存在的权威，不是指契约达成后因为构建治理机制而形成的新权威。政府、社会组织等是经常被借助的权威，并且政府存在的一个理由就是协调集体行动、提供社会主体难以自愿形成的公共产品。政府可以利用相关的管制法律要求共有产权主体必须就公共财产的使用达成协议，并且多数情况下还规定了协议的基本内容。

借助于社会组织的权威推动契约形成，是利用社会组织对其成员的有效约束力推动这些成员之间就公共财产的使用达成协议，如邻里之间在村集体的推动下形成良好的相邻关系。其中有一种特殊情况，即当共有产权主体与社会组织成员的范围相一致时，共有产权往往以组织产权的方式表现出来。组织产权就是以组织名义契约化的共有产权。它一方面对组织内的全部成员开放，另一方面以组织取代组织成员作为产权主体。在组织内部有着如何统一组织成员意志的各种安排，对外是以组织的名义行使产权。利用组织的强制力形成关于公共财产的各种使用安排，控制过度利用等不当使用方式，同时利用组织力量直接或者激励成员对公共财产进行投资。此时，事先存在的组织和事后建立的共有产权治理权威合二为一。

但是组织的共有产权治理绩效可能是不稳定的。因为存在着多种影响治理绩效的因素：一是成员对组织权威的认可程度；二是成员的数量。当成员数量过多而导致公共财产的使用需求超出公共财产的承载水平时，就可能导致组织需要寻求新的满足方式。如果没有有效的替代方式，旧有的治理就会受到冲击而失效；三是组织可以使用的资源水平；四是组织对公共财产的最优用途、成员需求的准确认知水平；五是治理机制的安排；六是组织的强制力水平；七是正式的法律制度对组织治理的支持程度；八是整个社会的组织资本水平；九是社会的价值观念是有利于集体主义还是不利于集体主义。

借助于社会组织的权威进行共有产权的治理，实际上是介于借助于政府以国家暴力为后盾的硬强制和以长期关系可置信惩罚的软强制之间的一种契约形成方式。它虽然缺乏政府的强制力来约束成员，但同时又比长期关系的强制更具有正式性和更高的强度。并且由于社会组织是人类社会进行社会活动的基本载体，社会组织构成了社会基础，广泛存在的组织文化和价值观念构成了社会文化和价值观念的一个基础，借助于组织权威形成组织产权是所有社会的一个重要而基本的选择。随着社会的发展，越来越多的资源的最优利用需要合作，并且有着越来越多的资源公共利用水平越高、价值越大①，社会中需要进行公共治理的资源越来越多，要求的公共治理水平越来越高。但是因为组织共有产权治理绩效的不稳定，所以组织治理水平就在很大程度上反映出一个社会的自组织水平和进步水平。当组织治理绩效良好时，就能够最大化地降低开放进入带来的不良结果，降低整个社会的治理成本，提高社会资源的公共利用水平。

最后，假设在土地上建立了政府产权。土地国有，由政府代表国家行使产权主体职责。政府产权在本质上也是一种组织产权，但与一般的组织产权又有着两点不同：一是政府是覆盖整个社会的具有暴力垄断优势的组织。借助于暴力优势，政府可以不必获得所有社会成员的同意而进行强制治理。这是政府产权治理的一个优势。二是政府产权需要借助于多重委托—代理关系进行治理。不仅政府本身是一个代理人，是国家全部国民的代理人②，而且政府需要建立层层委托—代理机制来具体行使政府产权。代理成本高昂和委托人缺位是政府产权的最大劣势。

① 如新经济兴起的一个核心基础——网络效应，就是典型的例子。随着进入和使用网络的人数的增加，网络的固定成本不断下降，而边际成本却微量增加甚至不增加。

② 有观点认为政府产权和国有产权是有差异的，但是政府产权和国有产权只是从不同角度对国家所有的财产权利的称呼。政府产权是从代表主体这个角度来定义的，国有产权是从产权的性质这个角度来定义的，但它们都具有相同的终极所有者——全体国民。

综上，除去无产权状态不具有任何社会期望的优势外，其他各种产权形态在具有优势的同时也具有劣势。显然，私人产权、共有产权、政府产权都为社会所需要，因为它们都能够在一定的环境、条件下实现所指向财产的最优利用。因此，从整个社会角度来看，就有一个私人产权、共有产权、政府产权的最优配置问题。尽管财产法体系不能独自决定私人产权、共有产权、政府产权的社会最优配置，还有着社会资源水平、社会技术水平、文化价值观念等多种因素的影响，但无疑财产法体系对此有着重要的影响。构建一个有利于促进产权最优配置的法律体系是财产法的核心目标。也正是通过对产权形态的选择、支持和保护，财产法影响和决定了财产的利用效率。

6.2.2　通向最优利用的途径

财产法的目的是促进财产的最优利用，但是财产的最优利用不仅取决于可供选择的使用技术，而且取决于财产利用者是否拥有技术和能力进行最优利用。更为关键的是，财产的最优利用者是动态变化的，财产使用技术和其最优利用者之间的组合是不断变化的。财产法虽然可以直接将产权赋予使用效率最高的主体，但是信息是不完全的，那么面对最优使用者的动态变化，财产法是如何促进财产的最优利用的呢？财产法是通过促进财产自愿交易的方式来实现财产最优利用的，因为自愿交易具有发现最优使用者的功能。下面以一个简单的讨价还价模型[①]来说明这个问题。

假设A、B双方买卖一辆旧车，A是旧车的车主，他对这辆旧车的评价是3万元，也就是说，他出售这辆旧车的最低价格是3万元，低于这个价格A将拒绝出售；B想买这辆旧车，他拥有5万元现金，他对这辆旧车及其带来的效用的评价是4万元，也就是说，价钱如果超过4万元，B将拒绝交易。A、B两人对同一物体有着不同的评价，这样就产生了福利改进的余地。与A相比，B对该车的评价更高。B是更好的财产利用者，因为通过使用该辆旧车，B能够创造出小于等于4万元但高于3万元（A的评价）的社会福利。如果交易达成，那么该辆旧车就实现了从评价低的人手中向评价高的人手中的转移。这样在A、B之间有1万元的协商空间：只要B的出价高于3万元，A就会接受；而只要A的要价低于4万元，B就会接受。

假设二者以3.5万元的价格成交，如图6-1所示，可以看出，交易之前的社会福利水平为8万元，在交易后提高到了9万元，社会增加了1万元的福利水平。这就是一个帕累托改进，交易中双方的福利水平都有了改善，没有任何一方受到损失。因此，自愿交易就是社会所希望的交易，是要追求的目标。

交易前		交易后	
A—3万元	→8万元	A—3.5万元	→9万元
B—5万元		B—车（4万元）+1.5万元=5.5万元	

图6-1　自愿交易创造和分配了合作剩余

而要达到这个交易，需要两个基本条件：第一，存在合作剩余。A参加这个交易有一个基本前提条件，就是B的出价不低于A对这辆车的评价，3万元这个价格被称为A的

① 该模型源自Cooter and Ulen（2003）第4章第78-80页。

风险值（risk value）。B参加交易的条件是A的要价不高于B对车的评价，4万元是B的风险值。风险值意味着A、B参加这个交易所能产生的最低收益不能低于两人各自已经拥有的福利水平。B的风险值高于A的风险值就意味着交易存在合作剩余。

第二，交易成本为零或者很小不足以阻碍交易的进行。现实世界中存在着众多交易成本，搜寻交易对手的成本、与双方讨价还价的成本、交易履约成本以及交易违约救济成本等都是不同类型的交易成本。如果这些交易成本足够高，就会阻碍交易的完成。

交易无法达成就不能促进财产从使用效率低的主体手中转移到使用效率高的主体手中。财产法的另一个重要功能就是减少阻碍交易进行的障碍，促进交易的完成。第五章阐述的规范的霍布斯定理和科斯定理已经从一般意义上说明了法律制度的重要功能就是克服交易障碍、降低交易成本。这个道理同样适用于财产法。

规范的霍布斯定理是立法以最小化私人合作失败导致的损失。（Structure the law so as to minimize the harm caused by failures in private agreements.）也即当阻碍交易的障碍足够大，以至于交易不能达成时，就应该制定法律以跨越这些障碍，强制进行交易，使由于障碍导致的不合作转变为合作，从而最大化地降低不合作导致的社会损失。霍布斯定理要求的是尽量促进交易、建立合作，使不合作产生的损失最小，这类似于一个拐点条件。也就是说，按照人们本来的自然利益倾向选择的话，将导致不合作的结果，但是不合作不是社会所期望的。社会期望的是合作，因为合作可以带来社会期望福利水平的提高。但现在按照人们的自然选择是不合作，那就需要建立法律尽量促使人们由不合作转向合作。例如，在无产权状态下，在自我利益的指引下，理性主体的行为导致了众多不良后果，那么就要建立产权来消除这些不良后果，借助产权促使理性主体在财产使用、维护和投资上进行合作。

但是，即使人们的理性推动人们希望合作、希望交易，也可能难以达成，因为还存在着阻碍交易进行的各种各样的交易成本。规范的科斯定理是立法以消除阻碍私人合作的障碍。（Structure the law so as to remove the impediments to private agreements.）也即，当具有达成交易的可能性时，法律要最大化地消除阻碍合作的各种交易成本。这实际上就是一种自我实施条件的满足，当人们已经具备了合作基础后，在建立法律降低和消除交易成本后，自然就会出现合作和交易顺利达成的结果。如在交易中，明确双方的风险值是十分关键的，因为它关系到是否存在合作剩余。但是风险值属于私人信息，难以获取，财产法可以通过财产登记制度，建立产权档案并记录以前的交易价格，从而有助于合理判断风险值和合作剩余。

6.3 产权的界定

在上节说明了财产法的经济目的后，从本节开始依次讨论产权的界定、使用、转让、保护和私人财产的公共使用等法律问题。上节阐述的财产法的基本经济理论是后面分析展开的理论基础。

产权界定是财产法中的核心问题，也是财产法首先要解决的问题。如前所述，产权界定包括财产范围是什么、产权主体是谁、拥有哪些产权和可以建立哪些产权四个问题。按照什么样的原则来确定上述问题的答案，不仅是一个重大的理论问题，也是财产法的核心问题之一。

6.3.1　产权赋予与获取的基本规则

从讨价还价模型中可以得到的一个基本结论就是：要把产权界定给使用效率最高的人。这就是法经济学关于产权界定的基本原则，或者说产权界定的效率标准。下面从这个原则出发来考察财产法已有的产权赋予与获取的基本规则。

财产法确立了四个产权界定的基本规则：一是先占规则，即第一个占有产权客体的主体拥有所有权，如无主土地的第一个占有者拥有无主土地的所有权。二是附属规则，即产权主体对于附属于其产权客体的财产拥有所有权，如房子的所有者拥有房子钥匙的所有权。三是创造规则，即产权客体的创造者拥有所有权，如专利的发明者拥有专利权。四是公平规则，即基于公平的考虑对弱势群体给予特别保护，赋予其特定的产权，如对贫困人群的社会保障和救济就是公平规则的体现。

先占规则的优势如下：一是清晰地说明了产权主体，即第一个在物理上或者通过法律认可的其他方式占有产权客体的主体；二是在一定程度上符合效率标准，因为往往第一个占有产权客体的主体也是对客体评价最高的主体，也正因为其评价高才投入精力、时间和其他资源来寻找、获取产权客体，如对无主土地和财宝的搜寻、猎物的猎获等都具有这样的特征。

但是先占规则也具有劣势：一是引发先占竞争，导致部分先占投资失效。当有一个以上的主体投入资源进行产权搜寻时，就出现了先占竞争。如对沉船财宝的搜寻往往有多支寻宝队在同时行动，但是先占规则最后只允许一个主体享有产权，即第一个占有产权客体的主体。这样在先占者成功获取产权后，其他搜寻者的搜寻投入就成为无效投资。二是有些先占并不符合效率标准。如偶尔发现财宝的主体并没有事先付出搜寻投入，从而也就难以判断其是不是财宝评价最高和最有效的利用者，因此多数国家的法律对此并不适用先占规则。三是先占的标准可能存在争议。什么样的行为才构成有效的先占行为？殖民地时期在发现所谓的无主土地时往往以哪个国家的国旗先插上这块土地为标志，但是现在即使有人将国旗插到月球上去，也没有国家会承认其对月球的产权。再如，对鲸鱼是先发现者占有，还是第一个将鱼叉射到鲸鱼身上的主体占有，还是第一个将鲸鱼捕获到渔船上的主体占有，先占的标准存在争议。先占的标准的不一致削弱了先占规则的清晰优势。

附属规则的优势如下：一是在主物产权清晰的同时，附属物的产权也相应清晰；二是正因为主物和附属物之间存在互补关系，如锁和钥匙、电视和遥控器，那么将附属物的产权赋予主物的产权主体是符合效率标准的，钥匙和遥控器只有在锁和电视的产权主体手中才能发挥其最优用途。其不足之处在于：一是这个规则只适用于存在附属关系的情形；二是对于什么是附属关系还有争议，如土地和蕴藏其中的矿藏是不是附属关系。特别是当主物在物理上是固定的，但附属物不固定之时，使用附属规则就容易出现产权边界不清晰的情况。如按照附属规则，相邻土地的所有者之间就难以确定地下天然气矿藏的边界，因为天然气是流动的。也就是说，当在两个财产之间不存在适当的从属关系时，效率标准的支持根据不复存在，就不能适用这个规则。

创造规则是应用最为广泛的产权界定规则，也是最基本的产权界定规则。同时它在一定程度也是先占规则的体现，因为创造者通常也是先占者。创造规则的优势与产权具有的功能基本上是一致的：一是激励创造性活动，推动社会财富的增加；二是增加未来预期确定性，激励未来投资；三是能够较为清晰地确定产权主体。创造规则的不足表现为：一是赋予创造者以产权将导致垄断，从而可能损害社会福利。如知识产权领域的一个核心问题就是如何在创造激励和垄断损失间实现平衡。二是如同先占规则一样，也存在竞争投入无效的问题。三是创造者本身有时也存在不清晰问题。

公平规则的优势如下：一是对社会弱势群体给予特殊的照顾，有助于整个社会的和谐；二是正因为弱势群体依靠自身获取产权的能力有限，他们对于赋予其的产权比非弱势群体有着更高的评价，从而使相同的财产创造出了更高的社会福利。如同样是 300 元现金，弱势群体的评价要远远高于 300 元，因为这 300 元代表着一个弱势群体人员一个月必需的生活费用（或者说是代表着生存的价值），而非弱势群体对这 300 元的评价仅仅是 300 元或者更低。这也是公平规则与效率标准相一致之处。但是公平规则的明显缺陷就是：公平的标准是模糊的，其适用范围也是模糊的，是受社会价值观念和环境显著影响的，缺乏清晰的可操作性。同时对公平的过度强调将导致与效率的冲突。

综上，上述四个基本规则都有自己的优势所在，也有劣势所在。因此要在相应的环境和条件下分析它们的适用性，以对是不是将财产配置给了使用效率最高的主体作出最后的判断。

6.3.2 产权界定的多头利益均衡原则

科斯定理认为在交易成本为零时产权赋予给哪个主体无关紧要，因为当事人能够通过无成本的谈判获得所欲获得的产权；而当交易成本为正时，产权的界定就将影响资源配置的效率，交易成本阻碍了当事人获得所期望的产权。那么将产权界定给评价最高的主体，不仅将节省交易成本，而且资源的使用效率将达到最高，因为评价最高者就是使用效率最高者。Posner（1992）由此提出了产权界定的效率评价原则，即对产权客体评价最高的主体拥有产权。但这个原则仅是一个启发性原则、一个理论原则，因为现实中难以准确确定评价和使用效率最高者。

学者们将效率标准做了进一步的推进。Demsetz（1964，1967）分析了产权界定的经济前提条件，稀缺性使得产权客体的相对价格上升，从而超出了获取产权客体的成本，因此主体有获取和保护产权的经济激励。导致产权客体相对价格上升的原因有技术、人口和社会等因素。这个分析的贡献在于给出了产权界定的一个前提条件，即产权主体只有在产权界定的收益大于成本时才有动力进行产权界定。

Libecap（1989）综合分析了产权界定过程中产权相关主体之间展开的政治博弈，博弈的最终结果并不总是实现了资源的理性利用，而是取决于产权相关利益主体之间的政治力量对比。Robert Higgs（1982）对美国华盛顿州鲑鱼渔场的研究不仅证明了 Libecap 的判断，而且特别强调了政治博弈对技术进步的影响。Libecap 等的文献说明产权确认者（政府、议会等立法者）只有当产权确认的收益大于成本时才有动力进行产权赋予行为。而当产权赋予面临强大的政治压力（被剥夺权利利益主体的强烈抗议、投票威胁、明显损害公共利益等），威胁到确认者的利益时，产权确认者就不会立法进行产权确认。

William H. Riker and Itai Sened（1991）进一步总结出产权界定的四个前提条件：条件 1 是稀缺性。稀缺决定着权利的价值超过占有成本，没有稀缺，控制就没有意义。条件 2 是权利拥有者渴望拥有权利。否则拥有者就不会寻求权利，权利就不会出现。条件 3 是规则确认者渴望确认权利。如果没有正式的权利确认，权利最终也难以实施。条件 4 是责任承担者承认权利。这是一个必要的但是常常不被注意的条件。也就是说，只有在权利享有者、权利确认者、责任承担者三个相关主体的界定收益大于成本的前提下，产权才会被界定和执行。

也就是说，产权界定的前提是相关主体在产权界定过程中同时实现了收益大于成本（或者至少等于成本），这是一个多头均衡状态。在这个均衡状态下，每一个产权界定的相关主体——权利享有者、权利确认者、责任承担者都有动力推动权利的界定和实施。社会选择界定一项权利，其根本目的和要求就是该权利被正式界定后能够顺利地自我实施，进而促进该项权利指向的财富被效率最大化地利用，实现社会福利的最大化。因此这个多头均衡也是权利稳定自我实施的基本前提。

尽管权利的完全自我实施是一个理想状态，但是权利实施如果不断被干扰，权利实施成本高昂，界定权利就没有什么意义了。如果权利享有者拥有和行使权利获得的收益远远低于成本，那么该权利就是“空”权利，不会被行使；同样，当权利赋予导致的成本大于收益时，权利确认者也不会正式确认该权利；进一步地，如果责任承担者认为权利界定导致其收益小于成本，他就会不断进行“挑战”以规避其所承担的责任，从而使权利无法圆满实施。结果是社会要付出更多的本来可以避免的纠纷解决成本来实施该权利，甚至最终出现社会总成本大于社会总收益的结果。

所以产权界定要以产权的稳定、顺利自我实施为基本准则。所谓自我实施就是指与该权利相关的主体有着内在动力实施或推动实施该项权利，内在动力主要源于各个相关主体实施或推动实施该项权利的收益大于成本（至少是收益等于成本）。当一项权利需要被正式界定时，有着多种可能的选择方案，那么哪一种方案能够最大化地产生自我实施结果，就选择该种方案作为界定方案。这个界定规则是一个结果导向的规则。

实际上法律确定的先占规则、附属规则和创造规则都隐含着产权稳定自我实施的意义。先占规则、附属规则或是创造规则的基本目的和欲求都是确保产权界定后能够被社会顺利承认和自我实施。先占规则、附属规则和创造规则作为构建“合法性”的内核，目的也是利用已经存在的社会共识来为产权界定和实施奠定基础，减少产权实施过程中的障碍。因此产权稳定自我实施原则与上述规则不仅不冲突，而且兼容互补。波斯纳的效率评价原则包含着产权获得者必须具备最高的使用效率以使产权行使收益最大化地超出行使成本的含义，也与产权稳定自我实施原则具有一致性。

6.3.3　产权的确立和核证

当产权从法律上界定之后，为降低交易成本，还需要建立相应的产权确立和核证制度。该制度一是标志着从法律意义上产权的正式建立。如房屋建设完毕出售给房屋购买者，购买者只有到房屋登记管理部门正式办理了房产证，才在法律上正式确立其房屋所有权，否则不发生法律效力。二是增加产权的真实性。在产权交易以前，交易方可以通过查证产权确立和核证记录来确认所欲交易的产权的真实归属，从而防止欺诈。比如在土地出售前通过查证产权可以有效避免购买者是从土地租赁者而不是土地所有者手中购买土地的情形。产权的确立和核证制度也是规范科斯定理的现实要求之一。

产权的确立和核证制度的作用：一是促进交易。当财产在确立和核证制度中登记在册时，交易对方可以十分方便地确定欲交易的产权的归属，不需要付出更多的核证成本。由此登记在册的财产的价值实际上因为登记而将增加。二是威慑偷盗。确立和核证制度不仅使被盗财产无法确认产权，而且因此降低了该财产在偷盗者手中的价值，从而抑制了偷盗可能。三是借助该制度的支持，可以较为容易地以登记财产获得金融信贷。四是政府可以以此作为征税等活动的信息基础（Shavell，2004）。

有两种产权的确立和核证制度：一是登记制度（recording system），二是注册制度（registration system）。登记制度只是负责记录产权的成立和变化，但并不主动对产权因为登记不全和登记失误造成的损失承担责任。也就是说登记制度尽量追求登记信息的准确性，但是万一出现错误也不承担责任。目前多数国家和地区采取的是这种方式。注册制度则是既负责记录产权的变化过程，也对记录信息的准确性负责。如果出现错误导致损失，负责注册的部门要承担该责任。澳大利亚采取的就是这种注册制度。澳大利亚的财产注册部门利用注册费建立了专门的基金，用基金来赔偿因错误而导致的损失。

这两种制度各有优势，也各有不足。登记制度的管理成本低，并且可以将更多的产权纳入登记范围内，但是不完全确保登记信息的真实性。显然注册制度的管理成本要高很多，不仅要确保信息的真实性，而且要负责赔偿。[①] 但是其优势在于大大提高了产权交易的确定性，从而增加了该制度下产权的价值。

不论哪种确立和核证制度都要付出管理成本，并且管理成本随着制度的延续在不断增长。在管理成本的约束下产生了两个结果：一是确立和核证制度的信息记录基本上有一定的期限，只允许查证到一定时间范围的信息记录，超过该期限的记录不再保存，以降低管理成本；二是只对登记价值超过登记成本的财产进行登记，如多数国家只对土地、房屋、车辆、大型机器设备等具有大宗价值的财产进行登记，不对小价值的物品，如书籍、日常用品等进行登记。[②]

《中华人民共和国物权法》（简称《物权法》）第二章第一节专门对不动产的登记制度进行了规定："不动产物权的设立、变更、转让和消灭，经依法登记，发生效力；未经登记，不发生效力，但法律另有规定的除外。"由此构成了我国财产登记制度的基本制度安排。

6.3.4 产权界定的具体分析：河流水权

河流中的水是一种比较特殊的财产，它处于不断流动的状态中，并且河水的流量在不同年度是动态的。河水的动态性使河水产权的清晰界定和维持都有很大的困难。按照河岸分布将从河流取水的权利分配给河岸所有者是河流水权的一个基本界定原则。这是附属规则的体现，即将河水作为河岸的附属物来对待。但是由于河水是流动的，在没有将河水从

---

① 实际上美国有些州也曾经建立了注册制度，但是由于基金不足以支付赔偿费而被迫放弃（Cooter and Ulen，2003）。

② 不过登记财产可能会随着时间的变化而变化，因为登记财产的相对价值发生了变化。如在中国自行车以前是登记财产，但现在已经不是了。

河流里提取上来之前，河岸所有者的水权只是一个名义水权，所以先占规则此时又发挥作用，河岸所有者必须将流经该河岸地段的河水从河流里提取出来，才能实现自己的产权。此时，新的问题又将产生。上流河岸的所有者按照先占规则显然具有天然的获取优势，具有占有大部甚至全部河水的潜在可能。但是，一方面，按照生态学的要求河水中的大部分必须自然流向其终点，才能保持河流的生态持续性；另一方面，中下游也同样有着获取河水的权利。那么，除去赋予全部河岸所有者以水权外，还要进一步明确各自的产权边界，建立产权边界确定制度。

黑河的均水制就是一种确定水权边界的安排。① 黑河是我国第二大内陆河，流经青海、甘肃、内蒙古三省（自治区），流域南以祁连山为界，北与蒙古国接壤，干流全长821公里。在水事矛盾日益尖锐的背景下，清雍正四年（公元1726年），陕甘总督年羹尧首先制定了均水制。均水制的内容是：每年芒种前封闭上段渠口十天，给下游高台及鼎新灌区放水；均水制实施的地域范围是甘肃省境内；建立监督机制，由鼎新知事兼巡河道，严格执行；下游县官到上游督察，官升一级，县官挂州官衔，有权临阵处置均水情况；派出由下游各县组成的水使181名，坐守各渠口，对玩忽职守或私偷卖水者，严肃处理。这种机制实际上优先保证了下游的用水权利，因为当时下游地区是主要的农业产区。

但是随着沿岸地区的经济发展，尤其是黑河中游地区的人口和经济活动急剧增加，用水量大增，同时下游的牧区（内蒙古）由于过度放牧的影响沙漠化越来越严重，生态环境的恢复提出了强烈的用水需要，上下游之间的用水冲突再次激烈。经过多次努力后，2000年在新成立的黑河流域管理局主持下并经国务院批准通过了新的均水制方案，方案主要内容为：当莺落峡多年平均来水15.8亿立方米时，分配正义峡下泄水量8.0亿立方米；当莺落峡25%保证率来水17.1亿立方米时，分配正义峡下泄水量10.9亿立方米；当枯水年莺落峡75%保证率来水14.2亿立方米时，分配正义峡下泄水量7.6亿立方米；当莺落峡90%保证率来水12.9亿立方米时，分配正义峡下泄水量6.3亿立方米。同年顺利实现了黑河千百年历史上的首次跨省区分水，黑河水开始服务于下游生态环境需要。

从中可以看出黑河水的最优利用有一个从农业和经济发展用水向生态需要用水变化的过程，也可以看出水权确定的难度，需要特定制度安排来实现产权的界定和实现。

6.3.5 产权的细分

产权的细分是指从一束完整的产权中部分权能独立出来为其他主体享有。产权是一个权利束，由一组权利构成。从细分的对象来看，不仅构成产权的各个权能可以细分出去，成为独立的为其他主体享有的权利，而且可以发展出更为精细的新权利。前者如在一些情况下将产权的转让权分离出去为其他人行使，监护人就拥有被监护人产权的转让决定权；后者如租赁权，房主除自己居住行使产权这种方式外，还可以将房屋出租，并且房客在有些情况下还可以拥有转租权。

从细分权利的目的来看，也存在两种类型的细分：第一，细分是主产权主体行使权

① 沈满洪．水权交易制度研究——中国的案例分析．杭州：浙江大学出版社，2004．

利、获取收益的一种安排，如出租房屋、出售土地上树木的采伐权等。此时细分主要是以合同方式来完成，即主权利主体和细分权利主体之间就权利细分达成协议，协议规定细分的方式、边界、期限等内容。第二，细分是对主权利的一种必要限制。地役权是对土地所有者产权的必要限制，如土地的通行权。限制是从社会利益角度来判断的，也就是说，必须进行限制，否则将造成社会利益的损害。如未成年人不具有转让产权要求的知识和能力，那么就必须加以限制，将该权利转移给监护人来行使。因此这些限制基本上是由法律明确规定的，而不是通过自愿协议来完成的。

产权细分实际上也是产权界定问题，是更细致的产权界定，是实现财产最优利用的一种制度体现。那么，产权细分的内在根据是什么？首先，产权细分是产权指向的财产使用技术专业化的一种体现。随着技术的进步，财产的有效使用需要越来越多主体的共同参与才能完成。特别是专业化分工使不同的主体分别掌握着不同的财产使用技术，但是产权的分布并不与技术的分布相一致，实际上也没有必要一致，因此就需要相应的制度来动态实现使用技术与产权分布的一致。产权细分就是实现一致的制度安排，通过细分，财产的不同用途分别被拥有相应技术的主体来完成，从而实现了产权的最优利用。如将土地的种植权出租给农民、将土地矿藏开采权出售给开采公司、将土地上野生动物的捕猎权出售给猎人，由此将大大提高地主的土地收益水平。其次，产权的细分也遵循成本—收益原则。只有在细分为相关主体带来的收益超过成本的情况下，细分才能实现。这与前面所阐述的产权界定的多头利益均衡原则是一致的。

以产权行使为目的的产权细分在一定程度上是主权利主体自主进行的一种产权界定活动，它需要相应的制度支持。以社会利益为目的而进行限制的细分更需要法律的明确规定。有两个法律制度是产权细分制度的典型体现。一是租赁制度，二是信托制度。租赁制度不仅确定了出租者的出租权利，而且对出租、承租的相应权利、义务进行了细致的规定，从而使租赁成为产权行使中的一种重要方式。信托制度是英美法系中的一种特殊的制度安排，是指将财产委托给独立的受托人进行管理、处分，委托人或者其指定的受益人只享有一定的收益权。信托制度的优势在于，一是充分利用专业分工，将财产委托给专业人士进行管理，发挥财产的最优用途；二是有效避免财产所有者的不当利用，特别是在所有者缺乏相应能力的情况下。

但是细分也有不利的一方面。一是细分权利主体之间可能产生冲突。如当地主将其土地出租给不同的农民进行耕种时，农民之间就可能因为种植的种类、灌溉等问题产生冲突。二是细分权利主体与主产权主体可能产生冲突。如获得通行权的一方可能在通行时损坏土地的种植物，从而导致妨碍的产生。同时二者可能都没有激励去完成相互有利于对方的投资和行为。如房客对房屋及其设备的谨慎使用虽然有利于增加和保持房屋的价值，但是房客缺乏必要的激励来完成这些行为。三是在产权细分后，主权利转让时将面临更高的交易成本。因为在主权利转让的同时必须对细分权利作出相应的处分，由此增加了交易成本。更进一步地，当产权被过度细分时将引起产权价值的下降，过度细分导致财产的使用需要获得多个相关权利人的许可。如要获得必需的通行权就需要征得道路经过的所有土地的所有者的同意，土地被过度细分后，所有者数量增加，只要其中一个所有者不同意，道路就无法通行。Heller（1998）将这种情况归纳为“反公地的悲剧”（the tragedy of the anti-commons）。

6.4　产权使用的冲突和限制

6.4.1　产权的使用和外部性

产权的使用是产权主体本着财产最优利用的原则选择财产的用途并对其具体行使权利的行为，是产权主体实现自我利益最大化的一种方式。产权意味着行为边界，产权行使则代表着产权主体在自己的行为边界中作出了选择。社会中同时存在着大量的产权，当各不相同的产权主体行使他们的产权时，外部性就出现了。外部性（externalities）指的是行为为他人带来了未经同意的损失或者收益的现象。能够导致外部性出现的行为被认为具有外部效应（external effects）。

按照外部性给他人带来的是损失还是收益，可以将外部性分为负外部性和正外部性，带来损失的是负外部性，带来收益的是正外部性，一般研究和讨论的主要是负外部性。按照承受外部性的主体数量的多少，可以将负外部性进一步分为私害和公害。私害是只给一个或者少数几个特定主体带来损害的负外部性，如在房间中吸烟。公害是给数量不确定的特定的大量主体带来损害的负外部性，如环境污染。

外部性产生的条件：一是它是在产权行使过程中发生的。即产权主体必须有权利行使行为，否则不会产生外部性。二是产权相邻且权利边界存在重叠。如果两个产权不具有相邻关系，就不会产生外部性。如在自己家中吸烟，尽管也会产生损害，但是对于其他单元中的住户来说，就不存在外部性，因为二者物理上的隔离已经使损害无法产生影响。即使是相邻的产权，如果边界不存在冲突，也不会导致外部性。如农场主和牧场主土地相邻但是有篱笆分界，牧场主的牛吃不到农场主的庄稼，也就不存在外部性。

因此，外部性实际上是不同产权所界定的行为边界存在重叠，进而引起产权使用冲突的外在表现。外部性代表着两种不同产权使用行为之间产生的冲突，这是外部性的第一个特性。如行人使用道路的行为和车辆使用道路的行为是两种不同的道路使用行为，它们之间的冲突体现——交通事故，也就是行人的道路使用权和车辆的道路使用权之间的冲突。当只有其中一方行使权利，而另一方不行使时，就不会产生交通事故这样的外部性后果。这就是科斯（1960）重点强调的外部性具有相互性的思想。所以，外部性也就是不同产权代表的使用行为产生冲突如何协调的问题，而不是彻底消除其中一种行为。如要控制交通事故并不代表着剥夺行人或者车辆的道路使用权。

外部性的第二个特性是行为数量的非最优性。负外部性行为将出现过度供给现象，而正外部性行为将出现供给不足现象。在负外部性行为决策时，由于行为造成的损害不在外部性行为人的考虑范围之内，因此行为人将只根据自身的边际成本和边际收益决定行为水平，因此该行为水平将超过社会要求的最优水平。正外部性行为的行为人在决策时由于预期到其收益将会被他人无偿占有部分或者全部，导致收益不足以弥补正外部性行为的成本，将减少正外部性行为的供给，导致供给不足。

财产的最优利用是产权的效率目标，但是外部性的出现使财产的最优利用受到了挑战。基于相互性，外部性意味着有两种财产最优利用方式在产生冲突，由此造成的结果是：一是外部性改变了社会最优结果。正外部性导致供给不足，负外部性导致供给过度。

二是必须在两种使用行为之间作出哪一个行为具有优先权的选择，也就是说，社会不仅要在产权种类的选择上（如私人产权、共有产权、国有产权）实现最优配置，还要赋予不同产权以不同的权重，实现产权的最优排序。

6.4.2 外部性的经济分析：基本模型

如何有效解决外部性问题？外部性内部化是解决外部性问题的基本思路。由造成外部性的当事人承担相应的损害或者享受相应的收益，由此将外部性导致的后果纳入其决策函数中，从而实现社会最优。

假设厂商从事的生产活动能够给周围的居民造成一定的污染，厂商和居民都可以采取一定的方式来消除污染，如厂商安装有关除尘、消音设备，居民安装防尘、隔音的窗户等，为此双方都要相应付出成本。那么对厂商和居民来说，只有当消除污染带来的收益——污染水平的下降大于消除成本时，消除才是有效率的。从短期来看，由于生产水平和居民数量是固定的，只需决定消除投资即预防污染是否最优这一个问题。显然只有在消除（预防）投资的边际成本等于边际收益时，厂商和居民才能实现均衡。当多投入一个单位的消除（预防）投资带来的污染水平降低大于1个单位时，厂商和居民都会继续投资。相反，当多投入一个单位的消除（预防）投资带来的污染水平降低小于1个单位时，厂商和居民都会停止投资。二者相等是最优点。从长期看，厂商和居民不仅要决定预防水平，而且要决定各自的行为水平。厂商可以调整产量，居民可以调整居住在厂商周围的数量，那么这两个变量的最优水平，按照同样的道理，分别是最后1个单位的产量和居住数量所带来的利润（收益）为零时的水平。因为一旦新增加1个单位产量（居住数量）带来的利润（收益）为正，厂商（居民）就会继续增加产量（居住数量）。

以上是社会要求的最优的预防和行为水平，那么如何实现呢？社会建立了多种制度安排来促使外部性当事人内部化，以实现最优预防和最优行为水平。这些制度安排主要包括自愿谈判、矫正税、责任规则、行为管制和市场交易五种方式。它们能否实现社会要求的最优水平呢？

6.4.3 解决外部性问题的各种法律制度安排

1. 自愿谈判

自愿谈判是指外部性当事人之间就外部性带来的损失或收益进行谈判、交易解决外部性问题的安排。自愿谈判的思路是科斯（1960）首先提出来的，因此有时也称自愿谈判为科斯式谈判。

假设谈判是无成本的，并且当事人具有完全信息，科斯定理已经说明：不论产权的配置状态如何，厂商和居民之间的谈判能够实现最优预防。这也就是科斯定理的无关性命题，即产权的配置状态与最后的效率结果（最优预防）之间没有关系。① 但这只证明了谈判实现了最优预防，谈判能否实现最优行为水平呢？假设厂商无权污染，那么厂商要生产必须向居民购买污染权利，这样居民的预防投资就要由厂商来承担，那么居民在选择居住数量时将只考虑除污染预防以外的成本，由此从长期看，居民数量将超出社会最优水平，

① 具体的论证参见第五章有关科斯定理的内容。

会有过多的居民选择居住在厂商周围。当厂商有权污染，居民必须购买清洁权时，将出现相反的情况，厂商的生产水平将超过社会最优水平。所以，从长期看，自愿谈判不能实现社会要求的最优行为水平。

并且自愿谈判的完成需要严格的前提条件。交易成本为零或者足够小到不对谈判造成阻碍是第一个前提条件。如居民人数越多，交易成本就越高，谈判达成的可能性就越小。对于这一点前面已经有充分的阐述，这里不再重复。

第二个条件是不存在财富效应。尽管无关性命题说明产权配置状态与最优预防之间没有关系，但是显然在每一种状态下，产权配置的不同形成的财富分配效果也不同。当厂商有权污染时，居民就要向厂商付费购买清洁权。当居民有权免受污染时，厂商就要向居民付费购买生产权。由此造成不同的财富流向。从长期来看，当社会选择厂商有权污染时，厂商生产活动的相对价值将越来越高于居民清洁生活的相对价值。反之将出现相反的结果。[①] 这实际上也体现出了对厂商生产权、居民清洁权的不同社会评判。支持厂商就确定厂商有权污染，支持居民就确定居民有权免受污染，然后分别在不同的产权配置约束下实现预防最优。再进一步，厂商和居民的预算水平影响着最优预防结果是否能够实现。当厂商有权污染，居民需要付费购买清洁权时，若受制于有限预算的居民没有足够的资金来购买清洁权，自愿谈判则无法实现。

第三个条件是信息充分。如谈判模型显示的那样，谈判要顺利完成需要双方具备完全信息。要了解双方的风险值、合作剩余等信息，要有履行协议的技术，还要具备预期各种可能阻碍及其解决办法的信息。厂商要知道居民的有关信息（如风险值、受影响居民的范围），还要知道如何才能消除污染，反过来居民也要知道厂商的有关信息，否则谈判同样难以达成。

第四个条件是不存在禀赋效应。禀赋效应使拥有权利的一方对权利的丧失有着高于权利获得的评价。支付意愿小于接受意愿。因此，当厂商有权污染时，居民需要付出更高的支付才能使厂商放弃污染。反之，当居民有权免受污染时，厂商同样需要付出更高的支付才能获得生产许可。禀赋效应的存在提高了谈判的难度，更突出了预算约束的作用。

2. 矫正税

自愿谈判需要较为严格的前提条件，因此只是一种理想的处理外部性问题的制度安排。在自愿谈判要求的条件不具备的情况下，社会还发展出了更丰富的处理安排。

矫正税（corrective tax）是对产生负外部性的行为进行征税，政府按照负外部性造成的预期损害向行为人征收税收，促使行为人在决策时将税收因素考虑在内，从而实现外部性内部化。矫正税是英国经济学家庇古（1912）首先提出来的，矫正税也称为庇古税。需要注意的是，矫正税是以负外部性造成的预期损失来衡量的，是事前预测的，而不是外部性现实发生后造成的现实损失。在这一点上，矫正税与后面要讨论的责任规则不同，在那里损失是现实的，是事后测量出来的。

政府预期厂商的生产将造成污染，在获得污染造成的预期损失水平这个关键信息后，

---

① Kenneth R. Vogel（1987）表明当法律确认农场主有权获得赔偿时，该地区的种植业逐渐取代畜牧业成为主导产业。Kenneth R. Vogel（1987），“The Coase Theorem and California Animal Trespass Law”，*Journal of Legal Studies*，16：149-187.

政府据此征收矫正税。由于污染不仅由厂商生产水平决定，也由居民数量决定，那么政府将分别向厂商和居民征税，征税水平分别等于厂商生产造成的边际污染水平和居民新增数量引致的边际污染水平，那么厂商和居民在进行决策时，不论是短期还是长期，都会将矫正税考虑在内，伴随矫正税动态调整自身的行为水平，以实现最优的预防水平和行为水平。

矫正税有效的关键是政府要有准确预测外部性损失信息的能力，单是要满足这个要求就十分困难。相应地，矫正税要求较高的管理成本。要建立一套征税体系和有效的信息搜集、处理系统以反映预期损失的变化，同时及时调整征收水平动态作用于外部性行为人的行为，使其有激励不断采用先进技术在降低预防和行为成本的同时提高预防效率和行为收益。

3．责任规则①

责任规则通过在事后要求负外部性行为人赔偿造成的损失来威慑和促使行为人进行外部性内部化。责任规则是在事后进行责任追究和赔偿，分为严格责任、过错责任两大类。严格责任是只要造成损失就要赔偿，不管行为人是否存在过失。过错责任则是在行为人既存在过失又造成损失时才要求赔偿。

短期内在严格责任下，当厂商被要求对造成的损失全部赔偿时，厂商有激励实现最优预防水平。但是此时居民由于其任何损失都将获得赔偿，自然就没有激励进行预防，其预防水平为零，低于社会最优水平。反之当居民负有严格责任时也是同样的情况。因此严格责任无法实现被赔偿方的最优预防。在过错责任下，厂商和居民的预防都要达到法定的预防水平，否则就要对损失承担责任，只要法定预防水平等于最优预防水平，就能够实现最优预防。

长期内，严格责任和过错责任都不能实现最优行为水平。在严格责任下，当厂商要对全部损失承担责任时，居民的数量将超过最优水平，由此反过来抑制了厂商的生产水平。结果是居民数量过高、厂商生产水平过低。在过错责任下，厂商只要遵守法定预防水平就可以免除责任，厂商的生产水平就会超过社会最优水平，由此将抑制居民数量的增长，因为居民在厂商无责任时将承担剩余损失。结果是厂商生产水平过高、居民数量过低。

严格责任与过错责任相比，就单个案件看，要求较少的管理成本和信息成本，因为不需要确定是否存在过失。但是从整体来看，因为严格责任要求的证据成本较小将引致更多的诉讼请求，所以基于严格责任起诉的外部性案件数量将大于基于过错责任起诉的案件数量，那么就难以判断严格责任与过错责任原则的整体管理成本的大小关系。

4．行为管制

行为管制是政府直接限制造成外部性的行为或者规定行为人必须完成有效预防要求的行为规范。前者如禁止从事一些危险活动，如在易燃区禁止吸烟和使用明火；后者如驾车必须系安全带。当行为人没有遵守行为管制规则时将受到政府包括罚款、改正等措施在内的惩罚。

从短期看，如果消除厂商所造成的污染的最优方式是使用清洁燃料和安装除尘器，那么政府可以建立规则要求厂商必须如此。同时如果居民的最优预防措施是使用过滤灰尘和声音的窗户，那么政府也会要求居民如此进行预防。从长期看，如果政府清楚厂商生产的

① 有关责任规则经济分析的详细内容，参看第九章的相关内容。

社会收益和成本，那么政府完全可以要求厂商的生产水平停留在新增加1个单位生产水平边际利润为零的水平上，即社会最优水平上。对于居民居住数量也是如此。

行为管制的基础是政府对最优预防水平和行为水平有着完全信息，不仅知晓什么样的预防是有效预防，而且能够确定外部性背后的各种行为的社会最优需求量。这样的管制才是有效的，不论是在长期还是短期内，都能实现社会最优水平。但是政府要付出高昂的管理成本，要确定行为标准，要确定行为人行为是否符合该标准，还要对不符合标准的行为进行惩罚和监督更正。

5. *市场交易*

市场交易是指政府（或者其他组织）建立一个市场，在这个市场上买卖造成外部性的权利。如针对污染，政府确定一个时间段内（如一年）该地区的污染总量，然后将其分解成可以交易的单位在市场上出售。生产将造成污染的厂商按照预期的生产水平及相应的污染水平在市场上购买污染权，然后安排生产和排放污染，否则不能排放。如果一个厂商由于采用先进技术而有剩余的污染权，可以在市场上出售给扩大生产需要更多污染权的厂商。这样每个厂商都会根据最优化原则来安排生产水平和预防水平，从而实现社会最优。

交易的关键是总量的控制。在市场机制下，厂商会自动根据外部性的交易市场价格和自己的生产需求来对自己的外部性需求进行最优调整。但是由此形成的外部性总量是否符合社会最优水平不在厂商的考虑范围内。外部性总量的确定和控制是市场组织者——政府的责任。这就需要政府具有确定社会最优外部性水平的信息和能力，否则难以实现短期和长期的社会最优。

市场交易在现实中的实践是污染权交易。但是外部性的市场交易是不能广泛建立的，因为绝大部分外部性不具有充分的可交易性，或者不需要建立市场交易。前者如相邻土地或其他不动产之间产生的外部性，只有相邻土地的产权主体对该外部性及其消除有需求，其他人没有需求就不会参加交易，只有一个或者少数交易主体难以形成建立市场必需的基本流动性。后者如吸烟造成的损害，则因为损害的社会影响小而没有必要建立市场。

综上，矫正税和行为管制能够实现社会最优，但是需要政府具有完全信息和充分能力这样一个关键的前提条件。自愿谈判和责任规则虽然在一些情况下不能实现社会最优，但是它们具有一定的自我实施性质，即在机制建立后不需要外力介入就能够自动实现追求的目标。市场交易是政府建立一个市场来买卖造成外部性的权利，这需要政府具有充分的信息和总量控制的能力。因为每一种外部性处理制度都有着各自的优势和不足，所以社会的外部性处理系统是综合的，是综合运用上述各种方式、相互匹配的，目标是实现社会要求的最优预防水平和最优行为水平。

6.4.4 产权的使用限制

外部性是在未经被侵犯主体同意的情况下使用了他人的权利，因此需要规范以促使外部性内部化。但是并不是所有未经同意的使用都需要被内部化，由此构成了对产权使用的合法、合理限制。① 根据效率标准，只有在使用别人权利是社会最优选择时才能够允许使用。

---

① 产权细分中由于必要限制而形成的细分实际上就是这种情况。

1. 为维护产权主体的利益而使用别人的产权

当产权主体因为各种原因无法亲自行使权利时，为消除产权闲置给产权主体带来的损失和可能收益的消亡，就需要使用其产权。此时，产权的使用符合效率标准，是社会所期望的。

产权无法行使权利的原因：一是产权主体不具备相应的能力。未成年人和精神存在障碍的人的监护人有权使用、处分被监护人的产权，由此建立的制度是监护制度。二是产权主体虽具有能力但是因为条件限制而不能行使，由此形成的制度是无因管理制度。如有一对邻居关系非常好，其中一人非常喜欢兰花，一天他将兰花搬到外面有太阳的地方，然后上班去了，结果天气突然发生变化下起了暴雨，邻居帮其把兰花搬到自己的家中以防止兰花受损。①

2. 为自身利益而使用别人的产权

（1）紧急避险。

紧急避险是在特殊的紧急情况下为规避风险而不得不使用他人财产的情况。例如在暴风雨要来临的时候，一艘轮船想使用他人的私人码头躲避风暴，但码头工人不允许使用，结果轮船在暴风雨中遭受了重大的损失，事后轮船的主人起诉码头的主人，认为在紧急的情况下自己应该有权使用码头，要求码头主人对其损失进行赔偿。② 紧急避险使必须被使用的他人财产具有了超过正常使用水平的价值。例如在上述例子中，假设码头正常使用的价值是1 000元，在暴风雨中用于躲避的价值，因为有了保护船只和人身安全的作用，价值将超过1 000元。因此在紧急状态下使用他人财产是符合效率标准的。但是对于在使用过程中所造成的损失，使用者必须向所有者进行赔偿。例如一人在被其他人追打时为了躲避追打而砸坏了商店的窗户进行躲避，事后他必须赔偿，否则将变相鼓励对他人财产的不当使用。

（2）地役权。

紧急避险是在特定的情况下对他人财产的短暂使用，地役权是一种对他人财产长时间使用的情况，因为自身产权的使用必须建立在有限使用他人产权的基础上。例如相邻土地的通行权就是一种必须赋予相邻土地使用者的权利，因为要耕种自己的土地就必须经过相邻土地才能到达。缺乏对他人财产的使用就会使自己的财产无法使用，从而造成社会资源的浪费。因此，在必须条件下建立的对他人财产的使用权是可以转让的。当土地出让时，通行权也连同一起转让。我国《物权法》第十四章专章详细规定了地役权的产生、行使、转移和消灭等各个方面的内容。

3. 为公共利益而使用别人的产权③

当公共利益受到威胁时，也可以无须征得他人的同意而使用他人的财产。例如警察在

---

① 该案例的后续情况是，在搬运过程中邻居不小心摔倒，不仅摔坏了兰花，还摔坏了自己的腿。当兰花的主人下班回来后发现自己的兰花被摔坏了，就让邻居对其进行赔偿，而邻居则认为自己是因为帮助他搬兰花才把腿摔坏的，要求他赔偿自己医药费。邻居的行为不是为了自己的利益，而是为了兰花主人的利益，但现在产生的不是利益而是损失，该损失应该由谁来承担呢？为什么？

② 该案例来自Cooter and Ulen（2003）第5章第161页。

③ 私人为公共利益也可以使用他人财产，理由和公共使用是一致的，关键是私人为公共利益使用他人财产后造成的损失和私人因此支付的成本由谁来承担。

执行公务的过程中临时征用车辆、火灾现场拆除一些房屋建筑构造隔离带等都是这样的例子。这些情况实际上是作为公共利益的代表的政府使用私人财产的情况，即征用。后面有阐述，此处从略。

6.5 产权的转让

产权的转让是产权处分最为重要的方式。从转让主体是否自愿角度，转让可以分为自愿转让和非自愿转让两种情形。从转让是否采取交易方式，可以分为交易转让和非交易转让。

6.5.1 自愿交易转让

1. *善意购买者规则和原主人规则*

自愿交易转让是通过交易方式将产权从原产权主体手中转移到新产权主体手中的行为，也是获取产权的最主要的一种方式。交易意味着转让是一个互惠过程，一方以产权、另一方以对应的等价物进行交换。谈判模型就是对自愿交易过程的理论刻画，说明通过交易实现了产权从评价低的主体向评价高的主体的转移。如前所述，有众多障碍阻碍了自愿交易的顺利实现，法律的一个重要功能就是消除这些障碍。财产法在促进自愿交易上的主要作用是减少交易的不确定性因素①，确保交易完成后形成预期结果。

当欲交易的产权面临不确定性时，当事人需要付出核证成本，只有核证边际成本小于等于财产预期价值边际下降水平，也即多付出一个单位的核证成本防止的财产预期价值下降大于一个单位，核证成本的付出才是合理的。前述的财产确立和核证制度的重要作用就在于大大降低了核证成本。但并不是所有财产都建立了登记制度，此时财产法如何增加交易的确定性？

善意购买者规则（bona fide purchase rule）和原主人规则（original ownership rule）是财产法处理产权不确定性的两个基本规则。前者规定善意的购买者在交易完成后获得交易物的所有权，后者规定不论何种情况，原主人依然拥有交易物的所有权。所谓善意购买者是指相信出售者是交易物所有权拥有者的购买者，除非有明显的事实可以导致对出售者所有权状态进行合理的质疑。

假设被用来出售的财产是偷盗来的财产，那么这两种规则将产生不同的结果。善意购买者规则将激励偷盗。因为多数购买者将不付出必要的注意来核实交易物的产权，即使要核实，多数购买者也不具备核证能力和必备的信息。在交易顺畅进行的同时，偷盗者也获得了善意购买者的支付对价，从而激励偷盗者从事更多的偷盗活动，进而使多数财产都处于被偷盗的威胁中，导致社会付出过多的预防成本。原主人规则有效抑制了偷盗，因为不论购买者是否善意，都不可能通过交易获得产权，偷盗者也不可能因为交易而获利，这样不仅增加了交易的谨慎程度，而且大大降低了偷盗物的价值。尽管原主人规则没有增加具

---

① 合同法的主要作用是消除交易过程中的交易成本，侵权法和刑法的主要作用是促进交易、消除偷盗等非自愿交易方式。

体交易的确定性，但是增加了整个社会的交易确定性，因为其有效抑制了偷盗，促使进入市场交易的产权都是合法产权，从整体上减少了交易物产权的不确定性。因此原主人规则总体上优于善意购买者规则。

美国基本上采取的是原主人规则，但欧洲不少国家采取善意购买者规则。在西班牙分不同情况实施不同规则。当偷盗家庭的财产出售给商人时，适用原主人规则，商人不能获得所有权；但当偷盗商人的财产出售给其他商人或者家庭时，适用善意购买者规则。①

我国《物权法》第九章“所有权取得的特别规定”对此进行了规范。基本原则是以原主人规则为主，以善意购买者规则为辅。第一百零六条规定：“无处分权人将不动产或者动产转让给受让人的，所有权人有权追回；除法律另有规定外，符合下列情形的，受让人取得该不动产或者动产的所有权：（一）受让人受让该不动产或者动产时是善意的；（二）以合理的价格转让；（三）转让的不动产或者动产依照法律规定应当登记的已经登记，不需要登记的已经交付给受让人。受让人依照前款规定取得不动产或者动产的所有权的，原所有权人有权向无处分权人请求赔偿损失。当事人善意取得其他物权的，参照前两款规定。”

2. 对自愿交易的限制②

自愿交易是产权束中的一个重要权利，其行使不是随意而为，同样受到一些限制。这些限制保证财产被用于服务于社会福利水平最大化。这些限制既作用于财产的不当利用，又作用于财产的最优利用。

（1）基于外部性进行限制。当一些商品的出售可能产生外部性时，政府将给予限制。例如毒品、枪支在绝大多数国家都被禁止在私人之间进行交易。一些特定主体在购买某些商品后，也具有产生外部性的可能，因此禁止这些主体购买这些商品，如在美国禁止将酒精饮料出售给未成年人。

（2）基于交易中的信息不足进行限制。缺少必要的信息不仅使交易难以顺利完成，而且使交易物不能得到很好的使用，特别是在交易物的使用需要以特定信息的获取为前提时，政府将强制向购买者通知该信息，如处方药、电器安全信息等。

6.5.2 非交易但自愿转让

自愿转让也可以通过非交易的方式完成，也同样体现了产权主体对财产的一种处分。

1. 赠与

赠与是赠与者不要求接受者付出货币或其他财产为对价而给予对方财产的行为。赠与同样代表着产权主体对财产价值最优利用方式的一种判断，尽管这不是财产的最终使用方式。产生赠与的原因主要有：一是赠与者认为赠与行为本身及（要求）接受者接受赠与的行为条件给赠与者带来了足够的效用，如赠与者乐于帮助别人，赠与他人礼物及他人接受礼物就给赠与者带来了快乐，接受者对赠与者的赞美进而形成的赠与者的良好声誉更使赠与者不断进行赠与；或者是赠与以接受者必须完成一定的行为为前提，如要求接受者好好学习，考上赠与者欣赏的大学，或接受者改正不良生活习惯（如吸烟）等，这些行为的完

① 参见 Cooter and Ulen（2003）第5章第154页。

② 本节主要参考 Shavell（2004）第四章第六节“政府对财产出售的限制”的内容。

成为赠与者带来了效用。二是赠与者认为财产在接受者手中更能得到最优利用，如将书籍送给对该领域有研究的人和机构、将文物捐赠给博物馆或者送给收藏专家等都是这样的体现。

2. 继承

通过继承方式将财产转移给继承人是一种特殊的赠与方式，遗嘱继承是财产继承的主要方式之一。遗嘱代表着立遗嘱人处分遗产的自由意思表示。但是正因为遗产是在被继承人和继承人之间的传承，遗产上同时体现了被继承人和继承人处分和使用财产的意志，因此二者之间就存在冲突的可能——两种不同的财产最优利用判断之间的冲突。

例如被继承人立遗嘱明确指定遗产的特定用途——用以建造图书馆。继承人接受了遗产，也有权行使遗产的所有权，但他并不想用遗产建造图书馆，二者之间产生了冲突。一方面是继承人对产权的行使需要尊重被继承产人的意愿。因为如果不尊重被继承人的使用意志，被继承人预期到这点，就会在去世前滥用遗产，如过度消费、不当赠与等，由此造成社会资源的浪费。另一方面是继承人是在现实世界中遗产最优利用的判断者，被继承人去世后遗嘱中各种没有预期到的意外事件可能要求适时改变遗产的用途。但是遗嘱形成的限制提高了遗产的使用成本水平。继承人要改变遗产的用途就必须获得许可，这就需要付出成本，如请求法院改变遗产用途，这需要付出有关费用。

如何协调两种不同最优利用方式的判断？一个办法是限定遗嘱指定用途的时间期限。美国法律规定遗嘱的有效期限是从立遗嘱之日起到此后的 21 年，超过这个期限，遗嘱设定的财产使用限制失效。理论上的最优限制期限是每增加一日限制带来的限制边际成本和边际收益相等时决定的期限。

3. 信托

信托制度是更加灵活的制度安排。在信托制度下可以不对遗产进行用途限定，而是由受托人按照遗产使用效率最大化的原则使用遗产，把收益赋予继承人，这样既实现了立遗嘱人对遗产的关心，也实现了继承人对财产的继承权。即使被继承人设定遗产用途，只要在本质上符合被继承人设定限定的目的，可以根据需要和环境变化，采取灵活的具体使用方式。例如被继承人要求将遗产用于建造图书馆，本质目的是促进知识的传播，那么在不具备建造图书馆的条件的前提下，可以将遗产用于培训、资助研究等其他有利于知识传播的用途。

6.5.3　非自愿转让

非自愿转让是在法律强制下产权主体被迫向其他主体转移产权的情况。① 法律强制的依据，从效率标准来看，是转移后的使用比原产权主体的使用更有效率，能够实现更优的财产利用。非自愿转让包括反向占有、遗失、征用和共同所有几种情况。②

1. 反向占有

普通法中的反向占有（adverse possession）在大陆法系中称为时效取得制度，即当一个主体使用他人财产（主要是土地及其附属物）连续达到一定期限（例如 20 年）后，该

---

① 偷盗也可以导致产权转移的结果，但是偷盗并不是法律认可的转移方式，在多数情况下不产生产权转移的结果。

② 征用将在后面专门阐述，此处从略。

主体将取得所使用财产的所有权。例如：一块土地的所有者没有对其进行任何利用，而另一个人在这块土地上进行了开垦、耕种，当他对这块土地连续耕种超过 20 年时，他将获得这块土地的所有权。但是在这个过程中，如果土地所有者主张所有权，那么占有者将不能获得所有权。

在反向占有规则下，对于占有使用者来说，因为有着获取土地所有权的激励，他会持续不断地对占有土地进行投入和利用。对于土地所有者来说，要避免反向占有就需要对土地的利用状态不断检查，检查有没有他人未经许可使用了自己的土地。对于土地所有者来说，检查成本的付出实际上是为延续土地所有权。只有当土地所有权延续带来的价值超过检查成本时，检查才是理性的。因此，从这个角度看，反向占有可以被认为是一种产权期限限制制度，当土地所有者认为土地未来价值越来越小时，就会放弃检查，从而使反向占有成为可能。美国各州关于反向占有的期限要求不同，最长的达 30 年，平均是 13.63 年（Leiter，1999）。有研究显示在城市化进展缓慢、每英亩农地价值不高的州，反向占有期限就长，而那些执法效率高（意味着较低的检查成本）的州，反向占有的期限就短（Netter, et al.,1986；Baker，et al.,2001）。

同时，反向占有与遗产使用类似，也可以被看作两种不同使用用途之间的冲突。一方面是土地所有者不对其进行维护、耕种，也不检查，任其自然存在。随着生态和环境保护主义的兴起，这种使用方式越来越多。在美国就有很多土地任其自然存在，刻意保持土地的原始状态。另一方面，占有者积极对土地进行改良、使用，使土地不被闲置。实际上反向占有缘起的初衷就是促进有价值土地的开发和利用，这本来也是符合效率标准的，因为当时认为土地开发和利用是更好的土地利用方式。但是现在是土地开发利用还是保持原始状态是更好的土地利用方式就难以简单判断了，并且土地登记制度也越来越完备，反向占有制度的作用越来越小。①

2. 遗失②

财产在遗失以后也可能导致产权的非自愿转让，因为遗失导致了产权链条的断裂，从而产生了使原产权主体丧失产权的可能。那么，在什么情况下原产权主体丧失产权？处理遗失财产的产权归属有两个基本规则：原主人规则和发现者规则。前者是指不论遗失物被谁发现、中间间隔多长时间，最后都归还给原来的所有者。后者则认为遗失物归发现者所有。显然这两个规则的适用都具有一定的前提条件，效率标准是选择规则的标准。

假设遗失物不论在原主人手中还是在发现者手中都具有相同的使用效率，这意味着两个规则所产生的收益是相同的，那么社会总成本最小化就是分析的基准。

由于不会产生产权被迫转让的结果，原主人规则的优势在于：一是其他主体不会投入资源以发现遗失物，避免了多主体搜寻带来的资源浪费；二是原主人不会进行过度的预防投入以防止丢失。原主人规则的不足在于：仅有原主人的搜寻可能无法找回遗失物，由此可能导致遗失物被长期闲置，得不到利用，产生社会福利损失。

发现者规则的优势和不足恰恰与原主人规则相反，其优势是能够产生多主体搜寻，使遗失物被发现进而重新利用的机会大大提高，不足在于：一是多主体搜寻导致搜寻竞争和

---

① 我国《物权法》并没有建立这个制度。

② 本节参考了 Shavell（2004）第四章第二节“财产的遗失和恢复”的内容。

资源浪费；二是原主人要进行更高的但是非最优的遗失预防投入。

因此，当原主人有着搜寻优势时，就应该适用原主人规则，这样不仅遗失物会被快速发现和利用，而且避免了搜寻资源的浪费和过度的遗失预防投入。当原主人不具有搜寻优势时，发现者规则固然可以激励和提高发现概率，但是同时也提高了原主人的遗失预防投入。那么，如何能够既激励搜寻又使遗失预防投入不过多呢？

引入一个中间规则，即在原主人规则基础上给予发现者一定的激励，有助于实现上述目标。在覆盖发现者搜寻成本的基础上给予一定的奖励，这样保证在对有搜寻优势发现者进行激励的同时，也消除了产生过度搜寻的可能，由此提高发现概率。同时原主人规则的保留消除了过度遗失预防的可能，要求原主人付出奖励也促使其进行预防，而不是预防不足。因此，遗失物产权归原主人所有但要强制原主人给发现者以一定水平的奖励是一个相对更优的规则。

我国《物权法》第一百零九条规定："拾得遗失物，应当返还权利人。拾得人应当及时通知权利人领取，或者送交公安等有关部门。"第一百一十二条规定："权利人领取遗失物时，应当向拾得人或者有关部门支付保管遗失物等支出的必要费用。权利人悬赏寻找遗失物的，领取遗失物时应当按照承诺履行义务。"这些规定坚持了原主人规则，同时以"保管费"的名义要求权利人支付一定的报酬①，是上述理论分析的一个现实制度体现。

6.6 产权的保护

6.6.1 产权保护规则

财产法建立了促进产权效率使用的制度体系，产权保护是其中的重要内容之一。缺乏保护的产权体系，不仅难以实现财产的效率使用，而且社会将因此付出高昂的防范成本。

产权保护是各国法律体系中的重要内容。大陆法系规定的保护制度比较详细，救济措施主要有赔偿损失、恢复原状、停止侵害、赔礼道歉等。英美法系的救济措施是赔偿和禁令。赔偿是指法院判定侵权人对权利人支付一定的货币，以使权利人的福利水平恢复到被侵害之前。禁令是指法院发布一个命令禁止侵权人继续侵犯权利人的权利。我国《物权法》第三章规定了物权确认、返还原物、排除妨害、清除危险、修理、重作、更换、恢复原状、损害赔偿等多种保护方式。

Calabresi and Melamed（1972）将产权保护规则总结为三类：产权规则（property rules）、责任规则（liability rules）和不可让与规则（inalienability rules）。产权规则是在禁令的支持下权利人拒绝任何对其权利的侵犯。禁令的强制力是通过刑罚、侵权制裁等公共执行力来体现的。责任规则没有赋予权利人以否定任何侵害的权利，而是赋予其在权利受到侵害后要求赔偿的权利。不可让与规则是不仅拒绝任何侵害而且也不允许权利人放弃和让渡权利，它是通过刑罚来实现的。任何放弃和让渡自己不可让与权利的主体都要受到刑罚的惩罚。其他主体要想获得产权规则保护下的权利只有通过自愿交易、事先获得权利人的许可，因此产权规则下的权利是市场交易权利。责任规则下的权利则可以不必事先获

---

① 不过我国《物权法》并没有确立拾得人的报酬请求权，仅仅确认了相关管理费用的补偿请求权。

得权利人的同意，只要事后进行赔偿就可以了，这些权利因此是法庭定价交易的权利。不可让与规则下即使权利人自身也没有交易该权利的权利，要获得这样的权利只有服从社会初始的权利分配。

那么，这些规则在什么情况下是有效的产权保护规则？下面将对产权规则（及其对应救济措施——禁令）和责任规则（及其对应救济措施——赔偿）进行对比分析，然后单独分析不可让与规则。实际上赔偿代表的是尽量将受损害的产权恢复到被侵犯之前的状态，禁止侵害代表的是确保产权在将来不再受到侵犯。也就是说赔偿是“向后看”的，着眼于侵权发生后如何恢复；而禁令是“向前看”的，着眼于消除未来可能产生的新侵害。

6.6.2 效率救济

如同产权行使是社会的常态一样，侵权也是社会生活中的一部分。有侵权存在就需要有相应的预防投入，那么最有效率的产权保护措施就是那些成功激励预防并使救济成本最小化的产权保护措施。按照这个标准来对比分析产权规则和责任规则是否能够实现效率救济。

假设厂商在生产过程中会产生一定的粉尘污染。厂商可以投入0.6万元安装一个消尘器以消除污染。厂商在不安装消尘器时的利润是2万元。将全体居民看作一个主体，居民可以花费0.3万元安装防尘网来消除污染，居民在不安装防尘网时的效用水平是1万元。污染将给居民带来0.4万元的效用水平下降。

假设居民拥有清洁权，分别适用产权规则和责任规则来考察其是否能够促进效率预防。在产权规则下，厂商在禁令的要求下不能制造污染，进而也就无法生产，由此给厂商带来的结果是损失利润2万元。假设厂商和居民之间的交易成本为零或者足够低，为避免损失，厂商会要求与居民进行谈判，以获取居民的污染许可而进行生产。而要获取居民的许可，厂商有两个选择：一是赔偿居民遭受污染的损失，即0.4万元，从而使居民在不污染和污染之间的效用无差别；二是花费0.3万元为居民安装防尘网以消除污染。结果自然是选择为居民安装防尘网。此时厂商的收益是1.7（=2−0.3）万元，居民的收益是1万元，社会总福利是2.7（=1.7+1）万元。

假设交易成本较高阻碍了谈判的进行，居民不同意遭受污染，那么厂商要生产只有自行安装除尘器这一个选择，此时厂商的收益是1.4（=2−0.6）万元，居民的收益是1万元，社会总福利是2.4（=1.4+1）万元。

在责任规则下，厂商无须取得居民的许可就可以生产、污染，但是需要赔偿污染给居民造成的损失。此时厂商也有两种选择：一是赔偿0.4万元，二是自行花费0.6万元安装消尘器。结果自然是厂商选择赔偿。此时厂商的收益是1.6（=2−0.4）万元，居民的收益是1万元，社会总福利是2.6（=1.6+1）万元。

以上是在法院主持下实现的结果，如果交易成本为零，那么厂商可以寻求法院介入之外的同居民进行谈判的解决途径，厂商可以说服和“贿赂”居民，为居民安装防尘网，这样厂商只需要花费0.3万元，此时厂商的收益是1.7（=2−0.3）万元，居民的收益是1万元，社会总福利是2.7（=1.7+1）万元。由此可以得出三个结论：

（1）在交易成本为零的情况下，产权规则和责任规则都实现了社会最优。不仅社会总收益最大，而且都导致了安装防尘网的最优结果。因为该模型假设的情况实际上是替代型单边预防①，即只要采取了消尘器或者防尘网中任何一个预防措施，都可以有效消除污染，而安装防尘网是社会中收益相同（消除污染）情况下成本最小的污染预防措施，是最有效率的预防措施。

（2）当交易成本较高时，责任规则和产权规则都不是效率救济规则，但是责任规则的社会总收益高于产权规则，因此，此时应当优先选择责任规则作为救济方式。法院模拟市场无交易成本下的运行状态，对赔偿进行定价，要求侵害人赔偿。

（3）当交易成本为零或者不足以影响谈判时，优先适用产权规则，而不是责任规则。尽管此时二者都可以导致最优的预防结果，但是当引入管理成本这个因素时，就可以看到责任规则的管理成本高于产权规则，因为责任规则需要法院来确定赔偿的标准，需要法院具备相应的能力和信息。这样，责任规则最后导致的社会总收益将少于产权规则，因为后者只需要法院判发禁令就可以了。

6.6.3 禁令和赔偿的法律实践

普通法中存在两种侵害行为：侵入（trespass）和妨碍（nuisance）。侵入是指非法进入他人财产范围占有、使用从而造成损害的情形。所造成的损害是直接而有形的，如对房屋的损坏。侵入的救济主要是判发禁令，在要求侵权人退出的同时禁止未来的侵入。妨碍则是指给权利人的产权行使形成障碍进而导致产权价值下降的情形，所造成的损害是间接和无形的，如污染。妨碍的救济主要是判令赔偿。

侵入基本上具有交易成本小的特征，侵入主体和被侵入主体是明晰的并且数量不会很多，造成的损害是清晰的、容易计量的，因此使用禁令能够促使那些确实对被侵入者的产权具有更高评价的侵入者向被侵入者提出“要价”进行谈判，最终通过交易完成产权的转移；而妨碍具有交易成本高的特征，涉及的主体数量多、范围广，并且损害较难确定，当事人之间难以进行谈判，借助法院来确定赔偿是更好的选择。

两个案例也同样说明了上述结论。案例一：布默等诉大西洋水泥公司案（Boomer et al. v. Atlantic Cement Co.）。原告是一群土地所有者，他们的土地都在被告大西洋水泥公司周围，他们起诉被告，要求法院判发禁令，禁止被告生产造成的灰尘、浓烟和噪音对他们的土地造成损害。法院驳回了原告要求禁令的请求，因为禁令将导致工厂停产、关门，进而造成失业和工厂投资的浪费。不过，法院判令大西洋水泥公司一次性向原告支付损害赔偿费 18.5 万美元。显然被告和众多土地所有者之间的谈判需要付出高昂的交易成本，不仅原告数量不少，而且每一个原告的要求不同，只要其中一个不同意，谈判就无法达成。因此不能使用禁令，而是使用赔偿进行救济。

案例二：戴尔·韦伯诉斯帕产业案（Dell Webb v. Spur Industries）。原告斯帕产业是位于菲尼克斯城西北部的一个牲畜饲养场，被告戴尔·韦伯是一个房地产开发商，它开发的地产临近原告，原告饲养场中散发的臭味使其地产少有人问津。戴尔·韦伯于是以“公共妨碍”的侵权事由向当地法院起诉，要求判发禁令，禁止斯帕产业继续经营。当地法院同意了戴尔·韦伯的诉讼请求，斯帕产业不服一审判决，上诉到亚利桑那州最高法院。最

① 参看第九章“侵权法的经济分析”的相关内容。

高法院判决公共妨碍成立，发布禁令要求斯帕产业停止经营，但是戴尔·韦伯必须支付斯帕产业停止经营或者搬迁的成本，因为后者早于前者存在于该地，戴尔·韦伯主动靠近妨碍（coming to the nuisance），斯帕产业对损害的形成并不存在过失。该案例中最高法院混合使用了产权规则和责任规则。随着城市的发展，土地作为房地产的使用价值显然高于用作饲养场，因此发布禁令停止土地的低效率使用。但是要求饲养场负担停业成本，将会激励其他主体采取这种方式来获取土地用途改变的升值，导致社会投资的不稳定。因此要求后来者戴尔·韦伯向先到者斯帕产业付费购买改变土地使用方式的权利。

前述的理论判断认为：在禁令之下，如果侵害人对被侵害人的产权具有更高的评价，将出现谈判交易产权的结果。那么现实中是不是如此呢？Ward Farnsworth（1999）检验了 20 个法院判发禁令的案例，发现没有一个产生谈判交易的结果。他认为主要原因不在于交易成本的大小，而是当事人认为权利不应该用金钱来衡量。①

6.6.4 不可让与规则

无论是产权规则还是责任规则，它们保护下的产权都是可以转让的。产权规则是通过市场来交易、责任规则是通过法院来“交易”。不可让与规则下的产权是不可转让的，有的是全部不可转让，如投票权，有的是限制其中部分权能，如人体器官不能买卖但可以捐献。但是如谈判模型展示的那样，交易是实现产权从评价低的主体向评价高的主体转移的重要途径，是实现社会资源最优配置的核心机制，因此所有产权都应该允许转让（波斯纳，2003，第 75 页）。那么，为什么这些产权不可让与呢？

禁止转让的主要原因是转让将产生巨大的负外部性。例如禁止买卖婴儿，因为如果允许买卖，将导致婴儿成为被“捕获”的对象，从而使所有婴儿的安全都处于危险状态，造成社会福利的巨大损失。再如禁止买卖投票权，现代社会中民主选举是社会管理者的主要产生方式，如果允许投票权交易，那么社会管理者就有被操纵进而危害社会的可能。

另一个原因是转让可能导致财产的不当使用。如果一人将名誉权转让给他人，那么该人的名誉权将可能被歪曲使用，从而与该人的真实名誉不相符。例如美国西部的一些州禁止将使用河水的权利转让给予现有用途不同的用水主体，防止其使用扰乱现有的合理的用水体系。

6.7 产权的公共所有和使用

6.7.1 产权的公共性质

1. *存在依据*

前面讨论的产权及其相关问题基本上都是围绕私人产权展开的，但是社会中不仅仅存在着私人产权，还有公共性质的产权。产权的公共性质可以从两个方面来理解：一是产权主体是多主体，不是一个主体拥有产权，如共有产权；二是产权的使用是多主体，多个主

① Ward Farnsworth (1999), “Do Parties to Nuisance Cases Bargain after the Judgment? A Glimpse Inside the Cathedral”, *University of Chicago Law Review*, 66: 373.

体有权同时或者先后使用产权，如组织产权。那些具有公共使用可能或者面临公共使用威胁的私人产权不能被认为具有公共性质，因为除去该产权主体，其他主体的使用和占有都是侵权。

这样，社会中的产权从主体角度看可以分为私人产权、组织产权、共有产权三类。私人产权是单独一个自然人主体拥有的产权，组织产权是单独一个组织（政府、企业、团体等）拥有的产权，共有产权是多个自然人、团体共同拥有的产权。其中，私人产权是社会中所有产权的基础，组织产权和共有产权都建立在它之上。那么，组织产权和共有产权的存在依据是什么？

（1）使用效率的影响。私人产权具有主体明晰、权责明确的优势，但是社会的运行需要众多的财产必须进行公共使用，如社会运作和发展的基本资料、基础设施、部分土地、基本的矿产资源等，必须是整个社会公共拥有，才能保障社会的基本需要和发展需要。这些财产如果为私人所有，其使用效率将大大降低，因为难以产生共有或者组织所有状态下更容易产生的规模优势。

（2）技术水平的影响。一方面，对于有些财产来说，社会期望其呈现为私人产权状态，但是由于技术水平的限制使私人所有难以实现，从而不得不表现为非私人产权。例如电视信号，在有线电视技术发明前，它是公共使用的，任何人都可以利用天线无偿接收，在有线电视技术使用后，电视信号成为私人产权。另一方面，技术提高了财产公共使用的效率。例如互联网的出现就大大提高了信息共享水平。

（3）交易成本的影响。如前所述，产权的过度细分形成的交易成本将形成社会资源集体使用的强大阻碍，由此也推动将一些财产保留在政府或者其他组织手中以消除交易成本。

技术水平和交易成本最终都作用于财产的使用效率，因此基本原则是：当二者综合决定财产的私人使用具有更高效率时，建立私人产权；当二者综合决定共有或者组织所有效率更高时，建立共有产权或者组织产权。

2. *共有产权和组织产权的治理：动态的产权界定和维护机制*

共有产权和组织产权面临一个相同的问题——产权共同使用带来的外部性冲突，共有产权下是共有主体之间的冲突，组织产权下是组织内部成员之间的冲突，由此必然产生一个治理问题，即要求探求出一种制度安排：一方面有效消除外部性产生的不利影响，另一方面推动采用更先进的财产使用技术，从而从成本和收益两个方面提高财产使用效率。这样，治理制度安排在一定程度上也是一种技术，是一种人文技术。

要解决外部性问题，主要途径是界定共有（组织）产权内部不同的使用者之间的关系和边界。例如共有河水，不能仅仅界定沿岸的主体对河水拥有产权，还要进一步界定拥有多少、在什么时间提取。更加细致的界定能够提高公共资源的使用效率，减少外部性。但是，这种产权边界进一步细化界定的维持费用很高，并且成员的不同需求、外部环境的快速变化同时要求界定及时动态变化才能保证界定的有效性。同时外部性决定的成员之间的获利竞争使他们无法进行合作，如“公地悲剧”中尽管大家都知道会出现草地被过度放牧的结果，但是出于自己不去放牧他人也同样会去、同样会出现过度放牧的担心，人人都会选择放牧。

这两个因素决定需要建立一种控制性的制度安排来实现：一是产权的进一步细分、界定和动态调整；二是强力迫使成员之间进行合作。这就是共有（组织）产权的治理机制。治理机制拥有两个控制性权利：一是迫使成员之间合作的权利。共有（组织）产权的公共性质导致合作的交易成本足够高，以致难以合作，依据规范的霍布斯定理，就要设立一个权威进行管制，减少人们因为不合作带来的成本。二是行使剩余控制权，动态调整产权在成员之间的分配。成员的能力是有差异的并且数量是变化的，更重要的是产权行使的外部环境是不断变化的，由此决定最优的财产利用方式及其与成员之间的匹配也是变化的，这就需要赋予治理机制以动态调整产权的权力，以实现共有和组织财产的最优利用。

所以，共有（组织）产权治理机制实际上就是一种动态的产权细分和维持制度。这套制度以一定清晰度的产权界定为基础，以掌握控制权的权威为中心，按照“权变”原则来动态选择最优的产权使用方式及其与成员能力之间的匹配。整个治理安排的决策目标是资源使用效率最大化。治理决策不是一下子就把权利界定得很清楚，而是按照时间、条件、环境的变化来相机决定。

Nick Hanley and Charles Sumner (1995)① 研究的“苏格兰高地红鹿管理委员会”就是一个很好的例子。在苏格兰高地漫游的红鹿，不仅对树木的生长带来损失，给森林所有者带来了额外成本，而且对庄稼和牧草的生长带来损害，农民和绵羊放牧者也蒙受了损失。但是乡间土地的所有者因为红鹿的出现而获益，因为红鹿吸引了大量的旅游者。这些遭受损失和享受收益的相关土地的所有者共同建立了“红鹿管理委员会”，协调管理、解决红鹿出现和经过相邻土地、森林和农地产生的问题，以降低外部性产生的损害。该团体的优势在于有效地内部化了团体成员之间的外部性，成为一个有效的外部性治理机制。

6.7.2 征用：私人财产的公共使用

社会不仅要在不同的产权形态间进行最优的资源配置，而且要建立起动态的调整机制以实现资源在不同的产权形态之间的转换，征用制度就是这样的制度安排。征用是政府出于公共利用的目的以一定补偿为代价获取私人财产的行为。征用权（eminent domain）是政府的一项重要权力。

我国《物权法》第四十二条规定：“为了公共利益的需要，依照法律规定的权限和程序可以征收集体所有的土地和单位、个人的房屋及其他不动产。征收集体所有的土地，应当依法足额支付土地补偿费、安置补助费、地上附着物和青苗的补偿费等费用，安排被征地农民的社会保障费用，保障被征地农民的生活，维护被征地农民的合法权益。征收单位、个人的房屋及其他不动产，应当依法给予拆迁补偿，维护被征收人的合法权益；征收个人住宅的，还应当保障被征收人的居住条件。”第四十四条规定：“因抢险、救灾等紧急需要，依照法律规定的权限和程序可以征用单位、个人的不动产或者动产。被征用的不动产或者动产使用后，应当返还被征用人。单位、个人的不动产或者动产被征用或者征用后毁损、灭失的，应当给予补偿。”

1. 征用决策

政府要获得私人财产用于公共用途，有三个途径可以选择：购买、征用、管制。购买

---

① Nick Hanley and Charles Sumner (1995), “Bargaining Over Common Property Resources: Applying the Coase Theorem to Red Deer in the Scottish Highlands”, *Journal of Environmental Management*, 43: 87-95.

是政府通过自愿谈判收购私人财产，征用是付出合理补偿强制获取私人财产，管制是不给予补偿强制获取私人财产。从这三个途径的对比分析中可以看出征用的存在理由，也即为什么要征用。

购买是社会获取他人产权最主要的方式，也是最有效率的方式。因此，在政府欲获得私人财产用于公共用途时，首先应当采取购买的方式，只有在购买遇到阻碍时，才考虑其他方式。例如 A 拥有一块土地，市场价值是 3 000 万元。政府 B 修建一条高速公路需要使用 A 的土地，社会成员因此对 A 的土地的评价是 4 000 万元，政府与 A 谈判购买，二者间产生 1 000 万元的合作剩余，社会因此增加 1 000 万元的福利。

形成合作剩余是购买的主要优势，但是购买存在交易成本这个劣势。例如政府已经获取了修建高速公路的其他土地，只有 A 还不同意出售，因为 A 预期到如果作为最后一个出售者，他将拥有强大的谈判优势，因为如果政府不能获得 A 的土地将导致高速公路全部投资的失败。设高速公路的价值为 4 亿元，再设政府以谈判方式获得其他 4 块土地，价值是 1.2 亿元，那么如果政府以谈判获取 A 的土地，付给其市场价值 3 000 万元，社会将产生 2.5（＝4－1.2－0.3）亿元的合作剩余。但是 A 此时已经认识到其土地对于政府来说值 2.8 亿元，他就会向政府要求高于 3 000 万元低于 2.8 亿元的价格，设为 1 亿元。由于每一块土地都会有 A 这样的预期，也会要求 1 亿元的价格，这样 5 块土地所有者的要价为 5 亿元，超过了 4 亿元的高速公路价值，从而使高速公路建设陷入僵局。

征用是打破僵局的办法，即不与土地所有者谈判，而是直接按照市场价值，每块土地 3 000 万元，强制获取土地。这是征用的优势所在。但是征用需要付出管理成本。管理成本包括征用体制的运转成本、克服征用中道德风险的成本和获取征用支付的成本。征用中的道德风险主要是被征用者的过度投资和政府的过度征用。在征用和购买都需要付出支付成本并假设财产在政府和私人手中具有相同的使用效率的情况下，只有在征用的管理成本小于购买的交易成本时，征用才是有效率的。

管制优势在于不需要付出支付成本，直接强制从私人财产所有者手中获取财产，而购买和征用都要付出支付成本。也正因为管制有着不需要支付成本的优势，因此产生了其最大的劣势——过度管制。支付成本同时也是一种约束，迫使政府考虑购买和征用的财务成本，限制其购买和征用的数量。不需要付出支付成本，失去了成本约束的政府，自然会有大量使用管制方式获取私人财产的倾向。管制和征用都减少了私人产权的清晰度和确定性，缺少支付约束的管制比征用造成的损害更大。因此一般不支持采取管制方式获取私人财产。

从上述对比分析中可以看出，征用的一个前提条件是购买交易成本高于征用的管理成本，第二个前提条件是财产将被用于公共用途。自愿谈判收购确保政府是财产价值评价更高者，也即预示着政府对于财产有着更高的使用效率，那么在征用取代购买的情况下，也同样要求政府获取私人财产后有着更高的使用效率，或者至少不低于私人使用的效率，否则征用管理成本低于购买交易成本的最后意义就不明确了。也就是说，财产不仅要用于公共用途，而且使用要具有不低于私人使用的效率。事实上，正是因为有着更高的使用效率才为征用提供了第一位的合法性，征用的管理成本低于购买的交易成本是第二位的条件。财产的使用技术决定有着大量的财产适合集中和规模使用，而不是分散使用。社会公共产品（特别是基础设施）多数具有规模经济和网络效应，但是它们又都面临供给不足的难题，因此采取征用方式进行供给就具有了充分的理由。这就是财产被公共使用的含义。

2. 最优补偿

在政府确定要对私人财产进行征用后，接下来的问题是，如何确定征用的补偿，也即什么样的补偿才是有效率的？

假设一块土地的价值是$V(x)$，x是土地所有者对土地进行的投资。该土地可以被用于满足私人需求的用途，也能够用于公共用途。假设公共使用的价值是$B(y)$，其中y是土地被征用的概率。假设土地被征用，则政府付给土地所有者的补偿是$yC(x)$，也即是以土地的投资水平来决定补偿水平。土地所有者首先根据征用概率及补偿规则决定投资水平x，然后政府决定征用概率y和补偿$C(x)$。设最优的投资水平和征用概率（x^*，y^*）能够最大化土地的私人价值和公共价值，即$B(y)+(1-y)V(x)-x$。

假设政府按照投资多少补偿多少的原则进行补偿，那么将会导致过度投资。因为预期到所有投资将得到补偿，土地所有者在投资和补偿之间将无差异，甚至为获得补偿而进行无效投资。例如增加土地上的建筑物，而这些建筑物对于土地的公共使用没有任何价值。对于政府来说，在该规则下承担的补偿压力最大，因而能够有效抑制政府的征用行为，进而导致征用不足。

政府的第二个选择是按照低于土地所有者投资水平的标准进行补偿，此时土地所有者将承担补偿不足的后果，那么将产生两个结果：一是土地所有者将根据其对补偿的预期价值进行投资，确保投资低于等于补偿水平，由此导致投资不足；二是降低土地使用价值，尤其是土地价值中难以被观察的那部分价值。极端的情况是政府不进行任何补偿，此时土地面临着被征用且没有任何补偿的威胁，因此土地所有者将不对土地进行任何投资，而且会尽力采取过度使用的方式提前获取土地的未来价值，如将未到砍伐时间的树木砍伐掉。同时补偿不足和不补偿规则使政府受到的约束大为减少，将可能导致过度征用。

由此可见，政府的补偿是引导土地投资水平的信号，那么最优的补偿$yC(x^*)$应该是使土地价值最大化的补偿，由此决定的最优投资水平是x^*。也即政府补偿等于最优投资决定的土地价值。① 那么，对于土地所有者来说，高于该水平在土地被征用时将得不到补偿，低于该水平在土地未被征用时土地所有者将承担土地价值下降的损失，因此该补偿水平能够引导土地所有者进行最优土地投资。对于政府来说，高于该水平进行补偿，不仅将只获得实际价值低于补偿水平的土地，而且也会使征用总水平下降；低于该水平进行补偿将导致土地价值下降，同时过度征用也会降低整个社会的福利水平。

如何确定最优投资水平？实际上，可以将最优投资水平设计成一个针对土地所有者的过错标准。当其投资水平符合最优投资水平时②，不存在过错，政府给予补偿。当其投资水平低于或者高于最优投资水平时，认为土地所有者存在过错，政府不给予补偿。这样土地所有者就会根据由对土地的使用及其价值决定的信息优势来选择土地的最优投

① 最优补偿由土地最优投资水平决定类似于侵权法中的过错责任原则，它同时引导土地所有者进行最优投资和政府进行最优补偿。

② 需要注意的是，土地所有者的土地价值最大化和政府要求的土地价值最大化之间可能是不同的，这就可能产生两个不同的最优投资水平标准。

资水平，并且在征用现实发生时向政府证明其投资水平是使土地价值最大化的投资水平，因为如果其不能证明，投资水平的最优性将得不到补偿，土地所有者就会有激励显示其投资决定的信息，此时补偿机制又成为一个激励信息显示的机制。由此可以大大消除政府在确定最优投资水平时的信息劣势，使政府从原来的信息劣势被动局面转换为判断、比较和核实信息的优势局面，从而能够更加准确地确定最优投资水平决定的补偿标准。

3. 最优征用：管制性征用

管制性征用是政府的管制导致了私人产权价值的下降，但是并没有使产权主体丧失产权的，事实上具有征用效果的情形。例如环保管制要求厂商必须安装一定的排污设备、使用特定的无污染燃料，安全管制要求机动车必须具有责任保险和相关的安全设备（如安全带），卫生管制下有健康要求和操作程序要求，规划管制下不符合规划区域功能要求的地产的价值下降等。这些管制在一定程度上降低了产权主体的效用，要求其必须付出一定的成本才能达到管制的要求，但是又都没有从产权主体手中剥夺其产权。

显然并不是全部管制都产生了征用的效果，同时有些管制有效地增加了私人产权的价值。例如学校、商业中心的建立和公共交通的开通使周围地区的地产升值，或者是管制有效消除了污染威胁，提高了周围地区的所有财产的价值。这些消除妨碍、减少社会中外部性行为的管制显然不需要付出补偿。那么，哪些管制需要给予补偿，哪些管制不需要给予补偿？或者说具有管制性征用要不要给予补偿？

实际上，管制性征用是社会最优征用水平的选择问题。当给予补偿时政府的行为被界定为征用，当不给予补偿时政府的行为被界定为管制。补偿意味着政府需要进行支付，那么因此可以将最优征用水平看作政府的一个过错标准：

$$C=\begin{cases}0, & \text{如果 } y\leqslant y^* \\ V(x), & \text{如果 } y>y^*\end{cases}$$

其中，C 为政府支付的补偿，y 为政府的实际征用水平，y^* 为最优征用水平，$V(x)$ 为土地价值。当政府的管制行为等于或低于最优征用水平 y^* 时，认为征用是适当的，政府不存在过错，政府不需要进行补偿；当政府管制行为超出了最优水平，实际上产生了过度征用，导致被管制者的财产价值大幅度下降，政府存在过错，需要进行补偿。这样，政府就有激励就征用（管制）是否为最优征用进行说明，显示征用（管制）的有关支持证据，证明政府对私人财产的公共使用具有更高的效率，在整体上提高了社会福利水平，至少是符合卡尔多-希克斯效率。

4. 总结

最优补偿和最优征用分别为私人产权主体和政府设定了行为标准。私人产权主体的投资水平必须符合最优投资水平才能在征用时得到补偿，政府的征用必须等于或低于最优征用水平的标准才能免除补偿。那么，私人产权主体有两个途径获得补偿：一是证明自己的投资是最优投资；二是证明政府的征用是过度征用。政府有两个途径免除补偿：一是证明私人产权主体的投资不符合最优投资水平；二是证明征用等于或低于最优征用水平，没有给社会造成福利损失。在这些证明过程中，双方的信息进行了充分的交流，从而保证了私人财产的征用符合效率和公平原则。

习　题

1. 解释产权的概念。

2. 财产法包括哪些基本问题？

3. 为什么财产法的经济目的是促进稀缺资源的最优利用？

4. 产权形态是如何影响财产使用效率的？

5. 阐述产权界定的五个基本原则。

6. 运用本章的理论分析中国《物权法》的不动产登记制度？

7. 为什么说产权的细分实际上是行使产权的制度体现？

8. 外部性的概念、特性是什么？对比分析解决外部性问题的各种制度安排的优劣势。

9. 使用他人产权的经济根据是什么？

10. 对比分析善意购买者规则和原主人规则。

11. 为什么说继承制度处理的是产权不同使用方式之间的冲突？

12. 运用本章理论分析中国《物权法》第一百零九条、第一百一十二条关于遗失物的法律规定。

13. 产权保护的三个基本规则是什么？阐述它们与产权效率保护之间的关系。

14. 产权为什么要公共使用？为什么在产权公共使用中，治理机制的建设是决定产权能否被最优使用的关键因素？

15. 什么是征用、管制性征用？分析征用存在的经济根据。

16. 为什么征用的最优补偿标准和最优征用水平类似于过错标准？

推荐阅读书目

1. Cooter and Ulen（2003）. *Law and Economics*. 4rd Ed.，Pearson Education, Inc.，Publishing.

2. Miceli（2004）. *The Economic Approach to Law*，Stanford，California：Stanford University Press.

案例分析

李宏晨诉北极冰公司侵犯网络财产权案

网络游戏玩家李宏晨在两年多的时间内玩游戏《红月》，花费了许多精力和现金，他在游戏里积累和购买了几十种虚拟“生化武器”。2003 年 2 月 17 日，他突然发现自己储存在红月服务器的 ID“国家主席”内的虚拟装备全部丢失。事后他与被告（北极冰公司）联系，查询装备的流向、索要盗取者的具体情况，被告以“玩家资料属个人隐私，不能提供”为由拒绝。于是李宏晨以游戏运营商侵犯其私人财产为由提起民事诉讼。一审法院认为被告经营的服务器有缺陷，未尽到合理的注意义务，因此判令：北极冰公司对李宏晨在红月服务器丢失的虚拟装备予以恢复，并返还其购买105张爆吉卡[①]的价款420元以及交通费等其他经济损失共计1 140元；同时李宏晨返还运营商人民币20元，等价于105张爆吉卡兑奖获得的60小时在线游戏时间。二审法院维持一审判决。

资料来源：http://law.baidu.com/0005702400038e6a2420d6d3b8041ca424f23995cb86.html.

【问题】

网络游戏中的虚拟财产的法律地位究竟是什么，也即网络财产是否具有财产性质？什么样的产权和责任安排能够有效解决玩家和游戏运营商之间因为虚拟财产丢失导致的纠纷？按照什么样的界定原则来界定网络游戏虚拟财产的产权？

【分析】[②]

网络游戏是一个新生事物。在网络游戏里，玩家扮演虚拟世界里一个自己喜爱的角色，通过角色在游戏中的成长，与他人进行交流、合作、对抗等活动，从而获得精神上的愉悦和满足。基本规则是玩家在游戏过程中不断积累游戏技巧、经验值和等级，下一次游戏在继续前一次游戏的基础上进行。游戏分为客户端和服务器端两部分，玩家从客户端通过互联网连接，登录服务器端后才能进行游戏，而玩家的资料保存在服务器端。

在游戏中玩家可能获得的虚拟财产有两类：一是虚拟身份；二是虚拟物品。网络虚拟财产是玩家付出时间、金钱和智力的结果，它给玩家带来的消费体验、效用的满足具有差异性，因此具有稀缺性，应当被作为财产来对待。

这里利用产权界定的多头利益均衡原则来分析网络游戏虚拟财产的产权界定和责任分配问题。该原则认为：产权界定的前提是相关主体在产权界定过程中同时实现了界定收益大于成本（或者至少等于成本）。这样才能实现利益的均衡，每一个产权界定的相关主体——权利享有者、权利确认者、责任承担者才有动力推动权利的界定和实施。那么，是哪些因素影响着相关主体的成本和收益，进而决定着产权的界定效率呢？

1. 网络游戏虚拟财产的物理属性：产权客体具有的物理属性

网络游戏的虚拟财产具有无形性和物理不可转移性两个特性。无形性是指虚拟财产没有具体的物理形态，只是以电磁记录的形式存在于计算机的存储设备中。物理不可转移性是指虚拟财产只存在于游戏中，无法将其从中分离出来，被游戏外的主体现实占有、使用和收益。但虚拟财产在游戏玩家之间可以转让和交易。线下交易即同一游戏不同玩家之间进行的关于虚拟财产的交易，已经发展为颇具规模的市场。

产权客体的物理属性是产权界定第一位的影响因素，直接决定着权利的配置格局。虚拟财产的无形性、物理不可转移性决定不能将虚拟财产的所有权赋予玩家：一是厂商拥有虚拟财产的所有权，符合创造原则，不会使厂商开发游戏的巨大投入因为虚拟财产所有权赋予玩家被侵蚀，特别是当游戏最后终结时不需要向玩家支付赎金赎回虚拟财产；二是因为当玩家

---

① 爆吉卡是北极冰公司为《红月》游戏发行的一种具有彩票性质的卡，购买后如果显示中奖，则可以获得相应的虚拟装备和最多3小时的游戏时间。

② Jian Wei and Shanguo Xue (2007). "The Stable Self-Enforcement and Distribution of Property Right: The Right to Virtual Property in MMORPG", Thomas Eger etc. Ed., *Economic Analysis of Law in China*, Edward Elger Publishing, 2007.

退出游戏不再进行消费时，玩家难以有权将属于自己的虚拟财产带走和处理。

玩家拥有的只是虚拟财产的使用权，并且是受到限制的使用权，限制体现为：一是必须在特定游戏内使用虚拟财产；二是必须事先获得厂商的认证才能使用虚拟财产。使用权保障了玩家对虚拟财产所代表的经历进行体验消费的权利，也保障了玩家在虚拟财产的正常使用受到侵犯时能够进行维护和救济，形成了厂商保证玩家在符合条件的情况下使用虚拟财产的责任。

2. 产权保护的技术水平

产权被初步界定后并不代表能够顺利自我实施。产权保护的技术水平如何是第二个重要影响因素。网络游戏虚拟财产争端的根源就在于缺乏有效的技术来保护虚拟财产和确定侵权的真正原因。

引发虚拟财产丢失的可能原因有：(1) 由玩家行为不当引起，如账号和密码保管不当等；(2) 由厂商行为导致，如游戏程序本身有漏洞，引起游戏数据紊乱、丢失等；(3) 由第三方行为造成，如第三方利用木马程序窃取玩家的虚拟财产等。

对于这三种情况导致的丢失，责任的承担肯定不一样。如果能无成本或者低成本地查明虚拟财产丢失的原因，那么责任的承担就不言而明。但问题的关键在于现有的技术无法确定丢失的具体原因。缺乏有效的技术保护权利，厂商和玩家权利都面临被侵犯的威胁。由于网络游戏只是厂商获取利润的一个手段，没有网络游戏也就没有该风险，因此厂商要为此风险承担相应的责任。也就是说，除去那些能够确定是因为玩家自身原因而导致的丢失外，厂商要对虚拟财产的丢失承担责任，负责为玩家免费恢复虚拟财产。

厂商恢复虚拟财产几乎不耗费什么成本，恢复只是对一些属性的赋值作出改变（如对二进制数据的修改），使游戏财产的掉落种类、属性、概率、掉落地点、掉落时间等发生改变。但是要求厂商对虚拟财产丢失进行赔偿将会改变玩家的预期。一旦虚拟财产发生损失，玩家就会向厂商发出恢复和赔偿要求，从而提高厂商的成本，并且赔偿也将使虚拟财产的交易导致正常线下交易市场和赔偿市场之间的套利行为。恶意玩家可能在正常市场上出售虚拟财产后谎称虚拟财产丢失，要求厂商赔偿，以从中获利。为防止出现上述局面，厂商的责任应限定为恢复虚拟财产，不进行其他赔偿。

这样，虚拟财产的产权界定进一步细分为厂商在拥有所有权的基础上有限地承担虚拟财产丢失的责任、玩家拥有有条件使用权的产权界定格局。

3. 社会的价值判断

政府在确认权利时要考虑的就是带来的社会成本和社会收益。网络游戏虚拟财产的权利确认对于政府来说，社会收益主要体现为网络游戏对经济增长的贡献，社会成本则体现为因为沉迷游戏而造成的损失，尤其是自制能力较差的青少年常常因为玩游戏而上瘾，导致青少年成长的扭曲。由此网络游戏对政府来说，一方面是应鼓励以使之成为一个新的经济增长点，另一方面又担忧青少年的成长受到游戏的过度干扰。确认游戏厂商对于虚拟财产的所有权有助于推动游戏产业的发展，保护游戏厂商的知识产权。确认玩家拥有虚拟财产的使用权，能够保护玩家利益，促进线下交易市场的有序发展，提高青少年玩游戏的资金门槛和进入门槛。因此，对政府来说，确认上述产权界定和责任分配，能够在经济增长和青少年健康成长这两个价值之间建立稳定的平衡关系，是收益大于成本的。

4. 结论

权利享有者、责任承担者、权利确认者等相关主体的利益多头均衡是产权界定和稳定自我实施的核心所在。按照这个原则，网络游戏虚拟财产的所有权归于游戏厂商、玩家享有有条件的使用权是基本的产权界定和责任分配格局。

本案中法院判定北极冰公司负责恢复李宏晨在游戏中丢失的虚拟武器，并赔偿李宏晨因为诉讼等支出的费用，与上面的分析判断基本一致。尽管李宏晨对这些虚拟武器不拥有所有权，但是他拥有正当使用的权利。北极冰公司作为游戏运营商要承担无法确定侵权原因的风险，然而并不能无限扩大其责任。因此，法院只承认了李宏晨有限的诉讼请求。

第七章

知识产权法的经济分析

7.1 知识产权经济学的基本原理

知识产品是人类的智力成果，是一种思想或信息，具有不同于物质产品的属性。由于其特殊的经济特征，要求对知识产权进行界定并给予合理的保护，以实现在保护知识产品创造者个人利益的同时，促进文化的传播和发展，实现公共利益。本节首先概述知识产品的概念和经济特征，其次阐明知识产权的经济合理性，最后阐述实现知识产权利益平衡的基本原则。

7.1.1 知识产品概述

1. 知识产品的概念和经济特征

知识产品是与物质产品相对应而存在的客体范畴，是人类在改造自然和社会的实践中为了满足社会的需要，通过付出脑力劳动，依靠知识、智力等要素进行创造性活动的成果，并以一定形式表现出来的一种自然科学和社会科学的成就。

知识产品的经济学特征具有双重性，既具有公共产品的特征，又具有私人产品的特征。作为公共产品，知识产品的特征一般包括正外部性、低复制成本、扩散性和边际收益递增性、非消耗性、特殊情形下的排他性和竞争性等。作为私人产品，知识产品的特性包括消费成本与价值的复杂性等。知识产品除了具有这些经济学特征外，还具有创造性、历史继承性等其他非经济学特征。这些特征为知识产权法实现利益平衡提供了基本依据。

（1）在消费上具有相对的排他性和竞争性。

知识产品在很多情况下可同时供无穷多人使用。例如，爱因斯坦创立了相对论，任何人只要理解这种知识都可以应用它。但是，知识产品的这种非排他性不是绝对的，一些形式的知识具有排他性。例如，一些行业存在商业秘密，生产者将自己获得的知识保密，不对外公开。还有一些知识是无法用言语表达的，它隐藏在人的大脑内部，这些知识产品客观上属于生产者私人所有。

一个人对知识产品的消费不会妨碍其他人的消费。例如，老师在传授知识的同时，也可以继续使用这些知识，不会因为传授他人而使自己的知识减少。但是，在有些情况下，对知识产品的消费可能具有竞争性，例如，如果可口可乐公司的配方被其他生产者知晓，虽然知识没有减少，但会因为竞争而损害利益。

(2) 低复制成本、非消耗性和正外部性。

知识产品一旦生产出来，其数量的增加主要不是依靠投入，而是依靠接近零成本的复制。复制成本远远低于其创造成本，特别是随着知识存储技术的发展，知识的复制成本越来越低。

物质产品在使用过程中会被消耗，价值降低，但是知识在使用过程中不仅不会因为重复使用而降低其价值，反而会因其利用次数的增加而提高价值。该特点是对知识产权的使用范围和时间期限进行设定的依据，这样可以减少因知识产权带来的垄断损失。

知识产品可以允许多人分享、利用而不损害其价值，其生产和消费的社会收益会远远大于私人收益，即具有明显的正外部性。知识产品的正外部性主要体现在生产和消费两个方面。从生产上来说，知识产品的产生会带来更大的生产力，从而使整个社会获利。从消费上来说，当一个人获得更多知识时，会因其创造力和文明程度的提高而更好地为社会服务，带动整个社会的发展。

知识产品较低的复制成本与正外部性之间是相辅相成的。较低的复制成本和非消耗性的特点为知识的共享和利用提供了可能，同时正外部性促使创造者以外的其他成员希望能复制、参考或借鉴已有的知识产品，以实现新的创新，从而进一步推动社会发展。

(3) 扩散性和边际收益递增性。

由于成本费用很低，得到信息的消费者也可能成为原始生产者的潜在竞争对手，其他的消费者也希望通过“搭便车”得到和使用该信息。因此，知识产品一旦生产出来，其所有者很难控制它的传播。

同时，也因为复制和传播成本几乎可以忽略不计，所以知识产品再生产的边际价格就接近于零。因此，知识产品并不会因为多一个人使用而减少收益，即不会产生边际收益递减。相反，知识产品可以被大量复制，为不同的使用者创造价值，且传播越广，其成本价格就越低，边际收益越大。

(4) 消费成本与价值的复杂性。

一方面，虽然知识产品在获得后具有低复制成本和扩散性的特点，但是这并不代表所有人都可以得到某一知识产品和懂得如何运用。只有具备相关基础知识的人，才能够学习和应用相关知识，而获得知识基础是需要花费成本的。例如，一个企业如果没有研发机构，没有具有知识储备的人才，即使它获得某一技术知识产品，也无法利用这些知识占据领先地位。

另一方面，如果某一知识产品并不能轻易获得，则需要进行交易。但同一知识产品对于不同的使用者具有不同的价值，且其价值在交易前难以确定，在交易后买方不会表示其真实评价，从而使知识的交易难以达成。具体来说，知识在没有获得前，买方基本上难以确定知识的真假和对自己的作用以及交易的风险，所以出于理性考虑会尽量压低出价；或者买方会为获得真实价值而花费调查成本，如聘请专家进行评估。所以为了促进交易，让买方了解知识价值最好的方法就是向对方全盘托出，但此时买方已经获得知识就不可能再继续选择交易了。因此，知识产品在消费时由于存在因价值理解的偏差而引起的交易成本以及学习成本，所以具有私人产品的特性。

（5）知识产品的非经济学特征。

知识产品是知识劳动产生的创造性活动的成果，它是通过人类大脑的思维运动，深化人类对自然和社会的认识，提高人类改造自然与社会能力的一种知识转变过程。与物质劳动不同，知识劳动是一种具有个性的创造性劳动，其本身具有很强的探索性。

与此同时，知识产品具有历史继承性，它往往是在继承前人知识的基础上进行创造，是一个人类知识的深化过程。当一个人面临新的问题时，他往往从先辈留下来的知识宝库中寻找可能的答案，或者从中获得启发性的思路，进而进行创新。

2. 知识产品的分类

根据知识产品的不同表现形式，可以把知识分为科学技术知识和文学艺术知识两类。其中，科学技术知识又可分为科学理论知识和应用技术知识两类。① 它们三者既具有知识共性，又具有个性。

第一，在性质上，科学理论知识只能以抽象的理论形态存在。尤其是从报酬机制上看，科学理论知识不能直接体现在具体的有形物上，无法直接商品化，无法为生产者带来直接的经济收益，故具有非竞争性、非排他性、不可消耗性、扩散性，更多地接近于公共产品。

第二，应用技术知识可以直接通过具体的物品体现出来，能够直接商品化，能够为生产者带来直接的经济收益，更有可能为生产者所保密而具有典型的私人产品的经济性质。

第三，文学艺术知识，如文艺作品、社科成果等其他一些科学文化产品，由于可以直接表达在有形载体上，因此可以商品化，但同时又具有消费的非竞争性、非排他性、正外部性、扩散性等公共产品的性质，所以文学艺术知识同时兼具公共产品和私人产品两种经济性质。②

7.1.2 赋予知识以产权的经济合理性

由于知识产品具有正外部性、低复制成本及扩散性等经济学特征，知识创造者因预期难以得到一个利己的结果而没有动力进行知识创造，则理性人都会选择等待复制其他人的知识，那么综合结果就是社会的知识供给水平将低于社会要求的最优水平，造成知识供给不足问题。

目前，人类社会已经发展出多个解决知识供给不足的方法。第一种方法为私人出资进行资助，即私人及企业设立各种研究基金来对知识供给进行激励。第二种方法则是对知识产品设立产权，主要形式有三种：专利权、商业秘密制度和版权。其中，专利权和商业

① 科学是指人类对普遍的自然规律和社会规律的认识，而技术则是建立在科学知识的基础之上，在有目的的生产活动中所使用的方法和工艺的总和，是一项有创见的思想在物品上的形象化，如一个产品配方等。

② 李扬，等. 知识产权基础理论和前沿问题. 北京：法律出版社，2004.

秘密制度适用于应用技术知识，版权则适用于文学艺术知识。这三种制度都是授予生产者以垄断权，使生产者在法定时期内或者可以保密的时间内独占该种知识产品的使用权和销售权。第三种方法则是政府建立专门的知识供给安排，如设立大学等研究机构专门从事知识生产，建立优先权报酬制度、国家税收补贴制度和政府购买制度等鼓励知识供给。①

这些制度安排各有作用，但本质上都是将知识作为一种财产来对待和保护。实际上，知识的产权保护已经成为影响各国经济增长和国家兴衰的重要因素。从知识产品的特性中得出必须赋予其产权并进行保护的结论，不仅仅是为了激励知识供给，更在于知识产权是知识资本化的基础，即建立知识产权，将知识从“物”的技术形态和内容转化为一种产权形态，从一种资产形态或者说“僵化的资本”转化为一种高效率流通的资本形态。②

第一，构成了交易基础。通过产权制度能将知识产品的技术性形态转化为一种法律形态，以此释放隐含在知识中的经济价值和能量，同时明晰的产权界定构成市场交易的基础。一项发明、一个商标、一部作品，在自然意义上只不过是物理状态上的无形物，但是在产权意义上，它却是可以与其代表的具体信息相分离的概念。知识产权区别于知识产品，并非简单的无形是物的概念，它用以表明资源的存续状态。

知识产权是公共选择的结果，是社会交往过程中形成的以知识资源分配为内容的人与人之间的关系，是划定知识所有人和其他人就某一知识的行为边界和活动准则的社会工具。这种抽象的财产权概念与它所代表的无形资产及其有形载体是相分离的。正是这一分离，使知识产权这个产权凭证获得了巨大的社会意义和经济意义。明晰的知识产权确立了高度流动性和易变性市场中所有人对知识资源配置、控制的范围和方式，使知识资本化具备了必需的基础。在此基础上产生了确定的交易预期，使知识产权（而不是知识）的投资、许可、质押、转让等资本运作成为可能。同时排斥了他人对劳动产品无端侵蚀的可能性，进而最大化地提高了知识的社会供给水平和质量。如果缺乏知识产权和具体知识信息的制度性分离安排，社会就缺少一种规则来协调相应的交易关系，知识的投资和交易不可能在一个大的范围和程度上展开。

第二，确立了责任机制。知识产权确立了一种责任机制，抑制无偿使用，激励知识创新。在现代市场经济中，竞争优势越来越依赖于对知识资产的控制。当资源是无主或公共所有的时候，由于知识产品具有扩散性和正外部性，供给极富有弹性，可以在不同地点同时满足不同主体的使用，且产品使用者可以在不承担任何成本的情况下分享他人努力的果实。同时，一旦知识产品的创造者将知识出让给某个使用者，由于传递费用低廉，这个使

① 对于具有较强的公共产品性质的科学理论知识和外部性较强、不易商品化的部分文学艺术知识，要采用非市场机制的报酬制度，为知识的生产提供激励。非市场机制的报酬制度包括：优先权报酬制度、国家税收补贴制度和政府购买制度。具体参见李扬，等（2004）第109-114页。

② 德·索托的调查表明：大多数发展中国家已经创造出资本主义所必需的资产，但是在掌管资产的方式上存在重大的缺陷，它们不能通过所有权的方式将其转化为资本，而西方国家的成功之处则正在于能将这些“僵化的资本”转化为所有权形态的资本，资本的创造是隐藏在错综复杂的正式产权制度内的一个潜在过程。德·索托进一步揭示了所有权在资本转化中的六大重要功能：（1）确定资产中的经济潜能；（2）把分散的信息综合融入一个统一制度中；（3）建立责任制度；（4）使资产能够互换流通；（5）建立人际关系网络；（6）便于保护交易。赫尔南多·德·索托．资本的秘密．南京：江苏人民出版社，2001．

用者将变成原始生产者的潜在竞争对手，通过"搭便车"就可享用全部资产价值。在这种情况下，信息的需求者不会进行高成本和高风险的独立开发活动或通过谋求许可获得知识，而是寄希望于他人不正当的转移，通过低代价获得知识。

知识产权的建立形成了规范的权利确认和保护安排，排除了他人无偿分享收益的可能。不仅使权利人合理、节约地使用资源，考虑信息开发、知识创造对经营成本和收益的影响，寻求成本最低、效益最大化的途径，同时也激励人们将资源用于带来更高价值的信息用途，不断将资源投向创新知识领域，促进社会的知识创新水平不断提高。

第三，促进实现知识产品的最优配置。知识产权制度实现了产权的普适性保护，使知识的流通能够按照市场的法则作出投资或许可交易的有效选择，从而能实现知识产品从低价值向高价值的转移。而且知识资产本身就具有内部化的趋向①，当知识产品外部交易的不确定性过高，企业内组织交易的成本低于市场交易，企业将会使这种知识产品内部化，将知识产品控制于企业之中，而不会通过许可交易去实现其资产价值。这在一定程度上限制了知识产品的使用和传播，同时也不利于知识生产的社会分工。因为知识产品的持有人具有拥有知识的特殊优势，却不一定具有将之用于生产活动的组织优势和产品销售的区位优势。同时，在产权的维护缺乏一个统一的尺度的情况下，知识的流通会倾向于"一对一"的谈判，如果知识的每一项权利及其行使都要同其他人单独谈判而达成协议，过高的交易成本会阻止这一资产价值的发挥。

第四，知识产权制度是一种有效的信息处理机制。商标、商号和商誉能简化人们的学习和决策成本，专利和版权通过公开和发表表明一种智力成果的现状，降低重复开发的浪费，将知识开发推向更高水平。知识产权通过登记、注册，使无形的知识有了确切的边界，便于核实、监督、估算和流通。通过厘定和沟通公有知识与私有知识边界，满足了知识创造者私人利益和社会利益的双重需求。

7.1.3 知识产权的基本原则：借助"衡平机制"实现利益平衡

1. 知识产品的社会性

知识产品具有强烈的社会性质，是社会基础设施、人类文明的一部分。一方面，知识是社会合作的产品，是人类理性对客观素材进行加工、判断、提炼的结果。知识的产生和发展需要一个不断积累和传承的社会过程。抹杀知识的社会性，将知识视为闭门造车的孤立物，会妨碍信息的交流，窒息知识生成、组成和更新的能力，知识也将丧失在构建经验模式和理性范畴上的价值，进步与创新将无从谈起。知识的社会性要求知识归属社会，成为全体成员共享的资源，才能获得真正的生命。

另一方面，知识是人类追求文明与幸福的一种手段，利用和获取知识是每一个主体的固有权利。知识在技术上具有相容性和共享性，对人的终极关怀要求知识面前人人平等，谁也不得将知识无端据为己有。然而，知识控制权的不同结构会直接影响到人们的地位和

① 在跨国投资中，技术优势的内部化转移容易，知识要素的内部化是对外直接投资的最为重要的要素。有学者认为正是企业的这一内部化优势才使得跨国投资成为一种现实（尼尔·胡德，斯蒂芬·扬. 跨国企业经济学. 北京：经济科学出版社，1990）。日本学者伊东光晴也认为，如果想保持机密，就不能对外出售，只有一条路可走，即在目标国建立独资企业制造产品，通过销售产品直接回收利益，跨国企业就这样在这种产业机密化倾向的背景下出现了（伊东光晴. 现代经济的蜕变. 上海：上海财经大学出版社，1999）。

经济力量，并且对知识的垄断只会使少数幸运者获益，整个社会将为之付出高昂的代价。① 因此，知识利用、传播以及再造都提出了共享知识的基本需求。

知识产品的社会性决定了知识产权的社会正当性。知识产权作为厘定知识领域人际关系的社会手段，意味着社会的肯定、尊重、支持和容忍，需要通过一定的观念、规范和体制形成共识来支撑。在资源的非相容使用中，权利与义务具有高度的对应性和一致性。而根据劳动财产理论，“在不对他人负有义务的场合，人们对其生产、制作或创造的财产全部享有所有权”② 为知识产权提供了合法性的基础。知识产权是对现有一般信息进行加工、筛选、储存、处理和获得的结果，是凝聚着人类脑力劳动和经济成本的特殊智力资产。它是一种创新的激励和回报，制度的公平性要求在劳动支出和收益之间谋求某种均衡和协调，从劳动创造中内生性地决定其权利的边界。

知识产权的社会正当性要求知识产权法具有社会目的，即通过保障知识产权人利益的激励机制，促进知识和信息的广泛传播，促进科学、文化进步与经济发展，这也是知识产权法的最终目的。

2. 知识产品的私有性

知识产品所具有的一定的排他性、消费成本和隐形知识的存在等私人产品的经济特征决定了其同时具有私有性，这意味着知识产品的社会性质是有一定限度的。知识自然供给不足等问题决定知识产品必须私有，必须为知识的供给建立足够的激励机制。

知识产品的私有性也决定了知识产权法的直接目的，即保护知识产品的创造者等知识产权人的利益。只有充分地激励知识产权人从事知识创造的积极性，才能产生更多更好的社会需要的知识产品。否则，由于创新能毫无代价地被他人模仿与复制，那么创新的积极性只能依赖于零星的自发性。

3. 知识产权的衡平机制

知识产品的私有性和共有性存在着一种相互依存、相互促进的关系。私人知识创造正因为构成了社会进步的重要原动力，所以才纳入法律的范畴加以保护。公共知识的源泉在于社会主体自利过程中的不断创新行为，大量的公共知识发端于私有信息。但是两者之间也存在一定的紧张关系，没有对知识私有产权的维护，就不可能有足够的信息生产出来，就没有强有力的刺激去发现新的信息，创新机制就会受阻。但是有了合法的产权，又不可避免地会导致知识的囤积，阻碍信息的扩散和传播，不能在社会中低成本地广泛运用。

知识产权的制度安排本质上就是要解决私有性和共有性、直接目的和最终目的之间的关系，从而实现总体利益的平衡。一方面，产权的建立充分保护了知识创造者的合法权益，保障知识产权人能够通过控制和行使自己的权利，收回知识创造成本并获得报偿，从而达到激励知识和技术创新、促进优秀作品创作和传播的目的。但是，同时知识产品的排他性、独占性意味着财产使用上的非相容性和对抗性，而知识产权是以剥夺或限制他人的权利为代价的。因此，如果对知识产品进行过于宽泛的强力保护，个人权利会得到扩张，创新的激励会加强，但是会限制知识的扩散，导致知识的价格过高，进而降低社会

---

① 16 世纪和 17 世纪的科学给我们以警示和教训，牛顿对数学和天文学的研究成果保密，导致自然科学的发展相当缓慢和艰难。专家们用保密和神秘化的方法保护自己的权利，延阻了知识的发展和传播。

② 迈克尔·D. 贝勒斯. 法律的原则——一个规范的分析. 北京：中国大百科全书出版社，1996.

的总产出。

另一方面，知识产权还负担着实现公共利益方面的重任，在保障创造者利益的同时，必须考虑促进知识广泛传播和推动社会文明进步的公益目标。所以知识产品的社会性意味着要打破垄断，强化知识使用的相容性和共享性，对知识产品实施松散的弱保护。这样个人权利的限制在一定程度上会使社会福利最大化，社会可通过技术的迅速扩散、无代价地使用而受益，但是会削弱创新的激励机制，对知识总量的增加、更新带来不利影响。

所以，如何在公共知识与私人财产之间、劳动报酬原则和社会利益之间、提供创新动因所必需的个人效用与分享知识的社会效用之间实现平衡是关键问题，这也就意味着需要解决如何实现知识产品的最优创造和最优利用之间的最优权衡问题。

知识产权制度就是要构建这样一个“衡平机制”，实现知识创造的激励和知识传播使用之间的利益平衡。一方面，知识的创造者应当以公开、披露或者其他方式使知识社会化，防止使其出现知识产品的非最优利用，同时保持了知识产权人与其他利益主体的利益平衡。另一方面，国家赋予知识创造者一定范围内对知识的独占权利，以作为对其所付出成本的应有回报，达到保护知识产权人利益与激励知识供给的作用。

主要的制度要素包括以下三点：第一，限定知识产权的时间期限。专利、版权、商标都是有期限的，都是在一定期限内有效。第二，限定知识产权的保护范围。专利具有宽度限制并且在赋予后要向社会公开，版权只是保护知识的表达方式，不保护其中的思想，商标则适用于一定的商品范围。第三，通过收取知识产权费来促使权利主体早日放弃权利向社会开放使用。

7.2 知识产权制度的经济学分析

本节以专利制度、版权制度和商标制度为例，具体讨论这些知识产权法律制度中蕴含的经济学逻辑。虽然不同制度分析的思路略有不同，但三种制度内在的基本原理都在于实现私人利益与公共利益的平衡。专利制度主要从专利的长度（期限）和宽度（范围）来讨论；版权制度主要介绍版权保护的范围、期限及合理使用安排；商标制度主要讨论其经济含义、功能和目的。

7.2.1 专利制度的经济学分析

专利是一国法律赋予发明者的一种独占权，专利权人在一定时间和范围内具有排除他人使用技术的垄断地位。作为交换，专利权人未来必须将技术方案公开，并且国家仅在有限的时间内提供保护。专利制度对经济发展具有何种影响的理论争论一直没有停止过，分歧也很大。有人认为专利制度是一种激励技术创新的制度，也有人认为专利制度是一个代价甚高的制度。① 但不可否认的是，专利制度至今仍是一种行之有效的制度安排，较为有效地解决了个人报酬和公共福利之间的紧张关系，在鼓励发明和促进技术的传播间实现了

① 这方面的文献非常多，例如：伊利奇·考夫．专利制度经济学．北京：北京大学出版社，2005。

平衡。

1. 专利的长度

(1) 专利的长度的概念。

专利的长度是指给予专利保护的时间长度，即期限。专利具有时间性，这是作为知识产权的专利权同有形财产的所有权相区别的特征之一。对于有形财产的所有权，如果财产本身不消灭，财产所有人对财产的所有权始终存在。但对于专利权，在法律规定的专利期限届满或提前终止前，尽管发明创造的技术本身还存在，但对该项技术的独占使用权丧失，该发明创造成了社会财富，任何人都可以无偿使用。专利期限也表明了专利垄断的时间跨度，专利期限届满，技术可以免费为其他企业分享，增加消费者福利。

(2) 专利期限的确定。

专利期限的确定，一是要充分适当地保护专利权人的利益，以保证发明者有充分的时间分享其创造带来的合理利润，鼓励发明。如果规定的保护期限太短，就意味着是在损害权利人利益的情况下实现社会福利，其结果是不利于调动发明创造人的积极性，导致出现知识产出水平过低的现象。尤其是当专利的创造性和实现的社会收益较高时，应该有更长的保护期限。为此，绝大多数国家区分不同的专利类型并分别配置不同的保护期限。专利期限通常为15～20年，实用新型、外观设计专利期限通常低于10年。

二是专利期限必须考虑垄断带来的社会成本。最优的专利期限安排必须实现专利的社会收益与社会成本的均衡，既能让发明者有充分的时间回收其投资的利润，同时也应该在社会成本超过社会收益之前终止专利。

专利垄断带来的社会成本主要包括：1）阻碍后续发明的成本。在专利期限内，专利权人有权收取专利使用费，对竞争者的发明和使用构成了限制，提高了竞争对手突破、获得、使用同样技术的成本，这意味着在损害自由传播和使用的情况下保护了垄断，不利于技术的推广和应用。2）给消费者福利带来的不利影响。在专利期限内，竞争对手因为专利限制形成的成本通常通过较高的定价最终转嫁到消费者身上，消费者福利因此受到损害。专利期限越长，造成的社会福利损失越大。同时，垄断产品较高的定价也会导致产品非充分利用，导致社会福利损失。3）专利的管理成本。对专利权人而言，并不是专利期限越长越好。因为专利持有人的收入来自专利使用费，随着专利年限的延长，使用专利的人会越来越少。与此同时，专利持有人还需要交纳一定的费用。此外，专利期限的时间越长，解决纠纷和进行专利保护的成本就越大。

(3) 专利的最优期限模型。

图7-1显示了在一个技术进步水平较小的发明案例中竞争产业和垄断产业的定价原理。[①] 在竞争产业中，均衡价格由不变的成本C_0和需求曲线DD'决定，两条线在价格P_0和产量Q_0处相交，但在垄断产业中，均衡价格由边际收益曲线DJ和边际成本C_0决定，两条线在产量M_0和价格P_0处相交。

发明创新的一个经济意义就在于节约成本。所以，假定发明将成本从C_0降到C_1，那么赋予知识生产者多少专利使用费，才能使其总收益最大化？

---

① 陈国富. 法经济学. 北京：经济科学出版社，2006.

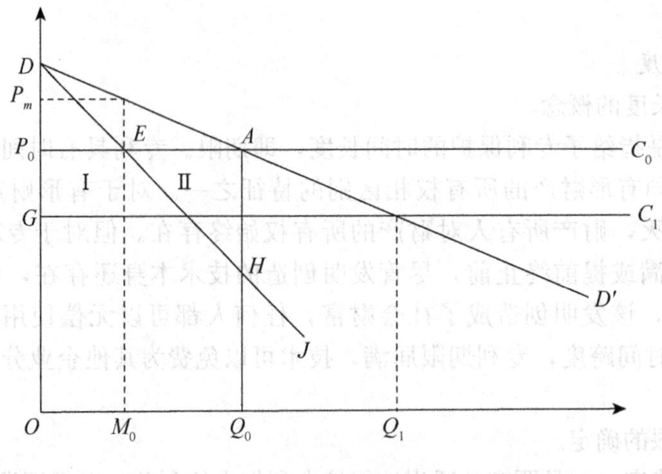

图 7-1　垄断与竞争中的发明激励：较小的发明

假设 1：发明者是产业垄断者（即发明者独自拥有降低成本的方法）。

竞争产业中的垄断发明者将面对弯曲的需求曲线 P_0AD'。价格并不高于C_0，否则现有的厂商就会发现竞争有利。因此，就产出水平Q_0来说，最大化价格将在P_0处（或仅仅只是低一点）。边际收益曲线将是P_0AHJ，曲线在弯曲处不连续。

较小的发明和重要的发明的差异在于：边际成本C_1是否与边际收益曲线 HJ 段相交引起产量和价格的变化。我们将能引起产量增加、价格减少的发明称为重要的发明，反之称为较小的发明。此处以较小的发明为例，所以市场价格不受影响。

在竞争产业中，发明者的利润是每单位节省的成本（C_0-C_1）与产量Q_0的乘积，即图 7-1 中Ⅰ和Ⅱ的面积之和，这部分就是竞争产业的激励。

假设 2：发明出现后，每单位成本节约的（C_0-C_1）是给定的。

这里要考察的是什么因素决定了节约成本的数量。假设节约成本的数量为 B，发明者的研发成本为 TC，并且 TC 是 B 的函数。

假设 3：当发明的规模扩大时，研发收入将减少，即：

$$TC=\alpha B^2$$

这里，α 是正的常数。现在发明者需要选择节约成本的数量 B，B 为专利使用费的价值 PV 和研发成本 TC 之差。一个重要的参数是专利的期限 T，因为专利使用费在 T 年后就停止了，将专利有效期内的使用费进行贴现，便可求得 PV，即：

$$PV=BQ_0(1-e^{-\gamma T})/\gamma$$

这里 B 是节约的成本，γ 是用于贴现的年利率，T 为专利期限。

图 7-2 描述的是 PV、TC 与 B 之间的函数关系。由于Q_0、γ 是给定的常数，所以，PV 是一条从原点出发的直线。T 是外生变量，它将决定直线的位置。在图中给出两个专利期限，即 $T=10$ 和 $T=20$。即当 $T=10$ 或 $T=20$ 时，发明者将分别选择节约成本为B_{10}和B_{20}的发明。专利期限越长，越能激励发明者作出节约更多成本的发明。

但是，专利期限不是越长越好。一个重要理由是，专利保护是以垄断价格的低效率

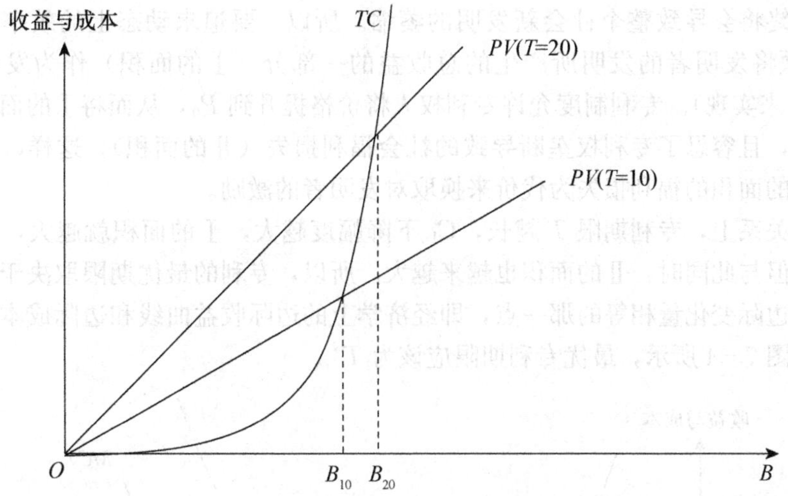

图7-2　专利期限与发明的大小

为代价的，因为专利发明一旦出现，再生产它的边际成本就近乎为零，如果按照效率标准来定价，则应该将其价格设定为零。但若定价为零，就失去对发明的激励作用了。所以专利期限的决定依赖于给予发明以动力和容忍垄断价格的低效率之间所达成的均衡。

为了理解 T 变化的影响，我们用图7-3来说明。在图7-3（a）中，在专利期限内，发明收益为Ⅰ的面积。Ⅰ的面积代表真实资源中的全部节约成本，它是通过发明者专利获得的。而在专利期限届满后，价格跌至 P_1，产量增至 Q_1，如图7-3（b）所示，这时收益变为两部分，即Ⅰ和Ⅱ。Ⅰ与图7-3（a）中的Ⅰ面积相等。专利期限届满后的收益表现为扩大了的消费者剩余，并且Ⅱ来自垄断收益的转移，即垄断损失的三角形面积。

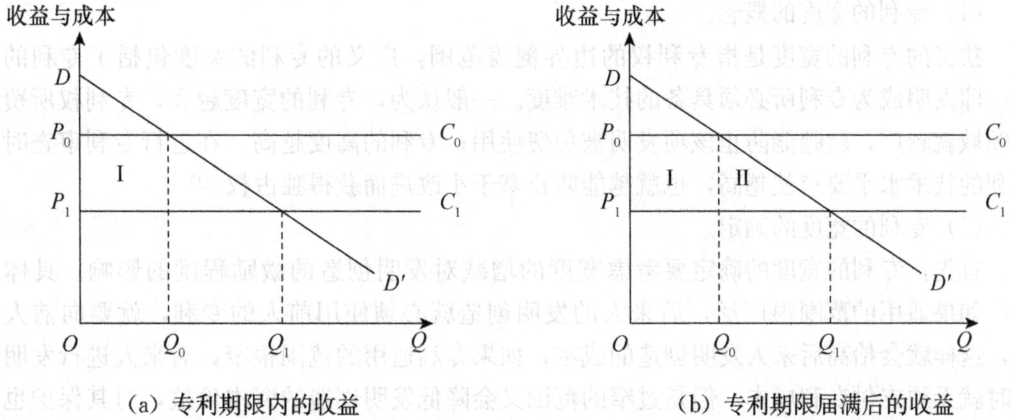

(a) 专利期限内的收益　　(b) 专利期限届满后的收益

图7-3　专利期限的影响

假设作出发明后，不给予发明者专利权（等价于 $T=0$），则发明者所带来的利益会全部转化为消费者剩余（Ⅰ与Ⅱ的面积之和），这里没有垄断所带来的福利损失，显然这是静态有效率的（事后有效率）。但不给予发明者以专利权，会抑制发明者从事发明的积极性，最终将会导致整个社会新发明的萎缩。所以，要追求动态上的效率（事前有效率），就必须将发明者的发明所产生的总收益的一部分（Ⅰ的面积）作为发明者的报酬（通过 $T>0$ 来实现）。专利制度允许专利权人将价格提升到 P_0，从而将Ⅰ的面积转化为发明者的回报，且容忍了专利权垄断导致的社会福利损失（Ⅱ的面积）。这样，专利制度可以视为以Ⅱ的面积的福利损失为代价来换取对发明者的激励。

在数量关系上，专利期限 T 越长，C_1 下降幅度越大，Ⅰ的面积就越大，从而激励效果越明显。但与此同时，Ⅱ的面积也越来越大。所以，专利的最优期限取决于Ⅰ的面积和Ⅱ的面积的边际变化量相等的那一点，即经济学上的边际收益曲线和边际成本曲线相交时的结果。如图 7－4 所示，最优专利期限应该为 T^*。

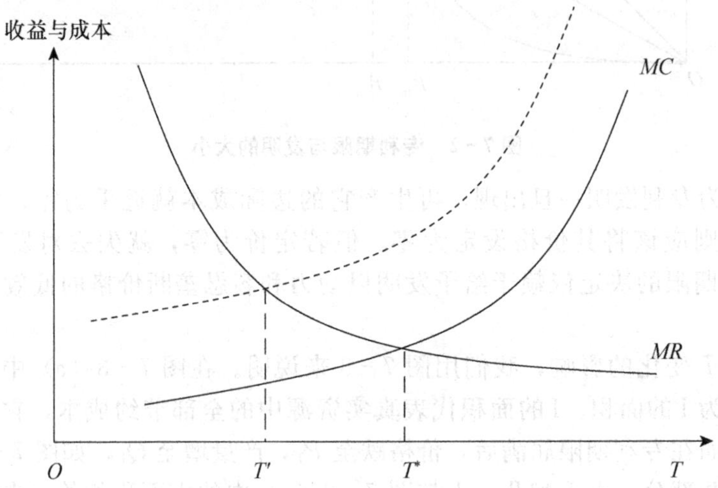

图 7－4　最优专利期限的决定

2. 专利的宽度

（1）专利的宽度的概念。

狭义的专利的宽度是指专利权的边界覆盖范围，广义的专利的宽度包括了专利的高度，即发明成为专利所必须具备的技术难度。一般认为，专利的宽度越大，专利权所覆盖的领域就越广，就越能防止该项发明被免费使用；专利的高度越高，在进行专利审查时对专利的技术水平要求就越高，也就越能防止基于小改进而获得独占权。①

（2）专利的宽度的确定。

首先，专利的宽度的确定要考虑宽度的增减对发明创造的激励程度的影响。具体来讲，如果适用的范围很广泛，后来人的发明创造就必须使用前人的专利，就要向前人付费，这样就会抬高后来人发明创造的成本；如果专利适用的范围很窄，后来人进行发明创造时就无须支付专利成本。但是过窄的范围又会降低发明创造的资本价值，对其保护也就相应失去了意义。所以，最优专利宽度的确定需要在专利权人的利益与后来发明者的利益之间进行权衡。

其次，专利的高度的水平也直接影响着专利制度功能的发挥。如果对专利的难度要求

① 吴欣望．专利经济学．北京：社会科学文献出版社，2005．

过高，过分保护先发明者的利益，就会降低后来者对专利进行改进和利用的积极性；相反，要求过低，就会降低投身于重大发明创造的积极性。为此，要求专利必须满足一定程度的智力性贡献和劳动创造性标准。

因此，各国专利法均作了以下规定：一是规定专利必须符合新颖性、创造性标准。已经传播的知识或者已经在一定范围内使用的知识不具有新颖性，不能授予专利权；显而易见、轻易获得的知识不具有创造性，也不能授予专利权。这些知识的发现成本低，权利的维护成本高，会激励重复开发，导致资源的浪费，国家无须刺激这类发明活动。二是规定专利必须具有一定的适用性，即有用性，才能提供保护。不能再现和重复实施的知识不具有产业上的积极经济效果，不具有可专利性；利用自然条件限定的独一无二的条件生产产品，也不存在专利激励的必要性；明显无益、脱离社会需要、严重污染环境、严重浪费能源或者资源、损害人身体健康的发明或者实用新型专利申请的技术方案同样不具备有用性。

7.2.2　版权制度的经济学分析

版权，也称著作权，是指作者及其他权利人对文学、艺术和科学作品等享有的人身权和财产权的总称。版权法通过承认和提供公平经济报酬的形式对创作者提供激励，鼓励创造，使得有创造能力的人愿意创作出更多、更好的著作；同时又为作品的低成本、高效益传播提供保护。

1. 版权保护的范围：表达而非思想

思想与表达二分法贯穿于版权保护的始终，版权法保护思想的表达形式而不保护思想本身，这已成为版权立法的基点。《世界知识产权组织版权条约》规定："版权保护延及表达，而不延及思想、过程、操作方法或数学概念本身。"《与贸易有关的知识产权协定》规定："版权的保护仅延伸至表达方式，而不延伸至思想、程序、操作方法或数学概念本身。"美国 1976 年《版权法》第 102 节（b）规定："对作者的原创作品的版权保护在任何情形下都决不延伸至任何思想、步骤、方法、系统、操作法、概念、原则或发现，不管在该作品中上述内容以何种形式予以描述、解释、展示或体现。"这些法规都共同表明版权法保护表达，尤其是表达的具体形式，而不保护表达所含的方法或观念。

思想与表达二分法旨在在公共知识与私人财产之间找出一条合理的分水岭，寻求不同利益的平衡，在劳动报酬和社会利益之间达成一种妥协，在降低创作成本的同时，形成一种合理的创作激励机制。

版权法不保护思想观念与内容的经济学依据有如下两点：

第一，思想私有化将带来巨大的社会成本。思想是社会交流与合作的产品，在长期积累和传承的社会过程中形成。一部作品的思想可能包含了无数前人的思想，真正属于作者前所未有的独创性思想总归是有限甚至是不可能的。作品中这种发端于公共知识的思想具有公共产品的特征，只有归属于社会，才能发挥其构建经验模式和理性范畴的价值。思想作为公共产品具有正外部性，其传播有利于提高公共福利。否则，将思想视为个人财产进行垄断，将会使整个社会为之付出高昂代价。一个直接的消极后果就是，大大增加了后人作品创作和思想运用的成本，极大地妨碍思想的传播和文化的创新。

第二，界定和保护思想的成本十分高昂，以至不得不放弃保护。（1）思想是无形的，无从显性地观察、度量和评估，对思想进行保护的成本异常高昂甚至不可能，任何人也无从占有或占用思想；（2）在同一文化背景中，产生相同的认识是常见的事情，思想始终存在重叠和交叉，对思想进行产权界定是非常困难的；（3）由于思想的传播成本极其低甚至可以忽略不计，侵权防范成本与救济成本异常高昂；（4）思想价值难以度量和评估，并且因随时间和空间的变化而变动，要对每一特定作品中的思想价值进行鉴别是非常困难的；（5）思想一经传播即构成思想观念中的一部分，要消除思想侵权的影响是不可能的。

版权法对作品的保护旨在促进创作活动，这一立法目的的实现以国家能对权利提供有效的保护为前提。将保护的客体从思想转化为表达形式，作者的劳动被表现为那些表达在物质载体上的可观看和理解的文字、图形和数据等。这就为识别该财产提供了标记和界限，使思想财产得以占有和占用，得以被确认和区别，获得了成为财产的必要特征，更为重要的是，具备了进行有效保护的物理基础。① 将立法的注意力从思想的运用转移到智力成果的固化状态和物质表达方式，具有成本上的优势：第一，特定的思想观念具有唯一性或有限性，而同一思想的表达方式则具有开放性和多样性，人们可以超越不同的表达形式表述相同的思想，这样思想的有效传播与鼓励作品的创作得以有效平衡。第二，产权界定和保护要求权利必须是确定的、明晰的、可以度量和观察的，作品借助于表达形式记号性标记，使权利获得了可以观察、度量和维护的确定性特征，能据以判断权利的存在状态和划分不同的权利边界，这样权利的界定、维护和救济成为可能。显性的表达方式将思想得以固化，便于传播、存储和使用，能低成本、高保真地形成一种集体记忆，提高信息的利用效益，克服了知识产品在证明其财产身份和范围上的困难，既能预防纠纷，又能具有在纠纷发生后确定权利、提交证据的功能。这种物化的结果也简化了权利的管理方式和内容。不需要调查表达形式之外的东西，表达方式本身就是劳动创造的最终结果，也无须再去审查和考虑作品生产中的智力性劳动、思想价值和创造性本身，大大简化了识别作品保护范围和界限的难度。

2. 版权合理使用制度

版权保护的排他性和相容性构成了同一问题的两个方面：一方面，排他性旨在区分作品所处的不同“私域”，设定财产专属于某人的“疆界”。缺乏智力成果专属于创造者的产权机制，作品创造者就不能回收其投资，更不能形成强有力的激励去鼓励其创造新的作品。另一方面，知识毕竟是一种可共享的资源，绝对的排他会导致垄断者对作品索价过高，阻止该作品的充分使用，导致无谓损失，使知识停留于有限的自我体验范围内，从而无法实现知识资源的最优效率。

因此，版权排他性的安排应在保证作者对作品享有专用权的前提下，作出一定的让步和妥协，给予社会公众一定范围内和程度上使用作品的合理使用权。合理使用（fair use）就是对版权排他性的制度限制，是指在一定范围内使用作品而不经版权人同意亦不向其支付报酬的制度安排。合理使用是作者所要求的专用权与公众所要求的信息自由传播权之间的一种有效衡平，它通过对独占权一定范围的排除，允许作品在一定程度上和范围内自由传播和使用，以充分发挥作品的使用效益，促进科学、文化事业的发展。其经济合理性在

① 谢尔曼，等. 现代知识产权法的演进：英国的历程（1760—1911）. 北京：北京大学出版社，2006.

于，人类的创作活动是一个流动的过程，每一个特定作者在合理使用中都有支出，同时又有收益。某一个特定作者在创作过程中因利用前人作品而取得收益。其作品完成后又因为为后来者提供了合理使用的材料而“支出”。就人类创作活动的总体而言，在合理使用制度下，各方都取得利益，并不存在损害某一个作者的利益而增加另一个作者的利益的情形。因此，合理使用制度成为国际社会的普遍选择。①

合理使用的关键是恰如其分地确定其范围和方式。美国法官早在1841年就对合理使用制度进行了系统的表述，提出了著名的判别合理使用的三要素准则：(1) 使用作品的性质和目的。使用他人作品的目的是为了促进科学文化并有益于社会公众，其新作品必须付出创造性智力劳动而不是简单地摘抄。(2) 引用作品的数量和价值。大量引用原作或原作的精华部分不能被视作合理。(3) 引用对原市场销售情况、存在价值的影响程度。由于新作与原作往往是同一题材的创作，新作的出现有可能影响原作的销售或减少其收益，甚至有可能取代原作，因此必须考虑使用的经济后果（William，1986）。

在我国，合理使用主要分为两类：(1) 允许自由和免费使用。这是版权限制程度最弱的一种，作品的使用不需要作者授权，而且是免费的。例如为个人学习、研究或者欣赏而使用他人已经发表的作品；为介绍、评论某一作品或者说明某一问题，在作品中适当引用他人已经发表的作品；出于宣传目的的使用；出于教育目的的使用；公务使用等。这一情形主要出于社会整体福利的考虑。(2) 允许自由使用，但是必须支付报酬。这是一种非自愿许可，不需要作者授权，但是需要付费。原因在于，作品公开发表后，版权人对他人的使用通常难以监督，尤其是展开关于报酬的谈判，交易成本过高。作为使用者来说，出于需要往往同时使用不同版权人的不同作品。比如录音制品多采用音乐、戏曲、童话、故事等比较短小的作品，多部作品容纳在一盘录音带中，涉及的版权人多（有时一盘录音带涉及几十位作者），一一找到他们并取得许可并非易事，而且音像制品有较强的时间要求，取得众多版权人的许可必然要花费大量的时间和精力，版权人意见稍不一致，录制工作就无法进行。考虑到使用者取得所有版权人授权确实有一定困难，为了不妨碍作品的传播，满足广大群众对精神产品的需求，因此对使用一些作品规定了非自愿许可。非自愿许可包括法定许可和强制许可，我国仅仅对前者做了规定，对后者没有规定。

3. 版权保护的期限

版权保护的期限，世界上多数国家的规定是将（公民）作者有生之年再加上50年作为保护期限。法律的设置基本上实现了创作者与使用者之间的利益平衡，赋予了创作者一定的垄断利益，同时节约了后续创作者们的创新成本。

不过对于版权保护的期限是否作出限制，学者们有着不同的看法。大部分学者认为，应该限制和缩短版权保护的期限。从经济学的角度来看，限制版权保护的期限，在减少权

① 美国《版权法》第107条即称为“合理使用”，以作为对专有权利的一种限制。加拿大《版权法》第17条第2款将基于私人学习、研究、评论、新闻报道的目的而使用他人的作品概称为“合理使用”。大陆法系国家在其立法文件中一般不直接采用“合理使用”的用语，多将其包括在“著作权的限制”的名目之中。但也有例外，如意大利《著作权法》将该类行为称为“自由使用”。一些国际条约对此也有规定，如《与贸易有关的知识产权协定》第13条“限制和例外”即规定：“各成员对专有权作出的任何限制或例外规定仅限于某些特殊情况，且与作品的正常利用不相冲突，也不得无理损害权利持有人的合法权益。”

利持有人的垄断利益的同时，也节约了追溯成本。[①] 如果版权保护的期限延长，有可能吸引过度的资源用于生产版权保护的作品，进入公共领域的著作数量将减少，著作的表达成本会增加。尽管较高的表达成本可以通过较长期的版权收益得到一些补偿，但同时因创新作品表达成本的增加而不利于激励作品创新。

有学者认为应该赋予作品永久版权，他们强调应以作品的社会价值作为是否值得继续保护的标准衡量，而不应仅仅关注对作品创造的激励。他们主张完全转让财产权是使现有作品实现最优社会价值使用的机制，反对在一定期限后消灭版权人的版权。但是这种以作品的社会价值来衡量保护期限的做法存在较多问题。一方面，社会价值的评判会受到市场失灵的影响。虽然有些作品在相当长的时期内仍然具有社会价值，但当交易成本超过用户使用作品的收益时，市场失灵出现了，此时必然会影响到作品版权性质的利用。另一方面，社会价值的评判标准完全将作品版权的实际保护期限置于市场中，这将会导致不同作品的实际版权保护的期限不同，使不同作品的保护在实质上存在不公平，因为作品的社会价值不完全是通过市场的途径体现和实现的，以市场为依托认定作品的社会价值会使那些市场运作很有限但仍具有重要社会价值的优秀作品版权保护过早地落空。[②]

7.2.3 商标制度的经济学分析

1. 商标的功能

商标的缘起非常古老，但并非作为一种创造性成果以财产形式出现，以至在相当长的一段时间里，商标被排除在正统的以“创造性”为标准的知识产权体系之外。[③] 商标实际上是在一个信息不对称的现实世界中，人们克服有限理性进行知识简化、凝结商誉的体现。

在知识完备的世界中，商品能够无成本地度量和索价，也就无所谓信息交换和权利匹配的问题。但在有限理性的世界中，人们的信息处理能力始终是有限的。高信息成本的存在意味着价格与质量间难以完美匹配。为了有效缓解交易中的知识不对称，就需要企业有效展示自己独特的信息，否则就难以在交易中获得主动地位。

如何使企业能够充分地披露信息，顾客充分地获得决策信息？詹森和麦克林提出了信息权利与决策权利相匹配的问题，主张通过两条途径使知识和决策权相匹配：一是将知识转移给具有决策权的人；二是将决策权转移给具有知识的人。[④] 具体到交易中，如果有关产品的质量、性能等知识不为消费者所掌握，那么掌握产品购买决策权的消费者就将由于不具备相匹配的知识而拒绝购买。但是，即便是企业愿意将相关知识传递给顾客，高昂的学习费用和传送费用同样会阻碍交易的展开，因此就必须降低知识传递的成本。

---

① 版权存在两种形式的追溯成本：一是确认历史久远的合法继承人所发生的成本；二是在受版权法保护的著作已经绝版，更老的版本可能已经不能据以为证的情况下，由此而发生的追溯成本。陈国富．法经济学．北京：经济科学出版社，2006.

② 冯晓青．著作权保护期限制之理论思考．北京科技大学学报（社会科学版），2006（3）.

③ 有学者指出，商标立法的目的是为了阻止对某一名称或者显著标识的违法使用，事实上是为了抵制弄虚作假和伪造行为，对公众构成误导。商标之所以能纳入知识产权的范畴，更多的是知识产权法本身的变化，而不是商标的变化，因为现代知识产权法不再直接涉及创造性，而是把无体财产作为一个本身自有其权利的对象。详细分析参见谢尔曼，等．现代知识产权法的演进：英国的历程（1760—1911）．北京：北京大学出版社，2006。

④ 詹森，麦克林．专门知识、一般知识与组织结构//科斯，等．契约经济学．北京：经济科学出版社，1999.

商标的基本功能在于降低了交易中的知识需求和学习费用，实现了知识的简化和转化。

第一，商标将企业的专用知识简化为一般性知识，将分散、单个的零散知识进行归整合加总，转化为综合性知识。通常认为，“越是专门知识，知识转换越难；越是一般知识，知识转换的成本越低。”① 商标、商号、广告等商业符号可以视为一种转化繁杂知识的制度替代。通过显著的外观特征和个性信息传达给社会公众，商标的符号功能就在于通过它能使公众联想到它指称的东西，借此与其他企业及其活动和产品（服务）区分开来。企业借助商标符号用简化的形式传递了最必需的信号，在不需要专门知识、无须具体了解企业庞杂的质料组合的情况下，无论哪个国家、哪个市场、说哪种语言的顾客都能通过符号辨认自己所需要的企业和产品。

第二，商标能将交易的具体经验转化为一种交易习惯和日常做法。习惯是过往成功经验的结晶，是一种与文化环境相联系的直觉性的知识，即知道如何行事（know how）的知识，它支配着人们日常的行为方式。习惯简化了人类行动的细节，使人们不用审慎算计每一步细节就能行动。对于经验产品，简化知识的最优方法还不仅仅是企业商标的问题，而是建立某种购买直觉和联想力，是单个经验的制度化。由于商标能够生成声誉，声誉可以累积成为商誉。商誉一旦形成，在很大程度上就成为一种制度化了的知识经验，这就是为什么企业要致力于建立品牌——发掘商标“第二重含义”的原因。

2. 商标的性质

(1) 作为识别码的商标。

商标最初只是企业的符号编码，用十分简化的形式来传递最为必需的信号，其初始的、也是唯一的功能只在于区分和识别，界定产品的来源，避免不同企业及其产品的混同和误认，并不具有象征意义。但是信息体系一旦被客观化、有形化地建立起来，众多的经验信息将转化为一种符号形式，就能增进人们的理解，即使他们不拥有过多的知识，也没有直接接触过企业及其产品，但只要与事物的符号发生联系就行。商标作为企业及其产品（或服务）的表征，实际上是企业的一种显示信号和甄别信号。

(2) 作为商誉载体的商标。

商标在交易行为的不断言说过程中会积淀，形成商誉。商誉是企业在长期的商务实践中经过投资促进用户等对其产生的一种好感或者说印象价值。如果这种评价仅仅保留在人们的认知领域中，就面临一个问题：若投资者自己都不能有效控制，其产权就不能得以切实保障，也无从形成有效的激励。并且这种认知需要不断累积才能体现其增值价值。

因此，商誉必须通过一定的方式来承载，如果缺乏物化的形态来附着，仅凭人们口耳相传是难以保值的。这一承载体就是商业符号，其中最重要的载体就是商标。

此时，商标就成为表达意义的一种语言，而不仅仅是识别的工具。企业利用其声望、公信力为购买者铺设了一条直接的决策路径，引导着消费者的购买，而不再仅仅是利用商标去区分不同的产品和企业。驰名商标所承载的意义和内涵已超出了通过它们才可言说的某种信息，象征着产品质量和商业信誉。

---

① 詹森，麦克林. 专门知识、一般知识与组织结构//科斯，等. 契约经济学. 北京：经济科学出版社，1999.

(3) 作为信息体系的商标。

对于顾客来说，商标降低了缔约成本，提供了更为明确的契约保障形式，降低了决策中的知识复杂性，减少了搜寻成本。同时，以商标为核心载体的商誉还为消费者提供了一种抵押机制，因为企业一旦背叛，就会声誉扫地，失去未来长期受益的机会。

总之，承载着商誉的商标，从可识别的符号到承载意义的语言，无论是对消费者还是企业来说，都具有积极的经济意义。一是商誉稳定了未来预期。商誉是在长期的商业实践中产生的，能够有效地分离优质企业和机会主义企业，降低信息生产成本，增强消费者未来预期的有效性。二是商誉能够产生一种时间价值。合作的时间越长，交易的频率越大，单次交易的时间费用就越低廉，因为长期的熟人交易能使双方之间形成默会知识，减少搜寻、认知、谈判和履行时间，使双方从中获得更多的收益。三是商誉具有巨大的溢出效应。企业通过投资形成口碑，传递合作和信赖的信号，产生外溢性知识。通过外溢性知识增加消费者的认识资本、减少学习成本，进而形成对企业的知识依赖，然后利用消费者的知识依赖，建立长期合作，赢得对方的未来回报。这样，企业便有了不断将其内部化、追求未来利润而持续经营的动机。声誉也因此被视为是企业常青的重要原因。

3. 商标法的目的：反“淡化”以维护商誉

商标的一个主要功能在于区分来源、表明出处，因此，各国法律均要求商标符号必须具有外在的“独特性”或者说“显著性”。按照独特性从大到小可以将商标分为臆造性、任意性、暗示性和描述性商标四类。其中描述性商标由于缺乏独特性，属于弱商标，商标所有人只有证明其商标已取得“第二含义”（secondary meaning），即已经具有显著商誉，该商标才可能获得注册。商标保护的法律目的，最初也只在于禁止来源上的混淆，权利的初始配置极为有限，商标专用权的保护仅仅局限于维持竞争性产品之间的可辨识性，商标不得在相同或相似商品上进行相同或相似使用，逾出竞争范围则属于公共知识的一部分，持有人并无专用权。那些没有界定的权利则留在了公共领域，成为可以自由取用的公共产品的一部分。

当知识产品产生的外溢性价值过少，产生的收益不足以弥补权利的界定与维护成本时，合理的做法是将其置于公共领域；而当知识产品的外溢性价值增加，将其内部化的收益足以超过内部化成本时，就有必要对权利进行再配置。因为伴随着知识价值的增加，原先处于公共领域的相关知识水涨船高，他人为获取同样的价值，就会企图抢占公共资源。资源若是无主的或是公共的，就必然导致攫取。知识产品由于不具有物理形态上的可观察性、可控制性和可隔离性，对公共领域中特定知识的掠夺会稀释和淡化已有知识产权的价值，从而危及权利人的初始利益。一个突出的例子是，商标一旦获得公众的认可和信赖，具有一定名气和影响力，就招致他人的寄生性使用，“搭便车”、傍名牌等现象就会日益突出。

权利价值的上升或下降会导致产权边界的变化。当权利价值上升时，较好的选择是对公共领域中增值的价值物品重新界定产权，纳入产权保护范畴，实施内部化。这就是随着商誉的形成，对驰名商标和知名商标的保护范围和程度要不断扩大和加强的原因所在。

商誉赋予了商标法以现代功能，“体现在商标中的商誉方面的财产权的发展是现代商标权不断扩大和反淡化思想的基础”[①]，商标法律保护的目标从防止混淆发展为反淡化以维护商誉权。所谓淡化（弱化），根据世界知识产权组织1996年《关于反不正当竞争保护的示范规定》的定义，就是降低识别性标识的区别性特征或广告价值。它包括两方面的含义：（1）淡化就是破坏符号在顾客心中再现相关物的特定性，冲淡符号与产品及其生产者之间的独特联系，分散顾客的商业吸引力。符号的作用在于能从它自身让人想到另一物。一个企业的信誉越卓越，其与其他企业及其产品（服务）的区分就越明显，符号与其产品及生产者的关联性也就越紧密，符号在公众心中再现的相关物就越直接、集中甚至单一。标识使用的范围越广泛，它所能唤起人们对特定产品的集中和注意力就越少。（2）淡化就是侵蚀识别性标识的市场资产和竞争优势，从而危及其价值结构。识别性标识的商誉越卓越，垄断性越高，排他性越强，吸引力越大，其商业价值也就越高。同时，识别性标识潜在的竞争优势和商业价值越大，就越具诱惑力，吸引他人“搭便车”、寄生性利用，受侵害的可能性也越大。这是因为当资产不为自己拥有产权时，就不会对它负责，假冒者低下的信用和低劣的产品质量，必然会玷污、贬低识别性标识的信誉，使无形资产贬值乃至丧失。商标法的目的在于反淡化以维护商誉，也就意味着保护权利人的资产的专有性不受侵害，禁止他人从别人的声誉中获取不正当利益。

7.3　知识产权保护与经济增长

新经济增长理论认为，一国的经济增长是由以技术进步为核心的内生变量决定的，而技术进步这一内生变量对知识产权制度是敏感并深受其影响的。知识产权保护对经济增长的影响是直接影响，还是通过一定的内在机制间接影响？总体效果是积极的还是消极的？这些是有关知识产权保护与经济增长关系的研究关心的主要问题。

有关知识产权保护与经济增长关系的研究主要包括理论分析和经验实证两个方面。理论分析始于Solow（1957）[②] 提出的用于确定劳动、资本和技术对经济增长贡献的模型，该模型反映了技术进步对经济增长的作用，也表明经济增长对技术水平的依赖要求对技术进行知识产权保护。Lucas（1988）[③] 和Romer（1990）[④] 等所提出的内生增长理论进一步深化了分析。理论研究主要从内生增长理论的角度，通过构建模型来研究知识产权保护与经济增长的关系。

目前主要有两种较为对立的理论主张，一种理论肯定了知识产权保护的积极作用，认为加强知识产权保护力度能够通过激励创新和技术发明、促进技术扩散以及促进信息的获取和传播，减少后续创新的成本，从而促进经济增长；另一种理论则强调了知识产权保护的负面效应，认为知识产权保护会降低国家资源分配的效率，减弱市场竞争，从而导致垄

① 阿瑟·R. 米勒. 知识产权法概要. 北京：中国社会科学出版社，1998.

② R. M. Solow (1957). “Technical Change and the Aggregate Production Function”, *Review of Economics and Statistics*, 39：312-320.

③ R. E. Lucas (1988). “On the Mechanics of Economic Development”, *Journal of Monetary Economics*, 22：3-42.

④ P. M. Romer (1990). “Endogenous Technological Change”, *Journal of Political Economy*, 98 (5)：S71-S102.

断，同时实施知识产权保护需要付出执法和管理成本，并且可能出现的滥用知识产权等问题阻碍经济增长。

经验研究主要是利用时间序列或面板数据检验知识产权保护对经济增长的影响。本节将分为三部分来讨论知识产权保护与经济增长的关系：知识产权保护促进经济增长、知识产权保护阻碍经济增长以及知识产权保护与经济增长关系的经验证据。

7.3.1 知识产权保护促进经济增长

知识产权具有社会性和私有性两种属性，这决定了知识产权制度的直接目的和最终目的，一是保护知识产权人的有效利益，以激励知识创新和提高技术水平；二是实现知识广泛传播和推动社会文明，最终促进经济增长。知识产权主要通过以下三个途径促进经济增长。①

1. *激励知识创新和技术发明*

知识产品的正外部性、低复制成本使得知识创新者并不能获得足够的经济补偿，从而打击了知识创新者创造发明的积极性，致使知识的创造低于社会最优水平。但知识产权制度通过赋予知识创造者在一定期限内的垄断性的专有权利解决了这一问题，从而达到激励知识创新和技术发明的目的。

Helpman（1993）② 检验了知识产权保护对南北国家创新的影响，认为强知识产权保护，短期内会加快创新速度，长期则会降低创新速度。Parello（2008）③ 认为从长远来看，知识产权保护能够激励发展中国家的私人机构研发新知识与技术，为消化和吸收发达国家的技术知识存量和促进经济增长提供良好的科学技术基础。许春明④（2009）以 GP 指数（吉纳特-帕克指数）衡量知识产权保护强度，利用 78 个国家的样本数据进行了实证检验，发现知识产权保护具有较为显著的促进创新的作用。

2. *促进技术扩散*

加强知识产权保护对技术扩散的影响取决于一个国家的环境。一方面，由于知识产权禁止他人使用专有的知识，知识产权权利人因强化市场控制力而降低产量，提高价格，从而减弱了知识的传播。另一方面，知识产权制度的确立和加强知识产权保护，使知识产权权利人对其拥有的专利、商标、商业秘密等具有更大的法律确定性，这种确定性增加了产品贸易和技术许可活跃度，进而加速了知识产品的传播、扩散，使技术能够通过增强货物和服务国际贸易、外商直接投资（FDI）、技术和商标许可这三个途径进行扩散。

大多数关于知识产权制度与技术扩散的国外实证研究表明：尽管存在三个技术扩散途径相互替代、转化的情况，加强知识保护还是能够显著促进技术扩散。⑤（1）知识产权制度对贸易的影响主要取决于进口国家的发展水平和模仿能力。在缺乏模仿能力的国家，加强知识产权保护将会导致产生较大的垄断损失。但在具有模仿能力的国家，加强知识产权保护降低了模仿的风险并能够促进贸易，且知识扩散水平的提高不局限于高科技或专利敏

---

① 许春明．知识产权制度与经济增长关系的实证研究．北京：知识产权出版社，2009．

② Helpman (1993). "Innovation, Limitation and Intellectual Property Rights", *Econometrica*, 61 (6): 1247-1280.

③ Parello C. P. (2008). "A North-south Model of Intellectual Property Rights Protection and Skill Accumulation", *Journal of Development Economics*, 85: 253-281.

④⑤ 许春明．知识产权制度与经济增长关系的实证研究．北京：知识产权出版社，2009．

感的产品和产业。（2）知识产权保护可以通过降低许可人防止违约的费用来降低许可成本，对许可中专有信息保护的安全性得到增强。加强知识产权保护能赋予许可人确定和控制被许可人执行条款的更强能力。（3）知识产权强保护的国家更能吸引与知识相关的FDI。许春明（2009）以我国数据为例，实证证明了知识产权保护强度与进口额、FDI之间呈显著正相关关系。因此，加强知识产权保护能通过FDI促进本国的技术进步。

3．促进信息的获取和传播

专利制度是以公开技术信息为条件而赋予申请人专利的制度。这大大加快了信息的扩散，方便公众对信息的获取，避免重复研究，使大量的改进发明不断涌现，最终促进技术的进步与发展。

技术知识的公开主要体现在出版的专利文献中。多项研究表明，只有10%～15%的专利文献中的技术知识能在技术期刊等其他技术文献中找到，这说明了作为信息来源的专利文献的重要性。

7.3.2　知识产权保护阻碍经济增长[①]

知识产权制度是一把双刃剑，在一定的社会、经济条件下，它能够促进经济的发展，但是知识产权保护又会带来经济和社会成本的增加，从而阻碍经济增长。要寻找知识产权保护的最优强度，必须认识清楚知识产权的消极影响到底体现在哪些方面。总体而言，主要体现在如下五个方面。

1．垄断价格形成，消费者福利损失

加强知识产权保护，在保护知识产权人将其产品向社会公开、传播而获取经济利益的同时，也使得知识产品具有了垄断性，知识产权人为追求自身利润最大化而制定垄断价格，从而造成短期内社会消费水平的下降和消费者福利的削弱。

知识产权保护导致的垄断价格增长的幅度主要取决于四个因素：市场结构、需求弹性、价格管制和反垄断政策。一般来说，竞争激烈、需求弹性较大的产品市场和价格管制及反垄断政策完备的市场受知识产权保护制度变化的影响较小，更有利于企业的良性竞争和经济的长期发展。

由于发达国家市场体系完善、市场竞争较为充分，因此垄断价格的形成及其带来的负面影响并不显著。但是，对于发展中国家，在市场体系不完善的情况下，极易出现知识产权滥用，形成价格垄断。特别是在专利方面，加强发展中国家知识产权保护水平，将使得知识产权人获得的相对市场优势大大超过在发达国家能获得的相对市场优势。因此，这些知识产权人就会大大减少在关键领域的生产量，造成供小于求，从而形成垄断价格。

2．技术模仿、获取、使用成本增加

知识产权制度禁止仿冒复制，在保护知识产权人利益的同时，也使得模仿获取技术的成本大大提高，技术使用者将不得不支付知识产权许可费用，这会导致使用技术的成本大大提高，同时减少了其快速发展的机会。由于发展中国家的知识产品往往来自国外，这就使得发展中国家为了获取知识产品将支出大量的外汇，发达国家的知识产权人将得到更多的国际租金转移。

① 许春明．知识产权制度与经济增长关系的实证研究．北京：知识产权出版社，2009．

3. 管理和执法成本增加

加强知识产权保护，在实施过程中必须付出大量的制度建设、实施和管理成本，且各国加强知识产权保护的成本规模与当地知识产权保护现状、法制建设程度和司法效率有关。这些费用包括对审查员、法官、律师和行政官员的培训，以及运行各种机构的费用。在我国，由于实行了富有特色的司法行政双轨保护机制，知识产权的管理和执法成本较为高昂，每年大约支出超过了 1 000 万美元。

4. 抑制非法就业，冲击就业市场

在某些发展中国家，由于大量劳动力从事仿冒、盗版等知识产权侵权的工作，有的甚至已经形成完整的产业链，这样就在非法领域中聚集了大量的劳动力。所以，如果这些国家加强知识产权立法，并且加强法律的实施程度，将导致在经济活动模仿率下降的同时，出现大比例失业人口。所以，加强知识产权保护要在保护知识产权人利益的同时，也要考虑劳动力的再安置问题，否则将可能出现社会不稳定的局面。

5. 知识产权的滥用

知识产权制度为知识产权人带来的垄断利益很可能驱动知识产权人滥用其市场支配地位，违反法律规定或公共政策。滥用主要表现为各种不合理地拒绝或限制他人使用其知识产权的行为，如控制知识产品的转售价格、强制搭售行为、设置排他回授条款、收取高额知识产权费用、价格歧视等。这些行为限制和阻碍了创新成果的转移和扩散，严重时导致国家资源配置扭曲、中小企业竞争力下降、社会福利状况恶化、对创新的激励减弱，最终阻碍社会经济的发展。

7.3.3 知识产权保护与经济增长关系的经验证据

知识产权保护到底是促进还是阻碍了经济增长，取决于保护所产生的积极影响与消极影响相互作用后的综合效果。如果积极影响强于消极影响，则体现为知识产权制度促进经济增长；如果消极影响强于积极影响，则体现为知识产权制度阻碍经济增长。

Falvey et al.（2004）使用 80 个国家 1975—1994 年的面板数据研究发现，知识产权保护对高收入和低收入国家经济增长产生正的影响，对中等收入国家经济增长没有影响。Gancia and Bonfiglioli（2008）利用 1965—1990 年间 53 个国家的面板数据进行实证研究，结果表明相对于封闭经济体国家，开放经济体国家的知识产权保护促进经济增长的效果更显著。

许春明（2009）研究发现，知识产权保护制度对我国 20 年（1985—2005 年）全要素生产率的贡献率为 32.7%，低于资本贡献率（52.6%），同时发现各地区的知识产权保护强度的差异在一定程度上导致了经济增长的差异。吴凯等（2010）[①] 利用我国的时间序列数据检验发现，在中国现有经济发展水平下，加强知识产权保护能够促进中国经济的发展。董雪兵等（2012）[②] 构建“知识—生产”两部门模型建模来分析知识产权保护对经济增长的影响机制，基于中国转型期的经验数据，运用动态建模方法实证研究我国知识产权制度对经济增长的影响，研究表明，对于处于转型期的中国而言，短期内较弱的知识产权保

① 吴凯，蔡虹，蒋仁爱．中国知识产权保护与经济增长的实证研究．科学学研究，2010，28（12）．

② 董雪兵，朱慧，康继军，宋顺锋．转型时期知识产权保护制度对中国经济增长的影响研究．经济研究，2012（8）．

护程度有利于经济增长，而较强的知识产权保护程度则有碍于经济增长；在长期均衡的状态下，较强的知识产权保护程度确实可以促进经济增长。

综合来看，国内外学者就知识产权与经济增长的关系研究并没有得出一致结论，这可能与知识产权保护的衡量指标、理论与实证模型及样本的选择有关，也有可能与研究视角的差异有关。不同的研究视角也为该问题的进一步讨论提供了良好的基础。

习　题

1. 简述知识产品的经济学特征。
2. 简述知识产权的经济合理性。
3. 论述知识产权的利益平衡原则。
4. 如何确定最优的专利的宽度和长度？
5. 使用经济理论说明商标的信息简化和商誉抵押功能。
6. 使用经济理论说明为什么版权保护思想的表达形式而不是保护思想本身。
7. 论述知识产权保护与经济增长之间的关系。

推荐阅读书目

1. 谢尔曼，等. 现代知识产权法的演进：英国的历程（1760—1911）. 北京：北京大学出版社，2006.

2. 威廉·M. 兰德斯，等. 知识产权的法经济结构. 北京：北京大学出版社，2005.

3. 李扬，等. 知识产权基础理论和前沿问题. 北京：法律出版社，2004.

4. 冯晓青. 知识产权法利益平衡原理. 长沙：湖南人民出版社，2004.

5. 许春明. 知识产权制度与经济增长关系的实证研究. 北京：知识产权出版社，2009.

案例分析

齐白石后人告江苏文艺出版社侵犯著作权案

著名画家齐白石的合法继承人告江苏文艺出版社在没有合法授权的情况下，以营利为目的，将齐白石的作品汇编成《煮画多年》一书出版发行，要求判令被告停止侵害著作权，以书面形式公开赔礼道歉，并赔偿原告经济损失 10 万元及为制止侵权行为所发生的合理费用，并提交了相关发票证明。

被告江苏文艺出版社辩称，在《煮画多年》一书出版前曾与湖南湘潭齐白石纪念馆签订过《图书出版合同》，并得到了齐白石后人齐金平与齐灵根的授权，且已支付稿酬，故并未侵犯原告著作权。被告提交齐金平和齐灵根在 2008 年 8 月 21 日出具的关于口头授权齐白石纪念馆同意出版的《证明》和经湘潭市第二公证处公证的《授权委托书》。

法院判决侵犯著作权不成立，理由如下：（1）原告是齐白石著作财产权的相应继承人，主体适格。（2）齐白石于1957年9月16日去世，则著作权保护期截止到2007年12月31日，被告江苏文艺出版社出版《煮画多年》的时间为2007年10月，确认在保护期内。（3）《证明》和《授权委托书》予以采信，证明齐白石纪念馆委托被告出版《煮画多年》是得到齐金平和齐灵根的许可的，虽二人不能代表所有齐白石继承人，但因人数众多且分散于各地，如得到全体继承人同意，几无可能，且在本案中，原告起诉也未得到全体继承人的授权。（4）著作权法以保护著作权为宗旨，通过赋予著作权人有限的权利以鼓励有益于社会主义精神文明、物质文明建设的作品得以产生和传播，从而促进社会主义文化和科学事业的发展与繁荣，但并非使著作权人对作品的传播和使用享有绝对的垄断权。《中华人民共和国著作权法实施条例》第九条规定也体现了这一原则，该条规定："合作作品不可以分割使用的，其著作权由各合作作者共同享有，通过协商一致行使；不能协商一致，又无正当理由的，任何一方不得阻止他方行使除转让以外的其他权利，但是所得收益应当合理分配给所有合作作者。"齐白石作为享誉世界的艺术大师，其作品如果由于未取得所有继承人同意而无法在保护期内出版，则不仅不符合原告方自身的利益，也不符合著作权法促进文化传承和发展的精神。在本案中，被告出版《煮画多年》一书是为了配合齐白石去世50周年的纪念活动，其出版行为具有一定的公益性质，并在出版前与齐白石纪念馆签订了书面合同，得到了齐白石部分继承人的许可，被告的出版行为并不会妨碍齐白石继承人对作品的正常使用，也不会损害其合法利益。

【问题】

试从法经济学的角度探讨为什么在本案中侵犯著作权不成立。

【分析】

著作权的效率意义在于：通过市场交易收回足够的收入以抵偿生产他们的作品的成本或放弃对他们的时间进行其他有益使用的代价，这是对创作者提供激励、鼓励创造，使得有创作能力的人愿意创作出更好更多的作品，而不是使著作权人对作品的传播和使用享有绝对的垄断权。但同时，法律对著作权的保护期限作出了一定的限制，这从经济学角度是为了节约追溯成本，同时降低创作者创新作品的成本。

在本案中，江苏文艺出版社在齐白石去世50周年活动之际出版《煮画多年》，具有一定的公益性质，符合著作权法促进文化传承和发展的精神，且其已经取得合法的授权。从经济意义上说，出版《煮画多年》在传播文化的同时，也为新的创作者提供了好的借鉴和欣赏价值，鼓励他们进行新的创作，是符合社会价值最大化标准的。在本案中，江苏文艺出版社已经支付稿酬（原先支付给齐白石纪念馆，后转付给齐白石继承人），属于法律规定的合理使用范围之内。齐白石在创作过程中因利用前任作者的作品而取得"收益"，但其现在的作品又为后来作者提供了合理使用的材料而"支出"，也获得后来作者赋予的稿酬，各方都取得效益，是一种良性的经济循环。所以，江苏文艺出版社并没有侵犯齐白石的著作权，《煮画多年》是在合理使用范围内进行出版的，并推动了文化的传播和发展。

第八章

合同法的经济分析

8.1 合同法的基本内容与经济功能

8.1.1 合同

合同是指双方在自愿一致的基础上形成的共同意思表示。例如一方想出售房产，另一方想买房居住，双方就价格和数量达成一致意见，并形成一个书面文件。这个书面文件就是合同。当然，合同并不要求都具有书面形式，口头和默契也可以形成合同，关键是双方是否达成了一致意见。

合同是进行经济活动的重要手段，是社会实现商品、服务流转的主要途径。合同关系中包括合同当事人、合同客体以及合同标的等要素。合同当事人是指签订合同的主体，分为立约人和受约人。立约人是主动提出合同签订需求的当事人。立约人提出的合同需求称为要约。受约人是指接受要约并签订合同的当事人，受约人接受立约人要约的意思表示称为承诺。要约和承诺的一致就实现了当事人之间意思表示的一致，标志着一个具有效力的合同的成立。在英美法系中合同的成立还曾要求具备第三个条件——对价，即当事人双方必须有一定的利益交换合同才成立，交换的利益不必须是对等的，如在顾客和商店之间买卖手机的合同中，对价分别是手机和价款。

合同客体是立约人、受约人因为合同而享有的权利和承担的义务。例如在买卖合同中，购买者的权利是得到商品的所有权，义务是按照约定的价格支付价款；出售者的权利是获得价款，义务是交付商品。

合同标的是当事人双方权利义务关系指向的对象，如在买卖合同中，标的就是买卖的对象，如手机、电脑等商品；在服务合同中则是一方提供而另一方接受的服务，如律师的法律服务、会计师的财务服务、投资银行的企业重组服务等。

从经济学的角度讲，合同关系泛指当事人之间形成的各种各样具有一定利益交换内容的关系，要比法学领域的合同含义广泛得多。因此，经济学领域中的“合同”概念是一个理论概念，用以界定不同的主体之间的关系。从主体来看，既包括平等主体之间的关系，也包括不平等主体之间的关系；从关系类型来看，既包括经济关系，也包括非经济关系。经济学将合同看成一个一般化的理论概念，这与法学中对合同的界定有着显著的区别。

8.1.2 合同法

合同法是规范合同关系的法律规则体系，其基本内容包括以下几个方面的基本问题：合同如何成立、合同如何履行、合同如何解释和调整、合同如何救济。

合同的成立是指在什么情况下合同是成立的，也就是交易关系被法律所确认，具有了法律强制力。[①] 特别是当合同被违反时，法律能够强制违约方履行或者给予一定的违约惩罚，从而使当事人在合同成立后，能够合理期待合同履行结果的出现。

合同的履行是指合同双方如何有效地履行合同，如何为了合同的有效履行进行投入。对立约人来说主要是如何为完成合同要求的义务进行最优的履约投资。如在机器设备买卖合同中，作为立约人的厂商要出售该机器设备，就必须先组织生产、购买生产需要的原材料和技术，为此就要进行一定的投入。对于受约人来说，则面临对立约人履行合同的信任水平的最优选择。购买机器设备是为了生产，显然仅有机器设备还不能完成生产过程，还需要购买原材料，需要提前签订产品的销售合同。如果受约人充分信任立约人，认为立约人会按时交付机器，就会毫不犹豫地进行上述投资，因为投资能够使购买者的生产早日顺利进行。但是如果立约人违约，这些投入将给受约人造成损失，那么受约人的信任投资达到什么样的水平才是合适的？

合同的解释是指如何解释当事人之间的合同、按照什么样的标准来进行解释。合同的调整是指法律在什么情况下可以对合同进行调整，以及为什么进行调整。因为在合同法中规定合同自由，这也是现代社会的一种基本价值观念。但为什么要由法律来调整？为什么法院或政府有权对自由的合同关系进行调整？调整的理论依据是什么？

合同的救济是指当合同没有被有效履行时如何进行救济，如何使合同恢复到违约前的状态或者如何使合同实现履行所达到的目标。

合同法对上述问题进行了系统的规定。合同法的经济分析对上述问题进行了研究，从最大化交换效率的角度深入而系统地回答了上述问题，提出了不同于传统法学分析的分析思路和结论。

8.1.3 合同法的经济目的：最大化交换效率

1. 从财产法到合同法

财产法的经济目的是将资源配置到最有效率的使用者手中，但随着情势的变化和财产使用技术的变化，财产的最优利用者也在不断变化。为使财产能够被动态调整到其最优利用者手中，合同法制度应运而生。规范的科斯定理要求立法以最小化交易成本，合同及合同法就是降低交易成本的重要制度安排。那么，合同是如何实现资源配置到最优利用者手

① 在中国，合同法中合同的成立和生效是两个独立的概念，合同成立不一定代表着合同生效。本章为理论分析的方便，没有对此进行细致区分，简单地认为合同成立即代表着合同生效。请读者注意。

中的呢？

2. 讨价还价模型：显示合同能够实现效率交换

讨价还价模型回答了上述问题。假设甲拥有一台笔记本电脑，电脑对甲的价值是8 000元。乙十分喜欢甲的笔记本电脑，认为这台电脑对自己的价值是12 000元。那么在甲乙两人的价值评价之间有着4 000元的空间，这4 000元被称为合作剩余，即如果甲乙两人顺利交易的话，社会将增加4 000元的福利水平。进一步假设甲乙两人平分合作剩余，也就是说甲乙两人以10 000元的价格成交，甲得到10 000元，乙得到电脑。交易完成，电脑这个资源从评价较低的甲手中转移到评价较高的乙手中，实现了资源的重新配置。

之所以有这样的合作剩余，主要是因为社会分工，分工产生交易，交易进一步促进分工，社会变得越来越有效率。乙之所以对电脑有更高的评价，是因为乙认为自己能够更好地使用电脑，从中获取更多的收益。如电脑原来在甲手中只是使用其中的打字、上网功能，而乙能够使用该电脑进行编程等高级的操作。电脑在乙手中得到了更加充分的利用，从而为社会创造更多的财富，资源的重新配置因此是有效率的。

在这个简单的模型中，如果乙对电脑的评价不是12 000元，而是7 900元，就不会有交易合作的可能。同样如果甲的要价高于12 000元，也不会产生交易。8 000元是甲的合作风险值，低于该值，甲不会参与到交易中来。12 000元则是乙的合作风险值，高于该值，乙也不会参与到交易中来。这实际上意味着此时甲乙之间并不存在合作剩余。因此，实现效率交换的第一个条件是存在合作剩余。

如果存在合作剩余，合作剩余在当事人之间如何分配是进一步的问题。前面假设甲乙两人平分合作剩余只是一种理想的简单假设，绝大多数分配不会是绝对的平均分配。当事人之间因为对合作剩余的争夺也会导致合作的失败。例如甲坚持要求平分，而乙坚持要求以9 000元成交（即乙获得3 000元剩余，而甲只获得1 000元剩余），双方就不能达到意思表示的一致，交易无法实现。理想的交换不仅实现了资源的有效配置，而且实现了合作剩余在合作者之间的效率分配。而所谓的效率分配，是被当事人双方自愿认可、接受的分配格局。最后通牒博弈实验已经说明，当合作剩余的分配被当事人认为不公平时就会被拒绝、不被接受，这意味着效率分配至少被认为是公平的分配。公平的标准则受到交易的环境、社会的价值观念等多种因素的影响。在最后通牒博弈中，当有权分配合作剩余的被试者的权利分配是通过正确回答问题等方式获得时，给予对方更少的份额就会被接受，因为对方认为分配者的分配权是通过努力、付出一定成本后得到的，因此就应该得到更多。合作剩余的效率分配是效率交换的第二个条件。①

3. 效率交换中的障碍：模拟完全竞争市场

当具备了上述两个条件后，效率交换是不是就顺利实现了呢？答案依然是否定的，因为效率交换的实现还需要第三个条件：交易成本不足以阻碍合作的实现。

讨价还价模型实际上是对完全竞争市场的模拟。但显然市场并不是完全竞争的，第三章已经指出垄断、外部性、公共产品和信息不对称等将导致市场失灵。这些都形成了阻碍交易顺利完成的障碍，是交易中交易成本的广义来源。垄断不仅可能导致合作剩余分配的

① 后面将看到法律会以合作剩余的不公平分配为由对合同进行管制和调整，如对格式合同的管制的调整。

不公平，而且将可能形成强制交易，损害和降低非垄断方的既有社会福利。外部性则在交易中对交易外的第三方造成了影响，因而需要对交易进行调整和管制。公共产品的自我供给不足特性使社会要采取自愿交易外的方式来进行公共产品供给。信息不对称则直接形成了交易中的对合作剩余、风险值难以准确判断的障碍。在上述这些因素的作用下，交易要么无法达成，要么交易效率受到致命损害。

同时在交易过程中，还有许多因素阻碍交易的完成。这些因素构成了交易成本的狭义来源。交易对手的搜寻成本、合同谈判达成一致的谈判成本、合同顺利履行的执行成本、履行失败的救济成本等都可能造成合作的无法实现。

合同法的作用就在于构建一种机制，实现：(1) 合作剩余的效率分配；(2) 交易成本的最小化。合作剩余是否存在取决于交易各方的客观评价，不是制度安排所能够决定的。合作剩余的效率分配和交易成本的最小化都是围绕着交换效率的最大化展开的，都是在存在合作可能的前提下，消除和减少阻碍合作顺利完成的障碍，推动交换的顺利实现。

合同法如何实现上述功能呢？模拟完全竞争市场的制度条件是法经济学给出的答案。完全竞争市场中的交换不仅能够有效实现资源的最优配置，而且能够以最小的成本完成交换，是交换的理想境界。但是完全竞争市场的成立显然需要众多外部条件，合同法就是以法律强制力来构建一个制度环境，这个制度环境最大化地接近完全竞争市场顺利运行要求的制度条件：竞争充分，信息完全，完全理性，减少和消除垄断、外部性、信息不对称、公共产品以及其他因素的影响，最小化交易的直接成本，实现交换效率的最大化。

完全竞争市场要求市场主体是理性的，主体不仅能够准确理解其偏好的含义，而且偏好是稳定的，不是朝令夕改的。而现实中的合同主体并不都符合这个要求，合同法对合同主体进行了限定，要求合格的合同主体必须是理性的，将不能理解自身需求真实含义和不能准确表示自身需求的主体排除在合格的合同主体之外。未成年人、精神病患者等在通常情况下不是合格的合同主体。

完全竞争市场同时要求偏好的表示是自愿的，是主体真实的意思表示，而不是在胁迫、强制等非当事人自愿的情况下作出的意思表示。在这些情况下作出的意思表示不构成有效的意思表示，需要给予否定或者调整。垄断是造成当事人意思表示不真实的可能原因，垄断也是导致市场失灵的原因之一。但是由于垄断在有些情况下也具有一定的效率根据（如自然垄断、专利权的垄断），所以对垄断下形成的合同要具体分析，鼓励其中的效率目标，限制不利影响。

完全竞争市场要求信息对称且真实，由于欺骗和有意误导形成的合同就不被合同法所认可，需要调整和被宣布无效。尽管有效的合同不要求信息的完全对称，但是如前所述，促进信息在当事人之间的最优交换是合同法的重要功能。

规范合同当事人之间的关系是合同法假设的规范对象，但是当当事人的合同关系不仅对当事人自身有影响，而且对当事人之外的第三方有影响时，合同就具有了外部性。外部性也是导致市场失灵的一个因素，因此消除合同的外部性也是合同法的一个内容。当合同内容对社会和他人利益有着足够的不利影响时，该合同将被宣布为无效或者必须进行调整。例如毒品交易合同就是无效合同。

不仅在合同成立时要求合同尽量模拟完全竞争市场要求的前提条件，而且在对合同进行解释和调整时，也要尽量模拟完全竞争市场环境，判断当事人在这样的市场环境下会如何决策，来对合同进行解释和调整。

8.1.4　合同法的经济功能

为模拟完全竞争市场的制度环境、提高交换效率，合同法需要具备以下六个方面的经济功能：

1. 从不合作转为合作①

作为合作的一种主要体现方式——自愿交易是社会所期望的，但是自愿交易并不总是能够顺利启动。这里以委托—代理关系来说明合作往往是难以启动的。假设甲面临是否要向乙投资的选择。如果投资 1 个单位，甲乙双方都将获得 0.5 个单位的新生收益，不投资双方没有收益也没有损失。但是如果乙在甲投资后侵吞甲的投资，那么乙将获得 1 个单位的收益，而甲损失 1 个单位的投资。甲乙双方的收益如图 8-1 所示。

		乙	
		合作	侵吞
甲	投资	0.5 0.5	1 −1
	不投资	0 0	0 0

图 8-1　没有合同的代理博弈

对甲来说，其投资面临两种结果，一是合作，得到 0.5 个单位的收益；二是被侵吞，损失 1 个单位。而此时乙必然选择侵吞，因为对乙来说，侵吞的收益大于合作的收益。当甲意识到其投资将被乙侵吞时，甲将会选择不投资，合作无法达成。

合同法的引入能够改变上述合作无法启动的局面，因为合同法规定，当乙侵吞甲的投资时，乙负有归还投资并进行赔偿的责任。假设乙侵吞投资，不仅要退回甲 1 个单位的投资，还要支付 0.5 个单位的惩罚。此时甲乙双方的收益如图 8-2 所示。

		乙	
		合作	侵吞
甲	投资	0.5 0.5	−0.5 0.5
	不投资	0 0	0 0

图 8-2　引入合同的代理博弈

① 本部分内容主要基于 Cooter and Ulen（2003）第 6 章第 195−199 页的内容。

此时，对甲来说，投资都将得到 0.5 个单位的收益，不管乙选择合作还是侵吞，因此甲选择投资。对乙来说，侵吞将损失 0.5 个单位，而合作将获得 0.5 个单位，因此乙将选择合作。结果是，甲投资、乙合作。由此，合同法的引入将不合作转变成为合作，合作顺利启动。推动当事人由不合作转为合作是合同法的第一个功能。

基于合同法，甲实际上获得了一个稳定的、可以期待的预期，即投资合同将按照签订的内容得到履行。在这个预期的指引下，甲进行投资，由此形成了社会财富创造的原初支持动力。乙则在合同法的约束和威慑下，理性选择合作，按照合同要求实现投资收益，而不是侵吞。

2. 最优信息交换

在合同法的作用下，当事人选择合作。合同的达成要求当事人双方意思表示一致，那么在这个过程中，只有通过信息交换才能实现意思表示一致。合同双方当事人的每一方都具有对方不具有的信息。如前述电脑交易的案例中，甲拥有电脑的生产年代、已使用年限、性能稳定情况等信息，乙拥有更多的电脑使用技术信息以及今后将如何使用电脑的信息。双方在信息交换的基础上，对合同条款形成一致意见，并对合同履行后可能产生的未来收益形成一定的共识。这些共识有助于指引当事人在签订合同后，共同为合同的履行进行更精确、更具有针对性的投资，从而最大化从合同履行中得到的收益。如甲知道乙将继续使用电脑，因此没有将电脑格式化，有利于乙得到电脑后就可以展开工作。

但是并不是全部的信息都是需要交换和披露的。例如在古玩交易中，拥有更多专业知识的买家并没有义务告知卖家所交易古玩的真实价值。那么如何交换才是最优的？什么样的信息是必须披露的信息？什么样的信息可以不披露？合同法通过合同的成立标准和履行制度安排对这些问题进行了回答。① 最优化当事人之间的信息披露是合同法的第二个功能。

3. 最优履约与效率违约

合同能够实现资源由评价较低的主体向评价较高的主体的转移，这是合同追求的目标。所以在合同成立后，合同的顺利履行是进一步追求的目标。但是绝大多数合同从签订到履行完毕需要经过一段时间，在这个过程中会出现许多变化，导致合同签订时追求的目标无法实现，合同的继续履行带来的不是资源配置效率的提高，而是相反的结果。那么合同的不履行，即违约是社会所期望的。效率违约所界定的就是这样一种状态，即当合同履行的成本大于合同履行的收益时，就不能再追求合同的履行，而是放弃履约、接受违约的发生。例如乙得到电脑是为了运行程序，但是在得到电脑前，乙突然患重病以致无法再使用电脑，那么合同的继续履行就失去了意义，乙对电脑的利用水平显然已经低于甲，电脑在乙手中将被闲置。构建制度安排推动当事人有效履约、只有在效率违约条件满足时才选择违约是合同法的核心内容，是合同法的第三个功能。②

4. 最优信任投资

合同形成后给予当事人的是一种关于未来的预期。基于这种预期，为提高从合同履行中得到的收益水平，当事人会在合同履行完毕前进行相应的投资。例如乙预期到甲按时交

① 后面“合同的成立”部分将对信息的披露进行更加具体的分析。

② 后面在“合同的履行和救济”部分将对“效率违约模型”展开详细的阐述。

付电脑，因此提前购买了有关程序软件，准备一拿到电脑就进行编程、计算。由于当事人的投资是基于对对方履约的信任而进行的，所以这些投资被称为信任投资。但由于信任投资是在合同履行前进行的，而合同的履行此时实际上还处于不确定的状态。一旦对方违约，信任投资将成为沉没成本、无效投资。这样当事人就面临一个权衡：一是提前投资，提高履约的价值；二是不进行投资，防止投资无效。利用一定的机制安排促进当事人进行最优信任投资是合同法的第四个功能。①

5. 最优风险分配

从合同签订到顺利履行完毕，当事人将面临一系列风险，这些风险可能导致合同无法顺利履行。例如在合同签订时，当事人难以也不可能将未来可能发生的所有情况都写进合同中，并对此进行处理，合同必然是不完全的。签订后，不仅当事人自身的情况会发生变化，合同指向的事项和标的物等也会发生变化，合同履行的外部环境更会发生变化。这些变化就形成了使合同无法履行的风险，如何分配这些风险以使当事人的履约和违约决策最优化是合同法的重要内容。② 实现合同风险的最优分配是合同法的第五个功能。

6. 促进长期关系的建立

图 8-1已经说明了合作不会自动实现，除非侵吞投资的当事人面临赔偿惩罚。这是利用合同法的强制力迫使当事人进行合作的一种方式。社会中还存在其他机制来实现合作，长期关系是其中之一。在长期关系中，非违约方可以在将来的交易中对违约方进行惩罚，由此对违约方形成可以置信的惩罚威胁。例如零配件厂商没有按时交付零配件，整车厂商可以减少今后对它的订货。零配件厂商预期到违约将导致订货量减少、利润下降，就不会选择违约。长期关系中的惩罚是依靠长期关系当事人自身的力量来维持的，不借助于法律的强制力，具有较高的自我实施水平。在长期关系中，当事人之间实际上形成了一种重复博弈关系，上一轮博弈中的背叛合作行为将在下一轮的博弈中受到惩罚。重复博弈模型证明，只要博弈反复不断、持续进行，博弈双方就会一直守约、合作。

但是长期关系总有终结的时候，博弈也终会结束。只要当事人预期到博弈将终结，该轮博弈后就没有下一轮了，他就会采取违约行为，侵吞对方的收益，因为对方已经没有机会对他进行惩罚了。对方当事人预期到此也会提前采取行动，不进行投资、合作。由此逆序推理，可以得出的结论是，博弈双方一开始就不会进行合作。尽管只要成功使博弈参与人建立起博弈可能无限进行的预期有助于解决这个问题，但是预期的建立并不容易，所以长期关系的稳定性不强。

那么，在社会中必然存在着两种行为：一是通过委托投资从中获利；二是通过侵吞他人投资获利。每一个理性的社会主体都会比较这两种行为的成本和收益，从中选择收益率高的那个行为。但是侵吞并不新增社会财富，只是社会财富的转移。而投资则是创造社会新财富，是生产性活动。借助合同法能够有效地抑制侵吞行为，促进当事人之间长期关系的形成，并且使长期关系的维持和发展并不必须依赖于未来的惩罚，这样就能在提高合作自我实施概率的同时，有效提高社会的投资水平，使社会发展进入投资、合作的良性循环中。促进长期关系的建立是合同法的第六个功能。

---

①② 后面在“合同的履行和救济”部分对此展开分析。

与财产权利形成的对世性关系不同，合同关系是封闭的，是在合同当事人之间形成的具有相互性的关系。对其中一方的要求都将对另一方的决策产生影响，合同法的上述六个功能就是要在合同当事人之间建立一种理性的合同决策关系，合同的成立、履行和违约都最大化地模拟完全竞争市场，实现最大化交换效率的目标。

8.2 合同的成立

8.2.1 合同成立的经济学标准

合同成立的法学标准是当事人之间意思表示的一致。一方发出要约，另一方如果完全同意，就进行承诺，要约和承诺相互契合，就意味着合同的成立。另一方如果不同意要约，就发出新的要约，双方不断修正彼此的要约，直到符合彼此的要求，最后形成承诺，合同成立。由此可以看出合同成立的法学标准注重的是合同成立的形式要求，没有对合同的内容提出实质性的要求。①

根据完全竞争市场要求的条件构造合同的成立标准是法经济学提出的合同成立标准。这一方面要求消除垄断、外部性、信息不对称、公共产品等导致市场失灵的因素的影响，另一方面要求最大化地降低合同形成过程中的交易成本，使合同的形成完全、真实地体现当事人的意思表示，最大化交换效率。

存在合作剩余、效率分配合作剩余和交易成本足够低是实现效率交换的前提条件。体现在对合同成立标准的要求上，即：(1) 在合同谈判过程中，最优化当事人之间的信息交换，发现合作空间。由此形成的制度安排就是合同中的信息披露制度，违反信息披露规则将导致合同的无效或者调整。(2) 分配合作剩余是合同成立过程中的核心内容。如前所述，效率分配的标准，不是体现在数量和比例上，而是以当事人双方的认可为标准。尽管从合同当事人之外的角度可能认为一些合作剩余的分配是不公平的，但是只要是当事人真实自愿认可的就是有效率的，就是当事人希望得到的结果，即使是其中一方全部占有了合作剩余。也就是说，只要分配是当事人真实自愿意思的表示，对当事人来说就是其认可和同意的公平，就没有理由进行管制和干预。只有当分配并不是当事人真实的意思表示时，才需要介入和干预。(3) 降低交易成本，一方面是将不符合效率交换要求的交易主体及交易排除在外，另一方面是构建制度，推动当事人在合同成立过程中，主动消除可能不利于交换的障碍。前者是构建一个良好的交换外部环境，后者是作用于当事人构建一个顺畅的交换渠道。但是良好外部环境的构建并不是单纯依靠合同法来实现的，合同法更注重的是后者，通过规范当事人的行为来形成通畅的交换渠道。

8.2.2 合同的无效和调整

按照完全竞争市场构建的合同成立标准有一个界限，不符合这个标准的合同将不被法律认可。合同法要求当当事人的行为具有以下特征时，所形成的合同将被认为无效和被要求调整。当事人也可以以这些理由为抗辩根据，主张合同的无效，解除责任。

---

① 只有当合同的内容违反国家强制性法律规定造成社会危害时，合同法才会对合同的内容进行规范。

1. 无资格

所谓无资格，是在双方签订合同的过程中，其中一方主体或双方主体缺乏签订合同所需要的行为能力。如前所述，完全竞争市场要求市场主体是理性的，那么当当事人的行为能力不足时，就不符合理性人的要求。当事人的行为能力即是理解自身需求并通过一定行为来满足自身需求的能力。无行为能力是指当事人不仅不能理解自身的需求含义，也难以通过合适的方式来给予满足。儿童和严重的精神疾病患者一般都被各国法律共识为无行为能力者。限制行为能力是指当事人只能够理解一定范围内的需求及其满足，例如未达到成年年龄标准的自然人、轻微的精神疾病患者等。无行为能力者形成的合同是无效合同，无行为能力人无须为此负责。限制行为能力者形成的合同，如果合同内容是其能够正确理解的，合同就是有效的，否则是无效的。如一个初中生与同学间的书籍买卖合同是有效的，但是其出售房屋的合同是无效的，即使其是房屋的所有者。

要求自然人具备行为能力是合同法对主体资格的一般性要求，有时还有特定的资格要求，也就是说，在某些合同中要求签约方必须具备特定的资格。比如在中国，一个会计师事务所要从事证券方面的业务必须具备三名以上拥有证券从业资格的会计师，只有符合这个条件，这个事务所才可以跟上市公司签订审计或其他一些关于财务方面的合同。若没有这个资格，则签订的合同就是无效的。类似的资格要求还有很多，一个公司如果没有进行工商登记，也不能取得法人地位，以法人资格开展业务。

与行为能力不足的主体签订的合同存在被认定为无效的风险。那么如何最小化这种风险？合同法将判断和预防风险的责任配置给了合格当事人，要求其在进行交易时负有检查对方当事人是否为合格交易主体的责任，否则由此造成的损失将全部由合格当事人承担。这样做的主要原因是，与行为能力不足的主体相比，合格当事人识别、预防和承担这个风险的能力更强，是相对成本更小的风险承担者。

比如，一个小女孩在玩耍的水塘边捡到一个石块，这时有一个珠宝商恰好路过，他知道小女孩捡到的是一块钻石，就以很低的价格从小女孩手中买走了石块。那么，小女孩的父母有权利主张该合约无效，把钻石要回来。很明显，小女孩并不具备理解交易真实含义的能力，而珠宝商具备这种能力，而且他利用了这种认知能力和没有资格的小女孩签订契约，这种合同应该是无效的，他要承担相应的因为合同无效而带来的责任和风险。①

当双方都是不合格主体时，风险共担，合同无效，双方返还对方的履行支付，退回到合同没有签订前的状态。例如，一个小学生将他爸爸给他买的电子词典以很便宜的价格卖给了他另外一个同学。家长知道后，就要求买走电子词典的同学返还，而对方家里就认为这是小孩之间的行为，家长不应该干预，坚决不还，产生了纠纷。在这种情况下，小学生交易的是自己使用却很昂贵的电子词典，以他们现有的认知能力还不能全部理解交易的真实目的和后果，作为限制行为能力者，他们的这个交易行为是无效的，因此应该彼此返还电子词典和货币。

2. 不真实的意思表示

自愿并期待合同指向结果的发生是效率交换最基本的要求，不真实的意思表示显然不能构成有效的合同。

---

① 后面关于信息交换的问题将继续涉及类似问题。

（1）欺诈和误述。

如图 8－1 所示，在对方进行投资、表示合作时，采取机会主义行为侵吞对方投资能够得到高于代理投资的收益。因此采取欺骗手段诱使对方进行投资、然后侵吞是一种“理性”选择。欺诈是有意掩盖和扭曲事实真相，或者不是有意但是有透露责任却没有透露，也就是本来应该有信息传递的责任却没有传递的行为。基于错误信息，诚实的当事人作出的意思表示从表面上看是真实的，但是其决策的信息基础是错误的，因此在本质上并不是其真实意思的表示。欺诈导致的风险自然由欺诈者承担。

误述是另外一种情况，是当事人错误地表述了自己的思想，由此不仅使自己的意思表示不真实，而且使对方的意思表示发生了偏差。例如，一个人本来想买中奖之后奖金是 100 万元的那种体育彩票，但其在购买过程中并没有表述清楚，使出售彩票的人认为他要买 100 万元的彩票，这就是一个错误的表述。误述下形成的合同，如果进行错误表述的当事人事后通过行为追认了错误的意思表示，那么错误的意思表示转换为真实的意思表示，合同有效。如彩票出售者在售出彩票前要求购买者确认购买价款是 100 万元，购买者确认，误述消除，彩票购买合同成立。但是如果销售者是直接从购买者的信用卡上把价款划走，误述存在，此时合同是可以撤销的，即销售者退回价款、购买者退回彩票。

（2）强迫和威胁。

强迫和威胁来自交易对方当事人，对方以伤害后果为威胁强迫另一方签订合同，被威胁方在合同中表现出的意思表示不是真实的意思表示。例如地痞威胁店主：“如果每月付给我 2 000 元，我将不纵火烧毁你的商店！”店主在这样的威胁下被迫签订所谓的“保护费合同”。这样的合同是无效的。

但是市场竞争也会对交易双方产生一定的强制力。对方威胁说，你不以 2 000 元价格出售这款手机，他将去你的竞争对手那里购买，由此也对手机销售者产生一种压力，也会迫使其以 2 000 元价格出售手机。那么这两种强制力具有什么差别？

根本的差别在于：“保护费合同”等在强制威胁下形成的合同不会形成合作剩余，而市场竞争压力下形成的合同却能够形成合作剩余。假设不存在这个强迫或胁迫，双方是否愿意达成这个协议？如果依然存在合作可能，就有合作剩余存在。“保护费合同”中店主不得不付费购买本来就属于他的权利——财产和商务活动有安全保障的权利，因此没有胁迫，他就不会付费购买。而在手机交易中，即使不存在强制力，双方依然会尽力进行交易，共同合作生成合作剩余。合作剩余的产生提高了现有的社会福利水平，而“保护费合同”不仅不会新增社会福利，反而会降低社会福利。因此，不能生成合作剩余导致社会福利损失的强制就是强迫和胁迫，由此形成的合同就是无效合同。

强迫和威胁一般是以损害对方本来合法拥有的权利为特征的，如伤害对方的生命、身体，破坏对方的财产。有时也以损害对方可以合理期待的利益为威胁。如阿拉斯加包装协会诉多梅尼科案（Alaska Packer' Association v. Domenico）中原告是被告雇用的到阿拉斯加沿岸捕捞鲑鱼的船员。出海前双方商定了工资，但是出海到达捕捞地后，原告要求增加工资，否则不开工。由于在茫茫大海上被告无法再雇用其他工人，于是答应了原告的要求。但回到港口后，被告拒绝支付新增的工资，原告起诉。显然被告是在未来收益受损的威胁下签订增加工资合同的，这个交易中尽管存在合作剩余，但是合作剩余的分配是在威胁下被改变的。由此产生的结果不仅减少了被告合作剩余的分享份额，也将增加今后船主和工人的合作成本，由此产生了不利于社会福利的外部性。① 因此原告的要求不应被支持。②

（3）因为自身原因陷入困境。

强迫和威胁中的强制力来源于交易对方，但有时当事人遭受的强制力并不是交易对方造成的，而是由于当事人自身的过错造成的。因为自身原因陷入困境指的就是由于当事人自身的过失使其在交易时处于劣势地位，使交易对方有机会占有全部合作剩余。

例如，一个人开车穿越沙漠却没有了汽油，本来他也想储备上足够的汽油，可是因为疏忽大意没有准备。这时恰巧有另一个人开车路过并带有足够的汽油，该人以每桶 1 000 美元的价格卖给落难司机一桶汽油。落难司机走出沙漠后，起诉该合同无效，理由是其受到胁迫，当时没有其他选择，要离开沙漠就必须买被告的汽油。这里并不是卖给司机汽油的那个人故意把他引进沙漠，然后等着卖给他汽油，而是由于落难司机自己的过失，或者因为一些客观原因造成的，如猛兽袭击导致事先准备的汽油泄漏。

可以合理判断的是，这样的困境在社会中总是在一定程度上、以一定的数量存在着。既然这是一种客观存在，从整个社会角度来看就是一种必须面临和必须处理的风险。那么，如何有效和合理地分配这个风险带来的损失，鼓励人们尽量避免该类风险呢？

对于陷入困境的救助可以分为三种情形，这三种情形下的风险分配应该是不同的。一是偶然救助。如前例中的救助，救助人很偶然地路过并解救了落难司机。救助并不是刻意实现的，只是出于偶然他才出现在救助者的位置上。其利用落难司机的弱势索取高价格，从而使其全部占有了合作剩余。由此产生的影响是，每一个可能面临“必要”风险的主体都会进行过度的风险预防，导致社会福利损失。因此，要对在这种状态下形成的合同进行调整，将其价格调整到公平的市场价格水平，即不是按照 1 000 美元一桶的价格定价汽油，而是按照市场价格，由此不仅给予落难司机以激励预防风险，而且给予救助者以救助补偿使其不至于因为救助而受损。

二是有意救助。如有些人习惯在车后备箱里放一桶汽油以防备意外情况，随时救助他人或者自己。那么，随时准备救助付出的成本比偶然救助付出的成本相对要高，因此就要给予他比公平的市场价格略高的价格，以补偿其预防成本，从而鼓励更多人来帮助因为过失而陷入困境的人。同时让有过失的主体付出更多，也能提高社会的整体预防水平，从而减少社会的整体损失。

三是专门的救助安排。专门的救助安排是一种公共产品，是一种由社会提供并且负担其运转的制度安排。每一个陷入困境的人都有权向救助机构要求它们提供救助，救助机构负有救助义务，由此从整个社会来看需要支付的成本是最高的，如消防系统。在这种情况下，社会实际上是通过政府等设立的救助机构承担了该风险。

3. 显失公平

陷入困境情形中的合同尽管存在合作剩余，但是因为合作剩余的分配显著不利于陷入困境的当事人，所以才要进行调整。实际上合作剩余分配的显失公平是合同调整和撤销的一个重要理由。显失公平的主要表现是占有了一方全部或者大部分的合作剩余。形成显失

① 以外部性为基础对合同进行干预将在后面详细阐述。

② 合同调整的法学理论也不支持原告的请求。该理论认为合同的调整是在合同签订后实际履行前，出现了合同签订时没有预见的新情况，才能够对合同进行调整。这个规则在英美法系中称为“既有责任规则”（preexisting duty rule）。该案中合同重新谈判时并没有出现新的情况，因此不能对合同进行调整。参见 Miceli（2004）第 115 页。

公平结果的主要原因是一方当事人对合同的形成具有绝对优势的影响力，主导了对合作剩余的分配。一般在垄断、急迫和无知的情形下会形成显失公平的结果。

如前所述，合作剩余的效率分配要求分配基于当事人自愿。垄断、急迫和无知都在不同程度上限制了当事人对合作剩余份额的选择自由，那么其中就会存在一定的非自愿因素。因此合同法对此进行调整，不仅有助于维护公平，更能够减少处于垄断、急迫和无知情形下当事人的合作成本，防止人们因为垄断、急迫和无知无法享有合作剩余而选择放弃合作，从而提高社会的整体合作水平。因此，以显失公平为理由对合同进行调整完全符合规范的科斯定理，即立法以最小化人们的合作成本。

4. 合同具有外部性

实现合作剩余、促进效率交换是合同法的追求，合同法以规范合同当事人之间的关系为核心内容。但是合同在产出合作剩余的同时也给合同之外的其他主体带来影响，这就产生了对合同进行更多管制的必要性。当合作剩余小于合同产生的负外部性时，这样的合同将被宣布为无效。①

《中华人民共和国合同法》（简称《合同法》）第五十二条规定了在以下几种情况下合同是无效的："（一）一方以欺诈、胁迫的手段订立合同，损害国家利益；（二）恶意串通，损害国家、集体或者第三人利益；（三）以合法形式掩盖非法目的；（四）损害社会公共利益；（五）违反法律、行政法规的强制性规定。"

当合作剩余大于因此产生的负外部性时，一般情况下不要求合同无效，但是合同当事人必须内部化外部性。如两人共同租住一套住房，其中一方提前终止合同，将房屋转租给一个新住客，但是新住客是一个吸烟者。这时虽然转租合同并不是无效的，但是新住客要负有不在房间中抽烟的义务。

8.3 合同中的信息问题与合同解释

8.3.1 合同中的信息问题

1. 信息的经济特性

信息是一种具有特殊经济性质的物品。（1）信息的生产成本一般远远高于传递成本。（2）信息消费具有低竞争性。信息被消费后，不像有形物品那样被损耗和消失，而是依然存在，并且一个主体的消费不排除其他主体的同时消费。（3）收益外溢性。在传递低成本和消费低竞争的共同作用下，信息的收益难以被信息所有者全部享有，由此可能导致信息供给的不足。（4）定价困境。信息在没有被传递前难以判断其价值，但是一旦接收就基本上不需要为其价值付费，因为接收者已经拥有了信息。（5）价值随使用次数的增多而增加。一个信息被使用的次数越多，其价值越高。

信息的这些经济特性对信息的生产、传递、使用和定价等提出了特殊制度的安排要求。在合同中虽然当事人多数情况下并不直接交易信息，但是信息的传递和交换直接影响着当事人双方的利益。信息交换是合同成立的基础，也是提高合同履行水平的前提。合同

① 弗里德曼．经济学语境下的法律规则．北京：法律出版社，2004.

当事人之间的信息交换需要解决的问题是：一是什么样的信息是必须交换的？二是什么样的信息是当事人可以保留的信息？三是基于可保留的信息形成的合同是不是可以执行的？四是信息交换中出现失误将导致什么样的结果？

2. 信息不对称下的信息分布效率状态

对于合同当事人来说，信息不对称是指信息对于其中一方当事人是已知的，而对于另一方是未知的状态。信息不对称是合同法要着重解决的问题。

合同法的目的是最大化交换效率，而交换的目的是将资源转移到评价最高的主体手中。评价最高者之所以能够出价高于现有主体的评价，是因为评价最高者能够更高效率地使用该资源，从中得到更多的收益。资源的评价和使用都是建立在拥有如何使用资源才是最优的信息基础上的，因此信息的最优分配状态是：资源的使用者同时也是资源使用信息的拥有者。仅拥有资源而不知道如何最优利用资源，显然不能使资源发挥出最大收益。相反，仅拥有信息却没有资源，就没有机会对资源进行最优利用。交换能够促使二者实现统一。由于信息和资源分离是一种社会常态，因此基于效率标准产生了两个要求：一是构建制度，激励资源所有者最大化获取资源如何最优利用的信息；二是构建制度最小化将资源和信息统一在一起的交易成本。这个交易成本包括信息交换的交易成本和资源交换的交易成本。① 二者的目的都是实现资源所有和信息所有的统一。那么合同法中由哪些制度来实现上述两个要求呢？

3. 生产性信息

从信息使用产生的结果来看，可以将信息分为生产性信息和分配性信息两类。生产性信息是那些当事人以其为基础能够创造出更多社会财富的信息，分配性信息则是纯粹导致财富由一方转移向另一方的信息。

生产性信息或者是资源新的利用方式，如在前述电脑交易的案例中，乙拥有更多的电脑使用技能，大大提高了电脑的使用价值，这些技能就是生产性信息；或者是能够产生更高收益水平的新资源组合方式，如企业资产的不同组合会产生不同的结果。生产性信息能够有效提高财富的使用价值，改变对交易标的物的评价水平。

当被交换的对象是生产性信息时，应允许所有者不予披露。允许信息所有者不披露其拥有的生产性信息，实际上是承认和赋予了信息所有者一种权利，一种利用生产性信息进行财富创造并获利的权利。而信息一旦披露，由于信息具有创造成本高昂、复制成本低的特征，获得信息的非信息所有者就可以免费从中获利②，因此将降低社会对生产性信息的投资水平，进而降低社会财富水平。特别是对于资源拥有者来说，更是可以免费占有对方的信息，从中获利。不披露生产性信息，将迫使资源的拥有者最优化自身的信息获取行为，因为一旦他人优先获得该信息，就可以通过交易获得资源所有权，实现资源和信息的统一，从中获利。失去资源所有权的原所有者就失去了这个获取更多收益的机会。③ 所以，对于当事

① Cooter and Ulen（2003）第7章第280页。

② 有些生产性信息从占有到产生收益还有一个生产过程，并且这个过程的完成可能仅仅拥有信息还不够，还需要具有相应的使用能力才能完成。如在前述电脑交易的案例中，仅仅知道电脑还有着更多的使用价值，但不会使用也不能现实地获取这些价值。这种生产性信息不怕披露。而一旦对方也具有相应的生产能力，该信息就不能披露。如在企业收购中，收购方之所以收购，是因为构想出了一种新的企业要素组合方式，该方式能够有效提高企业资产的使用效率，如果在收购中披露给出售方，出售方完全可以进行同样的重组，就会拒绝出售企业。

③ 当然原所有者受制于成本约束，也可能认为转让所有权比获取信息更为理性。

人基于生产性信息形成的合同，合同法应该给予执行。

例如对母牛能生育与不能生育的判断将产生不同的定价结果。① 如果原告通过观察和经验判定该母牛能够生育，那么他买到母牛后，就不会将母牛屠宰，而是给予更多的精心饲养，母牛生产小牛，创造更多的社会财富。交易实现了使母牛从评价低的饲养者手中转移到评价高的原告手中的效率结果。

进一步地，根据信息的获取方式将生产性信息分为创造获取和偶然获取两种类型。创造获取是指拥有者是通过自身的努力和投资来获取该生产性信息的。例如一个古董车爱好者在搜寻了很长时间后，终于在一个人的后院找到了一辆古董车，而车主人认为这是一辆破车，对他来讲没有什么价值，但对古董车爱好者来讲则是他的最爱、一生追求的目标。由此，这辆汽车在主人手里被评价得很低，而在古董爱好者手中就得到了一个很高的评价。那么，在合同签订之后，这个车的原所有者是否可以请求撤销该合同？

答案显然是否定的。古董爱好者为了搜寻这辆车付出了很高的搜寻成本，低的购买价格是对他搜寻成本的一种补偿和激励。执行基于创造获取生产性信息成立的合同为社会寻找、发现更多的资源更优利用方式提供了激励。因此社会中的对于生产性信息的投资水平以及生产性信息的总量都将上升，这是社会所追求的理想结果。

偶然获取是指在几乎没有成本投入的情况下偶然得到生产性信息的情况。偶然获取生产性信息的主体实际上拥有了“窃取”创造生产性信息主体收益的机会，利用偶然机会获取生产性信息并获利，会产生与强制披露生产性信息同样的后果，不利于生产性信息的创造。然而，鉴别信息是否为偶然获取的成本十分高昂，更重要的是为加速实现信息和资源的统一，可以采取的制度安排是——有限制地执行合同：执行合同但是赋予资源所有者以撤销权，允许所有者在一定期限内向法院请求撤销合同。撤销合同消除了偶然获取信息者的不当获利可能，同时激励资源所有者密切搜寻已经存在的有关资源的最优利用信息。如果资源所有者不行使撤销权，说明继续利用资源对其已经没有意义，因为资源的交换本身就是一种信息传递机制，代表着对方可能有着更好的资源利用方式。

在上例中，假设不是古董车爱好者购买该车，而是车主人的邻居，该邻居偶然从电视的古董车节目中看到了该车的价值。从合同生效之日起，古董车的所有者与信息所有者之间实现了一致，结束了分离和资源闲置状态，使古董车得到本应该得到的评价，所以应该执行合同。合同生效后，如果车主人在获知该车是价值不菲的古董车后行使撤销权，是使资源和信息重新统一在另一个主体下。这两种统一对社会来说，其效率结果是一致的。但由于邻居的信息获取并不是通过努力投资获得的，所以赋予车主人一个选择权——选择是否撤销合同。车主人行使撤销权予以支持，不行使也认可，因为效率结果是一致的。

但是，车主人在行使撤销权时必须证明邻居的信息获取是偶然获取，法院才会支持其诉求。也就是说，基于信息获取方式的难以证明性，合同法默认所有的信息都是通过投资获取的，除非资源所有者能够证明其获取是偶然的。将举证责任配置给资源所有者也进一步激励其重视对所控制资源最优利用信息的投资，而不是放任资源和信息分离状态的持续

① 舍伍德诉沃克案（Sherwood v. Walker）是一个现实案例。被告是一个牧场主，他和原告（一个银行家和农场主）签订了一个出售一头母牛的合同。由于合同签订时双方都一致认为这头母牛不会生育，只能用来屠宰，所以价格是 80 美元。然而，在交付母牛前，被告发现母牛已经怀孕，而能生育的母牛的价格当时一般在 750～1 000 美元之间。于是，被告拒绝交付母牛，原告因此起诉。法院以共同误解判决支持被告。

存在。

4. 分配性信息与混合性信息

分配性信息则不会引起社会财富创造水平的提高，只是改变了社会财富的分配，提供了一种攫取他人财富的机会，社会的财富总量并没有发生变化。例如提前获知政府的城市发展规划，按照规划提前以低价购买规划中的商务区土地，然后等政府规划公布后再高价出售，从中获利。

莱德劳公司诉奥根案（Laidlaw Inc. v. Organ）① 是一个比较典型的分配性信息案例。在 1812 年英国和美国进行战争期间，英军封锁了新奥尔良港。封锁导致出口受阻，出口物资（如烟草）的价格大大下降。奥根是一个烟草商，他得到消息说战争即将结束，于是他和莱德劳公司签订了一个烟草购买合同，购买价格是封锁下的烟草价格。然而在合同签订的第二天，报纸就公开报道了战争即将结束的消息。烟草价格迅速回升到战争开始前的高价格。因此双方发生诉讼，法院判决拒绝执行该合同。

奥根获知的战争即将结束的信息就是一个财富转移信息，战争导致港口封锁，进而导致烟草价格下降。奥根利用这个信息欲从莱德劳公司以低价购买烟草，然后在战争结束消息宣布、烟草价格上涨后出售烟草获利。这个信息既没有推动烟草生产的投资，也没有带来烟草新的使用方式，纯粹是一种利用信息进行套利的行为。所以不执行这样的合同，既无损于社会现有财富，也不激励社会为获取分配性信息进行投资。这样的投资不仅浪费了资源，而且构成了对社会既有产权体系的威胁，提高了社会的安全防范成本，进一步浪费了资源。

信息的生产性和分配性是一个很好的理论划分，但是现实中多数信息同时具有双重性质，既能够提高资源的使用效率，也产生了财富转移的结果，也就是说，多数信息是混合性的。例如在古董车的例子中，古董车爱好者既是古董车的最高评价者，但同时也从交易中获取了大部分合作剩余。并且信息是否有助于资源的高效率使用，也要在资源的未来使用中才能体现出来。

因此，在制度安排上，合同法也是假定所有信息都具有生产性质，除非资源的所有者证明信息是纯粹财富转移性质的，否则合同都将得到执行。并且实际上所有的合同交易都伴随着财富的一定转移，如果都以此为理由诉求合同无效和撤销，合同法所追求的制度稳定性将不复存在。

5. 安全性信息的强制披露

前面的讨论有一个潜在的假设，即信息的揭示提高了资源的使用效率。纯粹的分配性信息尽管没有形成这个结果，但是也至少没有对资源造成损害。而有一种信息，如果不揭示，则将导致资源使用价值的下降，即安全性信息。有两种类型的安全性信息：一是说明不正确使用资源将会导致危险的信息。例如电池如果投入火中将发生爆炸，因此要特别提醒使用者注意。一些药物不适合孕妇和儿童服用，否则会有危险，也要进行特别提示。二是资源存在瑕疵的信息。瑕疵的存在使资源在使用时会产生危险，因此需要提前预防和消除。

显然，如果在交易资源时没有揭示这些安全性信息，新的资源使用者将面临危险，形

① 参见 Cooter and Ulen（2003）第 281 页。

成事故，导致社会财富的损失。所以，法律要求必须披露这些信息，不进行披露的信息拥有者将负有赔偿损害的责任。[①] 如房屋出售者明知房子有白蚁，却没有告知购买者，购买者有权要求赔偿由此造成的损失。

但是，信息的强制披露具有双面效应。一方面，强制披露提高了安全性信息的交换水平；但另一方面，强制披露将可能导致安全性信息的供给不足。由于拥有安全性信息的主体同时也就负有了披露责任，因此为规避责任，人们将不主动投资获取安全性信息，导致安全性信息的供给不足。如房屋出售者不主动调查房屋是否有白蚁存在的信息。安全性信息实际上是降低资源评价的信息。告知购房者房屋有白蚁，购房者的出价显然会大大降低。

6. 信息交换的失误

欺诈和误述实际上也是信息传递问题，欺诈是故意传递错误信息，误述则是表达真实信息时出现了错误。此外，当事人在信息交流过程中，双方还可能误解彼此的意思表示。一种情况是双方共同误解了对方的意思表示，另一种是只有其中一方误解了对方的意思表示。共同误解中双方的意思表示尽管真实，但是二者并没有形成一致。如甲想出售的是联想台式机电脑，而乙想要购买的是甲的联想笔记本电脑，二者实际上分别就不同的标的物进行了谈判，一旦消除误解，意思表示的内容将发生变化。因此共同误解将导致合同的无效。

难以确认和处理的是单方面的信息误解。一方真实且准确地表述了自己的意思表示，并且准确理解了对方的意思表示，但是对方误解了己方的意思表示，进而根据误解后的意思表示作出了反应。一旦误解消除，误解方肯定会修改其意思表示，因此，从合同成立的法学标准来看，单方误解下双方并没有形成一致的意思表示，合同应该没有成立。但是，单方误解难以核证，容易被作为逃避合同义务的借口。如合同签订后，一方以单方误解为由要求解除合同，将导致合同法制度的崩溃，因此除非有充分的证据证明确实存在误解，一般不接受单方误解，也不因此解除合同。

8.3.2 合同的解释

解释合同实际上是如何理解合同中的信息，包括其明示信息和默示信息。法经济学依据经济理论对合同解释提出了一些理论主张。

1. 合同解释

合同作为当事人之间意思表示一致的体现，实际上是通过设定一定的前提条件来获取一定的结果。如在买卖合同中，通过对商品性能和质量的界定、生产，最终实现商品的供给结果。也就是说，合同规定的是一个因果关系，在合同规定的前提条件得到满足的情况下，得到合同履行的结果。但是合同中的前提条件和结果有时并没有清晰规定，或者条款意义不明，或者条款缺失，这时就需要对合同进行解释，将前提条件和结果及其之间的因果关系构建完整。

造成合同不完整、进而需要解释的原因：（1）当事人理性的有限性。当事人不仅无法

---

① 《中华人民共和国产品质量法》第二十七条规定："使用不当，容易造成产品本身损坏或者可能危及人身、财产安全的产品，应当有警示标志或者中文警示说明。"

预见未来将可能影响合同构建的因果关系的因素，而且也无法全部获知已经存在的影响合同关系的因素。前者如合同签订后价格的剧烈波动，后者如合同签订时标的物已经发生的变化。甚至在有限理性的约束下，当事人都没有意识到自己的预期能力是有限的，否则当事人可以在合同中加入一个全能性的补充条款，用概括性的语句将所有没有体现在合同现有条款中的情况都包括在内。(2) 成本约束。清晰界定每一个词语和条款的含义、全面涵盖各种可能情况，需要当事人付出更多的成本。当这样做的边际成本超过边际收益时，当事人就会理性地决定让合同中存在一些不明或者漏洞。(3) 再谈判。当事人希望在出现合同解释需要时，当事人之间通过再谈判来取得对合同条款含义认识的一致。如果没有出现这种需要，就保持现有的不明或者漏洞，因为不是所有的不明和漏洞都会导致合同无法执行。

合同解释方法主要有：文义解释、整体解释、目的解释、习惯解释和诚信解释。文义解释是指通过解释合同所使用文字、词句的含义来确定合同条款真实意思的解释方法。整体解释是将合同视为一个整体，对合同各个条款作相互解释，以确定各个条款在整个合同中所具有的正确意思的解释方法。目的解释是根据合同追求的目的对合同条款含义进行取舍，符合目的的取其含义，不符合的则排除。习惯解释主要是根据合同签订和履行中的商业、地方等习惯来解释合同条款的含义。诚信解释是按照诚信原则对合同进行解释。当合同所使用文字词句有疑义、存在两种解释无法判断哪一种解释正确时，应先假定采用第一种解释并据以作出判决，再假定采用第二种解释并据以作出判决，然后比较两种判决的结果，以所得出判决结果使双方当事人之间的利害关系大体平衡的解释，为符合诚实信用原则的正确解释。

《合同法》第四十一条专门规定了格式合同的解释方法："对格式条款的理解发生争议的，应当按照通常理解予以解释。对格式条款有两种以上解释的，应当作出不利于提供格式条款一方的解释。格式条款与非格式条款不一致的，应当采用非格式条款。"这条属于强制性规定，不允许当事人以约定排除其适用。这也是国际普遍做法。

2. 合同解释的法经济学理论

关于合同解释，法经济学提出了三个理论：一是不完全合同理论；二是模拟完全市场理论；三是最优风险分配理论。

不完全合同理论是近年来发展很快的一个现代经济学研究前沿领域，主要研究在合同因为各种因素不能达到完全水平状态下，委托人和代理人之间的最优合同安排。不完全合同理论对合同不完整、需要解释的原因给出了一个概括性解释，即合同是不完全的。当事人之间因为合同形成和履行形成了复杂的行为关系，这些关系对于经历者——当事人来说是已知的、可以观察到的，但是其中可能有部分信息无法向当事人之外的第三方，如法官，进行证实。即合同中存在着所谓的可观察但不可证实信息，这些信息导致合同所建立的因果关系无法顺利实现。如何证实这些可观察但不可证实信息就是合同解释的任务。

模拟完全市场理论给出了一种合同解释的理论思路。如前所述，合同要实现的是最大化交换效率，因此要求的理想环境是完全竞争市场。那么，当合同出现意义不明和漏洞需要解释时，要尽量模拟完全竞争市场下当事人的选择来解释合同，由此形成的解释及其合同执行结果是最符合效率标准要求的结果。

最优风险分配理论是另一种合同解释理论。该理论认为风险的最优分配也是合同法的重要目标。合同成立和履行过程中可能出现各种风险，最优的风险分配状态是将风险配置给能够进行最优预防的一方，如预防成本最小者或者风险承担成本最小者。这构成了一个默示规则，当合同中风险分配不明时，就可以按照这个默示规则对合同进行解释。如在合同签订后一场火灾烧毁了工厂，本该交付的产品无法按期交付，但是合同中并没有对出现火灾如何应对进行说明。合同法的一般处理是，认为这是不可抗力，应当免除工厂的合同履行义务。但是按照最优风险分配理论，对于火灾的预防，与订货商相比，工厂显然是最优的预防者，工厂对自身发生火灾的概率及预防水平有着更多的信息，并且预防产生的收益也将内部化为工厂的收益。不预防则造成了外部性的外溢，使订货商受到损失，因此不能免除工厂的履行义务。

3. 主观主义和客观主义的选择

法学理论对于合同解释给出了两个对立的主张：主观主义和客观主义。主观主义坚持在进行合同解释时把探寻双方当事人一致同意的意思表示放在首位，认为当事人的意思表示是合同的灵魂，因此该主张又被称为“意思说”。客观主义则拒绝这样做，坚持从理性人角度来解释在合同情况下所使用的语言文字的含义，所谓理性人是指社会中心智健全的普通人。这样就使合同解释必须按照一个客观的外部标准来进行，按照当事人在合同约束下表现出的行为来解释合同，该主张又被称为“表示说”。

形成稳定的交易秩序是合同法的目标，但是合同意义不明和存在漏洞明显影响了交易秩序的稳定性，使合同构建的因果关系模糊不清。如果将合同解释的需要看作一种风险，那么最小化这种风险的一种做法即最小化合同的模糊水平，使合同尽量清晰。从这个原则出发，可以看出客观主义的解释原则要优于主观主义的解释原则。客观主义原则不仅促使当事人尽量按照与社会一致的标准来使用合同语言，而且将不按照社会一致标准的风险配置给了当事人，从而有着威慑作用。而主观主义则没有这样的作用，当事人预期到在需要解释时，法院等会主动探究当事人的意图，那么在合同中清晰表示和等法院揭示，对当事人来说基本上没有差异，因此当事人也就没有激励提高合同的清晰化水平，由此将导致更多的合同解释需求，增加社会成本。所以，从经济分析角度看，要以客观主义为基本原则来解释合同。

实际上与合同法其他部分的经济分析相比，合同解释领域的经济分析还是一个没有被深入开垦的领域①，还没有给出系统、清晰的一致逻辑，只有一些初步的结论，还需要进一步的发展。

8.4 合同的履行和救济

基于当事人自愿意思一致表示的合同在成立时具有互利双方的性质和提高资源配置效率的作用，但是在合同签订后、履行完毕前，可能出现各种意外事件，从而使合同追求的互利和效率交换结果难以实现。因此，解除合同进而违约就成为社会的效率选择。本节讨

① Hermalin，Katz，and Craswell（2006），“Law and Economics of Contracts”，Forthcoming in *The Handbook of Law & Economics*，p. 94.

论当事人在合同签订后在履约和违约之间的选择决策，给出一个效率违约模型，并且分析各种违约救济方式对履约与违约决策的影响。

8.4.1　效率违约与最优信任①

1. 效率违约

效率违约是指当履行合同的社会成本超过履行合同产生的社会收益时当事人的违约选择。如甲乙双方签订一个房屋建筑合同，乙为甲建造一个用于居住的房屋。令 V 代表房屋对甲的价值，C 代表乙建造房屋的成本，P 是合同中约定的甲付给乙的报酬。那么在合同签订后，如果建筑材料等价格上涨，导致 $C>V$，乙的违约就是效率违约。

证明如下：进一步假设，甲在乙合同完全履行前投入 R，用以提高合同履行对其的价值，如购买合适的家具、家电，约亲友一起来庆祝房屋建成等。这些投资建立在对乙能够按时将房屋建造起来的信任基础上，为信任投资（reliance investment）。信任投资虽然在合同按期、按质履行的基础上能够提高合同履行对甲方的价值，但是在合同没有履行时将导致甲方投资的损失，如家具和家电是定做的，难以用于其他类型的房屋中。再比如对亲友的邀请已经发出，亲友到来后却因为房屋没有建好而无处居住。信任投资面临沉没的危险。再令 D 代表当乙方违约时法院决定的给予甲方的金钱赔偿。

那么，甲乙双方的收益如表 8-1 所示：

表 8-1　合同履约与违约的收益表

状态	甲方的收益	乙方的收益	联合收益
履约	$V-R-P$	$P-C$	$V-R-C$
违约	$D-R$	$-D$	$-R$

效率违约是履行合同的社会成本超过社会收益时的违约，那么从表中表现出来就是，履约的联合收益小于违约的联合收益，即 $V-R-C<-R$，整理即有

$$C>V \tag{8.1}$$

证毕。

2. 预期违约赔偿与效率违约

效率违约给出的是从社会角度界定的违约决策，那么作为合同中出售方的当事人乙的违约决策在什么样的情况下，才能与社会要求的效率违约状态相一致呢？

对于乙方来说，其将在违约收益大于履约收益时进行违约，即 $-D>P-C$，也即

$$C>P+D \tag{8.2}$$

(8.2) 式的左边是违约收益，即违约节约的建造成本；右边是违约的成本，即因为违约要退还给甲方的建造报酬和法院判定的赔偿金。

为使乙的违约选择与社会欲求的效率违约状态相一致，只要使 $V=P+D$，或者说

$$D=V-P \tag{8.3}$$

① 本节主要基于 Miceli（2004）第 5 章的内容。

这个赔偿水平使乙方的违约决策与社会要求的效率违约条件相一致，也就是使乙方效率违约的赔偿水平。

(8.3) 式代表着违约赔偿等于房屋建造对于甲方的价值减去合同约定的报酬，实际上就是甲方在合同中获得的买方剩余，也即甲方期望在合同履行完毕时得到的收益，这相当于合同法要求的预期违约赔偿（expectation damages）。预期违约赔偿保证甲方（非违约方）在乙方履约时得到的收益和乙方在违约时得到的收益是相同的、无差异的。这从表 8-1 中也可以得出，甲方的履约收益等于违约收益，即有 $V-R-P=D-R$，整理有 $D=V-P$。

结论 1：预期违约赔偿给予了合同当事人进行效率违约的恰当激励。

法律制度中还规定了其他赔偿安排，那么这些安排能否推动当事人实现效率违约决策？信任违约赔偿是指通过赔偿使非违约方的状态恢复到合同没有签订前的状态，也即赔偿非违约方为履行合同进行的信任投资，因此有 $D=R$。

将 $D=R$ 代入 (8.2) 式中，有

$$C>P+R \tag{8.4}$$

由于甲方在合同履行中需拥有部分合作剩余，使 $V-R-P>0$，即有 $V>R+P$。而 $V=P+D$，这说明在预期违约赔偿下的合同价值大于在信任违约赔偿下的合同价值。那么在信任违约赔偿的约束下，乙方将有更多的违约激励，从而使其违约水平高于在预期违约赔偿下的违约水平，导致过度违约。

另一种赔偿安排是零赔偿，即违约方无须对非违约进行任何赔偿。此时，对于乙方来说，只要履约成本 C 大于报酬 P，他就会违约，因此形成的违约水平更高，偏离效率违约状态更远。

从违约水平来看，从高到低依次排列有：零赔偿、信任违约赔偿、预期违约赔偿。其中只有预期违约赔偿实现了效率违约，其他两种赔偿安排都没有实现这个目的。

3. 最优信任投资约束下的预期违约赔偿

预期违约赔偿使乙方具有了效率违约激励。但是合同界定的是双方当事人之间的关系，当乙方具有效率违约激励时，甲方对此会有什么样的反应呢？甲方的信任投资能否同时实现最优呢？

(1) 信任投资的最优水平。

信任投资之所以面临风险是因为对方的履约是不确定的，那么当合同的履行确定之时，当事人的信任投资就不会沉没，就会实现信任投资追求的最大收益——履约价值的最大化，由此决定的信任投资水平也就是最优的信任投资水平。

当履约确定时，社会的最优信任投资水平就是最大化履约价值的信任投资水平，即

$$\text{最大化 } V(R)-R \tag{8.5}$$

令 R^* 代表最优信任投资水平。在图 8-3 中 R^* 是曲线 $V(R)$ 与 R 之间垂直距离最大的点。

但是，信任投资是发生在履约之前的，履约此时还是处于不确定状态的。假设乙方在合同签订后面临两种履约成本情形，一是高成本（C_h），一是低成本（C_l），并假设 $C_h>V(R)>C_l$，也就是说，在高成本的状态下，乙方将选择效率违约，在低成本的状态下将履约。假设甲乙双方都知道低成本状态以概率 q 出现，高成本状态以 $1-q$ 的概率出现。那么，此时甲方的信任投资达到什么样的水平才是最优的？

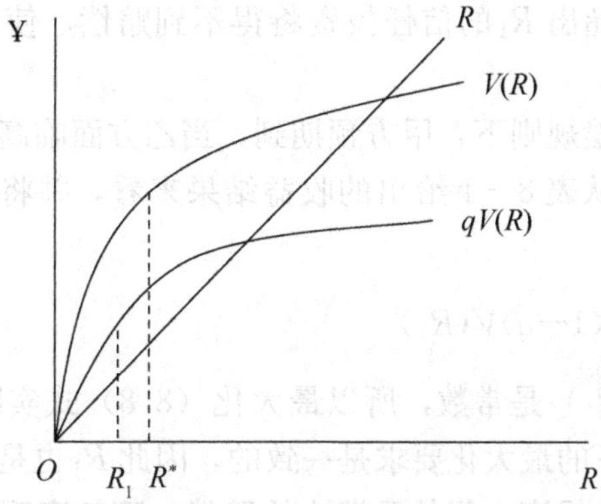

图 8-3 最优信任投资水平

信任投资的目的是最大化履约价值，表 8-1 显示了履约和违约的联合收益，代入各自的概率，得到 $q(V(R)-R-C_l)+(1-q)(-R)$，整理有

$$q(V(R)-C_l)-R \tag{8.6}$$

令 R_1 代表履约不确定状态下的最优信任水平，R_1 最大化（8.6）式，由于 qC_l 与 R_1 无关，因此 R_1 最大化的实际上是 $qV(R)-R$。反映在图 8-3 中，不仅曲线 $qV(R)$ 要低于曲线 $V(R)$，而且 $R_1<R^*$。也即当履约不确定时，社会要求的最优信任投资水平要小于履约确定状态下的信任投资水平。

(2) 甲方的信任投资选择。

在预期违约赔偿下，当乙方违约时，甲方将得到的赔偿是 $D=V(R)-P$，从中可以看出，甲方的所有信任投资都将得到赔偿，那么，显然甲方就没有进行最优信任投资的激励。预期违约赔偿就像侵权法中的严格责任规则一样，给予了乙方以最优的违约激励，但是没有给予甲方以最优的信任投资激励。而合同关系要界定双方当事人之间的关系，由此甲方缺少正确的信任投资激励，其投资水平往往会超过最优的投资水平，因为在预期违约赔偿规则下，甲方信任投资的收益（乙方履约时合同价值的上升）被甲方享有，但是其成本（乙方违约时导致的信任投资沉没）由乙方承担。结果是随着甲方信任投资水平超过效率水平，进而使乙方的违约决策也偏离了社会要求的最优水平，导致了低于社会最优水平的违约选择。因此，也要对甲方的信任投资水平进行一定的约束，使其符合社会要求的最优投资水平。

在英美法系中因此建立的规则是哈德利（Hadley）规则，是从哈德利诉巴克森代尔案（Hadley v. Baxendale）中发展起来的。案例的情况如下：原告是一个磨坊主，其特制的轮轴损坏了，需要送回工厂修理。于是原告委托被告（一家运输公司）运送，被告在接收轮轴时承诺随后立即运送轮轴。但是由于疏忽，被告并没有及时运送，结果导致原告停业好长时间。于是原告诉求被告赔偿其停业期间的全部损失。被告承认违约，但是认为赔偿太高。审理法官在该案判决中支持了被告，认为违约赔偿水平应当是因为违约而合理生成的水平，应当是在合同签订时双方当事人可以预见的水平。

哈德利规则限定了甲方的信任投资水平，使其由 $D=V(R)-P$ 转变为

$$D=V(R_1)-P \tag{8.7}$$

(8.7) 式意味着甲方超出 R_1 的信任投资将得不到赔偿，使甲方的预期违约赔偿限定在其最优信任投资水平上。

证明：在预期违约赔偿规则下，甲方预期到，当乙方面临高成本时会选择违约，而面临低成本时将选择履约。从表 8-1 给出的收益结果来看，并将 D 用 $V(R_1)-P$ 替换后，可得甲方的预期收益为

$$qV(R)-R-P+(1-q)V(R_1) \tag{8.8}$$

由于 P 和 $(1-q)V(R_1)$ 是常数，所以最大化 (8.8) 式实际上就是最大化 $qV(R)-R$，和在履约不确定状态下的最大化要求是一致的，因此 R_1 也是 (8.8) 式的最优解。

结论 2：基于最优信任投资水平的预期违约赔偿，不仅实现了效率违约，而且实现了最优信任投资。

哈德利规则如同侵权法中的过失责任规则一样，为合同当事人双方都提供了最优的激励，乙方实现了效率违约，甲方实现了最优信任投资。在大陆法系中也存在着同样的规则，如《合同法》第一百一十三条规定："当事人一方不履行合同义务或者履行合同义务不符合约定，给对方造成损失的，损失赔偿额应当相当于因违约所造成的损失，包括合同履行后可以获得的利益，但不得超过违反合同一方订立合同时预见到或者应当预见到的因违反合同可能造成的损失。"

同时，该规则还具有激励信息显示功能。因为规则要求违约赔偿不能是合同签订时没有预期到的损失，因此当合同履行对于当事人具有特殊意义时，要得到赔偿和提高对方当事人的履行激励，就需要在合同签订时将合同履行对于其具有的特殊意义告知对方。在前述案例中，原告没有告知对方修理轮轴就会使磨房停业这一特殊信息，因此其损失是合同订立时不能合理预期的，所以不给予赔偿。

4. 违约损失的降低

在违约后不控制损失的扩大，如同过度进行信任投资一样，同样不能得到赔偿。《合同法》第一百一十九条规定："当事人一方违约后，对方应当采取适当措施防止损失的扩大；没有采取适当措施致使损失扩大的，不得就扩大的损失要求赔偿。"如房客租房期限没有到达前提前搬出，房主有机会将房子重新租出去，却没有再次出租，而放任房子空置，由此造成的损失，就由房主自己承担。这个制度同样限制了预期违约赔偿的水平，激励当事人将合作不成的损失降低到最低水平。

8.4.2 最优风险分配

合同签订后可能出现多种导致合同履行偏离预定方向的意外因素，将这些因素导致的风险在当事人之间进行最优分配是合同法的重要目标之一。风险分配的基本原则是将风险配置给最优的风险承担者。风险承担一般可以采取两种方式：预防和保险。

1. 预防

当当事人处于预防潜在风险的有利位置时，该当事人就是最优的风险承担者，因此应当将风险配置给该当事人。当该当事人没有进行预防时，就认为其存在过失，应当承担对对方的预期违约赔偿责任。这种情形类似于侵权法中的互补性单边预防。在互补性单边预防中，尽管当事人双方都可以进行预防并且其中一方的预防足以消除损害的发生，但是由

于预防成本有高有低，效率要求成本最低的一方进行预防。在合同关系中，效率标准在风险预防中具有同样的要求。

Posner and Rosenfield（1977）构想了一个案例：一个印刷厂和一个印刷机器制造商签订了一个购买一种特种印刷机的合同。在合同签订后、机器安装完毕前，印刷厂发生了火灾。由于印刷机是特制的，无法转手出售，于是印刷机器制造商起诉要求印刷厂支付全部价款，但印刷厂以不可抗力为由请求免除责任。

在这个案例中，印刷厂显然是火灾的最优预防者，并且预防得到的大部分收益也将被印刷厂占有。印刷机器制造商无法得到印刷厂的预防和火灾发生信息，也没有激励去得到这些信息和进行预防。如果免除印刷厂的责任，印刷厂的不预防行为将导致一种严重的负外部性，合同不履行导致的损失将全部由印刷机器制造商承担。相反，要求印刷厂承担预期违约赔偿责任，按照合同约定的价格支付赔偿，则会促使印刷厂进行火灾预防，内部化其不预防的外部性。

2. 保险

预防并不能全部消除火灾发生的可能，当火灾等风险无法避免时，保险安排是另一种风险承担安排。按照将风险配置给最优的风险承担者的基本原则，保险成本最小的一方将是最优的风险承担者。这就需要比较双方的保险成本。

在前例中，假设印刷厂可以投保火灾险，印刷机器制造商可以投保合同违约险。如果印刷厂能够以比制造商更低的成本获得保险，那么印刷厂是最优承担者，反之亦然。这取决于保险市场的发展状况。

从保险市场购买保险是保险的一种方式，自我保险是另一种方式。比如印刷厂可以在不同的地点建立车间以降低全部被烧毁的风险，制造商也可以通过向多家印刷厂销售机器来分散违约风险。这种风险分散可以通过合同中的价格体现出来，索取了风险保障的价格将高于不包含风险保障的价格。那么，当合同价格中包含了风险保障时，不论当事人是在合同中明确地将风险配置给了出售者，还是没有对风险进行分配，实际上已经是将风险配置给了出售者。

例如在一个挖掘地基的合同中①，挖掘方要求的价格是 5 000 元。在挖掘过程中遇到了坚硬的岩石层，挖掘方要求多支付其 2 000 元，以补偿其施工难度提高带来的成本。假设法院通过调查发现，正常的地基挖掘的价格是 4 000 元，施工难度较高的价格是 7 000 元。挖掘方要求的价格高于正常价格低于高难度的价格，意味着挖掘方是通过服务于不同的客户来进行自我保险。也就是说，它要求的价格中已经包含了风险保障因素。因此不应该再要求客户进行支付。

8.4.3 特定履约

特定履约是除金钱赔偿外最为重要的违约救济方式。特定履约要求违约方按照合同规定的义务完成其履约行为。例如聘请一个画家绘制一幅画像，画家由于时间紧张没有按期完成，就可以要求其继续履行合同规定的义务——绘制画像。与英美法系相比，大陆法系更加注重特定履约的使用，因为大陆法系更看重合同被完整履行，不论履行成本是不是超过了其收益。《合同法》第一百一十条规定："当事人一方不履行非金钱债务或者履行非金

① 该案例源自 Miceli（2004）第 5 章第 143-145 页。

钱债务不符合约定的，对方可以要求履行”。在英美法系中只有当金钱赔偿不能达到赔偿目的时，才会使用特定履约。如购买土地、房屋、古玩的合同在被违反后常常采用特定履约的方式进行补救，因为土地、房屋、古玩基本上都是特定的，找不到合理的市场替代物。那么，特定履约能否实现效率违约的目标，与违约赔偿相比有什么优势和不足？

1. 特定履约与违约赔偿的比较

特定履约与违约赔偿是两种主要的救济方式，二者分别具有各自的优势和不足。

例如甲、乙就房屋买卖签订一个合同。[①] 甲方对房屋的评价是 20 万元，乙方对房屋的评价是 25 万元，双方以 23 万元的价格成交，由此形成的合作剩余是 5 万元，其中甲方得 3 万元，乙方得 2 万元。假设在合同签订后、房屋交付前，对房屋有着更高评价（30 万元）的丙方向甲方出价 26 万元购买该房屋。

从效率角度看，丙方作为评价最高者获得房屋是社会最优状态。特定履约要求甲方以 23 万元的价格将房屋出售给乙方，然后乙方再以 26 万元的价格出售给丙方。这样甲方得到 3 万元、乙方得到 3 万元、丙方得到 4 万元。预期违约赔偿要求甲方如果违约就需要先支付乙方预期合同履行后得到的收益 2 万元，然后再将房屋以 26 万元的价格出售给丙方，这样甲方虽然在与丙方的交易中获得了 6 万元的剩余，但是他必须支付给乙方 2 万元的违约赔偿，此时甲、乙、丙的收益分别是 4 万元、2 万元和 4 万元（见表 8-2）。

表 8-2　　不同救济方式效率结果的对比　　单位：万元

	对房屋的评价	特定履约下的合作剩余分布	预期违约赔偿下的合作剩余分布
甲方	20	3	4
乙方	25	3	2
丙方	30	4	4
总价值	—	10	10

比较这两种救济方式，可以看出都实现了将房屋转移到评价最高者手中的效率结果。就像科斯定理判断的那样，当交易成本足够低时，当事人之间的谈判能够实现效率结果。不论是特定履约还是违约赔偿，在交易成本足够低的情况下，甲、乙、丙三者之间的谈判能够最终将房屋转移到丙手中。但值得注意的是，在两种情况下甲、乙的得益是不一样的。甲在预期违约赔偿下得到的更多，乙在特定履约下得到的更多。也就是说，不同的救济制度安排，在交易成本足够低时虽然都能实现效率结果，但是财富的分配结果是不一致的。

这是交易成本足够低的情况，那么当交易成本阻碍了当事人之间的自愿谈判时，就需要比较特定履约和违约赔偿两种安排的顺利运行所遇到的交易成本的大小。

上例中在特定履约安排下产生了两个交易，先是甲方按照特定履约的要求将房屋出售给乙方，然后乙方再出售给丙方。两个交易都是在市场中独立完成的，是由市场决定的，因此交易成本的大小主要取决于房产市场的成熟程度。在违约赔偿安排下也有两个交易，但其中一个交易是由法院决定甲方需要赔付给乙方的违约金，然后甲方才有权将房屋出售给丙方。这个交易是在法院主导下进行的，另一个是在市场中完成的。因此比较市场交易成本和法院管理成本就成为关键。

---

① 该案例源自 Cooter and Ulen（2003）第 7 章第 258-259 页。

比较市场交易成本和法院管理成本的大小没有直接的结论，这取决于市场的成熟情况和法院水平的高低。当市场发育程度低、交易秩序混乱、信息获取困难、市场保障制度缺失时，市场交易成本肯定处于高水平。此时如果法院具有较高的专业素质，能够准确判断违约赔偿的水平，就应该更多地采用违约赔偿制度，少采用特定履约制度。但如果市场成熟，而法院素质不高，无法准确判断违约赔偿的水平，则应该多采用特定履约制度。

2. 特定履约的优势①

从直观上说，特定履约实现的合同履行价值等于预期违约赔偿代表的价值，因此特定履约也能够实现效率违约目标，并且特定履约还具有保护当事人主观价值的作用。这可以通过一个著名的案例显示出来。

皮维豪斯诉加兰煤矿业有限公司案（Peevyhouse v. Garland Coal & Mining Co.）中原告是一个农场主，他将其一块土地出租给被告——一个采煤公司，供被告开采蕴含在地下的煤矿。合同中约定煤矿开采5年后，被告将土地填实整平后归还给原告。但是被告并没有将土地填实整平，因为这样做需要花费29 000美元，而填实整平给土地带来的市场价值上升只有300美元。原告起诉要求被告履行合同义务。法院判决支持了被告的主张，判令其赔付原告300美元。

表面上看，29 000美元的履约成本远远超出了履约价值300美元，符合效率违约理论的逻辑。但是问题的关键是，该案中法院是以市场评价来判断履约价值的，而市场价值并不是合同中原告预期的合同履行完毕时的收益，后者是合同中确定的原告的主观价值。也就是说，法院使用了错误的判断履约收益的标准。在合同确定的当事人的主观价值大于市场价值的情况下，以市场价值来衡量履约收益会导致过度违约。该案中原告对于合同履行的价值判断具有主观评价——期望将土地填实整平，并且这个主观评价已经反映在合同中且为被告所接受，被告违约实际上是过度违约的体现，不符合效率违约的逻辑。

当预期违约赔偿主要由主观价值构成时，效率违约要求违约方必须支付该预期违约赔偿，但是当事人的主观价值难以为外人判断，仅凭当事人自己决定就会产生人为提高的结果。特定履约制度克服了主观价值难以判断的难题，要求违约方必须完成合同规定的义务，不仅保护了非违约方的主观价值，而且同样起到了效率违约的作用。此时，违约方只有在特定履约的成本高于履约收益时才会选择违约，从而有效抑制了过度违约。

特定履约的第二个优势在于特定履约能够在效率的基础上实现公平。如表8-2所示，特定履约和违约赔偿都能够实现效率结果。但是特定履约给予了当事人乙以特别保护，强调首先要满足乙方基于与甲方先成立的合同的权利，从而使乙方在两个交易中都占有主动地位。由此特定履约在实现效率结果的同时，也维护了交易的安全，使整个合同制度建立的秩序更加稳定，同时也给予了甲方以一个尽力发现最优交易对象的激励。

特定履约的不足在于，它的实现受到客观条件的限制。有些履行不具有可重复性，特定履约只在一定范围内适用。《合同法》第一百一十条规定，以特定履约方式为基本的、首先采取的救济方式，只有在具有下列情形的情况下才不采取特定履约方式：“（1）法律上或者事实上不能履行；（2）债务的标的不适于强制履行或者履行费用过高；（3）债权人在合理期限内未要求履行。”

① 本小节基于Miceli（2004）第5章“2.2 主观价值和效率违约”和“2.3 同意的价值”两节的内容。

8.4.4 违约金

违约金也是确定当事人主观价值的一种方式。违约救济方式可以分为法院使用的救济方式和当事人自愿使用的救济方式两类，前者主要包括违约赔偿、特定履约、退还等方式，后者主要是违约金。违约金是当事人在合同中约定的违约方需要支付给对方的赔偿金，是双方意思一致的体现之一。在法律实践中，法院在处理违约案件时都会首先看合同中是否约定了违约金条款。如果有约定，则按照当事人的约定违约金作为违约赔偿标准，没有时才采用特定履约、预期违约赔偿等法律规定的违约救济方式。《合同法》第一百一十四条规定："当事人可以约定一方违约时应当根据违约情况向对方支付一定数额的违约金，也可以约定因违约产生的损失赔偿额的计算方法。"

1. 违约金的优势：采用违约金的理由

Rea（1998）强调当事人约定违约金条款有三个理由：一是他们希望避免违约时确定赔偿水平的诉讼成本；二是法院在确定赔偿水平时存在一定困难，特别是当其中包含有当事人的主观价值时；三是当事人期望通过约定违约金来实现合同风险的最优分配。

实际上，违约金具有更加重要的功能。(8.7) 式 $D=V(R_1)-P$ 说明预期违约赔偿必须建立在最优信任投资上，才能够同时实现效率违约和最优信任投资。尽管哈德利规则说明超过最优信任水平的投资将不会得到赔偿，由此激励当事人将信任水平稳定在最优信任水平上。但是最优信任水平是如何决定的呢？当事人在合同实践中如何确定自己的信任投资水平是不是最优的呢？

违约金制度具有具体确定最优信任水平的功能。一方面，在合同签订过程中，当事人双方是根据合同履行的价值来确定违约金水平的。在这个过程中当事人对合同履行对彼此的价值具有了充分交流的可能，明确了合同履行和不履行对彼此的意义。由此如同哈德利规则具有的信息揭示作用一样，违约金的制定也具有同样的功能。信息揭示有助于更加准确地判断对方履约的可能性，并从中决定自身的信任投资水平。另一方面，违约金实际上确定了最高的赔偿水平，超过该水平的信任投资也将得不到赔偿。因此，即使当事人无法具体确定对方当事人的履约概率，但是他清晰地知晓其信任投资超过违约金水平就将得不到补偿，所以违约金制度也具有哈德利规则的最优信任投资激励功能，并且与之相比较，违约金安排更具体地说明了信任投资的最优水平，即低于或者等于违约金水平。

进一步地，哈德利规则主要是在合同违约事实发生后，指导法院在事后判断当事人的信任投资水平是否最优的规则。它不仅是由合同当事人之外的第三方——法官进行判断，而且是事后进行判断。由此，不仅面临信息难题，当事人之间可能存在着大量的可以观察但难以向法官证实的信息，而且是事后补救，导致社会付出本可以避免的救济成本。而违约金是当事人之间在意思一致基础上约定的，能够充分体现当事人的信息优势，并且是在事前构建起了信任投资标杆，因此违约金制度比哈德利规则具有更多的制度优势，是应当优先适用的制度安排。

2. 惩罚性违约金的适用与不适用

但是多数国家一般都不执行过度高于实际损失的违约金，即惩罚性违约金，会将惩罚性违约金调整到一个合适的范围，然后再执行。《合同法》第一百一十四条规定："约定的违约金低于造成的损失的，当事人可以请求人民法院或者仲裁机构予以增加；约定的违约金过分高于造成的损失的，当事人可以请求人民法院或者仲裁机构予以适当减少。"不执行惩罚性违约金的主要理由是认为合同规范的是平等当事人之间的交易关系，平等意味着其中任何一方都没有权利惩罚另一方，惩罚意味着一方对另一方有了权威，将平等关系转化为了不平等关系。然而，经济分析给出了适用惩罚性违约金的理由。

存在着两种不同的惩罚性违约金：无意惩罚违约金和有意惩罚违约金。无意惩罚违约金是那些违约造成的实际损失远小于违约金水平的违约金。之所以是无意的，是因为当事人在确定违约金水平时并没有惩罚违约方的意图，只是因为实际违约损失远低于签订合同时的估计才出现这种情况。对无意惩罚违约金进行事后调整并不影响当事人的效率违约决策。因为当事人的履约和违约决策是按照合同中约定的违约金水平作出的，而不是根据事后才确定的对方当事人的实际损失来确定的。当事人即使知道违约金在远高于实际损失时会被调整，但是其无法确定对方当事人的实际损失水平，所以除非其能够准确判断对方当事人的实际违约损失，他依然会按照违约金规定的水平进行履约或者违约决策。

但是对于有意惩罚违约金的调整将导致当事人行为的变化，从而使合同当事人追求的目标无法实现。有意惩罚违约金是当事人为确保合同的履行而有意制定的具有强烈负向激励性质的违约金。这又可以进一步区分为两种情况：一是履行保险，二是显示履行能力。

履行保险是因为合同履行对于当事人具有特殊意义，所以当事人愿意以更高的价格来促使对方当事人履行合同，而一旦对方违约也要以更高的水平进行赔付。例如一位十分希望观看母校球队比赛的校友与一家客运公司签订了一个合同[①]，公司承诺在比赛前将该校友及其朋友运送到比赛场。由于该校友担心万一客运公司违约将给其造成不可弥补的损失，因此双方在合同中包含了一个惩罚性违约金条款，规定：一方面，该校友以高于市场一般价格的水平雇用客运公司；另一方面，客运公司违约要付给校友远高于一般赔偿水平的赔偿。这个较高的赔偿水平不仅反映了校友对履约价值的主观评价，更重要的是激励客运公司提高对履约的重视程度，优先安排最好的车辆和技术熟练、路线熟悉的司机来履约。惩罚性违约金构成了履约的保险安排。当违约出现时，惩罚性违约金就成为客运公司向该校友支付的赔付金。

显示履行能力则是当当事人的履行能力受到对方质疑时，该当事人为显示自身的履行能力而制定惩罚性违约金条款，主动要求违约时受到远高于一般水平的惩罚。例如一家新成立的建筑公司欲承包一个工程。但是由于其是新成立的，没有任何建筑资历，工程发包方一般不会将工程承包给这样的公司。为获得承包权，该建筑公司主动提出在合同中加入一个惩罚性违约条款，向发包方提供一个更高水平的履约保障，同时也显示出自身能够按期、按质履行的信心。

这两种有意惩罚违约金都有其产生的效率根据，不应当被否定。假设当事人（如客运公司、建筑公司）预期到惩罚性违约金将不被执行，被执行的是对方当事人的实际损失，那么客运公司依然没有高水平履行合同的激励，该校友的主观价值无法得到合同制度的保护；建筑公司也永远无法进入目标市场，因为此时惩罚性违约金是不可置信的惩罚。所以，这两种情形下惩罚性违约金应当得到法院的支持。

---

① 案例源自 Charles Goetz and Robert Scott（1977），"Liquidated Damages Penalties and the Just Compensation Principle：Some Notes on an Enforcement Model of Efficient Breach"，*Columbia Law Review*，77：554。此处转引自 Cooter and Ulen（2003）第 252 页。实际上本小节内容主要是基于这篇文章的思想。

8.5 格式合同的效率与公平

8.5.1 格式合同

格式合同有下列特点：(1) 格式合同是由一方预先制定的。也就是说，格式合同文件在订约以前就已经预先制定出来，而不是在双方当事人反复协商的基础上制定出来的。(2) 格式合同是一方与不特定的相对方订立的。制定方常常是具有相对优势的大公司、政府结构，相对方常常都是力量较弱的、分散的消费者和顾客。(3) 格式合同具有定型化的特点。定型化的特点使格式合同具有很大的稳定性和不变性，它普遍适用于一切要与起草人订合同的不特定的相对方，并不因相对方的不同而有所区别。(4) 相对方在订约中居于附属地位。相对方并不参与协商过程，只能对一方制定的标准合同条款"要么接受，要么走开"，难以就合同条款讨价还价，因而相对方在合同关系中处于附属地位。①

格式合同渗透到生活的每个方面，在日常生活中遇到的合同绝大多数都是格式合同。例如，自来水、煤气、暖气、电话、互联网、电力、公共汽车等方面的合同都是格式合同，与人事部门、保险公司、银行、邮局、房地产公司签订的仍然是格式合同，格式合同已经成为社会经济生活中一项至关重要的交易制度。

格式合同是现代化大生产和大量重复交易的结果。一方面，与每次具体协商相比，格式合同有节省时间、减少纷争、交易成本低和为日常生活带来便利的优点。从这个方面看，格式合同是有效率的。但是，另一方面，格式合同对于制定方远比对接受它们的个人更为有利，制定方在各方面都比接受方有优势：庞大的资源、最好的法律意见和起草技术、有能力诉讼。格式合同的一个极其普遍和广受争议的条款是"免责条款"，该条款通常规定制定方在任何情况下都没有责任。尽管双方在法律上是平等的，消费者在理论上仍然是"自由的"，但其选择常常限制在"同意"或"不同意"，没有缔结合同内容的自由。这是通常认为的格式合同中的非效率因素。

8.5.2 格式合同中的合作剩余分配

双方自愿签订一个合同时，双方都是赢家。以购买一个空调交易为例，甲商场欲在1 600元以上的任何价位出售空调，乙消费者欲在2 600元以下的任何价位购买空调，双方的合作剩余是1 000元，在1 600～2 600元之间的任何价格成交对双方都是互利的。现在的问题是，各自获利多少？合作剩余的分配主要与市场的竞争程度和双方讨价还价的策略相关。

首先讨论选择合同内容的自由对分配合作剩余的影响。假定有三个回合讨价还价。由于讨价还价是有成本的，设每经过一个回合，合作剩余就会下降一个比例，双方的利益都要打一个折扣δ，因此谈判拖得越长、进行的回合越多，对双方越不利。必然让对方得到的利益不如早点让其得到，这对自己是有利的。图 8-4 中括号左边代表甲的得益，右边代表乙的得益。

---

① 王利明. 中国民法案例与学理研究［债权篇］. 北京：法律出版社，2003.

求解该均衡的方法是逆推归纳法。假如进行到第三回合由甲选择，不管甲提出的分割比例是多少，乙必须接受。按照个人追求自身利益最大化的经济学假设，甲提出 $1\,000\delta^2$，此时乙一无所有；但为了讨论问题的一般性，可以得出，一般情况甲得 $\delta^2 S$，乙得 $\delta^2(1\,000-S)$，其中 S 代表甲的出价。第二回合乙选择，假定任一博弈方只要得益不小于下一回合自己出价时的得益，就愿意接受对方的出价，使得甲接受的得益不小于第三回合的得益，$\delta S_2=\delta^2 S$，即 $S_2=\delta S$，此时乙得 $\delta(1\,000-\delta S)$，比进行到第三回合的得益 $\delta^2(1\,000-S)$ 要多。最后推回到第一回合甲的选择，使得乙接受的得益不小于第二回合的得益，$1\,000-S_1=\delta(1\,000-\delta S)$，即 $S_1=1\,000-1\,000\delta+\delta^2 S$。所以甲、乙实际分别得到（$1\,000-1\,000\delta+\delta^2 S$，$1\,000\delta-\delta^2 S$）是该博弈的均衡解。

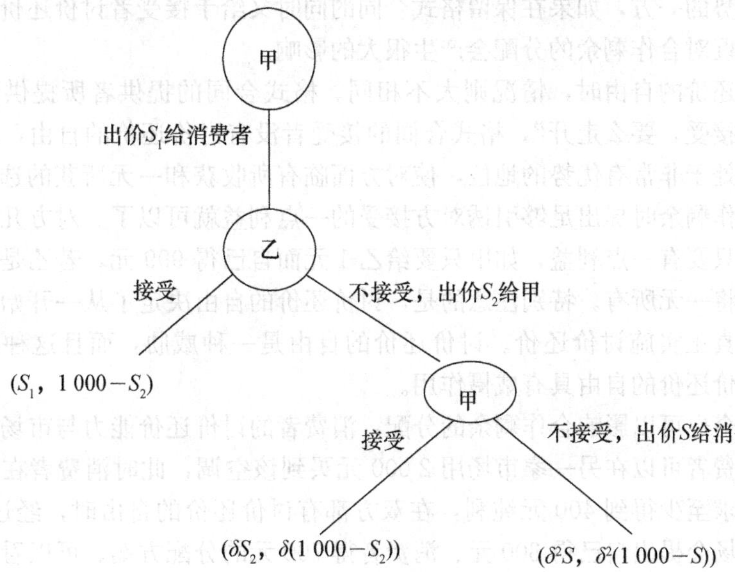

图 8－4　讨价还价博弈树

也就是说，在乙有讨价还价的自由且有交易成本的情况下，理性的甲会在第一个回合就让出 $1\,000\delta-\delta^2 S$ 给乙。如果乙有讨价还价的自由，乙仗以讨价还价的筹码就是跟甲拖时间，因为虽然最终甲可以争得全部合作剩余，但拖延时间会给甲造成损失，拖延时间对甲造成的损失越大，甲愿意分给乙的合作剩余以求早日结束讨价还价的份额就越大。这样当事人达成一致不是因为他们想尽快获得达成一致时的合作剩余，而是因为每一轮谈判双方都要付出成本，消耗掉其中部分合作剩余。

将这一包含交替出价的博弈推至无穷。当没有最后回合时，逆推归纳法无法适用。求解方法如下：对一个无限回合博弈来讲，无论从第三回合开始，还是从第一回合开始，只要是由甲出价，均衡解是一样的。假定整个博弈有一个逆推归纳解，甲和乙的得益分别为 S 和 $1\,000-S$，该解也应该是从第三回合开始的博弈的结果。也就是说，第三回合也应该是甲出 S，乙接受，双方得益分别为 S 和 $1\,000-S$，而且这个结果是最终结果。再把第三回合理解成从第一回合开始的无限回合博弈的第三回合，所以 $S=S_1=1\,000-1\,000\delta+\delta^2 S$，所以 $S=1\,000/(1+\delta)$。如果讨价还价是无穷回合的，均衡解就是甲在第一回合出价 $S^*=1\,000/(1+\delta)$，乙接受并获得 $1\,000\delta/(1+\delta)$。

当δ趋近于1，此时交易成本相对于合作剩余是很小的，从一开始甲提出平分合作剩余是合理的；当δ趋近于0，此时交易成本几乎等于合作剩余，甲只需要给乙一点儿而自己分得绝大部分就可以了。但是这种情况在现实生活中发生的可能性很小，因为假如乙感到不公，行使讨价还价的权利时就会两败俱伤。当δ不确定，并且博弈方的推理能力有限时，更可能的是从一开始甲就提出平分合作剩余。

当然，实际上不可能有无穷个回合，但只要甲、乙有讨价还价的自由，这个过程很可能就会进行下去，不知道在哪里停止。在博弈论中不确定回合博弈可以转化成无穷博弈，其效果相当于无穷讨价还价。在现实情况中，每次讨价还价的交易成本对双方可能是不同的。一般情况下，强者的机会成本较大，所以讨价还价具有“锄强扶弱”的功能。格式合同的提供者是强势的一方，如果在保留格式合同的同时又给予接受者讨价还价、制定特别条款的自由，无疑对合作剩余的分配会产生很大的影响。

当没有讨价还价的自由时，情况则大不相同。格式合同的提供者所提供的合同是要约，对方“要么接受，要么走开”，格式合同的接受者没有讨价还价的自由，这样使得格式合同的提供者处于非常有优势的地位，使对方面临有所收获和一无所获的选择。提供者只需要在分配合作剩余时提出足够引诱对方接受的一点利益就可以了。对方几乎处于被命令的位置，因为只要有一点利益，如甲只要给乙1元而自己得999元，若乙是理性的肯定会接受，否则他将一无所有。特别注意的是，讨价还价的自由决定了从一开始的合作剩余的分配，而不必真正实施讨价还价。讨价还价的自由是一种威胁，而且这种威胁是可信的，所以说，讨价还价的自由具有威慑作用。

建立外部机会也可以影响合作剩余的分配，消费者的讨价还价能力与市场竞争情况密切相关。假如消费者可以在另一家市场用2 000元买到该空调，此时消费者在分配原来的合作剩余时会要求至少得到400元纯利，在双方都有讨价还价的自由时，经过向前展望、倒后推理后，商场会提出自己得300元、消费者得700元的分配方案。可以看到由于有选择交易对象的自由，消费者的谈判能力大大增强，得到的合作剩余大为增加。

合同对合作剩余的分配如何，不仅与合同双方当事人讨价还价的能力和讨价还价的自由相关，更重要的在于市场竞争的程度。正如波斯纳所说：“重要的不是在每一项交易中是否存在对交易条件的争议，而是竞争是否迫使卖方将保护买方的条款体现在他们的格式合同中。”① 所以，格式合同对合同自由的侵犯外在表现为选择合同相对人的自由和选择合同内容的自由，实质是合作剩余分配的不公。由此可以得到：没有讨价还价的自由就没有合同；没有竞争就没有合同。没有管制的格式合同不是合同，而是命令行为。

8.5.3 格式合同的管制

1. 管制的理由

社会希望从自由合同到格式合同的转变是一个帕累托改善的过程，消费者即使不能分享因为实施格式合同所节省下来的交易成本这部分收益，至少也不能得到比自由合同时更糟的结果。使用格式合同的最初想法也是“利己不损人”的，是构建一个帕累托改善过

① 波斯纳．法律的经济分析．北京：中国大百科全书出版社，1997.

程，要求格式合同的接受者从格式合同中得到的收益至少没有变得更少，所以社会接受了格式合同，认可了政府部门和大公司等的格式合同单方制定权。格式合同在 19 世纪末、20 世纪初出现后，已经发展成为最为普遍的合同形式。

但是从“经济人”假设出发，如前所述，格式合同制定者会制定出仅仅能引诱相对方签订合同的格式合同，自己分得合作剩余的大部分，从而使得合作剩余的分配利益失衡，这就给了格式合同提供者利用制定格式合同的优越地位侵犯相对方利益的合法机会。而且随着格式合同的广泛使用，相对方也渐渐失去了与自由合同进行比较的机会，慢慢换成了与不签订这种格式合同相比。签订格式合同的“自愿”逐渐演变成了为了不使相对方的现有境况在不签订合同时进一步恶化的“自愿”。相对方的福利水平与不签订合同时相比确实是有改善的，否则相对方就不会签订合同，但与签订自由合同时相比下降了。

按照科斯定理，在没有交易成本的情况下，产权的配置可以通过市场或私人谈判得到效率结果。格式合同的提供者固然强大，但如果接受者联合起来力量就会更加强大。可聘请专业人员研究产品的特性，聘请法律顾问就格式条款进行磋商，以使格式合同反映相对方的集体意志，提高相对方获取的合作剩余份额。但问题在于相对方多是分散的消费者和顾客，联合起来的成本巨大，且成本如何分担也是一个难题。所以高昂的交易成本使相对方成为沉默的大多数，难以发展出成功克服格式合同不利方面的制度安排。

从自由合同到格式合同满足了卡尔多-希克斯效率标准，对社会有利。但合同是自我设定的义务，仅仅满足卡尔多-希克斯效率标准是不够的，还必须对格式合同的合作剩余进行公平分配。并非效率而是合作剩余分配的不合理，是管制格式合同的根本原因所在。

2. 管制的方向

第一，促进市场竞争，构建抑制格式合同不合理分配合作剩余的良好外部环境。签订合同的自由就是选择合同相对方的自由，其前提是存在一个自由竞争的市场，存在供选择的多个相对方。但若是垄断的市场，选择合同相对方就是无意义的，因为没有选择余地。同样，自由竞争市场也是选择合同内容的前提，若是垄断的市场，不管有没有讨价还价的自由、讨价还价的能力多大、讨价还价的策略多好，都无济于事。一个国家的合同自由程度并不仅仅在于合同法多么完善，更重要的是构建起完全竞争的自由市场制度。

第二，赋予相对方讨价还价的权利。如前所述，选择合同内容的自由在合作剩余分配中至关重要，所以对于任何格式条款，相对方有与提供者订立特约条款的权利。格式条款和特约条款不一致的，应当依照“特别法优于普通法”的法律原则采用特约条款。例如，《中华人民共和国保险法》（简称《保险法》）第十八条规定：“投保人和保险人可以约定与保险有关的其他事项。”第二十条规定：“投保人和保险人可以协商变更合同内容。变更保险合同的，应当由保险人在原保险单或者其他保险凭证上批注或者附贴批单，或者由投保人和保险人订立变更的书面协议。”

第三，按照不利于制定方的原则解释格式合同。《合同法》第四十一条规定：“对格式条款的理解发生争议的，应当按照通常理解予以解释。对格式条款有两种以上解释的，应当作出不利于提供格式条款一方的解释。”

第四，格式合同制定者负有提示义务。合同条款应当是通俗易懂的，对于其中的专业条款和责任条款，提供者负有解释说明及提示相对方注意的义务。《合同法》第三十九条规定：“采用格式条款订立合同的，……并采取合理的方式提请对方注意免除或者限制其责任的条款，按照对方的要求，对该条款予以说明。"《保险法》第十七条规定："订立保险合同……保险人应当向投保人说明合同的内容。"该原则将格式条款说明注意之义务赋予保险人，从而使得投保人探究保险条款的成本降低，从而保护投保人，符合科斯定理。

8.5.4 例外：针对市场失灵的格式合同

利用格式合同降低合同的谈判成本，导致了合作剩余分配的不合理，这是对格式合同进行管制的经济理由。但是格式合同作为一种交易的外在体现形式，当其基于的交易本身就是用来克服市场失灵的安排时，该格式合同尽管也表现出了合作剩余分配不公的特征，但不能根据上面的逻辑进行管制。

威廉斯诉沃克-托马斯家具公司案（Williams v. Walker-Thomas Furniture Co.）① 是这个方面的著名案例。威廉斯是一个贫困的母亲，她利用消费贷款购买家具等耐用消费品，因此与被告签订了消费信贷合同，其中有一个抵押条款规定："消费贷款的抵押物是利用贷款购买的所有耐用品，一旦其中有一项耐用品的贷款及其利息没有按时偿付，所有利用贷款购买的耐用品都将作为抵押品被收回。"威廉斯不幸没有按时偿还其中一笔贷款，其所购买的全部家具被被告收回。于是威廉斯起诉到法院，认为该合同条款极度不公平，请求拿回家具。法院支持了原告的主张。

该案中的格式合同，从表面看是具有优势地位的被告与处于劣势地位的一位贫困的母亲之间的一个不平等契约，消费者剩余被过度压榨，福利水平被过度剥夺，是不公平的契约。但是需要深思的是，为什么会产生这样一个严苛的格式合同？根本原因在于，这是一个失灵的市场，没有一个金融机构愿意贷款给贫困的消费者，这些消费者不仅缺乏足够的偿还能力，而且缺乏足够的信用水平来担保贷款的安全。而要改善贫困者的生活状态，为其提供必需的贷款是一个良好的途径，贫困者有着强烈的贷款需求。

这样，一方面是贫困者有着巨大的贷款需求，但另一方面是金融机构没有供给动力，该市场是一个严重失灵的市场。严苛的抵押条款实际上是作为解决市场失灵的手段出现的。面对缺乏足够信用水平的高风险的贫困者，金融机构要发放消费贷款就需要要求一个价格水平相对较高的担保，这个价格水平相对较高的担保体现在抵押条款上就是：一旦有一期贷款归还不上，就要把所有的抵押物拿走。

那么，如果法院否定了金融机构设定的看似严苛的抵押条款，将彻底没有金融机构在这个市场上提供金融服务，所有贫困者的整体福利水平都会因此而下降，所以法院的否定判决实际上是不符合效率标准的，同时也不利于整个社会的公平。

习　题

1. 试述合同法的经济目的。
2. 合同法具有六个方面的经济功能，结合全章内容，试阐述这些功能是如何实现的。
3. 正文中讲："一个小女孩在玩耍的水塘边捡到一个石块，这时有一个珠宝商恰好路

---

① 该案例源自 Cooter and Ulen（2003）第 7 章第 290 页。

过，他知道小女孩捡到的是一块钻石，就以很低的价格从小女孩手中买走了石块。那么，小女孩的父母有权利要求该合约无效，把钻石要回来。很明显，小女孩并不具备理解交易真实含义的能力，而珠宝商具备这种能力，而且他利用了这种认知能力和没有资格的小女孩签订契约，这种合同应该是无效的，他要承担相应的因为合同无效而带来的责任和风险。”如果钻石的出售者是小女孩的父母，试分析合同是否有效，并解释。

4. 在古董车的案例中，当信息是偶然获取时，邻居有义务披露该信息。但是如果该邻居不是向车主人购买该车，而是在旧车市场购买该车，他还负有信息披露责任吗？讨论古董市场上赝品的出售者有没有披露赝品信息的责任。

5. 在上述案例的基础上，阐述合同中信息问题的经济逻辑。

6. 阐述效率违约模型。

7. 特定履约相比较于违约赔偿的优势何在？

8. 违约金为什么比哈德利规则具有更多的制度优势？

9. 执行惩罚性违约金的经济理由是什么？

10. 管制格式合同的经济理由是什么？为什么存在管制的例外？

推荐阅读书目

1. Cooter and Ulen (2003), *Law and Economics*, 4rd Ed., Pearson Education, Inc., Publishing.

2. Miceli (2004), *The Economic Approach to Law*, Stanford, California: Stanford University Press.

案例分析

李珉诉朱晋华、李绍华悬赏广告案

1993年年初，李绍华委托其朋友朱晋华代办汽车提货手续。3月30日，朱晋华将装有价值80余万元人民币的汽车提货单等物品的公文包遗失，被李珉拾得。同年4月12日，李绍华得知失包情况后，在天津市《今晚报》刊登寻包启事，声明一周内有知情送还者酬谢15 000元。次日，李珉按照报纸的启事归还公文包及包内物品，但在给付酬金问题上双方发生了争执，李珉遂向法院提起诉讼，要求朱晋华、李绍华依其许诺支付报酬。朱晋华、李绍华辩称：寻包启事许诺给付酬金不是其真实意思表示，李珉不根据联系线索主动寻找失包人，物归原主，却等待酬金，酬金属不当得利。一审法院支持被告的主张，认为李珉应将拾得的遗失物归还原主。被告寻包启事中许诺的并非真实意思表示的酬金，应属违法。李珉不服一审判决，向天津市中级人民法院提出上诉。天津市中级人民法院审理认为：一审法院认定的事实清楚。但是一审法院认定被上诉人在寻包启事中所称给付报酬的承诺并非真实意思表示，缺乏充分的依据。李绍华在天津《今晚报》上刊登的寻包启事为一种悬赏广告，其明确表示“一周内有知情送还者酬谢15 000元”，系向社会不特定人发出的要约。上诉人李珉在广告规定的“一周内”完成了广告指定的送还公文包的行为，

则是对广告人的有效承诺。从而，李珉与朱晋华、李绍华之间形成了债权债务关系。《中华人民共和国民法总则》（简称《民法总则》）第一百三十六条规定："民事法律行为自成立时生效，但是法律另有规定或者当事人另有约定的除外。行为人非依法律规定或者未经对方同意，不得擅自变更或者解除民事法律行为。"朱晋华、李绍华负有给付报酬义务，他们辩称寻包启事许诺给付报酬不是其真实意思表示，拒绝给付李珉酬金，违背了《民法总则》第七条规定的诚实原则，是错误的。因而判定一审判决不当，应予纠正。

资料来源：最高人民法院典型案例，http://www.court.gov.cn/popular/200303260177.htm.

【问题】

悬赏广告是否具有法律效力？酬金是否属于不当得利？应该建立什么样的悬赏广告制度才是最有效率的？

【分析】①

合同法制度的目的在于实现物品的效率交换。物品遗失后，所有者在对遗失物的评价高于寻找成本的情况下会进行寻找。并且在多数情况下，遗失物只有在原所有者手中才能得到最有效率的利用。那么，以最小的成本促进遗失物尽快回到所有者手中，就应当是遗失物法律制度的根本立法原则。悬赏广告就是这样一种制度安排，最小化悬赏广告制度的运作成本、最大化地促进遗失者和拾得者的合作应该是悬赏广告制度追求的目标。如何实现成本最小化？由此如何安排悬赏广告制度呢？

所谓悬赏广告是指以广告声明对完成一定行为之人给予报酬，因而广告人对于完成该行为的人负给付报酬的义务。对于悬赏广告的性质，两种学说争论已久。契约说认为，悬赏广告是广告人利用广告的方式向不特定的人发出的要约，而相对人完成该指定的行为是对该要约的承诺，由此契约成立。英美法系国家一般采用契约说。在大陆法系地区，日本等地将悬赏广告规定于契约之下，采用契约说。单独行为说则认为，悬赏广告是一种单方法律行为，乃单方债务拘束，是广告人单方表示负担债务，相对人无须对悬赏广告有承诺的意思，而只需完成指定的行为，债务发生的条件即完成，广告人便负有支付相对人报酬的义务。在立法上，德国主张和采用单独行为说的主张。

经济分析的方法有助于确定悬赏广告的具体制度选择。(1) 悬赏广告实际上是解决信息不对称的一种制度安排。如悬赏征集有关线索、搜集证据等，悬赏广告实际上是在促进信息交换。有的时候即使有人希望而且有能力很有效率地完成指定行为，却可能因为不知谁需要这种服务而无法完成合作。这在本案这样的遗失物悬赏广告中更为明显。拾得者拥有完全信息，而遗失者却对如何才能找回遗失物毫无信息。悬赏广告能够促进交换信息，而这是合作的重要前提之一。

利用悬赏广告而最终合作的主体能够从中获得合作剩余，提高双方的福利水平。对于当事人来讲，合作剩余的存在是悬赏的前提。比如，在遗失物悬赏广告中，遗失人认为物品对他来说值 P_1，而拾得者认为物品对他来说值 P_2。如果 $P_1>P_2$，能够设定悬赏额 P，使得 $P_1>P>P_2$，那么如果拾得者交还物品，则对于当事人双方来说就是一个帕累托改进，他们分享了合作剩余 P_1-P_2。这也解释了现实生活中为什么如货币一类的物品丢失

① 该分析的思想主要来源于陈屹立，张帆．悬赏广告的法律性质及其经济分析．经济体制改革，2004 (3) 和黄少安，李振宇．悬赏广告的法经济学分析．经济研究，2002 (5)。

极少有人悬赏的原因，因为此时没有合作剩余存在，遗失者和拾得者对于货币的评价是一致的。一般而言，那些具有强烈主观评价性质的物品，也即所有者评价高而拾得者评价低的物品往往是悬赏广告的悬赏对象。悬赏广告能够改进当事人的福利，这是悬赏广告在现实社会中广泛存在和盛行的经济原因。

悬赏广告制度的构建应以最小化遗失者和拾得者之间的合作障碍为目标，那么契约说和单方行为说是否有助于这个目标的实现呢？在契约说下，如果完成指定行为的人根本不知有要约，则无以承诺，自然也就不能成立契约，无法在双方当事人之间产生相应的权利义务关系，那么此时不知有广告而完成指定行为的人便无以获得报酬，这时双方就无法合作而分享潜在的合作剩余。同样的，当完成指定行为的是无行为能力人或限制行为能力人，如果采用契约说，由于这两种人都欠缺缔约能力而无法与广告人成立契约，也自然无法基于契约获得报酬。单独行为说下则不存在上述问题。契约说显然是人为地限制了当事人双方实现合作的空间，人为地缩小了合作规模，造成了社会福利的损失，也背离了广告人的意愿。因此，悬赏广告制度的构建应该选择单方行为说为法律理论。

否定悬赏广告效力的主张常常宣称：看重悬赏广告的报酬是乘人之危，酬金属于不当得利。如本案中被告辩称的那样。但是物品一旦遗失就成为一个既成事实，就需要花费一定的成本将其寻找回来。所以，问题的关键在于遗失者如何以成本最低的方式找回其遗失物，而不是以所谓的不当得利来否定悬赏广告制度的有效性。实际上，遗失者在拾得者按照广告归还遗失物后不支付承诺的报酬，才应当是值得谴责的不道德行为。

悬赏是需要花费相当成本的，这不仅是对拾得者的归还行为的奖励，也是对遗失者的惩罚，从而使所有人能更谨慎地预防自己的物品遗失。一概认定悬赏广告无效而督促拾得者返还，显然将纵容物品所有人疏于看管自己的财物，无法对遗失者形成最优约束，由此形成的成本不能由其他社会成员（如拾得者）承担。

第九章

侵权法的经济分析

9.1 侵权与侵权法

9.1.1 侵权法的经济本质：高昂交易成本下的强制“交易”

侵权法是规定当一个人的权利受到侵害的时候，按照什么样的规则来认定侵害成立和按照什么样的标准使侵害人对受害人进行补偿的法律制度体系。它属于权利保护制度中的核心制度安排。这是传统的法学角度的理解。法经济学对侵权法的本质提出了自己的理解。

财产法的目的是确定一个权利体系，合同法的目的是建立一个实现权利自愿流转交易的制度体系。合同法的核心理念是，一个人愿意把权利出让，是因为别人的评价比自己的高，别人的出价高于自己对权利的评价，权利人不是在被强制的状态下进行了权利的转让。但侵权法对应的是权利非自愿流转，当事人（受害人）被迫就权利的“使用”与他人（侵害人）进行“交易”，侵害的事实导致了受害人的权利被他人强制使用。比如，在交通事故这种侵害没发生前，行人和机动车都有权利使用道路，但一旦侵害发生了，就说明行人和机动车之间在使用道路这种通行权上发生了一定的冲突，要么是行人侵占了车辆的通行权，要么就是车辆侵占了行人的通行权。这种侵占实际上代表着侵害人权利的一种扩大，对受害人来讲就代表着以一种非自愿的方式被迫“出让”他的权利，是一种非自愿的权利交易。

科斯在《社会成本问题》中反复强调了侵害具有相互性，认为侵害实际上是两种社会生产活动的成本和收益间的比较。也就是说，是让行人拥有通行权更有利于社会福利水平最大化还是让车辆拥有更多的通行权更有利于社会。现在许多城市的道路改造，一般来讲都是拓宽机动车道，自行车道和人行道被压缩，这就是对机动车道路通行权的支持，也体现出了政策制定者的一种基本判断：认为赋予机动车更多的通行权更有利于社会。因而侵权从科斯的角度来理解就是一种强制的非自愿的权利交易。这样的权利交易带来的社会成本和收益各是多少不能简单判断，而是要根据每个具体情形之下产生的成本、收益进行比较分析，然后确定支持哪一种行为。

那么，为什么当事人之间不能就权利的使用进行自愿谈判呢？高昂的交易成本阻碍了事前谈判的可能。比如，机动车上路行驶，如果要事前进行谈判，机动车驾驶者就必须找到所有他可能遇到的行人、其他机动车驾驶者就可能发生的交通事故进行谈判。仅是搜寻谈判对手的成本，就足以使机动车难以上路行驶。无法事前确定可能的交易对手是侵权事前谈判面临的第一个困难。谈判难以顺利完成是第二个难题，其中任何一个谈判的失败都将使行驶成为不可能。而这几乎是肯定的，因为没有主体会同意以一定数量的金钱来交换自己的身体健康或者身体的某个器官，除非在特定情形下。反过来，如果强制要求事前谈判，那么机动车上路行驶等社会活动就无法进行，它们代表的社会收益就无法产生和获取。所以社会必须在社会活动的收益和成本之间进行权衡，当一些行为虽然产生损害但是其收益又是社会所需的时候，就允许进行非自愿的强制交易。这就是侵权法的经济本质。

9.1.2　侵权法的基本法学构成

1. *侵权法的核心问题*

侵权法有两个核心问题，一是如何认定侵权，二是如何进行侵权救济。认定侵权就是根据什么样的标准认定一种行为是侵权。其中关键是确立认定侵权的基本归责原则。尽管世界法系存在着大陆法系、普通法系以及其他法系的差异，但侵权责任的归责原则基本上是一致的。严格责任、过错责任原则是两个基本的归责原则。侵权救济就是确定当侵权事实被确认后如何进行救济，基本内容是如何对受害人的损失进行补偿。在一定情况下，还可能引入更多的救济方式，如罚款、恢复原状等。法经济学对这两个核心问题都提出了自己的看法和解释，在一定程度上深化了现有的理论。

2. *侵权责任的构成*

侵权法确定了侵权责任的三个构成要素：伤害、因果关系和过错。一是伤害，即侵害行为已经发生，受害人一方的确受到了伤害，其福利水平确实下降了，也就是说必须有伤害这个事实存在，如果没有实际上的伤害，即使施害一方的行为是危险的，也不是侵权行为。二是因果关系，就是伤害和侵害人之间要有因果关系。因果关系有长有短、有远有近，判断因果关系的基本原则是若无原则，即如果没有加害人的行为，也就没有受害人受损失的结果。但是只有若无原则可能会导致不公平，因为有时侵害的形成是若干因素共同作用导致的，缺少其中一个侵害就不会形成，但是要求所有相关当事人为此承担责任就会不公平。于是就有了重要因素原则来进行补充。重要因素原则是指在导致侵害形成中的众多因素中侵害人的行为是最为重要的因素，这样就将致害原因进行了轻、重区分。三是过错，即侵害人没有尽到他自己的义务，从而导致了损害。侵害人的义务有一般义务和特定义务。一般义务是指作为社会成员都必须具备的谨慎和注意，特定义务是基于特定身份而具有的义务。如警察负有保护公民安全的义务，银行负有保护储户资料秘密的义务。① 当违反了所负有的义务，就认为义务人具有过错，因此给他人造成损害时，义务人就要承

① 不过对于违反特定义务是适用侵权法来救济还是归于特定的管制来调整还存在争论。

担责任。但是需要指出的是，在严格责任原则中，过错已经不再成为侵害构成的必需要素。

3. 侵权责任归责原则：侵害人、受害人之间责任和损失的分配

侵权责任归责的核心任务是在侵害人和受害人之间进行责任和损失的分配。按照从侵害人承担全部责任和损失到受害人承担全部责任和损失的顺序，可以将侵权责任归责原则一一排列如下：

（1）严格责任原则，是指只要侵害人的行为给受害人造成了损失，侵害人就要承担赔偿受害人损失等责任，不论侵害人在主观上是否具有过错。严格责任将侵害损失主要配置给了侵害人，受害人在此原则下，只要证明自己遭受的损害是源自侵害人的行为就足够了。[①] 法律实践中，严格责任基本上适用于从事高度危险活动的情况，如爆破、饲养猛兽等。

（2）严重过错抗辩的严格责任原则，是指侵害人的责任基本上按照严格责任来认定，但当受害人在损害产生上存在严重过错时，免除侵害人的责任。也就是说，责任基本上由侵害人来承担，除非受害人的行为存在严重过错。受害人的严重过错是免除侵害人责任的一个有效理由。如在产品责任中，尽管要求厂商对产品造成的损害承担严格责任，但是当出现受害人不当操作等严重过错现象时，就要免除厂商的责任。

（3）比较过错责任原则。过错责任的基本要求是，只有当潜在侵害人的行为存在过错时，才对损害承担责任。这也就是简单过错责任原则。[②] 它强调如果潜在侵害人的行为没有过错，即使受害人遭受了损失，潜在侵害人也不承担责任。比较过错责任原则是指侵害人和受害人的行为都存在过错，共同导致了损害的产生。因此都要对损害承担责任，各自按照造成损害的比例来承担损害赔偿。这个原则按照过错造成损害的比例在侵害人和受害人之间进行了责任和损失的分配。如侵害人对损害负有60%的责任，受害人负有40%的责任，那么受害人就只能向侵害人主张60%的损失赔偿。比较过错责任原则是法律实践中采用最为广泛的一个责任原则，多数国家在不同程度上都采用这个原则作为处理侵权行为的基本原则。

（4）共同过错责任原则，是指在双方当事人都对损害产生具有过错的情况下，侵害人因为受害人也有过错而免除了对损害承担任何责任。如在公共汽车司机超速行驶的同时，受害人跳出车窗外，尽管司机存在超速过错，但受害人的跳车行为也是过错，因此而免除司机对跳车造成的受害人的受伤承担任何责任。共同过错与比较过错相比，在责任分配上更向受害人倾斜。在共同过错责任原则下，只要受害人对损害产生存在过错就免除了侵害人的全部责任，受害人自己承担所有损失。而在比较过错责任原则下，受害人只是按照比例免除了侵害人的一部分责任，自己承担剩余的损失。

（5）无责任原则，是指潜在侵害人对损害不承担任何责任，无论是否存在过错，受害人自己承担全部损失。法律实践中对于发生概率极小的意外事件，一般采取这个原则。如一位乘客携带装有炸药的背包要登上刚刚开动的火车，乘务员（并不知道乘客背包中装有

---

① 甚至有时举证责任倒置，受害人只要证明有损害，侵害人来负责证明该损害不是因为自己的行为导致的，否则就要承担责任。如中国的医疗事故责任认定采取的基本上就是举证责任倒置的方法。

② 简单过错责任原则一般很少在法律实践中独立使用，基本上是作为比较过错、共同过错的理论基础而存在的。

炸药）为帮助乘客登车，就使劲向上拉乘客。不幸的是，在登车过程中，装有炸药的背包不慎摔落，导致爆炸，爆炸激起的站台碎屑击中了在远处等车的原告。原告诉求要求车站承担责任。但是法庭认为，这纯属意外事件，车站不应该承担责任。①

从严格责任原则到无责任原则，显示出了一个责任和损失分配在侵害人和受害人之间进行转移的过程。那么，如何决定具体采用何种责任归责原则来确定侵权行为的责任分配，法经济学在法学理论的基础上给出了更为系统的回答。

9.2　侵权责任的经济理论：确定最优的归责原则

9.2.1　侵权法的目标

传统的法学理论认为侵权法的主要目标是补偿，即通过侵权法提供的救济方式（主要是金钱赔偿），使受害人恢复到没有受到损害前的状态。但是，法经济学表明补偿并不是侵权法的第一目标，法经济学认为威慑以激励当事人的事故预防行为达到社会最优水平是侵权法的核心目标。补偿因为保险的存在已经成为次要的目标，并且补偿是服务于激励最优预防目标的。同样统一和服务于激励最优预防目标的，还有最优风险分配、激励信息的最优获取和管理成本最小化等另外三个目标。

1. *激励最优预防*

尽管如科斯所强调的那样，有些侵权行为是社会不得不付出的成本，但是如果这些成本不被有效内部化，其所产生的成本不被从事该行为的当事人承担，那么侵权行为的水平将超过社会需要或者可以容忍的最优水平，从而使总成本远远大于这些行为可能产生的收益。因此就要对侵权行为进行约束，侵权法的约束是通过补偿和威慑来实现的。

补偿是使当事人受到的损害最大化地恢复到受损害之前的状态。补偿是向后看的，是在侵权发生后通过强制侵害人赔偿受害人，使受害人的权利恢复到交易未发生之前的状况。威慑是通过强制侵害人在侵害发生后进行赔偿来威慑潜在侵害人，今后不从事侵权行为。威慑是向前看的，它立足于对未来危害的预防。补偿和威慑实际上为每一种侵权行为制定了一个成本水平，或者说是一个价格。一个人如果作出了一种侵害行为，就要付出相应的成本，从而使侵害行为造成的外部成本内部化为侵害成本。侵害成本使侵害人看到了要进行一个侵害行为所要付出的成本水平，当侵权得到的收益不能覆盖成本时，侵害人就会自动放弃侵权行为，进而也就不会使本来可以通过交易完成的权利交易通过一种非自愿的交易方式来完成。② 自愿交易是社会希望的正常的权利流转方式，而侵权是一种强制的、社会不希望的权利交易方式。

但是侵害行为具有科斯强调的相互性，在产生一定社会成本的同时，也会产生社会收益。因此，不能将消除所有侵害行为作为侵权法的追求目标。同时社会对于什么行为是侵害行为以及侵害人因此应付出多少成本的认识和价值观是变化的。这个变化首先来自潜在

---

① 参见 Cooter and Ulen（2003）第 8 章第 315 页。

② 后文阐述惩罚性赔偿时，会强调惩罚性赔偿的一个目的就是鼓励自愿交易。

侵害人对侵害收益认识的变化上。社会环境的变化以及资源相对价格变化等因素，会使部分侵害行为的收益预期超过侵害成本。① 此时，侵害人就会主动进行侵害行为。那么，如何才能实现侵害行为的社会最优选择？

侵权法通过设定一定的归责原则，以补偿效应和威慑效应共同作用于当事人，在允许当事人从事可能产生损害的行为的同时，要求当事人付出一定的预防成本来避免损害的发生，从而实现侵害行为的社会最优选择。补偿构成了预防的预期成本，用以威慑当事人符合侵权法要求的预防标准。侵权法实际上就是社会选择侵害行为的制度安排。侵权法的经济分析，一是展现侵权法是如何实现侵害行为最优选择的，二是由此提出改革侵权法的政策建议。

2. 最优风险分配

从整个社会的角度来看，既然侵权损害行为必然会以一定的水平存在于社会中，其产生的损害就是社会进步必须承担的风险。有风险存在就存在着风险的最优分配问题，因为社会成员的风险偏好是不同的。存在着三种类型的风险偏好：风险规避、风险中性和风险爱好。

风险规避是指行为人厌恶风险，损失一定数量的金钱导致的效用水平下降大于获得同样数量金钱带来的效用水平的上升。风险规避的主体会尽量采取各种措施来防止和分散风险，当他没有相应的措施来规避风险时，他就会提高注意水平或者降低风险行为的水平，以达到规避风险的目的。经济学中一般假设经济行为个体，如消费者，是风险规避者。

风险中性是指行为人对于风险没有特别的爱好或者厌恶，对于损失同样数量的货币带来的风险和得到同样数量的货币带来的收益，他的效用评价是无差别的、一致的。他不会采取特殊措施来规避风险，但同时也不会主动追求风险。经济学中一般假设企业是风险中性者。

风险爱好是指行为人追求风险，在他看来损失一定数量的金钱导致的效用水平下降小于获得同样数量金钱带来的效用水平的上升。他不仅不采取措施规避风险，而且愿意积极承担风险，积极从事具有风险的行为。经济学中只有在特殊情况下才假设行为人是风险爱好者。

人们的风险态度不同，那么最优风险分配就是按照不同的风险态度匹配不同的风险水平，或者设立一定的制度安排（保险）来有效进行风险转移，使风险规避者不承担风险，风险中性者和风险爱好者承担风险。

侵权法的归责原则实际上也是一种风险分配体系，但是侵权法决定的风险分配可能是非最优的，因为它完全有可能将风险分配给了风险规避者。如在严格责任下，侵害人要承担损失赔偿责任，但如果侵害人是风险规避者，这样的分配就不是最优的。要实现风险最优分配就需要根据当事人的风险类型进行风险分配。但是侵权法囿于法律制度的刚性，难以对基本的侵权归责原则进行调整，无法直接按照当事人的风险类型进行调整，并且这也需要巨大的信息获取成本。保险制度的引入有效补充了侵权法制度的不足。② 保险制度实际上就是风险转移和交换制度，不同风险类型的当事人在保险制度的支持下，可以就风险

---

① 也可能收益不能超过成本，但是会产生要求降低侵害成本、改革现行法律的社会要求。

② 也正是基于保险制度的引入，Shavell（2004）强调补偿已经不再是侵权法的主要目标，因为保险制度已经出色地承担了侵权法的补偿功能，由此他认为威慑以激励最优预防是现代侵权法的首要目标。

进行交易。风险规避者通过购买保险将风险转移出去，风险中性者和风险爱好者获得风险及其溢价收益。

尽管侵权法自身难以有效实现风险的最优分配，需要引入保险制度作为支持，但是这并不否认侵权法以最优分配风险为追求目标。因为侵权法决定了基础的风险分配格局，然后才是借助于保险制度进行风险交易。侵权法的基础分配将极大地影响风险交易及其成本，基础分配最大化地接近风险最优分配将极大地节约社会总成本。

3. 激励信息的最优获取

尽管侵权是一种强制性的“交易”，当事人在事前难以进行信息交流，但是侵权行为的有效预防和风险的最优分配，都需要有足够的信息支持来完成。在足够的信息支持下才能实现侵权行为的最优预防。信息包括有效预防的技术信息、风险的分布信息和分散风险的技术信息。信息的获取是需要付出成本的，付出成本的信息获取者会相应要求得到信息的收益。不同的侵权归责原则影响了信息收益的获取。在严格责任原则下，侵害人由于要承担全部责任，那么他就有足够的动力获取降低损害发生的信息及其技术，由此带来的预防成功收益也将全部内部化为侵害人的收益。而无责任原则正好相反，受害人将获取全部信息收益，因此他有极大的动力获取避免损害的信息和技术。在过错责任原则下，当事人获取信息的激励取决于过错责任原则要求的注意水平，损失承担方将有较大的激励获取信息，其他当事人获取的信息支持只要达到了过错责任原则要求的注意水平就足够了，他们没有进一步的动力获取更多的信息。因此侵权法就要根据不同的情况，利用不同的归责原则激励当事人获取不同水平的信息，以实现最优预防的目的。

4. 管理成本最小化

侵权法的运作是需要付出成本的。管理成本是事故发生后当事人付出的和其他主体付出的成本，既包括当事人直接付出的处理事故的所有成本，也包括社会因此付出的成本。前者如当事人的协商、诉讼成本，后者如法院、仲裁等机构的运作成本。社会为处理侵权行为付出的管理成本是巨大的，更重要的是，这些成本中有相当部分本来是可以避免的，成本的支付完全是社会资源的浪费。侵权法作为主要的侵权应对制度安排，如果其运作成本远远高于它的收益，那么就说明这个侵权法制度是不成功的。侵权法在追求实现最优预防等目标的同时也要最小化管理成本。如在严格责任原则下，法院不需要付出检查当事人是否符合法定注意水平的成本，而在过错责任原则下就需要付出这个成本。所以要尽量选择管理成本的制度安排来实现最小化侵权法管理成本的目标。

9.2.2 预防行为与预防函数

(一) 预防行为

如前所述，预防是社会控制侵权行为的关键所在，实现最优预防是侵权法的核心目的。那么，什么是预防行为？预防是针对未来可能出现的风险提前进行准备以降低风险发生概率的行为。

预防行为[①]的构成要素：(1) 针对未来的风险提前准备。如果风险已经发生，要做的

---

① 预防行为是一种比较特殊的行为，同时也是人类的基本行为之一，但得到的研究并不足够和系统，还需要进一步深入。

不是预防，而是补救。（2）预防是有成本的，需要进行相应的投资。为防止风险就需要进行多方面的投资，这些投资包括搜寻风险分布和发生概率的信息、获取降低风险的技术以及相应的货币投资。（3）预防的收益主要体现为未来风险发生概率的降低。成功的预防可以将风险发生概率下降到零，但多数预防只是起到了降低风险发生概率的作用。甚至有些预防在客观上根本没有降低风险的发生概率，只是给了当事人一些心理安慰。（4）预防成本和收益之间的关系具有不确定性。尽管时常假设有预防投入就会有预防收益，但是受制于预防技术水平和未来的不可预测性，预防投入和收益之间的关系是不确定的。幸运的话，预防达到了预期的目的，成功降低了风险发生概率；不幸的话，巨大的预防投入没有产生任何效果，风险依然发生了。

预防的不确定性引发了三个引申的效应：一是鉴于预防结果的高度不确定性，人们可能放弃预防。如当得知自己身染重病时，许多人可能选择放弃治疗，因为治疗并不一定就能够成功阻止死亡。二是乐观估计自己的运气，认为自己的预防已经足够，可以得到确定的预期的预防结果。这是行为经济学中乐观偏见的具体体现。这两个效应导致的结果是预防不足，也即预防水平低于有效预防要求的水平。所谓有效预防即成功降低预期风险发生概率要求的预防水平。三是过度预防，面对预防结果的高度不确定，人们可能采取更多的预防措施和投资以期获得较为确定的预防结果，具有风险规避特征的主体更容易产生过度预防。过度预防的预防水平超过了有效预防水平，但是预防结果可能与有效预防一致，超过的部分完全是无效投入，是浪费。

预防行为有多种类型，如按照预防对象可以分为火灾预防、传染病预防、养老预防等。按照预防行为的信息特性，可以分为能够观察的证实的预防行为和可以观察但难以证实的预防行为。按照预防主体来划分，可以分为单边预防、双边预防和多边预防。单边预防是指只要一个主体进行预防就能够实现有效预防。如医生和病人之间对医疗事故的预防就是单边预防，只要医生足够谨慎就能够避免事故，病人的预防不起主导作用。双边预防则是要求风险涉及的两方主体都进行预防才能够实现有效预防。如预防传染病，就需要感染者和健康者两方共同进行预防，才能控制传染病进一步传染给健康者。多边预防则是需要多方共同进行预防投入才能实现有效预防。如火灾的预防就需要众多用火者共同进行预防，其中任何一个用火者的疏忽都将导致其他主体预防投入的无效。

对于侵权预防来说，因为侵权一般是在侵害人和受害人两个主体之间展开，一般来说分为单边预防和双边预防两种类型。不过，可以进一步地将单边预防细分为固定单边预防和互补单边预防。固定单边预防是指只有固定一方的预防才能够实现有效预防的目的，另一方的预防行为不起主导作用。如前述医生和患者的例子，医生就是固定的单边预防者。互补单边预防则是双方中任何一方的预防都可以起到有效预防的作用，但从社会角度看，不需要双方都进行预防投入，只要其中一方就足够了。预防成本最低一方的预防是社会欲求的最有效率的预防。如尽管乘客可以通过选择乘坐车况更好的车辆来避免事故，但是车辆驾驶者是成本更低的事故预防者，因为他拥有相关的信息优势。

（二）预防函数：基本模型

1. 函数目标

激励最优预防是侵权法的核心目标，要实现这个核心目标，预防的最优目标是什么呢？预防要付出成本，但是预防也有收益，那么最简单的预防目标就是实现收益和成本之间差额的最大化。预防的收益实际上就是损害可能造成的损失的下降水平，而损害造成的损失也是事故的一种成本，所以可以从成本的角度来理解预防的收益。因此，预防的目标就从实现收益和成本之间差额的最大化转变为最大化降低事故导致的成本。

这个目标的最初阐述是由卡拉布雷西在他 1972 年的经典著作《事故的成本》里提出的，他把侵权法的目标设定为意外事故社会成本的最小化。他所界定的社会成本包含：一是因为侵害从而导致的实际损失；二是为了预防事故的发生而付出的预防成本；三是管理成本。侵权法的目标就是要使这三个成本之和最小化。① 三个成本之和的最小化是事故预防函数的目标，这个目标也就决定和影响了对归责原则的选择，要求选择那些能够有效实现事故总成本最小化的归责原则。

下面将通过一个基本模型来更直观地表述侵权法的预防函数及其目标。但在此之前，需要强调一下侵权经济分析与传统法学分析的不同。传统的法学分析的基本理念是要把所有的侵权行为全部消除，并认为这是侵权法的追求目标。但从经济学角度来讲，要消除侵害行为，如前所述，需要付出很多成本。这样在成本约束下肯定有一个最优的侵害水平，因为当消除侵害的成本远远大于收益时，消除行为就是不理性的，也是社会所不希望的。也就是说，允许一部分侵害存在对社会来讲是更好的选择，而不是把所有的侵害全部消除到零。这就是侵权的经济分析与传统的法学分析在基本思路上的最大不同之处。

2. *基本假设*

假设：(1) 只有侵害人和受害人两个主体，并且他们是追求自身效用最大化的、风险中性的并且具备完全信息的当事人。(2) 固定单边预防，侵害人对预防效果有决定性影响，他负责决定预防投入及其水平，受害人被动接受，并且损害只给受害人造成了损失，侵害人没有损失。(3) 无管理成本。受害人总是可以通过诉讼无成本地获得赔偿，并且法庭决定责任分配及获得相关信息也是无成本的。(4) 没有保险。既不存在事故保险为受害人提供保障，也不存在责任保险为侵害人提供保障。(5) 社会中没有其他处理侵权行为的制度安排，只有侵权法。其他如安全管制、警察制度等都不存在。

假设，x 代表侵害人采取的预防注意水平，w 代表侵害人每一单位预防的要付出的成本，那么 wx 就代表预防的成本。$P(x)$ 代表给定侵害人的预防水平 x 事故的发生概率，并且随着 x 的上升，$P(x)$ 下降。$A(x)$ 代表给定侵害人的预防水平 x，受害人在事故发生后可能遭受的损失，并且随着 x 的上升，$A(x)$ 下降。那么，$P(x)A(x)$ 就代表事故的预期成本，它同样随着 x 的增加而下降。

3. *社会要求的最优预防水平*

图 9－1 中曲线 wx 代表侵害人付出的预防成本，随着预防成本的增加，曲线呈向上倾斜状态。同时随着预防成本的增加，事故发生的概率也在下降，代表事故发生后预期损失的曲线 $P(x)A(x)$ 就向下倾斜。

那么，什么是侵害人的最优选择？对于侵害人来说，预防要付出成本，但是预防的收益却不为其享有。因为根据假设，预防不成功受到损害的只有受害人，所以侵害人自然选择最小化预防成本，使其为零，而此时事故发生的概率最大。

---

① 实际上前述侵权法的前三个目标：激励最优预防、最优风险分配和激励信息的最优获取都是在实现预防成本和损失的最小化，只不过是表述的角度不同而已。

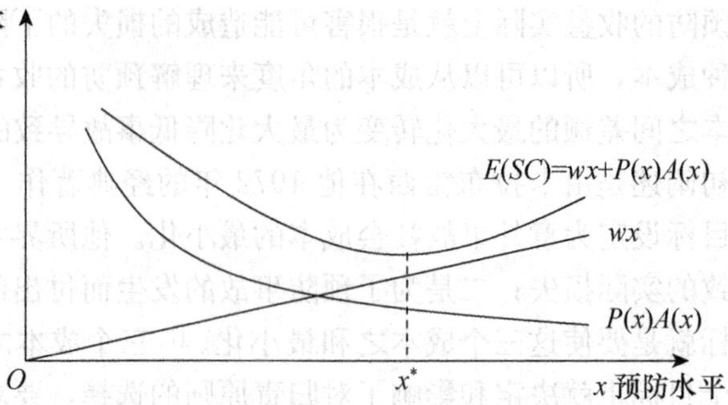

图 9-1　社会预期的最优预防投入

什么是受害人的最优选择？因为预防的收益（事故发生概率的降低）全部被受害人获取，他自然希望预防支出越多越好，最好是将事故发生概率降低为零，但这将最大化侵害人的预防成本。

那么，什么是社会的最优选择呢？可以看到问题的关键在于侵害人的预防收益外溢被受害人占有了。现在假设侵害人和受害人二者合二为一，成为当事人 Q，此后会有什么样的预防水平呢？侵害人、受害人成为一个主体后，预防的收益将不再外溢。这时当事人 Q 一方面付出预防成本，另一方面获取预防收益。每一单位 x 既反映了预防的特定成本，也反映了事故的预期成本。作为一个理性主体，Q 自然会选择使两个成本之和最小的预防投入水平（记为 x^*）。将曲线 wx 和曲线 $P(x)A(x)$ 叠加，得到曲线 $wx+P(x)A(x)$，那么 x^* 对应于该曲线的最低点。由于模型假设只有预防成本和事故预期成本两个成本，所以这两个成本之和就是社会总成本，曲线 $wx+P(x)A(x)$ 就是社会总成本曲线 $E(SC)$，x^* 也就是社会最优的预防水平，从而也就是要求侵害人必须投入的最优预防水平。

4. 简单的例证

x^* 是社会最优的预防水平，下面再用一个简单的例子做进一步的说明。①

假设一个事故将以表 9-1 中的不同概率发生，造成的损失都为 100。观察表 9-1 可以看出，中等的预防注意水平是最优的预防水平。因为，从不付出任何注意水平到付出中等的预防注意水平，当事人付出了 3 个单位的预防成本，得到了 5 个单位的事故预期损失的降低，边际收益大于边际成本。而从中等水平上升到高水平，当事人多付出了 3 个单位的预防成本却只得到了 2 个单位的事故预期损失的降低，边际收益小于边际成本。因此，当事人的预防水平会停留在中等水平上，中等水平的预防就是 x^*。

表 9-1　最优预防的简单例证

预防水平	预防成本	事故概率	事故预期损失	社会总成本
无	0	15%	15	15
中等	3	10%	10	13
高	6	8%	8	14

(三) 预防函数：影响预防投入的因素

那么，x^* 是如何实现的？有哪些因素影响着侵害人的预防投入？实际上存在着众

① 该例子来源于 Shavell (2004) 第 179 页。

多因素影响、约束着 x^* 的实现。这里先对这些因素做简单介绍，后文有更为详尽的阐述。

1. 责任分配

侵权法的归责原则是第一个影响预防投入的因素。实际上，侵权法的经济分析要揭示的就是如何选择最优的归责原则以促使社会实现最优预防水平。引入归责原则后，责任分配将随之发生变化，由此将左右侵害人、受害人的预防行为，下文将展开详细阐述，此处从略。

2. 风险

首先，风险的类型影响着预防水平。面对系统性风险，可以通过风险组合进行风险转移和分散，进而能够促进预防，并可能实现有效预防。但是面对非系统性风险，就难以通过风险组合进行预防，进而可能导致预防不足或者过度预防。其次，风险的大小也影响着预防水平。当风险很低，或者是风险的绝对量很小，或者是风险发生的概率很小，当事人一般会预防不足，多数人在乐观偏见的作用下会认为自己是幸运的，风险不会降临到自己身上。但当风险发生概率或者绝对量很高时，当事人一般会过度预防。预防不足和过度预防都偏离了社会最优预防水平。最后，风险的心理认知也影响着预防水平。这不仅表现为前文所述的不同的风险态度，而且表现在对风险发生概率和有效预防信息分布概率的认知上。① 行为经济学的概率认知、心理偏见等都是这个方面的体现。对概率的心理判断直接决定了当事人的预防水平，但心理判断可能偏离了客观概率，如何促进二者的一致是一个还没有解决的研究课题。

基于风险建立的保险制度同样影响了预防水平。最为直接的影响就是，当侵害人购买了责任保险后，其预防的注意水平会下降，因为事故发生后，他在保险的支持下将不用承担全部赔付责任。

3. 预算水平

首先是预防投入需要以一定的金钱、资源和时间为基础，其次承担责任同样需要以一定的金钱、资源和时间为基础，但是并不是所有的预防主体都具备足够的上述资源。当预防和赔偿需要的投入超过当事人的预算约束时，就会出现预防不足和赔偿不足。当事人的预防水平最大相当于其预算约束水平。当要求的预防投入超过预算约束水平时，当事人就不会有足够的注意水平和投入，同样超出其预算约束的赔偿责任也没有意义，由此反而负向地激励当事人不进行适当的预防。

保险和转承责任是应对预算约束的两个制度安排。保险只要求被保险人支付少量的保险费来获得大额的保险赔付，这大大降低对当事人预算水平的要求。转承责任是将当事人的责任转移到对其负有指导和监护的主体身上，如将雇员的责任转移给雇主，孩子的责任转移给父母。这也能在一定程度上缓解预算约束问题。

4. 信息

前面在阐述激励最优信息获取时，已经说明预防需要建立在信息基础上，需要明确风险的分布概率和获得有效预防的技术信息，缺乏信息支持的预防只能是无效预防。特别是

① 实际上对于风险大小的反映也属于对风险概率心理认知偏差的一个方面，但是风险概率心理认知偏差还有更多的内容，如后见偏见。

预防的技术支持信息是更为关键的信息。在“非典”（SARS）期间人们采取的熏醋、戴口罩、通风等预防措施中，有效的只有通风这一种措施，其余措施的作用都不大，为这些措施支付的成本就是无效支出和无效预防。预防技术的有效不仅取决于技术的发展水平，还取决于技术的传播方式。现有技术水平不足以有效预防的事故，显然只能归于意外事件，不能再认为是事故。同时政府关于预防技术的权威发布和指导显然要比民间口头传播有效得多。

5. 管理成本和偏差

侵权法的管理成本影响着对归责原则的选择，进而影响着当事人的预防投入。在确定责任和追究责任中的偏差同样影响着预防投入。如果没有偏差，侵害人本应承担 100 单位的赔偿，但由于偏差只要求侵害人承担 80 单位，那么侵害人的预防就会不足。相反，如果要求高于 100 单位的赔偿，侵害人就会过度预防。

6. 促进预防的其他制度

社会中除了侵权法制度用来规范侵权行为外，还有着许多其他安排来应对各种事故和危险行为。安全管制是最为典型的制度体现。如火灾安全管制、车辆行驶安全管制、传染病预防管制等都是具体的体现。这些制度都着眼于促进事故预防行为，共同实现社会要求的最优预防水平。但是它们和侵权法之间有着较为复杂的关系。

管制不同于侵权法的最大之处在于：管制主要是通过事前设定安全标准和对违反标准进行罚款、制裁来推动当事人进行预防，而侵权法是通过归责原则激励当事人预防和事后强制赔偿受害人损失来达到同样的目的。大致上可以将管制定位于侧重事前预防，侵权法定位于侧重于事后的补救。

首先，二者可以相互替代。如果安全管制设定的安全标准恰恰等于社会最优预防水平要求的标准，并且安全管制完美实施，那么就可以完全消除其所管制的侵权行为，从而使侵权法在该领域失去了作用。相反如果侵权法不仅立法完美而且实施完美，也将消除侵权行为，安全管制也就没有了用武之地。

其次，二者可以互补支持。现实中，不论是安全管制还是侵权法，都不可能是完美的，各自有着各自的不足。一方面，安全管制在安全标准的确定上可能偏离社会要求的最优水平，因为管制立法更多地受到政治压力的影响，甚至可能出现管制者被被管制者“俘虏”的问题，管制不是基于社会利益，而是服务于被管制者的利益。另一方面，安全管制的实施也难以实现完美。侵权法面临类似的问题，特别是侵权法的事后补救性质基本上难以实现完美补偿，有些损失无法挽回。这就需要二者密切配合、相互支持、共同作用，彼此克制对方的缺陷，发挥各自的优势。

最后，二者可能存在冲突。一是二者认定的安全标准可能不一致。如在产品责任领域，一些产品安全标准实际上是在生产厂商的推动下形成的，法院鉴于此就可能否定这些安全标准。二是在实施过程中，可能产生在安全管制和侵权法之间进行“套利”的问题。如违反交通规则造成行人轻微受伤，司机将面临两个处罚：一是按照交通规则需要被罚款；二是按照侵权法需要赔偿行人的医疗费。但是如果司机在给予行人医疗费的基础上再付一个低于罚款的“贿赂费”，获得行人放弃报告交通事故和起诉的承诺，那么司机就逃避了罚款。

其他的预防行为促进制度，还有刑罚制度、组织内部行为规则等。刑罚制度和侵权法制度类似，但它主要针对严重的故意侵权行为和严重的过错行为，是更加严厉的惩罚和威慑。组织内部行为规则是在组织内部执行的行为准则，构成了针对特定情形的更加具体、细致的预防行为准则。刑罚制度和组织内部行为规则与侵权法之间有的更多的是互补支持关系，而不是相互替代和冲突。

7. 行为水平对预防的影响

一个行为重复的次数越多，产生的风险总量也就越大，进而产生事故的可能性也就越大，从而要求的总体预防水平就越高。Shavell（1980）提出，行为水平也应该是决定归责原则选择的一个因素，并认为风险行为的不断重复，在疏忽原则下，尽管每一次都要达到法定注意标准，但依然使产生损害的概率越来越高。而在严格责任下，风险行为者就会自动控制行为量，从而使风险行为的总量达到社会要求的最优水平。

但是需要指出的是，各个国家的侵权法普遍不对行为水平进行判断，并且也难以判断第100次行为是合适的，第101次行为就是不合适的。取代侵权法发挥作用的是安全管制，针对需要不断重复的风险行为，普遍建立了安全管制标准，要求每一次行为都要遵守安全标准，以消除和降低风险。

9.2.3 不同归责原则下的预防投入与预防激励①

确定侵权责任归责原则是侵权法的核心内容。利用归责原则补偿损失、威慑侵害，以激励当事人进行社会最优预防是侵权法的主要作用机制。那么，不同责任归责原则有着什么样的激励作用，分别适用于什么样的侵权行为？结合上节的基本预防模型，沿用前述假设，本节分别讨论各个归责原则在固定单边预防、互补单边预防和双边预防下的作用机制。

1. 严格责任原则

在严格责任下，侵害人负有赔偿受害人全部损失的责任。

（1）固定单边预防情形。首先假设侵害人是最优的事故预防者，受害人的行为无法影响事故发生概率。此时侵害人既是预防行为成本的承担者，也是收益的享有者，他会如基本模型中显示的那样，采取 x^* 水平的最优预防水平，实现社会最优。其次假设受害人是最优的事故预防者，侵害人的预防行为对事故概率没有影响。基于严格责任，侵害人要承担受害人损失，但侵害人无法进行预防，那么侵害人的预防水平低于或者高于最优水平。受害人则因为损失会获得赔偿，除去基于部分损失无法事后恢复而进行预防外，受害人不会主动进行预防，其预防水平会低于社会最优水平 x^*。结论：此时无法实现社会最优预防。

（2）互补单边预防情形。首先假设侵害人是成本最低的预防者，结果和固定单边预防中假设侵害人是最优的预防者一致。其次假设受害人是成本最低的预防者，同样由于其损失将由侵害人承担，那么受害人将不预防。而侵害人将不得不付出更高的成本来实现预防，此时尽管也可以实现基于侵害人预防成本的最优预防，但是这个预防水平是付出了更

① 本节结构上参考了 Giuseppe Dari Mattiacci（2009），"Tort Law and Economics"，Forthcoming in Hatzis Aritides（ed.），*Economic Analysis of Law：A European Perspective*，Edward Elgar，Downloadable from SSRN。但是结论并不相同。

多的社会成本得到的，因此也不是社会最优的。

(3) 双边预防情形。双边预防需要双方共同预防才能有效降低事故概率，但是严格责任要求侵害人全部承担受害人的损失，那么受害人就没有激励进行预防，导致侵害人的预防投入也成为无效投入。因此在双边预防中严格责任无法实现最优预防。

综上，严格责任只有在固定单边预防的侵害人是最优预防者、互补单边预防的侵害人是成本最低预防者的情形下，才能实现社会最优预防。也就是说，严格责任只有在这些情况下才有效。并且如何确定侵害人就是最优或者成本最低的预防者也是一个难题，这进一步限制了严格责任的适用范围，所以只有那些能够明确确定侵害人是最好的预防者的情形才适用严格责任，如从事高度危险活动的主体本身就是最优的预防者，这样的情形就适合采用严格责任作为归责原则。

2. 严重过错抗辩的严格责任原则

严重过错抗辩的严格责任原则，是在受害人的行为有着严重过错时免除侵害人的责任，由受害人自行承担损失的归责原则。

(1) 固定单边预防情形。首先，假设侵害人是最优预防者，受害人的行为对事故概率不产生影响，那么就不会产生受害人行为有过错并导致损害的情形，此时就只有侵害人的严格责任。侵害人因此进行最优预防，严重过错抗辩的严格责任有效率。其次，假设受害人是最优预防者。侵害人的行为对损害产生没有影响，但是由于侵害人是除去受害人有重大过错情形外的责任承担者，而受害人的预防只达到了法定的预防重大过错的水平，并且侵害人无法就此事前与受害人谈判，侵害人只有等待赔偿损失一个选择。因为他的预防不仅没有任何效果，还要付出成本。侵害人是最优预防者，但是他的预防只达到法定的预防重大过错的水平，显然预防不足。严重过错抗辩的严格责任在这种情形下是无效率的。

(2) 互补单边预防情形。首先假设侵害人是成本最低的预防者。基于严格责任侵害人会实现社会要求的最优预防。但是受害人基于严重过错要承担责任的威胁，也会采取预防。而受害人的预防投入因为有侵害人的最优预防投资就成为重复投资，造成浪费，因此严重过错抗辩在此情形下没有效率。其次假设受害人是成本最低的预防者。侵害人因为严格责任会进行预防，并且要达到社会要求的最优预防水平，但是其预防要达到同样的水平需要比受害人付出更多的成本。这是社会资源的浪费。受害人则在严重过错责任的威慑下也要预防。但其预防将达到法定注意水平。这样受害人和侵害人都进行了预防，但是其中一部分预防是重复预防，因此严重过错抗辩的严格责任此时是无效率的。

(3) 双边预防情形。侵害人因为严格责任的威慑并且他是受害人无过错时的损害承担者，因此有激励采取最优的预防水平。同时受害人因为在有严重过错时侵害人免除责任的威慑，也有激励采取预防，但预防水平决定于法律要求的过错注意水平。严重过错要求受害人只对重大过错付出注意，而一般过错不必采取预防。如果假定法律要求的注意水平就是社会最优的预防水平，那么严重过错抗辩的严格责任在这种情形下就是有效率的，侵害人和受害人都实现了社会最优的预防水平。

3. 比较过错原则

比较过错是侵害人、受害人按照过错比例承担责任。按照这个定义就可以看出它只适用于双边预防情形。在双边预防情形下，不论是侵害人还是受害人都要按照法律的注意水平进行预防，否则就要承担责任。特别是当对方达到注意水平标准时，己方就要承担全部责任。当对方也存在过错时，各自对各自的过错承担责任。假设法律要求的注意水平就是社会要求的最优预防水平，那么在比较过错原则下，侵害人、受害人都将采取最优的预防水平，实现社会最优。

4. 共同过错原则

共同过错原则是侵害人有过错、受害人无过错的时候，侵害人承担全部责任。但当受害人也有过错时，所有的责任都由受害人来承担，侵害人不再承担责任。根据定义，它同样也只适用于双边预防情形。与比较过错相比的不同之处在于，当受害人有过错时，共同过错原则下侵害人不必进行预防，因为只要受害人不符合法律要求的注意水平就要承担全部损失，此时侵害人的预防水平可能就要与社会要求的最优水平不一致。但是由于侵权是难以事前谈判的强制交易，侵害人无法预知受害人的预防水平是否符合法定注意水平，所以侵害人为避免责任的最优选择就是进行预防并达到法定注意水平。而受害人免除责任的唯一途径就是预防至法定注意水平，所以共同过错原则也是有效率的。

5. 简单过错原则

在简单过错原则下，过错是承担责任的前提，没有过错就不承担责任。

(1) 固定单边预防情形。首先，假设侵害人是最优预防者，过错原则要求他采取法定注意水平，因此侵害人的预防水平将达到法定注意水平，否则要承担责任。并且侵害人的预防水平也只达到法定注意水平，如图 9-2 所示，不会如在严格责任原则下完全沿着曲线 $wx+P(x)A(x)$ 变化，而是在 x^* 处向下断开，侵害人只付出 wx 曲线决定的 x^* 就足够了，而不是曲线 $wx+P(x)A(x)$ 决定的 x^*。受害人的行为对预防没有影响，也就是说他预防与否都不构成过错，也就没有责任。如果法定注意水平等于社会最优预防水平，那么该情形下简单过错原则是有效率的。

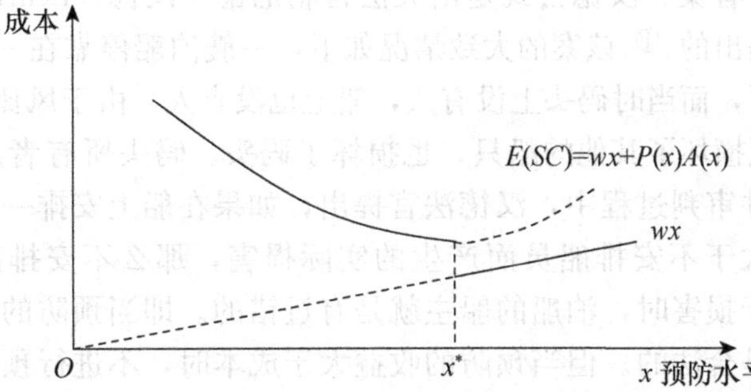

图 9-2 在简单过错原则下侵害人是最优预防者时的预防水平

其次，假设受害人是最优预防者。此时侵害人不能被认为有过错，因为他的行为对事故概率没有任何影响。受害人是损失的全部承担者，受害人就有激励进行最优预防。并且受害人的预防不受法定注意水平的影响，因为即使达到法定注意水平也可能不足以有效预防，形成的损失依然要由受害人来承担，因此受害人的预防水平会自动达到社会最优。此时，简单过错原则也是有效率的。

(2) 互补单边预防情形。首先，假设侵害人是成本最低的预防者。如果侵害人有过错就要承担责任，侵害人就会进行预防，但预防水平只达到法定的注意水平，即符合法律认定的无过错水平就足够了。如同固定单边预防中侵害人是最优预防者一样，只要达到 wx

曲线决定的x^*就可以免除责任。此时因为侵害人预防成本最低且法定注意水平等于社会最优水平，那么此情形下简单过错原则是有效率的。过错原则同样适用于受害人，受害人的预防将导致简单过错原则的无效率。尽管侵害人已经进行了预防，甚至已经足够防止损害的发生，但是由于侵害事前不可谈判，受害人事前也就无法确定损害，出于对己方过错而致责任和对侵害人预防不足而致损失的担忧，受害人也将采取预防，并且其预防不仅达到法定注意水平，而且将达到社会最优水平。关键在于受害人是在双方都没有过错时剩余损害的承担者。这样，侵害人和受害人都进行了预防，简单过错原则不再有效率。

其次，假设受害人是最低成本的预防者。由于侵害人面对不预防就存在过错、就要承担责任的威慑，他会进行预防。但是与受害人相比，要达到法定的注意水平，侵害人需要付出更多的预防成本，这对整个社会来说是浪费。基于与上面同样的道理，受害人也同样会进行预防，并预防至社会最优水平。双方共同进行了预防，并且侵害人的预防成本中存在一部分社会浪费，简单过错原则此时是无效率的。

（3）双边预防情形。不论是侵害人还是受害人都要进行预防以避免被认定为存在过错而承担责任。双方的预防行为都将符合法定注意水平。但是当双方都没有过错时，受害人是损害的最终承担者，所以受害人的预防水平将自动达到社会要求的最优水平。如果社会要求的最优水平等于法定注意水平，那么双边预防下简单过错原则是有效率的。

（4）法定注意水平的确定：汉德公式。可以注意到，在引入过错原则后，当事人的预防水平只要达到法定注意水平就免除了责任。只要这个法定注意水平与社会要求的最优预防水平一致，那么过错原则在具备其他条件后就是有效率的。但是，法定注意水平能否与社会最优预防水平一致？如何确定法定注意水平？

汉德公式给出了答案。汉德公式是由大法官勒尼德·汉德（Learned Hand）1947年在一个案件判决中提出的。[①] 该案的大致情况如下：一艘泊船停靠在一个码头，停靠后不久突然下起了暴风雨，而当时码头上没有人，船上也没有人，由于风比较大，船慢慢离开了自己的泊位，不仅撞坏了其他的船只，也损坏了码头。码头所有者起诉泊船所有者要求赔偿损失。在案件审判过程中，汉德法官提出，如果在船上安排一个船员来看守这个船需要支付的费用大于不安排船员而产生的实际损害，那么不安排船员来看守是正当的。反之当费用小于损害时，泊船的船主就是有过错的。即当预防的投入大于预防的收益时，认为不预防是合法的。但当预防的收益大于成本时，不进行预防投入而产生损害时就要对损害承担责任。这样，汉德法官从成本—收益的角度提出了一个注意水平的标准。

汉德公式的数学表示是：(a) P表示事故发生的概率，(b) L表示事故产生的损失，(c) B表示预防的成本，那么，当$B<PL$时，当事人没有预防就存在过错；当$B>PL$时，当事人没有预防不构成过错。

汉德公式考虑的是整体的成本和收益，后来被推进到边际成本和边际收益，当多付出的边际成本所带来的收益大于预防投入时，不进行预防投入就存在过错。相反，当多付出的边际成本所带来的收益小于预防投入时，不进行预防投入是正当的。汉德公式提供了一

① 美国诉卡洛尔拖船公司案（United States v. Carroll Towing Co.）。

个判断行为是否有过错的较为客观的经济学标准。①

6．无责任原则

无责任原则是严格责任原则的对立面，侵害人不承担任何责任，责任全部由受害人承担。

（1）固定单边预防情形。首先假设侵害人是最优的预防者。由于侵害人不论预防与否都不承担任何责任，那么侵害人就没有动力进行预防。受害人为防止损害就需要预防，但是受害人的预防对事故概率没有任何作用，此时无责任原则是无效率的。其次假设受害人是最优预防者。侵害人不进行预防也不需要承担责任。受害人基于损失的威胁，将预防至社会要求的最优水平，此时无责任原则是有效率的。

（2）互补单边预防情形。首先假设侵害人是成本最低的预防者。但侵害人此时不负有预防的责任，受害人因此将付出与侵害人相比更多的预防成本以获得同样的预防效果，从而导致部分社会资源的浪费，此时无责任原则是非效率的。其次假设受害人是成本最低的预防者，受害人的预防不仅将实现社会要求的最优水平，而且是以最低的成本实现的，此时无责任原则是有效率的。

（3）双边预防情形。由于侵害人不承担任何责任和剩余损失，所以侵害人不会进行预防。缺少了侵害人的预防，受害人的预防就成为无效预防。受害人只有最后承担损害的这样一个不利后果。所以在双边预防情形下，无责任原则是非效率的。

与严格责任相反，无责任原则在固定单边预防的受害人是最优预防者和互补单边预防的受害人是成本最低预防者的情形下是有效率的。与严格责任相同的是，二者都不适合于双边预防情形，并且都面临如何确定最优和成本最低预防者的难题。

7．总结

各种归责原则的效率状态总结见表 9－2。

表 9－2　侵权归责原则的效率状态

		严格责任	严重过错抗辩的严格责任	比较过错	共同过错	简单过错	无责任
固定单边预防	最优预防者侵害人	有	有	无	无	有	无
	最优预防者受害人	无	无	无	无	有	有
互补单边预防	最优预防者侵害人	有	无	无	无	无	无
	最优预防者受害人	无	无	无	无	无	有
双边预防		无	有	有	有	有	无

需要指出的是，上述归责原则的有效率与无效率都是在一定条件下的，特别是所有涉及过错原则的，它们的有效率都是假定法定注意水平等于社会要求的最优预防水平。并且可以观察到，剩余责任的分配也很关键。所谓剩余责任就是当当事人的行为符合法律要求，但是事故依然发生后而产生的责任。在严格责任和严重过错责任下侵害人是剩余责任的承担者，在其他责任原则下受害人是剩余责任的承担者。

① 但汉德公式存在着事后诸葛亮的偏见，一旦某件事情发生后，就会人为地扩大事件发生的概率，增加了预防的收益，从而可能会导致过度预防。如何消除这种过度预防是行为经济学研究的内容。

9.2.4 假设的放松：其他因素对预防的影响

本节逐渐放松基本模型中的假设，讨论新的因素引入后①，基本模型中的预防行为是否发生了变化，以及哪些归责原则在更复杂的环境中具有良好的适应性，从而应给予更多的应用空间。

（一）管理成本的影响

上一节在预防的基本模型中假设：不存在管理成本，受害人总是可以通过诉讼无成本地获得赔偿，并且法庭决定责任分配及获得相关信息也是无成本的。但实际上侵权法的运行要付出高昂的管理成本。

1. 单个案件角度的比较

各个归责原则需要的管理成本各不相同。如果仅从单个案件需要付出的管理成本角度来看，严格责任和无责任原则的管理成本最小，因为不需要认定当事人的行为是否符合法律所确定的行为标准。过错责任的管理成本要比严格责任高，因为过错责任不仅需要确定法定注意水平，还要确定当事人的行为是否符合该标准。

其中比较过错原则的管理成本最高，因为需要确认侵害人、受害人两个方面行为主体的行为是否符合法律规定的行为标准，并且还要对他们之间的责任进行比例分配，而分配比例的确定需要较高的证据标准。共同过错的管理成本要相对小一些，因为不需要确定责任比例。重大过错抗辩的严格责任原则的管理成本就更小，只需要认定重大过错的行为标准就可以了。

从这个角度可以解释为什么侵权法出现了向严格责任过渡的倾向，因为在严格责任原则下，付出的证据确认管理成本是最小的，比较简单，易于认定。

2. 案件数量角度的比较

但是上述比较只是从单个案件角度展开的，从案件数量角度来比较，结论可能就模糊了。正因为严格责任简明，那么当受害人受到侵害时，获得赔偿的确定性就比较大。所以，受害人一旦受到严格责任规范下事故的侵害就会向法院提出诉讼，要求赔偿。这样基于严格责任的案件数量就会上升。而在过错责任原则下，案件的判决结果因为过错标准和行为认定的难度而具有较高的不确定性。因此受害人受到过错责任原则规范下的事故侵害时，除非有较高的获赔概率，否则不会起诉，从而起诉到法院的案件数量较少。

总结起来，严格责任单个案件的管理成本小但案件数量多，过错责任单个案件的管理成本高但案件数量少，因此最后总体比较的结果就难以确定。

（二）审判偏差对预防的影响

前文一直强调法定注意水平要与社会要求的最优预防水平相一致，但是在法律实践中，不仅法律规定的注意水平可能偏离社会最优水平，而且法律的执行者（如法官）在认定有关事实、执行法定标准时也可能出现错误，导致偏离。那么这些偏差对于预防及归责原则的选择会产生什么影响？侵权行为具有三个构成要素，这些偏差可以归纳为这三个方面的偏差。

1. 确定伤害时的偏差

在确定受害人受到什么样的伤害以及伤害大小时，可能出现偏差。这些偏差又可分为

① 其他预防促进制度前面已经有较为详尽的阐述，此处不再重复。

系统性偏差和随机偏差。如果偏差是系统性的，那么偏差总是呈现出高于社会最优水平或者低于社会最优水平的状态。当法律认定的受害人损害水平或者法律执行者实际认定的损害水平总是低于受害人的实际损失时，就会导致侵害人的预防投资不足，出现非效率结果。当偏差向相反方向发展时，就会出现过度预防，同样是非效率状态。

如果偏差是随机的，由于侵害人事先无法预期法律适用的实际结果，出于风险规避的心理，侵害人会主动提高预防水平，在过错原则下至少要达到或者高于法院可能偏离的最高水平，在严格责任原则下达到社会最优水平，以避免法院过高认定侵害人损失而导致自己责任加重的情形。受害人同样处于风险规避心理，防止损失被低估从而赔偿不足的情形，也会提高预防水平。此时的预防在严格责任下能够实现社会最优，过错原则下则依然取决于法院实际认定水平与社会最优的一致程度。

2. 认定因果关系时的偏差

因果关系上的偏差主要有两种情况：一是有责任的侵害人被认为没有责任，又称为消极偏差；二是没有责任的侵害人被认为有责任，又称为积极偏差。消极偏差下侵害人逃脱了责任，就会导致预防水平降低，导致非效率状态。积极偏差下无辜的侵害人被追究责任，就会使该主体提高预防水平，导致过度预防，同样是非效率结果。

3. 认定过错时的偏差

法院在认定适当注意水平时也会出现偏差，因为法院可能缺乏足够的信息和专业知识来确定最优的预防水平。预防行为是否适当、预防行为是否足够、时机是否恰当、风险下降的概率是否足够等各个方面都可能出现偏差。在系统性偏差情形下，过错标准上偏差导致的结果和在伤害方面导致的结果基本上一致，出现非效率结果。随机性偏差则稍有不同，尽管也会导致预防水平的提高，但依然无法确定是否符合社会最优水平。

(三) 保险的影响

基本模型中假设没有保险，既不存在事故保险为受害人提供保障，也不存在责任保险为侵害人提供保障。但是保险不仅被社会广泛采用，而且深刻地影响着侵权法的社会作用机制。

1. 保险对预防行为机制的影响：最优的风险分配

如前所述，人们的风险态度是不同的。行为经济学更是显示，即使是同样的行为主体，在不同环境下的风险态度也是变化的。那么，社会的最优状态，不仅包括预防行为的最优激励，还要包括风险的最优分配。最优的风险分配也是侵权法的一个重要目的。

设想一个没有责任、没有保险的社会。① 此时，侵害人不对侵害负有责任，如果侵害人是一个风险规避的态度的主体，不负责任对于他来说是有效率的；受害人由于无法获得赔偿，如果受害人是风险规避者，那么这个假想社会的责任安排对他来说就是无效率的。

首先，引入责任，要求侵害人对侵害承担责任。此时，严格责任对于侵害人来说就是非效率的，因为他是风险规避者，由此会促使侵害人提高预防水平，形成过度预防。对于风险规避的受害人来说，此时严格责任则是有效率的，因为受害人没有了风险。但在过错责任下，受害人要承担侵害人没有过错时的剩余损失，这种状态就是非效率的。

其次，引入保险。此时侵害人可以获得责任保险，受害人可以获得事故保险，风险被

① 该假设例证来自 Shavell (2004) 第 260-266 页。

转移和分散。社会具有动态匹配风险的机制，侵害人和受害人的福利水平都因此获得了进一步的改进。并且引入保险后，还能改善当事人支付能力不足的问题。强制责任保险的一个主要目的就是防止侵害人的支付能力不足而导致预防不足和赔付不足。

但是，引入保险的同时也带来了一些不利于社会福利的影响，主要体现在，在保险安排下，侵害人的赔偿被转移，从而可能降低侵害人的预防水平。现实中主要是通过共同保险等安排来克服这个问题。保险公司只承担损失中一个固定部分或者一部分，其余仍然由侵害人承担，以此促使侵害人保持最优的预防水平。

2. 保险对侵权法体系的冲击

首先，引入保险后，侵权法的补偿功能退化。建立侵权法制度的一个初衷就是补偿，以使受害人的福利恢复到被侵害之前的水平。但是保险制度建立后，保险公司代替侵害人成为赔偿主体。并且保险赔付比侵权法的赔付简便、快捷，需要的条件比侵权法更容易满足。因此保险制度有效地代替了侵权法的补偿功能。据此，有学者认为侵权法的补偿功能已经弱化，侵权法不再以补偿为核心功能（Shavell，2004）。

其次，引入保险后，丰富了事故处理的制度安排，降低了事故的社会处理成本，从而使保险制度和侵权法之间有着一定的替代关系。社会为了处理侵权事故，需要付出一定的管理成本。引入保险制度后，侵权处理的社会管理成本发生了变化。保险制度在很大程度上简化、节约了以法院为核心的侵权法系统的社会管理成本。在侵害事故发生后，当事人不需要去法院进行诉讼，只要让保险公司进行赔付就可以了。赔付完毕，事故也就处理完毕。相比之下，诉讼是一种成本更高的事故处理安排。保险制度在很大程度上替代了由法院主导的这一套侵权系统，社会对于侵权法的需求降低。这种有效替代使侵权法在该领域不再发挥着主导作用，转而成为辅助保险制度顺利发挥作用的制度安排。社会主要依靠保险制度来安排和解决侵权问题。这样，事故处理的社会管理成本发生了很大的变化，管理成本原来是由法院主导的高昂的诉讼成本，转化为了由保险公司主导的简单化解决双方纠纷的成本，从而大大降低了社会总成本。

最后，从历史发展角度看，侵权法与保险制度存在互补、替代的关系。从近代来看，保险制度是伴随着工业化的发展而兴起的。工业化过程从企业角度来看，要妥善处理好企业内外的两种关系：一是企业内部雇主和雇员之间的关系，二是企业外厂商和消费者之间的关系。这两个领域都清晰地体现出了侵权法和保险制度之间的互补、替代关系。

侵权法在这两个领域的最初责任配置都是厂商无责任原则，最后发展为厂商严格责任原则。雇主和雇员之间最初是雇主无责任原则，然后引入过错责任原则，雇员要证明雇主存在过错才能得到补偿。为什么要采取这样的原则？因为在工业化初期，社会要着重保护的是雇主利益，以使社会中的创业收益最大化，相应地，剩余责任和损失就由雇员来承担。随着整个工业化革命的完成，雇员的利益越来越受到了重视，整个责任的配置也由偏向雇主向偏向雇员发展，由雇员要证明雇主存在过错的过错责任原则发展到了雇主严格责任原则。因为过度地损害雇员的利益会使劳动力供给严重不足。雇主严格责任带来的好处是雇员的利益得到了保护，但对雇主的创业以及整个产业的发展施加了更高的成本。

产品责任制度的发展历程与此类似。最初实行的是合同关系原则，如果消费者和厂商之间没有直接的合同关系，消费者就不能因产品造成的损害而得到补偿。而消费者的绝大多数商品是通过中间的销售商购买的，所以他们和厂商之间没有直接的合同关系，厂商就不必为产品损害承担责任，这实际上也就是鼓励厂商的经济活动。但是最后也发展成为厂商来承担严格责任，消费者无论是否与厂商有直接的合同关系，只要产生了损害，都可以得到补偿，从而使厂商面临更大的成本。

过高的严格责任会导致整个社会创业活动的停滞，但同时如果不对消费者和雇员进行保护，也会对整个社会福利的改进造成损害。责任保险制度正是解决了这个难题。企业雇主和雇员之间相应发展起来了工伤责任保险制度。厂商和消费者之间发展起来了产品责任保险制度。责任保险制度使责任和风险被分散化，由整个社会来承担。既解决了雇主支付能力不足，以及因支付而使雇主运作成本更高的担忧，也大大降低了在该领域侵权法的运作成本。只要产生损害，通过保险的途径就可以较为完美地解决。但责任保险并不完全取代侵权法，因为责任保险实际上是建立在清晰的归责原则体系之上的，如果没有一个清晰的归责原则，保险的体系就无法建立。

9.3　侵权损害赔偿

在确定受害人受到损害，并且侵害人对此负有责任后，如何对受害人进行赔偿？法经济学在如何计算赔偿金和为什么要实施惩罚性赔偿等方面给出了自己的解释。

9.3.1　损失赔偿金的计算

1．市场品的赔偿

当被损害的物品有市场替代品的时候，对损害的赔偿争论不大，按照市场替代品的价格进行赔偿。例如：不小心打碎了别人的花瓶，市场上正好又有卖这种花瓶的，在这种情况下按照市场的价格赔偿给花瓶的主人就足够了。此时赔偿达到了所谓的完美赔偿的程度，即赔偿使受害人认为在没有受损害和受损害获得赔偿之间无差异。

2．非市场品的赔偿

对非市场品的损害如何赔偿？非市场品缺乏一个定价市场，如交通事故中的人身损害就缺乏一个明确的定价市场，并且人类道德也不允许对此进行市场定价。

法经济学利用汉德公式，根据为保护非市场品需要进行的事前投资和投资降低的事故发生概率，来判断预防有效防止的事故损失是多少，认为这个被有效防止的事故损失就是该非市场品的赔偿价值。因为被有效防止的事故损失实际上反映了当事人在事前对预防成功所能产生的收益的主观评价，是预期的预防投资收益，从而也就反映了当事人对所保护的非市场品价值的主观评价。作为理性人，当事人只有认识到要保护的非市场品具有所预期的主观价值时，才会付出投资进行预防。

根据汉德公式，当 $B<PL$ 时，当事人没有预防就存在过错；当 $B>PL$ 时，当事人没有预防不构成过错。其中，P 表示事故发生的概率，L 表示事故产生的损失，B 表示预防的成本。那么预防的最低要求就是 $B=PL$，进而有 $L=B/P$，这就是非市场品赔偿额的汉德公式。L 在这里代表着对非市场品的损害估价。

例如：事前多投入 100 元的预防成本，就会使一只胳膊发生事故的概率下降千分之一，那么在事故发生后受伤胳膊的损害赔偿额就是：100/0.001=10万元。这10万元就是当事人认为的这只胳膊具有的主观价值。

法经济学虽然提出了将汉德公式进行转化来衡量非市场品价值的方法，但在实际中还没有用这个标准进行计算。因为付出预防成本后使事故降低的概率很难计算，并且有时当事人虽然没有进行预防（比如受制于有限的预算），但并不代表其主观评价低。

3. 惩罚性赔偿

惩罚性赔偿要求侵害人给出的赔偿远远高于受害人受到的损失。惩罚性赔偿不同于补偿原则下的赔偿，补偿原则下的赔偿要求赔偿后使损害人恢复到损害之前的水平，而惩罚性赔偿的赔偿金额则超出了使被损害人恢复到事前状态时的赔偿金额。为什么会产生惩罚性赔偿呢？惩罚性赔偿是否适用于侵权法领域呢？这依然是有争议的。

法经济学对惩罚性赔偿给出了一些具有说服力的解释：（1）威慑理论。假定侵害人给社会造成的损害是C，侵害人逃脱责任的概率是P，那么当侵害人被追究责任时，要求他进行C/P的惩罚性赔偿，对整个社会来讲就是让侵害人将所有的侵害成本内部化，从而保持了法律的整体威慑水平。不过威慑理论要充分发挥作用必须具备充分、足够的关于逃脱概率P的信息。（2）赔偿不足。因为非市场品的精确定价存在很大的困难，所以赔偿很可能是不足的。在这种情况下，适用惩罚性赔偿，减少赔偿不足的概率，从而使侵害人全部内部化其造成的全部损害。（3）故意侵权。侵权法基本上是否定惩罚的，仅仅将损害成本内部化就足够。但在故意侵权中，如果给受害人带来的损害是C，而侵害人得到的利益是B，即使侵害人对受害人完全赔偿后也会得到收益B。为阻止这种意在获取不当收益的故意侵权行为，就需要进行惩罚性赔偿，把侵害人的收益全部剥夺掉，使得侵害人这种故意的侵权没有额外的收益，那么侵害人也就不会故意去侵权了。（4）鼓励交易，即在交易成本不高、能够事前通过自愿交易进行权利转移的领域，通过惩罚性赔偿来提高非自愿交易的成本，迫使侵害人选择自愿交易而不是侵权。如甲对乙的汽车十分欣赏，但不能通过偷盗来获得汽车，而是要通过向乙购买来得到汽车。如果甲进行了偷盗就要给予惩罚性赔偿进行威慑，促使同样情况的人选择自愿交易。

9.3.2 关于赔偿的其他问题

1. 侵害人支付能力不足问题：转承责任①

如前所述，强制保险是解决侵害人支付能力不足的一个安排。转承责任是另外一个安排。转承责任是指当委托人对代理人的预防水平具有指导、控制或者信息获取优势时，将代理人造成的侵害责任转移给委托人承担的法律现象。一般在雇主—雇员、父母—未成年子女、发包人—转包人之间存在着转承责任关系。一般来说雇主比雇员、父母比未成年子女、发包人比转包人具有更高的支付能力，这样在后者造成的损害超出其支付能力的情况下，由前者负责赔偿，从而使受害人得到足够的赔偿。这是转承责任的第一个制度功能。

转承责任的第二个制度功能是能够增加代理人的注意水平和减少危险活动的行为水平。代理人的有限支付能力将使其预防水平只达到其可支付水平，但是在转承责任下，如

① 本节主要参考了 Shavell (2004) 第232-235页。

果委托人能够有效对代理人的预防行为进行控制和影响，那么代理人的预防水平将提高以达到社会最优水平。在委托人可以观察到代理人预防行为的情况下，委托人可以指导并要求代理人采取一定的预防行为。如雇主要求雇员必须按照一定的操作规范来安装电力线路，父母要求孩子远离危险的动物。在委托人难以观察到代理人预防行为的情况下，委托人可以通过建立一旦代理人从事某些危险行为而造成损害就要受到惩罚的机制，来实现对代理人危险行为的控制。

当委托人拥有更多的关于有效控制代理人行为的知识和信息优势时，转承责任的安排更加有效，因为委托人具有了确定预防行为水平的技术优势。同时当委托人的资产越多、代理人的资产越少时，转承责任安排也更有效，因为一方面，代理人资产越少就越可能预防不当；而另一方面，委托人资产越多就越更有激励保护自己的资产不因为代理人的不当行为受到侵害。

但同时也应看到转承责任的不足。转承责任加大了社会管理成本，一是被告的数量因为转承责任而增加；二是在转承责任下，面对受害人和法院为逃避责任，委托人可能没有动力提供有关侵害人预防和侵害行为的信息，增加了信息获得难度。

2. 非金钱损害：罚款的必要性

受害人受到的损害不仅包括金钱损害，还包括非金钱损害。尽管法经济学给出了一个如何计算非金钱损害赔偿额的公式，但是实际上没有人在事前愿意就自己的感情、身体器官进行金钱定价，并且金钱赔偿也根本不足以弥补受害人在感情和身体上的伤害，那么从这个角度来看面对非金钱损害必然产生赔偿不足的问题。而赔偿不足就可能导致侵害人有意进行非金钱损害以逃避赔偿。保险也无法解决这个问题。因为保险公司即使能够确定身体器官的价格，也无法确定感情的价格。受害人也不愿为此进行保险。为解决这个问题，可以引入罚款制度（Shavell，2004，第 273 页）。当侵害人造成受害人的非金钱损害时，就由法院或者管制部门对侵害人进行罚款。罚款的目的不是补偿受害人，而是通过罚款使侵害人的预防水平恢复到社会最优水平。

习　题

1. 侵权法存在的经济根据是什么？
2. 阐述侵权法的经济目标。
3. 试举一个具体的预防行为的例子，谈谈你对预防行为及对其进行经济分析的认识。
4. 解释下列名词：固定单边预防、互补单边预防、双边预防、汉德公式。
5. 阐述预防函数的基本模型和影响预防的各种因素。
6. 侵权法与安全管制、保险制度之间有什么关系？
7. 全面阐述各个归责原则决定的预防行为体现及其效率状态。
8. 管理成本、审判偏差对归责原则的选择分别具有什么样的影响？
9. 利用汉德公式说明如何对非市场品进行赔偿？
10. 举例谈谈你对惩罚性赔偿及其存在理由的看法。
11. 分析转承责任下责任承担者和侵害行为实施者的可能行为体现。

推荐阅读书目

1. Cooter and Ulen (2003), *Law and Economics*, 4rd Ed., Pearson Education, Inc. Publishing.

2. Steven Shavell (2004), *Foundations of Economic Analysis of Law*, Harvard University Press.

3. Miceli (2004), *The Economic Approach to Law*, Stanford, California: Stanford University Press.

案例分析

集美大学学生董某父母诉集美大学案

2001年7月9日下午4时许，厦门市集美大学学生董某在集美龙舟游泳池游泳时溺水身亡。龙舟游泳池是历史遗留下来的，长期免费向公众开放，长100米，宽50米，面积是标准游泳池的两倍，深、浅水区无明显标志，能见度低，也没有配备安全设施和救助人员。2002年6月，董某的父母以其子得不到及时发现和救助而丧失生命为由，向集美法院提起诉讼，要求游泳池管理人集美学校委员会支付死亡赔偿金51 810元，精神损害赔偿金30 000元。这起案件原、被告双方对溺水死亡、游泳池管理现状等案件事实部分均无异议，争执的焦点是该由谁承担责任的问题，公益管理是否能成为免责的抗辩理由。

对于这个案件，有两种对立的意见。第一种意见认为，校委会为了给集美大学的师生创造一个良好的游泳环境，在政府没有设置相应管理机构、没有人员编制、国家财政也没有拨款的情况下，主动给游泳池换水，承担义务而未享受任何权利。根据权利义务对等原则，校委会已尽管理之责，不存在管理过错，无须承担民事责任。第二种意见认为，所谓权利义务对等，是指有权利必有义务与其对应，有义务必有权利与其对应。本案权利义务对等，就是校委会在履行管理游泳池义务时，享有管理游泳池的权利，而不是校委会要从中得到什么利益。既然校委会享有管理权，就得承担管理失误造成的责任。被告没有配备救生设施，没尽到管理之责，导致董某在溺水时因得不到及时发现和科学、专业的救助而丧命。被告过错与董某之死有因果关系，理当承担赔偿之责。

集美区人民法院在公开审理并多次试图调解无效后，于2002年12月5日作出一审判决，确定原、被告按实际过错的大小以8：2的比例分担责任。主审法官苏敏昌解释一审判决结果时说：之所以这样分责，一是因为董某是完全民事行为能力人，曾多次到龙舟游泳池游泳，对游泳池的设施及管理现状已经熟知，其本来应根据游泳池的特点及自身泳技选择较安全的水域游泳，发生不测与董某自己未尽谨慎注意义务有直接的因果关系，其过错是造成死亡事件的主要原因，应承担主要损失责任。被告作为游泳池的管理人，负有必要管理的义务，但游泳池入口处未设置安全警示标志，在深、浅水区间亦无明显的隔离标志，且未配备相应的救生塔台及救生员，游泳池能见度低，这些疏忽致使险情发生时，董某未能被及时发现和救助，造成死亡悲剧，因此被告需要承担相应责任。不过，由于被告接管的游泳池是免费向公众开放的，主观目的是为了发展公益事业，为广大师生和集美人游泳提供方便，可适当减轻其民事赔偿责任。

资料来源：杨立新. 在游泳池游泳溺水死亡谁应当承担责任. http://218.76.65.219/media_file/2003_09_15/20030915100010.doc.

【问题】

法院按比例分担责任的做法是否合理?

【分析】

侵权法的目的在于促使侵害人实现外部性内部化，最小化侵权产生的社会总成本。借助侵权法实现侵权的有效预防是侵权法的重要功能。侵权法经济分析的基本结论是：一是在受害方无法进行预防的情况下（也即单边预防情形），对侵害方实施严格责任原则是有效率的制度安排；二是在双方都可以预防的情况下（也即双边预防情形），法定注意水平等于社会最优预防水平的过错责任原则能够促使双方当事人进行有效预防。

本案法院适用的显然是比较过错原则。比较过错是侵害人、受害人按照过错比例承担责任。按照这个定义就可以看出，它只适用于双边预防情形。在双边预防情形下，不论是侵害人还是受害人都要按照法律的注意水平进行预防，否则就要承担责任。特别是当对方达到注意水平标准时，己方就要承担全部责任。当对方也存在过错时，各自对各自的过错按照比例承担责任。过错大的承担的责任大、过错小的承担的责任小。假设法律要求的注意水平就是社会要求的最优预防水平，那么在比较过错原则下，侵害人、受害人都将采取最优的预防水平，实现社会最优。

那么，本案是否为双边预防情形呢？这是十分明显的。对于这一点主审法官苏敏昌已经解释得十分清楚。要有效预防溺水事件发生，游泳者显然是第一位的有效预防者，并且有效预防的收益也基本上将为其全部占有。因此，法律要求游泳者要有较高的注意水平。但是案件中董某并没有进行有效预防，没有采取任何安全预防措施。游泳池管理者的预防是第二位的预防，因为即使其有着完善的安全措施，也只能减少事故发生的概率，不能从根本上杜绝事故，并且其只能获取部分预防收益（主要体现在经济和社会收益上），因此法律对其要求的注意水平并不高。

综上，这是双边预防情形，并且是有着主导预防者的双边预防情形。游泳者是其中的主导预防者。适用比较过错原则，能够促使游泳者和管理者都进行法律要求的预防，从而最小化事故造成的社会总成本。所以，法院的判决是正确、合理的。

第十章

民事程序的经济分析

10.1 程序法的基本内容

程序法（procedural law）是与实体法（substantive law）相对应的一个概念，目的在于设定一种能够产生司法强制力的步骤和程序，实现实体法界定的权利和义务。① 狭义的程序法是指审判制度，是使得有争议的实体权利义务通过诉讼进行确认和实现的制度和技术上的程序规定。广义的程序法则将更为广泛的非诉讼纠纷解决机制也包括在内，意指社会的纠纷解决系统。不仅包括仲裁、行政争议解决机制（如劳动争议仲裁）、公证、调解等成型的纠纷解决机制，也包括民间的非正式的纠纷解决方式，如私力救济。② 因此，在广义的程序法范畴之下，形成的是以正式的国家公力纠纷解决机制——诉讼审判为主线，以其他被普遍运用的替代诉讼的纠纷解决机制为外延的制度格局。这是本章讨论的基本对象。但是需要指出的是，本章主要讨论民事纠纷的解决，基本上不涉及刑事程序。

从纠纷解决的流程来看，一个完整的纠纷解决程序包括四个环节的内容：纠纷解决的提出、对纠纷内容的审理、纠纷裁断结果的形成、纠纷裁断结果的执行。首先是认为自身利益受到侵害的当事人选择纠纷解决方式，提出解决纠纷的请求。其次是收到请求的纠纷解决机构（主体）对纠纷内容进行审查、审理。这是整个纠纷解决最为核心的环节，也是纠纷解决能够被当事人和社会所信任、执行乃至维系该纠纷解决机制正当性的所在。通常在这个阶段，现代纠纷解决一般形成一种以当事人以对话式为主、裁判人居中主持并推进程序运行的方式，纠纷双方提出和展示相关证据信息，按照程序规则要求解释纠纷真相，裁判者据此形成裁判。再次是裁断结果的形成环节，确立了对纠纷争端

---

① Bryan A. Garner (1999), *Black's Law Dictionary*, West Group, p. 1221.

② 徐昕. 论私力救济. 北京：中国政法大学出版社，2005.

各方具有一定结果意义的裁断结果，并按照程序规则要求宣告纠纷解决结果的形成和生效。最后是裁断结果的执行环节，纠纷各方自行或者按照有关程序请求第三方具体落实裁断结果。

两大法系在纠纷解决上形成了各有特色的诉讼程序安排，表现出许多差异。首先在程序进行中谁是主导问题上，大陆法系和英美法系有较明显差异。大陆法系基本上是以法院为主导，英美法系则是以当事人为主导。大陆法系形成的是以法官为中心的诉讼程序，具有更多的职权主义色彩，其程序特征包括：诉讼程序推进依据法官职权进行；诉讼资料和审理对象的确定、事实主张等法官不受当事人约束；在证据上法官拥有主动收集调查权。[①] 在大陆法系之下依据主导的程度不同，还可以进一步细分为法院完全控制诉讼的前苏联式的超职权模式，以德、日为代表的法官和当事人职权—权利交融制衡的一般职权模式。英美法系更多体现出了当事人主义的元素，其程序特征包括以下三方面："经由当事人辩论形成的主要事实才能够成为法院裁判认定的事实依据；法院仅认定当事人争执之事实；当事人对抗（adversary system）和法院的司法消极原则。"[②]

两大法系诉讼的第二个差异是法律适用依据上的差异。英美法系采用的是"遵循先例"（stare decisis）原则，要求法官在审判中应当遵守以前同类案件的法官判决，按照其判决的思路和逻辑对当前的案件进行判决。[③] 这是英美法系的法律形成主要依靠法官判决的自然结果；大陆法系的法官则被要求依据成文法典的规定进行判决，并不显著受制于之前形成的类似判决。因此，在诉讼的既判力的范围和整个诉讼的功能上，应当说英美法系体现出了更多的规则创设功能，判决形成的既判力能够延伸到其他案件；而大陆法系的诉讼更多关注本案的审理。

不过，当前两大法系正在逐渐融合。英美法系出现了强化法官职权的改革浪潮，大陆法系则强调提高当事人的程序参与度，由此两大法系呈现出逐渐接近、互相渗透的格局，使得上述两大法系的绝对分野逐渐淡化。[④]

经济分析对程序法的关注，主要是因为程序法影响着法律体系运行的成本。实体法规定的各种权利、义务并不是都能够自动实现的，程序法存在的首要目的是促进实现实体法要求的法律效果。如产权被侵犯通过判决获得赔偿和救济，合同被违约通过仲裁获得违约金，发生交通事故通过审判实现对潜在侵权者的威慑。但是，程序法的运行是需要付出成本的，借助于程序法来保护实体权利和义务因此也是要付出成本的，程序法的运行成本因此构成了法律体系的重要运行成本。

程序法的经济分析立足于当事人选择的角度主要回答了以下几个问题：第一，在各个程序环节，当事人的决策是如何作出的？如选择诉讼作为纠纷解决途径还是选择仲裁？在诉讼中是和解还是坚持要求得到法官的判决？第二，如何最小化程序法的运行成本？哪些制度安排有助于最小化程序法的运行成本？第三，当事人的诉讼选择如何影响了法律的变化和演进过程？这个过程是有效率的还是无效率的？本章主要围绕上述问题展开。

---

① 张卫平. 诉讼架构与程式——民事诉讼的法理分析. 北京：清华大学出版社，2000.

② 兼子一，竹下守夫. 日本民事诉讼法. 北京：法律出版社，1995.

③ 何家弘. 总序//汤维健. 美国民事诉讼规则. 北京：中国检察出版社，2003.

④ 常怡. 比较民事诉讼法. 北京：中国政法大学出版社，2002.

10.2 公力救济与私力救济的选择

当纠纷产生后，当事人面临的第一个抉择是选择何种方式和途径来解决纠纷。社会提供了丰富的纠纷解决机制，那么这些机制要实现的目标是什么？它们之间是如何有效协调的？这是本节要回答的问题。

10.2.1 纠纷解决制度的经济目的

社会建立了多种解决纠纷的制度安排，从社会角度看，任何纠纷都是个体行为偏离社会要求的最优状态的结果，因此，解决纠纷对于整个社会来说是一种资源的浪费，是额外的成本支付，整个社会如果在最优状态下运行本来是可以避免这些成本的支付的。

纠纷解决制度的经济目的有两个：一是巩固实体法的威慑力，实现实体法的目标。实体法代表着社会欲求的各个方面的行为规范，多数实体法规定行为规范能够自我实现，并且也有着专门的机构来推动其实现。但是也有众多行为规范需要借助当事人之外的力量或者国家的强制执行力才能够实现。程序法就是界定如何借助这些执行力实现实体法目标的程序规范。程序法是社会提供的矫正不当、不法行为的制度安排，因此它是实体法威慑力实现的进一步延伸。程序法为权利受到侵犯的当事人提供了一个获取救济、消除和惩罚侵害行为的途径，从而也构成了一种威慑——一种权利最终能够得到有效保护、侵权行为最终能够被有效去除的威慑。这是程序法的首要功能。

从经济分析的角度看，提供权利保护威慑构成了程序法的收益。提高程序法收益的主要途径就是按照实体法界定的权利义务格局，保护当事人的权利，消除侵害。但是，当程序法提供的保护出现错误时，就会使实体法要求的威慑受到削弱，降低了实体法的威慑水平。所以要实现程序法收益的最大化，必然要求最大化地消除可能的程序错误，也即要求纠纷解决程序的设定是社会最优的程序。

纠纷解决制度的第二个经济目的，是纠纷解决管理成本的最小化。管理成本是纠纷解决机制的运行成本，既包括国家和社会为运行该机制而付出的成本，如法官的选择和调配成本、给予法官等的工资支付、检察官提出控诉、这些机关的办公费用等成本，也包括当事人为解决纠纷而付出的时间、精力、金钱等成本。偏差成本则是在纠纷解决中富有判断责任的国家机关（或民间纠纷解决主体）出现判断偏差而导致的成本。既包括直接给纠纷当事人带来的直接损失，也包括对以后类似纠纷的不当影响。以最少的成本实现实体法要求的目标是社会和当事人同时期望的。

进一步地，从成本角度看，也可以将程序法实现实体法威慑力的目标转化为错误成本最小化目标。因为只要程序法不出现错误就能实现实体法的威慑力，出现错误就造成了威慑力降低、错误惩罚守法者等问题。所以，程序法的经济目标，可以总结为最小化纠纷解决的管理成本和错误成本之和。①

① Posner (1973), "An Economic Approach to Legal Procedure and Judicial Administration", *Journal of Legal Studies*, 2: 399.

10.2.2　私力救济与公力救济

1. *多种纠纷解决机制*

社会提供了多种纠纷解决机制，这些机制构成了一个有机的纠纷解决系统，同时每一种纠纷解决都需要耗费一定的社会资源，因此纠纷解决机制也就体现出了救济资源的社会配置状况。

从纠纷解决机制运行的依靠力量角度，可以将纠纷解决机制分为私力救济和公力救济。私力救济主要依靠民间力量来保证纠纷解决机制的运转和最后结果的实现。公力救济则是以国家暴力为支持来实现机制的运转和结果的实现。在二者之间还存在过渡形态，如仲裁。仲裁是借助民间力量来运行，但仲裁结果具有法律效力，可以请求法院强制执行，即可以利用国家强制力来实现结果。

从完全依靠私力到完全依靠公力，可以依次排列出以下纠纷解决机制：协商、调解、仲裁、诉讼。其中，在诉讼中又可以有两种选择：一是和解，二是判决。协商是纠纷各方自行就纠纷解决达成一致并自动执行的纠纷解决方式。调解则是纠纷各方在独立的第三方居中调停下就纠纷解决达成一致并自动执行，独立的第三方是纠纷各方自行选择的。仲裁是纠纷各方选择居中调解的仲裁机构（人），由其居中根据专业知识和经验判断纠纷的产生原因并作出裁决的纠纷解决方式。仲裁裁决具有法律效力，当事人可以据此申请法院强制执行仲裁裁决。诉讼则是纠纷当事人请求法院裁决纠纷。其中和解是当事人在提交诉讼申请后双方之间就纠纷解决达成一致，形成法院认可的具有法律效力的解决方案。判决则是当事人请求法官给出纠纷解决方案并依靠法院的强制力或其威慑力进行执行。这些纠纷解决机制相互配合，分别适用于不同的情况，构成了一个完整的纠纷解决系统。

假设最后结果是相同的，一般而言私力救济的成本要低于公力救济的成本。因为前者不需要使用国家强制力而后者需要，而国家强制力的使用需要付出较高的成本才能实现。如合同双方协商解决违约纠纷的成本远远低于诉讼到法院判决并执行的成本。并且在私力救济下，一般可以节约较多的交易成本和执行成本。所以从这个角度而言应当鼓励当事人更多地使用私力救济来解决纠纷。社会纠纷解决资源也应当尽量向私力救济倾斜。但是私力救济具有执行完全依靠当事人自觉、强制力有限的不足，因此其适用受到了限制。

2. *作为可信威胁存在的诉讼机制*

诉讼是一种比较复杂的纠纷解决制度，其完整的流程见图 10－1。

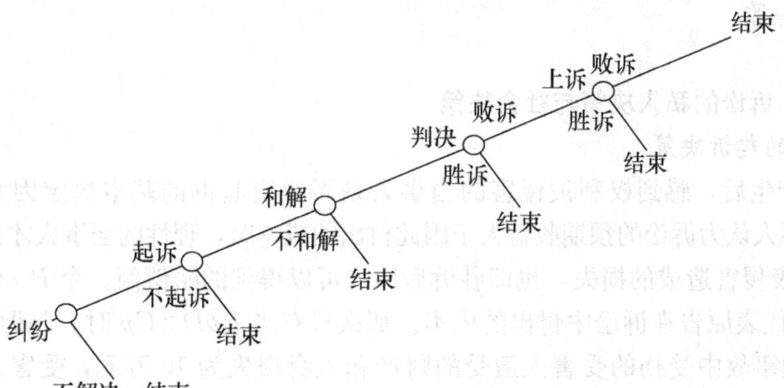

图 10－1　诉讼的各个阶段

从提起诉讼到最后上诉判决，诉讼不仅要花费大量的时间，而且要付出高昂的成本。诉讼制度的运行不仅要当事人付出高昂的诉讼费用，而且要国家付出相应的管理费用。诉讼是成本最高的纠纷解决机制，所以从成本角度看，纠纷解决越少使用诉讼途径，节约的社会资源越多。实际上在现实生活中，通过诉讼解决的纠纷只占全部纠纷总量的少数，多数纠纷采取了诉讼以外的解决方式。那么，为节约成本，社会能不能不提供这个高成本的纠纷解决制度安排呢？

显然，这不是我们的选择。因为诉讼是一种特殊纠纷解决机制，它具有其他纠纷解决机制不具有的特征：可信的维权威胁。其他纠纷解决机制都因为强制力不足而可以被不希望执行解决方案的当事人所违反，从而不具有实际的效力。也就是说，其他纠纷解决机制只有在解决方案被确实履行后才起到可信维权的作用，在此前不能起到有效的威慑作用。诉讼的运作及其结果是建立在国家强制力上的，它给予社会一种确信的可依赖的预期，即受到侵害的权利能够通过诉讼获得保护和救济，从而成为当事人应对潜在侵害的一种可信威胁。从这个意义上说，诉讼是当事人维护权利的最后一道屏障。如果其不存在，那么社会中将缺少足够的对侵权行为的威胁，其他纠纷解决机制也将失去支撑，纠纷解决体系将最终崩溃。因此，诉讼机制是社会必不可少的纠纷解决制度。

但是，同时因为诉讼机制是成本最高的纠纷解决机制，因此社会的最优安排是：一方面提供高质量的诉讼制度，确保进入诉讼的纠纷都得到正确的解决，从而使诉讼保证的实体法威慑力得到最大化发挥；另一方面尽量减少诉讼制度的使用，降低因此而付出的总成本。因此要使诉讼相对于其他纠纷解决机制具有相对较高的利用门槛，即当事人利用诉讼解决纠纷的成本要高于利用其他纠纷解决机制。这也反过来说明了为什么诉讼是成本最高的纠纷解决机制。

10.3 起诉决策

在纠纷形成后，面对众多的纠纷解决机制，当事人该如何选择？此时要回答的第一个问题是——选择诉讼来解决纠纷还是选择非讼方式来解决纠纷？本节讨论当事人的起诉决策，利用一个简单的模型说明当事人的起诉决策，然后讨论当事人的起诉决策与社会目标是否一致。

10.3.1 诉讼的私人决策与社会决策

1. *原告的起诉决策*

在纠纷产生后，感到权利被侵害的当事人是否决定起诉的基本决定因素是收益和成本。只有当事人认为诉讼的预期收益大于因此付出的成本时，理性的当事人才会决定起诉。

令 D 代表侵害造成的损失，也即胜诉后原告可以得到的赔偿额。令 Pp 代表原告胜诉的概率，Cp 代表原告在诉讼中付出的成本。那么只有当 $PpD>Cp$ 时，起诉才是理性的。

如在交通事故中受伤的受害人遭受的财产和人身损失为 10 万元，受害人认为自己有 80%的胜诉概率，诉讼中需要支付诉讼费、律师费、鉴定费等费用 3 万元，那么 10×80%＝8 万元＞3 万元，因此该受害人将决定起诉。

2. 起诉的社会决策

但这只是当事人对自身的收益和成本进行比较后作出的最优决策，那么这个决策是否符合社会利益呢？是否也是社会的最优决策呢？

实际上原告的起诉决策与社会的最优决策之间存在分裂，因为原告在决策时并没有考虑两个成本：一是被告的成本，二是国家运行诉讼机制的成本，但这两个成本是社会决策时必须考虑的成本因素。更重要的是，原告在决策时没有将诉讼的社会作用——可信的维权威胁作用考虑在内（Shavell，1982）。①

假设责任原则是严格责任原则，因此受害人面对侵害有两个选择：一是预防，二是不预防。预防的投入是 x，使侵害的发生概率从 Pn 下降到 $Pc(Pc<Pn)$。侵害造成的损失是 D，原告、被告和国家的诉讼成本分别是 Cp、Cd 和 Cs。

如果原告提起诉讼，被告将进行预防，此时的社会总成本是：

$$x+Pc(D+Cp+Cd+Cs) \tag{10.1}$$

它包括预防成本、侵害损失和全部的诉讼成本。但是，如果原告不起诉，被告此时也不预防，此时社会总成本是：

$$(Pn-Pc)D \tag{10.2}$$

所以，起诉只有在（10.1）式小于（10.2）式时才是社会最优的，即：

$$x+Pc(D+Cp+Cd+Cs)<(Pn-Pc)D \tag{10.3}$$

也就是说，只有当预防成本加上全部诉讼成本小于预期的损害降低水平时，起诉才是社会最优的。也即起诉要促进预防，并且预防的收益还要足够大。这是社会角度的起诉条件，它要求考虑诉讼引起的全部成本——原告的成本、被告的成本和国家的成本，也要求考虑诉讼带来的社会收益——损害发生概率的降低，这是在起诉威慑下侵害人才会实现的行为。

但是除去原告自身的诉讼成本外，其他因素都没有包括在原告的诉讼决策中，由此形成两种可能的结果：过多的起诉和过少的起诉。

过多的起诉是原告的起诉收益大于其成本，因此原告起诉，但是原告的收益不足以覆盖起诉的社会总成本。如上例中交通事故损失 10 万元，受害人有 80%的胜诉概率，其诉讼成本为 3 万元，10×80%＝8 万元＞3 万元，受害人起诉。但是被告的诉讼成本是 3 万元，国家的成本是 3 万元，这三项成本合计已经超过了原告的收益，因此该起诉就不是社会期望发生的。

过少的起诉则是原告的起诉收益不足以覆盖成本，因此原告不起诉，但是原告不起诉将不足以对侵害人形成足够的威慑，从而推动其采取足够的预防投入。假设上例中受害人的损失只有 3 万元，3×80%＝2.4 万元＜3 万元，原告不起诉。但是被告预期到原告将不会起诉，因此也就不采取预防行为，放任侵害的发生。假设被告不预防时侵害发生的概率为 10%，1 000 元的预防投入将使侵害发生的概率降低到 1%。被告不预防时的社会总成

① Steven Shavell (1982), "The Social versus Private Incentive to Bring Suits in a Costly Legal System", *Journal of Legal Studies*, 11: 333-339.

本是 3×10％＝0.3 万元。原告起诉被告预防时的社会总成本是 0.1＋1％(3＋3＋3＋3)＝0.22 万元。显然，原告起诉被告预防时的社会福利水平大于原告不起诉被告不预防的水平，社会的理想结果是原告起诉，但是原告基于自身的理性考虑却是不起诉，从而形成起诉不足的问题。

过多的起诉和过少的起诉都偏离了社会最优水平，都不利于社会福利的最大化。因此，要进行一定的矫正。通常的做法，一是通过提高起诉费抑制过多的起诉，二是给予一定补贴以增加起诉的数量。但这需要国家具备相应的信息，需要明确哪些类型的纠纷需要抑制起诉数量，哪些则需要增加起诉数量。这同时也反映出了国家对不同侵权行为的威慑态度。

10.3.2 起诉费的双重功能

由此可以看出，起诉费对于起诉数量具有重要影响。起诉费有着双重功能：一是对原告进行筛选、过滤；二是对预防具有反作用，导致威慑不足。

一方面，起诉费限制了那些侵害赔偿水平较低的受害人的起诉。获赔水平低于起诉费的受害人将不提起诉讼，因此起诉费将受害人划分成了两个类型：起诉的受害人和不起诉的受害人。这与前面阐述的诉讼是成本最高的救济机制，应当尽量减少其使用的思想是一致的。高于其他纠纷解决机制要求的费用的起诉费，将推动受害人采取非讼方式来解决纠纷，从而降低社会总成本。

但是，过高的起诉费将抑制威慑作用的发挥。起诉费实际上构成了受害人利用诉讼维护自身权利的一个门槛价格。这个价格越高，受害人维权的难度越大，提起的诉讼越少，进而侵害人受到法律处罚的机会越少，因而实体法规定的威慑水平越难以达到。从这个角度出发，诉讼费越低越有利于受害人维护权利，实体法威慑作用实现的可能性越大。

这是两个相反方向的对起诉费的要求，因此最优的起诉费水平应当是权衡二者的结果。一方面要保持一定水平的起诉费，防止过多的诉讼导致资源浪费，另一方面要保持一定的威慑水平，不至于使权利的维护门槛过高。这两个因素共同决定了起诉费的高低。

10.4 和解与判决决策

在原告起诉后，被告没有其他选择，只有应诉，否则将自动得到败诉结果。被告应诉后，原告和被告都将面临一个新的选择——是和解解决纠纷还是等待法官判决解决纠纷。和解是原被告之间就纠纷解决方案达成一致，结束诉讼进程，判决则是双方请求法官对纠纷进行审理后给出判决，然后结束本轮诉讼。假设能够得到相同的结果，和解与判决相比，和解显然比判决节约了成本，因为：一是不需要法官的审理，二是和解协议具有法律效力，自动履行的可能性大并且不能上诉，减少了进一步的纠纷解决投入。所以从社会角度来讲，鼓励和解，不赞成判决。但是这是不是当事人的最优选择呢？实际上有相当多的案件没有通过和解解决而是选择了判决，那么为什么当事人会选择判决这个高成本的解决方式呢？本节介绍和分析有关是和解还是判决的三个决策模型，然后讨论一种特殊的诉讼——负值诉讼。

10.4.1　和解还是判决模型一：乐观模型

乐观模型[①]认为之所以当事人选择了判决而不是和解，是因为当事人之间对于纠纷的最终结果、适用的法律以及如何适用法律有着不同的态度，而形成差异的原因是他们对自己胜诉有着较强的乐观预期。

令 Pp 代表原告对自己胜诉的概率判断，Pd 代表被告对原告胜诉的概率判断（也即被告对自己败诉的概率判断）。D 代表原告和被告都认可的原告胜诉后得到的赔偿，Cp、Cd 分别代表原告和被告的诉讼成本。再假设和解是无成本的。

这样，原告通过判决获得的预期收益为 $PpD-Cp$。因此只要和解得到的收益 S 大于 $PpD-Cp$，即 $S\geqslant PpD-Cp$，原告就会倾向于接受和解而不是判决。被告通过判决形成的预期成本为 $PdD+Cd$。因此只要 $S\leqslant PdD+Cd$，被告就会倾向于接受和解。

那么，如果存在一个 S 满足：

$$PpD-Cp\leqslant S\leqslant PdD+Cd \tag{10.4}$$

即 $PpD-Cp\leqslant PdD+Cd$，则和解就有达成的可能。和解要求被告的和解最高出价至少要高于原告可接受的最低出价，这是和解的必要条件。这实际上是要求和解谈判存在合作剩余，没有合作剩余，和解就失去了意义。

(10.4) 式可以进一步转化为：

$$D(Pp-Pd)\leqslant Cp+Cd \tag{10.5}$$

那么，(1) 当 $Pp=Pd$，即原被告关于原告胜诉的概率判断相同时，有 $Cp+Cd\geqslant 0$。而原被告的诉讼成本肯定是大于零的。这就说明和解达成的一个前提条件是：原被告双方对于原告胜诉概率有着相同预期，或者说双方对于判决结果有着共同的意见。(2) 当原告乐观而被告悲观，即 $Pp<Pd$ 时，$D(Pp-Pd)<0$，而 $Cp+Cd>0$，和解也具备了达成条件。因此和解的条件是 $Pp\leqslant Pd$。[②] 导致判决的条件则是：

$$D(Pp-Pd)>Cp+Cd \tag{10.6}$$

这个公式说明：(1) $Cp+Cd$ 代表的诉讼成本越高，导致判决的可能性越大，这也符合人们的一般心理习惯。(2) 当原告比被告对于自己胜诉有着更乐观的预期，即 $Pp-Pd$ 越大时，判决的可能性越大，和解的可能性越小。Pp 越高说明原告认为自己胜诉的概率越高，而 Pd 越低则说明被告认为原告胜诉的概率越小，自己胜诉的可能性越大。也就是说，双方都对自己胜诉有着乐观预期，双方越乐观，$Pp-Pd$ 的差越大，和解的可能性越小。这也是该模型被称为乐观模型的原因。(3) 原告得到的赔偿额 D 越大，也即诉讼的标的额越高，判决的可能性越高，和解的概率越小。

10.4.2　和解还是判决模型二：信息不对称模型

乐观模型虽然较为成功地说明了和解和判决的决策条件，但是它没有解释为什么原被

---

① 该模型最先是由 Landes (1971)、Gould (1973) 提出的，后来又经过 Shavell (1982b)，Cooter and Rubinfeld (1989)，Baird，Gertner and Picker (1994) 的发展而成熟。本书在这里主要参考了 Miceli (2004) 的相应章节。

② 需要注意的是，这里得出的和解条件是在和解无成本的假设下得出的。实际上和解是要付出成本的，特别是当双方无法就合作剩余的分配达成一致时，和解也难以达成。

告之间会有预期上的差异。为什么原被告面对同样的纠纷事实却有不同的结果预期？信息不对称模型①给出了一个预期不一致的理由，当事人之间存在着信息不对称。原被告因为分别掌握着一些对方不了解的信息而对结果有着不同判断。如在侵权纠纷中，原告知道损失的真实状况，但被告不知道，反过来被告知道自己是不是确实存在过失而原告并不清楚。信息不对称决定的不同的结果预期，影响着当事人的和解和判决决策。

假设原告拥有影响其胜诉概率判断的私人信息。有两种类型的原告：一是高胜诉概率的原告，该概率记为 Ph；一是低胜诉概率的原告，该概率记为 Pl，且 $Ph>Pl>0$。原告清楚自己的类型，并据此计算各自判决情况下的预期收益。高胜诉概率的原告的预期收益是 $PhD-Cp$，低胜诉概率的原告的预期收益是 $PlD-Cp$，且 $PhD-Cp>PlD-Cp$。

被告是信息劣势者，无法观察到原告的具体类型，但其知道原告存在着两种类型，令 a 代表高胜诉概率的原告，$1-a$ 则是低胜诉概率的原告，可以得出所有原告的平均胜诉概率 P 为：

$$P=aPh+(1-a)Pl \tag{10.7}$$

这样，被告在判决中的预期成本则是 $PD+Cd$。

由于被告无法确定面对的原告类型，假设其准备和解，其给出的和解水平大于或等于高胜诉概率的原告的判决预期收益，即 $Sh\geqslant PhD-Cp$，那么，两种类型的原告都将接受这个出价，因为 $Sh\geqslant PhD-Cp>PlD-Cp$。这个策略是一个混同策略（pooling strategy），因为被告的出价实际上没有对原告进行区分，都是当作高胜诉概率的原告来对待的。实施该策略没有得到区分原告类型的结果，所有原告都接受出价进行和解，没有判决。由于 $Sh=PhD-Cp$ 和 $Sh\geqslant PhD-Cp$ 得到的结果是一样的，但后者显然大于前者，所以理性的被告会选择出价 $PhD-Cp$。

被告的第二个策略是分离策略，即被告的出价 $PlD-Cp\leqslant Sl<PhD-Cp$，此时被告的出价低于混同策略下的出价，接受出价的只有低胜诉概率的原告，因为出价 Sl 小于高胜诉概率的原告的要求，并且出价 $Sl=PlD-Cp$ 是被告此时成本最小但结果相同的出价，因此被告会选择该出价来得到原告分离的结果，即低胜诉概率的原告接受出价和解，而高胜诉概率的原告拒绝接受出价而寻求判决。

被告的第三个可能策略是出价低于 Sl，两种类型的原告都会拒绝接受出价而寻求判决，但判决将导致被告的成本大幅度上升，因此这是一个被告不会选择的出价，因为其没有任何意义。

所以被告是在混同策略和分离策略之间进行选择。那么，在这两种策略下被告的预期成本将决定被告的最终选择。混同策略下由于被告是将所有原告当作高胜诉概率的原告来对待的，其预期成本就是其出价 $PhD-Cp$。在分离策略下，由于被告并不知道其面对原告的具体类型，因此他的预期成本是 $a(PhD+Cd)+(1-a)(PlD-Cp)$。

那么，只有当被告的分离策略预期成本小于混同策略预期成本，被告才会采取分离策略，也只有此时判决才会出现，也即 $a(PhD+Cd)+(1-a)(PlD-Cp)<PhD-Cp$，整理后有：

---

① Bebchuk（1984）和 Nalebuff（1987）发展了这个模型。本书在这里主要参考了 Miceli（2004）的相应章节。

$$\frac{1-a}{a}(Ph-Pl)D>Cp+Cd \tag{10.8}$$

（10.8）式与（10.6）式基本相同，有着基本相同的含义：诉讼成本越高，判决的可能性越高，信息交换越充分，和解的可能性越高。但是（10.8）式进一步说明，当高胜诉概率的原告在全体原告中占越大比例时，被告越应当采取混同策略；而当低胜诉概率的原告占越大比例时，被告越应当采取分离策略。

10.4.3　和解还是判决模型三：行为经济学模型

上述两个模型都假设原、被告的决策是理性的，在对待和解还是判决上具有相同的心理态度，但是行为经济学认为和解和判决对于原告和被告来说分别具有不同的心理意义，原被告对于和解还是判决分别赋予了不同的心理权重，由此决定当事人的和解和判决决策有着与上述两个模型不同的机制和结果。

Jeff Rachlinski（1996）提出了和解还是判决的行为经济学模型。① 行为经济学已经说明人类具有规避损失（loss aversion）的心理偏好。② 比较以下第一组选择：一是确定得到100元收益，二是在一个赌博中以50%的概率得到200元和50%的概率一无所得。行为经济学说明人们更倾向于选择确定得到100元，而不是后者，尽管二者的预期收益是相同的。再比较以下第二组选择：一是确定损失100元，二是在赌博中以50%的概率损失200元和50%的概率不损失任何东西。行为经济学证明人们通常选择后者，尽管二者代表的预期损失是一样的。也就是说，当人们面对的是收益时，人们更倾向于选择确定性更高的收益，而当人们面对的是损失时，则更倾向于选择不确定性更高的损失。这实际上是规避损失心理效应在发挥作用，指导人们面对具有不确定性的收益和损失作出选择的基本原则是最大化地避免现实损失。

那么，对于原告来说，和解和判决的选择实际上类似于第一组选择。和解意味着原告得到一个确定的收益，而判决则意味着收益具有更高的不确定性，因此原告更倾向于选择和解。对于被告来说，和解和判决则具有相反的意义，和解意味着被告确定的损失赔偿金，而判决则标志着损失具有更高的不确定性，说不定法院不会判决被告败诉，因此被告更倾向于选择判决。这样原告和被告就具有了不同的选择，和解的可能性大大降低，判决的可能性大大提高。

10.4.4　负值诉讼

负值诉讼（negative value suits）是指从表面上看原告提起诉讼的预期收益低于成本的诉讼，也称为轻率诉讼（frivolous suits），因为原告的胜诉概率实际上是很小的，甚至基本上没有机会胜诉，至少从表面上看诉讼是轻率的。但是果真如此吗？为什么原告在这种情况下还要提起这样的诉讼？

1. 乐观模型

乐观模型对此给出了一个解释（Cooter and Rubinfeld，1989）。乐观模型说明只有被

---

① Jeff Rachlinski (1996)，"Gains，Losses，and the Psychology of Litigation"，*South California Law Review*，70：113.

② Daniel Kahneman and Amos Tversky（1979），"Prospect Theory：An Analysis of Decision Under Risk"，*Econometrica*，47：263.

告给出的和解出价高于原告可接受的和解出价时，和解才有机会达成。假设存在和解空间，那么原被告之间剩下的问题是如何分解和解的剩余。假设二者是对半分解，从（10.4）式可以得出：

$$S=1/2(PpD+PdD+Cd-Cp) \tag{10.9}$$

当原被告都认为诉讼没有什么价值时，也即 $PpD=PdD=0$ 时，（10.9）式转换为：

$$S=1/2(Cd-Cp)$$

这说明当被告的诉讼成本高于原告的诉讼成本时，被告将选择和解来解决这个根本没有价值的诉讼。那么，和解意味着原告将得到一个支付，即 $1/2(Cd-Cp)$，因此只要 $1/2(Cd-Cp)>Cp$，也即 $Cd>3Cp$ 时，原告将提起负值诉讼。也就是说，当诉讼对于被告来说意味着很高的成本，而对于原告来说只是付出一个起诉费时，负值诉讼出现。

如被告正在建设一个大型工程，原告以被告施工损害其利益为由起诉被告。被告因为诉讼无法继续施工，但是如果不能按期完成工程要支付巨额违约金，此时被告虽然明知原告不可能胜诉，但鉴于诉讼机会成本——巨额违约金，也会采取和解的办法给付原告一定的补偿，以求快速结束诉讼。另一种情形是被告是一个生产商，原告起诉称受到了被告产品的伤害。如果良好的商品声誉对于被告而言至关重要，被告也会选择与原告和解，向原告支付赔偿额。

2. 信息不对称模型

乐观模型说明了负值诉讼的一个条件，即被告的诉讼成本远远高于原告的诉讼成本。但是在有些情况下原告的起诉威胁是不可信的。被告完全可以不付给原告任何支付而等待原告起诉和判决，原告意识到诉讼对其而言是一无所获的结果，就会取消起诉。因此可信的起诉威胁是负值诉讼的关键所在。

信息不对称模型考虑到了负值诉讼中原告起诉的不可信因素，给出了被告如何应对的策略（Bebchuk，1988；Katz，1990）。假设有两种类型的原告起诉被告，一种是确实受到伤害的原告，其有 P 的概率胜诉；另一种是没有受到伤害的原告，胜诉概率为零，且 $PD-Cp>0$。如果被告不提出和解，受到伤害的原告将寻求判决，而没有受到伤害的原告则会放弃诉讼。但是被告无法观察到原告的具体类型，只是知道受伤害原告的比例是 a。

如前所述，此时如果被告出价 $S=PD-Cp$ 和解，则受到伤害和没有受到伤害的原告都会接受该出价，这是被告的混同策略，没有带来分离不同类型原告的结果。此时被告的预期成本即为其出价 $PD-Cp$。被告的分离策略是和解出价为零，此时受到伤害的原告将不和解而等待判决，没有受到伤害的原告则只能放弃诉讼，二者分离。此时被告的预期成本是与受到伤害原告进行诉讼的成本，为 $a(PD+Cd)$。那么只有在 $PD-Cp<a(PD+Cd)$ 时，被告才更偏好混同策略。整理有：

$$a>(PD-Cp)/(PD+Cd)$$

也即受到侵害的原告占全部原告的比例越高，被告越应该采取混同策略，而如果没有受到侵害的原告占全部原告的比例越高，则被告越应该采取分离策略。不论是混同策略还是分离策略，被告都是在和解成本和诉讼成本之间进行权衡。当受到侵害的原告占多数时，和解尽管会使少数的没有受到侵害的原告获益，但是节约了大量的诉讼成本。当没有受到侵害的原告占多数时，诉讼虽然要耗费成本，但是由于排除了没有受到伤害的原告，只有少数受到伤害的原告进入诉讼，诉讼成本也不会很高。

3. 序贯模型

Rosenberg and Shavell（1985）提出的序贯模型也包含了负值诉讼原告起诉不可信的因素。假设原告以成本 f 提起诉讼。在原告起诉后，被告则必须因此付出成本 d 来为自己抗辩，否则被告将承担成本是 D 的败诉结果。如果被告付出了成本 d 来为自己抗辩，那么原告就需要在继续诉讼还是放弃诉讼之间进行选择。真实受到侵害的原告会选择继续诉讼，而没有受到侵害的原告则会选择退出，因为其没有胜诉机会。

然而，对于被告来说，如果和解出价小于其将要付出的诉讼成本，即 $S<D$，那么被告会选择和解而不是为自己进行抗辩。预期得到被告的这个反应，只要原告的起诉成本低于被告和解出价，原告就会提起负值诉讼，从而迫使被告进行和解。也即 $f<S<D$ 是原告提出负值诉讼的条件。这个条件比乐观模型给出的更加精确。

4. 负值诉讼的社会合意性

负值诉讼是不是社会所需要的？它具有什么样的社会收益？首先，如果负值诉讼只是得到了没有受到伤害的原告获得和解出价的结果，那么这样的负值诉讼是社会所不需要的。因为它本质上是一种“合法讹诈”，原告不当利用被告面对的高昂诉讼成本并从中获利，只是造成了财富从被告向原告的转移，没有产生任何社会收益。如前面被告是大型工程建筑施工商的例子。所以要抑制这样的负值诉讼。法院可以在证明诉讼是不具有任何社会价值的负值诉讼时对提起诉讼的原告进行罚款，使其无法从中获利，从而抑制其提起负值诉讼的激励。

但是有些负值诉讼是具有社会价值的。如原告确实受到了伤害，但是诉讼成本高于其胜诉获得的赔偿，如前面被告是生产商的例子。[①] 此时如果不起诉，被告的侵害行为就不会受到制裁和得到有效威慑。因此这种情况下的负值诉讼要受到鼓励，减免诉讼费用和进行集团诉讼等都是鼓励有益于社会的负值诉讼的做法。

10.5 最小化诉讼成本

如前所述，程序法的一个重要目的就是最小化纠纷解决成本。实际上前面讨论的和解和判决决策，也是在讨论如何最大化促进当事人之间选择和解，而不是选择成本更高的判决。本节在上述模型的基础上，进一步放松有关假设，引入更多的因素来讨论如何最小化诉讼成本。

10.5.1 诉讼成本及其最小化

诉讼成本从构成角度看，可以分为货币成本与非货币成本。货币成本是直接以货币支

① 以 1 元赔偿费起诉铁道部的诉讼是中国比较典型的有益的负值诉讼案例。

付的因为诉讼而产生的成本。如当事人的起诉费、律师代理费、国家付给法官的工资等等。非货币成本则是在诉讼中相关主体付出的时间、精力而形成的成本。如当事人和法官为开庭、证据交换等付出的时间，代理律师为案件准备而付出的精力等。

从诉讼成本的承担主体角度可以将诉讼成本分为私人成本与社会成本。私人成本是原被告在诉讼中付出的成本，如原告的起诉费、被告的和解费等。私人成本是决定原被告诉讼决策的决定性因素。社会成本则是因为诉讼而给国家和社会带来的成本。国家因此要运行审判体系，要为此投入审判资源。社会则要支付因为诉讼而给正常的社会激励体系可能带来的扭曲成本，如不当负值诉讼产生的扭曲。社会成本不在当事人的诉讼决策考虑范围之内，因此诉讼将不可避免地产生一定的外部性。

所以，最小化诉讼成本有两个任务：一是在总量上降低诉讼成本；二是减少诉讼的负外部性。下面的分析将回答如何通过制度安排来完成上述两个任务。

10.5.2　诉讼费用：美国规则和英国规则

诉讼费用是当事人在诉讼中支出的费用，主要包括交付给法庭的有关费用（如起诉费）和聘请律师等处理案件的相关费用。

诉讼费用的支付有两种可以选择的规则，一是美国规则；二是英国规则。美国规则是当事人不论案件结果如何自行支付各自的诉讼费用。而英国规则则是败诉的一方不仅要负担自身的诉讼费用，而且要承担对方的诉讼费用。前者因为在美国适用而得名，后者则因为在英国适用而得名。多数国家的诉讼费用采取的是美国规则。

那么，是美国规则还是英国规则更能够促进和解，更能够促使人们谨慎起诉，进而节约社会成本呢？

1. 英国规则与和解

前面的分析都是以美国规则为假设前提展开的，这里考虑在英国规则下是不是提高了和解的可能性。①

在英国规则下，原告在判决时的预期收益是：

$$PpD-(1-Pp)(Cp+Cd) \tag{10.10}$$

（10.10）式说明，如果原告胜诉，则不用支付诉讼费用，并将得到赔偿 PpD。但是如果原告败诉，不仅得不到赔偿，还将承担双方的诉讼费用。在美国规则下，原告的判决预期收益是 $PpD-Cp$。

被告在英国规则下的判决预期收益是：

$$Pd(D+Cp+Cd) \tag{10.11}$$

该式说明，如果被告胜诉，不仅将不需要支付赔偿，也不需要支付诉讼费用。但如果败诉，则需要支付赔偿和双方的诉讼费用。相应地，在美国规则下，被告此时的预期收益是 $PdD+Cd$。

和解的条件是被告的出价大于原告可以接受的出价，即（10.11）式大于（10.10）式，于是有：

---

① 本小节主要参考了 Miceli（2004）的相应章节。

$$(Pp-Pd)(D+Cp+Cd) \leqslant Cp+Cd \tag{10.12}$$

比较美国规则下的和解条件 $D(Pp-Pd) \leqslant Cp+Cd$，可以看出二者的右边是相同的，不同的是左边。$(Pp-Pd)(D+Cp+Cd)$ 明显地要大于 $D(Pp-Pd)$，这意味着在英国规则下和解的可能性减少了。直观地说，在英国规则下判决将比和解带来更大的产出结果，因为诉讼费用被作为了判决结果的一部分，而和解则意味着各自承担费用，由此降低了可能的和解空间。

但是引入当事人的风险态度后，结果可能会有所不同。如果当事人是风险规避者，那么在英国规则下，当事人和解的可能性会有所提高。因为英国规则意味着判决结果中包含了诉讼费用的分配，也就是说当事人面临的风险更大（Posner，1998）。

所以，英国规则对和解的影响还是不清晰的，需要更多的研究。

2. 英国规则与诉讼的提起

英国规则的一个明显优势是促使原告在起诉时十分谨慎，只提起那些高胜诉概率的诉讼。这可以在假定其他条件相同的情况下，通过比较原告在两种规则下的判决预期收益来说明。如果 $PpD-(1-Pp)(Cp+Cd) < PpD-Cp$，说明原告在英国规则得到的预期收益少，则起诉决策会更加谨慎。整理有 $Pp < Cd/(Cp+Cd)$，如果 Cp 和 Cd 相同，则意味着原告在胜诉概率小于50%时不会提起诉讼。而在美国规则下，只要原告的预期收益大于诉讼费用，原告就会提起诉讼，即使胜诉概率低于50%。这说明在英国规则下原告的起诉决策更加谨慎，与慎用诉讼的理念更加一致。

3. 促进和解的《美国联邦民事诉讼规则》第六十八条

为促进当事人之间的和解，《美国联邦民事诉讼规则》第六十八条规定：拒绝了被告正式和解出价的原告，如果在后来的判决中得到的结果不好于和解出价，必须支付被告在和解出价后的诉讼费用。这样那些拒绝了合理和解出价的原告，将受到惩罚——支付被告此后发生的诉讼费用，由此推动原告认真考虑被告的和解出价，节省自身及社会的诉讼成本。

10.5.3　纠纷信息的交换与诉讼成本最小化

乐观模型说明是当事人的过度乐观导致了判决，信息不对称模型则进一步说明信息在当事人之间的分布不均匀是造成当事人乐观的一个重要原因。那么一个直观的推断就是信息在当事人之间的交换有助于促进和解，减少诉讼成本。

1. 自愿交换

当信息不利于对方时，当事人之间就具有自愿交换有关信息的激励。如原告具有关于伤害的私人信息，他清楚地知道自己的损失情况。但是被告并不清楚原告的受损程度，基于自身利益，被告总是有意识地低估该损失。此时原告就有激励将受损的真实程度告诉被告，一方面说明起诉的合理性，另一方面也在暗示如果被告的和解出价低于自己显示的损失水平，该出价将不被接受。

同样，当被告具有不利于原告的信息时，也具有激励传递给原告，以促使原告降低其胜诉的乐观预期。如被告对自己的行为是否符合过失标准具有私人信息，原告尽管受到伤害，但是被告知道按照过失标准自己不必承担责任。这时受到起诉的被告就会将该信息及其证据展示给原告以促使其撤销起诉。

不利于对方的消息在当事人之间的自愿传递推动了当事人对纠纷结果认同度的提高，按照（10.5）式显示的逻辑，有助于当事人之间更多地形成和解。

2. 强制交换

但是对于有些信息，当事人没有自愿交换的激励。一是交换后不利于当事人的信息。如原告诉称其某个财产因为受到损害市场价值降低了2万元，但是获知该信息的被告可以聘请有关专家对该财产的市场价值的降低程度进行鉴定，从而可能证明其市场价值的下降程度没有原告诉称的那么多。因预计到被告的行为反应，原告就不会将财产的受损情况告诉被告。二是当事人难以证明的信息。如原告受到被告制造的污染的侵害，但是其难以证明污染到底造成了多少损害，因此在和解谈判中原告也就无法判断被告和解出价的合理性，只有等到审判时聘请有关专家进行判定，这样就无法达成和解。这样的信息当事人也难以传递，即使传递，对方也不会相信，因此传递就没有意义。

所以强制交换对于第一类当事人不愿交换的信息是有效的对策。这样能够有效去除不真实信息。但是对于第二类强制没有意义，反而会造成更多的诉讼障碍。如前例中被告可以以此威胁原告，要求其证明其因为污染导致的损失水平。而原告因此将不得不付出高昂的证明成本，否则只有撤销起诉。

对于证明成本比较高的信息，有着两种不同的显示安排。一是当事人自己花费成本来证明和显示。这是英美法系的普遍做法。二是由法院出面进行搜集、证明并向当事人双方出示，这是大陆法系的普遍做法。特别是对于当事人搜集有困难的信息由法院搜集能够有效降低成本。

10.5.4 诉讼中的代理费用

诉讼中当事人一般都需要借助律师等提供的法律服务来追求更高的胜诉概率和完成诉讼过程。但是法律服务是需要付费的，律师费等费用往往是诉讼费用中占比最大的费用支出，那么什么样的付费安排能够激励律师等提供更好的法律服务？律师和委托人之间的委托—代理关系对起诉、和解、判决决策有什么样的影响？这是本小节要讨论的问题。

1. 法律服务的需求和供给

有两个方面的因素决定着当事人的法律服务需求。一是当事人由于缺乏必备的法律知识和诉讼运作经验，具有寻求法律服务的需要。当事人以一定的货币成本来换取法律服务，由此不仅节省自身的时间、精力等非货币成本，而且可以有效提高诉讼质量。二是对方当事人的法律服务决策。诉讼中的法律服务是一种竞争性需求，当对方当事人使用了法律服务后，为防止在对抗中处于劣势，即使当事人因为预算约束本没有使用法律服务的考虑，此时也要聘请律师来消除对方的优势。

首先，法律服务的供给在内容上是一种专业知识和经验的供给，是一种基于信息不对称的供给。当事人缺乏相关的法律知识和诉讼经验，同时也缺乏准确评价律师服务水平的信息基础和能力。信息不对称的特征是当事人和律师之间法律服务合同关系的决定因素。下面要讨论的不同收费安排在很大程度上就是为了降低信息不对称的不利影响。其次，法律服务供给是一种受管制的服务供给。管制体现在行业进入、收费（水平及制度安排）、广告等多个方面。进入法律服务领域需要具备一定的专业资格，收费水平和制度需要得到政府认可，并且不允许律师做广告宣传其服务，只能通过口头的声誉传播来推销其服务。这些管制同样建立在法律服务具有的信息不对称特征之上，通过管制以提高法律服务的水平，最小化信息不对称对社会利益的可能侵害。

2. 固定收费安排和分成收费安排

有两种律师法律服务的收费安排：一种是固定收费安排，一种是分成收费安排。固定收费安排是指按照案例类型、标的额大小、律师工作时间等标准固定收费的安排。如在中国，律师代理不涉及财产分割的离婚诉讼案件一般采用固定收费安排，经济案件一般按照标的额大小分档按比例收费，在美国则是按照律师的工作小时数来进行收费。固定收费是事前的，多数是在律师提供法律服务前收取，其计算标准是按照案件进行前的标准来确定的，与案件结果无关。分成收费安排收费的多少与案件结果直接相关，律师在接受委托后不收费，律师自行承担有关诉讼费用，在诉讼结束后按照诉讼结果的一定比例进行分成。如原告诉求 100 万元的赔偿，简单的分成安排是：在胜诉后律师从 100 万元中分成 10%，即 10 万元。

显然两种分成安排给予律师和当事人不同的激励，影响着当事人和律师在起诉、和解和判决等决策上的立场。

(1) 起诉决策。在固定收费安排下，律师会接受那些胜诉概率较小、诉讼标的额较小的诉讼委托，并且可能给予当事人不当的激励和信息以鼓励当事人起诉。这样会扩大法律服务的供给范围，好的方面是有利于弱势当事人获得法律服务，如消费者因为较小的损害面对强大的厂商时，固定收费安排能够促使律师接受委托；不利的方面是可能鼓励了那些对当事人无利的诉讼，提高了社会的诉讼总量。在分成收费安排下，律师则倾向于接受那些胜诉概率高、标的额大的案件，这样律师会自动促使当事人谨慎起诉，减少社会纠纷解决资源的浪费，但是因为律师的筛选也会导致部分应当起诉的案件得不到法律服务，进而使起诉数量低于社会最优水平。

(2) 和解与判决决策。在固定收费安排下，如果律师是按照时间收费，则难以倾向于和解，因为和解减少了律师的工作时间。但是如果是按照案件类型收费或根据标的额按比例收费，由于收费多少与案件结果没有关系，则律师倾向于促成和解，因为和解并不影响收费水平却节约了律师的时间。在分成收费安排下，由于律师承担诉讼费用，只有诉讼费用的付出小于判决收益减去和解收益后律师的分成部分时，律师才会同意判决，否则其支持接受和解。如和解收益为 100 万元，分成比例是 10%，判决需要律师支付的成本是 2 万元，当判决收益大于 120 万元时，律师才会同意判决，当判决收益在 100～120 万元之间时，律师倾向于和解，但此时当事人倾向于判决。

(3) 风险与工作激励。从风险角度来看，分成收费安排具有风险分担的优势。在固定收费安排下，由于收费与案件结果没有关系，诉讼的风险全部由当事人承担。但在分成收费安排下，律师和当事人按照分成比例分担了风险。并且与当事人相比，律师在诉讼风险的承担上具有一些优势：一是律师可以更为准确地评价案件的胜诉可能性，二是律师可以通过接受更多的委托来分散风险。从工作激励角度看，分成收费安排也具有激励律师进行更多工作投入的优势，而固定收费由于与案件结果无关，无法给予律师以足够的激励来进行更多的工作投入。但是如前所述，分成收费安排在一定情况下形成当事人和律师之间的利益冲突，进而影响法律服务的质量。固定收费安排下则因为利益冲突不突出而可能促使律师提供客观性更强的法律服务。

3. 最优法律服务

上面的分析说明不同的收费安排各有优点和不足。法律服务契约的核心目的是推动律师为当事人提供高质量的服务，一般而言，律师的服务质量越高、投入越多，当事人胜诉的可能性越高。令 x 代表律师的投入，可以合理假设原告胜诉的可能性取决于代理律师投入的大小，那么在判决情况下，原告的预期收益是

$$Pp(x)D-Cp(x) \tag{10.13}$$

胜诉概率 Pp 和诉讼费用 Cp 都随 x 的增加而增加（假设律师费用是唯一的诉讼费用），那么社会最优的努力水平可以用图 10-2 体现出来，x^* 就是原告和律师共同最优的努力水平。

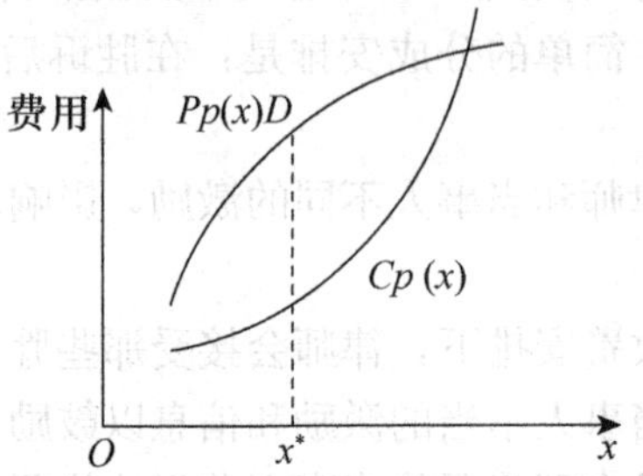

图 10-2　最优的律师服务投入

但是固定收费安排和分成收费安排都无法推动律师实现最优服务投入，因为在这两种情况下都存在着不同程度的律师服务收益外溢的情况。只有一种情况可能实现最优的律师服务投入，即原告将诉讼赔偿权出售给律师，原告和律师合二为一，律师作为全部投入的唯一和全部受益者。但是几乎所有的国家都禁止这样的契约，禁止诉讼赔偿权的出售。这是为什么呢？一个原因是出售可能引发诉讼泛滥，另一个原因是因为信息不对称，当事人无法准确给自己的诉讼赔偿权进行定价。①

10.5.5　审判制度

审判是诉讼中的核心环节，也是实现诉讼法目标的主要制度安排。诉讼法的目标体现为管理成本和错误成本的最小化。其中错误成本的最小化主要是通过正确的判决来实现的，因此在审判环节错误成本的最小化是第一位的目标。减少判决错误、提高审判准确性是建立在大量审判投入的基础上的。复杂的审判制度可能提高了判决的准确性，但是同时也提高了诉讼成本。错误成本的最小化同样与管理成本的最小化密切联系在一起，共同决定着审判制度的经济效率。本小节首先对两种主要的审判制度从两种成本最小化的角度进行大致对比，然后对在制度约束下的法官行为进行分析，最后对证据的搜集及其采用进行分析。

1. 纠问制与对抗制

纠问制（inquisitorial system）和对抗制（adversarial system）是两种主要的审判制

① 思考一下是否还存在着其他禁止诉讼赔偿权交易的理由。

度。纠问制是大陆法系国家的审判制度，审判中法官是审判的主导，由其负责发现事实和适用法律进行判决，当事人只是起着辅助作用。对抗制是英美法系的审判制度，审判中当事人是审判的主导，当事人负责发现事实、提供证据，法官与陪审团起着法律适用的作用，法官的作用相对薄弱。

从发现事实角度看，纠问制下法官可以利用国家强制力进行证据搜集，从中发现事实的真相。因此法官能够实现证据搜集的社会最优，将证据搜集水平推进到边际成本等于边际收益的水平。但是法官毕竟是一个代理者，是接受国家委托、当事人申请的代理者，证据搜集和事实发现的最优水平可能并不是法官追求的目标。并且法官的证据搜集是一个并不公开的过程，由此也导致对证据可信度的质疑。在对抗制下，双方当事人自行搜集证明自己主张、反对对方主张的证据，证据搜集和交换具有良好的公开性和可质疑性，对于当事人来说各自的证据搜集都达到了自身边际成本等于边际收益的最优水平。但是对抗制下当事人重复支付了证据搜集成本，这对社会资源来说是一种浪费。因此，比较起来，纠问制下证据搜集具有成本节约优势，但是证据可信度有限，对抗制则证据可信度较高，但成本重复支付。所以最终的制度选择取决于社会更看重哪个价值以及相应的互补制度安排。波斯纳就认为对抗制好于纠问制，因为他更看重对抗制带来的证据较高的可信度（波斯纳，2001）。

从法律适用角度看，纠问制下法官是法律适用的决定者，由其根据证据提供的事实和法律规定对当事人的争端进行法律裁定。法官的专业知识水平、经验和良知是纠问制下判决准确性的决定性因素。对抗制下法官和陪审团共同负责法律适用，法官依靠其专业知识和经验为陪审团提供指引，陪审团主要依靠良知和自身对案件的理解进行判决。法官并不是判决的决定性因素。纠问制下法官的决定作用有助于较为快捷地形成判决，缩短诉讼时间，但是容易引发法官腐败和判决的法官主观性。对抗制下法官和陪审团共同决定判决提高了判决的客观度，消除了法官腐败，但是需要付出较多的时间和精力。

2. *法官的行为边界*

显然，纠问制和对抗制下法官的作用和行为边界是不同的。实际上在两大法系中，法官的角色有着很大的差异。

从法官的选任角度看，在英美法系中，法官是终生任命制，一旦选任，除非有着重大过失，不得解除其法官身份。而在大陆法系中则是聘任制，在聘期内法官行使职权，聘期结束不再拥有法官身份。在终身任命制下，一旦获得任命，法官的独立性很强，抵抗外界干涉的能力较强。较强的独立性使法官做他认为正确事情的成本大大降低，不必受外界的威胁和诱惑。但因此也会因为法官的主观性导致固守传统而形成错误。在聘任制下，法官要获得新的聘任就需要投入更多的努力，按照优秀法官的要求来行动。但是同时法官受外界干预的可能性提高，尤其是当干预来自对法官聘任具有影响的势力时，法官作出错误行为的可能性提高。

两大法系下法官遵守的行为原则也是不同的。英美法系主要遵循先例原则，法官判决时主要遵守以前类似案例的判决原则。大陆法系下法官则主要是根据成文法律规则来进行判决。遵循先例是与法官具有造法功能联系在一起的，当出现先前的先例没有处理过的问题时，法官可以自行确定新的规则，一经确定就成为新的规则。而遵守成文法的法官却没有造法的功能，立法权属于专门的立法机构。遵循先例和造法在约束法官行为的同时也提高了法律适用的灵活性，有助于提高判决的准确性。但是由先例构成的复杂法律文本提高了法律的学习和普及的成本，也增加了法律的不确定性。遵守成文法则提高了法律的统一性，有助于秩序的稳定和确定，但同时也因此要付出一定的延误成本甚至错误成本。

3. 证据的经济分析①

波斯纳（2001）对美国证据法进行了系统分析，给出了一些富有启发的结论。英美法系中证明责任包括说服责任和举证责任两方面。举证责任一般分配给承担说服责任的当事人，原告就其主要的诉讼请求承担提出证据的责任，而被告则对抗辩事实承担举证责任。英美证据法对证明程度采取双重标准，即民事诉讼和刑事诉讼各自具有不同的证据标准。② 民事诉讼的证据标准为优势证据标准（preponderance of the evidence），即当事人提出的证据的证明水平要超过法定标准，即被认为当事人要求的事实得到证实，而不是要求证据必须达到100%的确定水平。

波斯纳以贝叶斯法则作为证据判定的基本原则。贝叶斯法则是关于概率判定事后调整的统计学原则，是指在对进行事件发生概率进行判断时，要根据既有概率和新的有关证据来计算该事件的发生概率。贝叶斯法则给出了统一计算先验的概率信息和新搜集到的信息的方法。完全明晰事实真相只是一个理想状态，在成本与技术的约束下，波斯纳认为在无法消除不确定性的条件下（即基于主观可能性作出决定所要求的条件），贝叶斯定理可谓最具影响力的理性决策模式（波斯纳，2001。）

证据使用涉及证据的搜集、筛选、整理、采纳等多个环节，这些环节的完成都需要付出一定的成本才能产生一定的证据证明力，那么理性的证据使用过程也应当是一个推动证据使用边际成本等于边际收益的过程。成本约束因此也构成证据搜集和采纳的一个标准。波斯纳认为美国《联邦证据规则》第四百零三条的规定体现了这个标准。该条规定：证据虽然具有相关性，但如果可能导致的不公正的偏见、混淆争议或误导陪审团的危险大于该证据可能具有的价值时，或者考虑过分迟延、浪费时间或无须提交重复证据时，也可以不予采纳。该规则将那些耗费极大成本才能够获得证据以及证明意义不明的证据排除在了可采纳的证据之外。因此波斯纳认为，如同汉德公式是侵权法经济分析的核心原则一样，该规则是证据法经济分析的核心原则。

10.5.6 上诉的经济合理性

当判决被认为具有错误时，诉讼体系提供了修改错误的制度安排——上诉机制。修正下级法院判决中的错误是上诉法院的主要功能。这是诉讼制度追求错误成本最小化的具体体现。判决中存在一定的错误是必然的结果，从经济理性角度看，上诉机制只有在其产生的收益大于因此带来的管理成本时，其存在才是合理的。

上诉的收益主要体现为因为成功矫正了下级法院的错误而避免的社会损失。上诉的成本则是运作上诉机制需要付出的管理成本，既包括当事人的成本，也包括国家的成本。假设错误的判决导致的社会损失是10万元，上诉法院以80%的概率矫正可能的错

---

① 本小节主要参考了波斯纳（2001）的有关内容。不过需要指出的是，波斯纳的分析是针对英美证据法的，当应用于大陆法系证据法的经济分析时还需要谨慎。

② 刑事诉讼的证明标准为排除合理怀疑，或者称为按情理无可置疑的证明（beyond reasonable doubt），证明起诉按情理无可置疑的，法院才确认对被告的起诉成立。

误，上诉的运行成本是4万元，那么8万元大于4万元，在这种情况下上诉机制的存在就具有经济合理性。但是，如果错误导致的社会损失只有4.5万元，那么上诉就是不合理的。

如何才能确保被提起的上诉都是具有较大社会损失的错误判决呢？Shavell（1995）说明存在着一个上诉分离机制，该机制确保所提起的上诉都是具有较大社会损失的上诉。被提起的上诉的判决可以分为两种类型：一是错误的判决，二是正确的判决。上诉只是以一定的概率修正错误的判决，上诉判决本身也会出现错误。但是，可以合理地假设上诉中错误判决被修正的概率较高，而正确判决被认为错误的概率较低，那么上诉人在被诉判决是错误判决时，从上诉矫正中得到的预期收益将高于被诉判决无错误时的预期收益。假设上诉中错误判决被矫正的概率是80%，正确判决被错误改判的概率是30%，如果上诉人通过上诉得到的收益是10万元，那么当被上诉判决是错误判决时，上诉人的预期收益将是8万元；而当被上诉判决是正确判决时，上诉人的预期收益只有3万元。

因此，错误判决的当事人会发现上诉更有利可图，而正确判决的当事人则会发现上诉相对无利可图，这样就会在潜在的上诉人之间产生一个分离倾向。假设上诉需要上诉人付出3.5万元的成本，那么只有被错误判决困扰的当事人才会选择上诉，而正确判决下的当事人将不会选择上诉。随着上诉法院正确性的不断提高，即正确判决被错误改判概率的不断降低，就会使进入上诉环节的都是错误判决。

进一步地，要使进入上诉程序的是那些判决错误导致的社会损失比较高的错误判决，国家可以提高上诉的私人成本，要求上诉人必须支付较高的上诉费，这样就可以保证进入上诉的都是社会损失比较高的错误判决。

10.6 普通法的效率演进假说

普通法是一个特殊的法律体系，法官尽管在审判中不处于主导地位，但是法官拥有一定的造法功能，能够根据案件的新情况对现有规则进行调整、创新。波斯纳首先提出了普通法具有自我效率提升功能的假说，他认为普通法具有内在的经济逻辑，能够自动清除体系内不正确的法律规则，从而使普通法逐渐发展成为一个完美的法律体系（Miceli，2004）。

那么，普通法是否具有波斯纳所说的效率演进性质？学者们通过将普通法类比为市场机制，认为普通法也具有类似于“看不见的手”的内在作用机制——选择性诉讼，选择性诉讼使非效率法律规则比效率法律规则受到更多的诉讼检验，也就是说非效率法律规则会被反复提请到法院，从而受到挑战，而效率法律规则则不会如此。因此即使法官在效率法律规则和非效率法律规则间不存在任何偏好，非效率法律规则因为其经常受到挑战也会在法院的多次检验中被修正。这样，选择性诉讼就像一个过滤器，效率法律规则顺利通过，而非效率法律规则则会被不断检验，直到其转变为效率法律规则。

Rubin（1977）和Priest（1977）提出了普通法演进的“看不见的手”模型。该模型通过当事人的诉讼决策，说明当事人更倾向于将非效率法律规则推进到判决阶段而不是进行和解，从而使法官有更多的机会来检验非效率法律规则。Priest（1977）指出非效率法律规则比效率规则给当事人施加了更高的成本，因此，在其他条件不变的前提下，针对非效率法律规则的诉讼要比针对效率法律规则的诉讼更多。①

假设甲、乙夫妻两人准备离婚，但是他们对共同拥有的住房具有不同的评价，甲的评价是30万元，乙的评价是25万元，效率要求将住房所有权配置给甲，因为其评价更高。②甲得到住房后，乙要推翻这个决定而得到的收益是25万元，而如果乙得到了住房，甲推翻这个错误的法律配置的预期收益是30万元。与乙相比，甲推翻错误法律配置的激励更高，因为甲在诉讼中的利害关系更大。推而广之，那些对法律权利具有更高评价的主体会愿意花费更多的成本和投入来改变法律的现有配置。因此，一个错误的权利配置将比正确的配置激励更多的诉讼投入。更多的诉讼投入表现在两个方面：一方面是更高频率地向法院提起改变错误配置的诉讼请求；另一方面是在诉讼中投入更多的资源来获得胜诉结果，如聘请更好的律师、投入更多的资源进行充分的诉讼准备。这样更多的诉讼投入提高了诉讼的质量，法官也将受到更多的影响，胜诉的概率将大大提高。最终错误法律规则将被推翻、修正，成为效率法律规则。

但是，普通法的选择性诉讼机制的效力却比不上竞争性市场的“看不见的手”机制，因为针对非效率法律规则的诉讼具有正外部性，提起诉讼的当事人无法全部内化诉讼收益，因此也就激励不足（Cooter and Ulen，2003）。波斯纳（1998）指出：（1）如果非效率法律规则形成的成本是分散的，成本的承担者就可能没有足够的激励提起诉讼，因为诉讼成本可能超过了收益。同样，如果效率法律规则形成的成本是集中的或者成本承担者被很好地组织在了一起，那么他们就可能集中起来推翻效率法律规则。这两个因素都在不同程度上改变了非效率法律规则受到更多诉讼挑战的趋势。（2）如果遵循先例原则是一个重要的审判价值观，那么针对非效率法律规则的诉讼可能反而会使非效率法律规则更加难以改变。

习　题

1. 试阐述纠纷解决制度的经济目的。
2. 为什么说诉讼制度是社会纠纷解决制度必不可少的安排？
3. 原告的起诉决策与社会要求的起诉决策为什么不一致？如何减少这个不一致？
4. 比较和解和判决决策的三个模型的异同。
5. 什么是负值诉讼？为什么会有负值诉讼？
6. 诉讼成本最小化是诉讼法的核心经济目的，试从诉讼费用、纠纷信息交换、法律服务代理费用、审判制度、上诉制度等多个方面来阐述如何降低诉讼成本。
7. 阐述普通法的效率演进假说。

① 转引自Miceli（2004）第269页。
② 该例子的原型来自Cooter and Ulen（2003）第438页。

推荐阅读书目

1. 徐昕. 论私力救济. 北京：中国政法大学出版社，2005.

2. 张卫平. 诉讼架构与程式——民事诉讼的法理分析. 北京：清华大学出版社，2000.

3. Miceli (2004), *The Economic Approach to Law*, Stanford, California: Stanford University Press.

4. Cooter and Ulen (2003), *Law and Economics*, 4rd Ed., Pearson Education, Inc., Publishing.

案例分析

民事诉讼再审制度

民事诉讼裁判的准确性是实体法权利予以实现的重要保障。民事再审程序是指对法院已生效的民事裁判的错误进行纠正的特殊救济程序。再审程序的主要目的是为了提高裁判准确性，减少诉讼的错误成本。民事再审制度是我国民事诉讼法的重要组成部分，在两次修订中都受到了重点关注，进行了不同程度的修改。我国 2017 年 6 月 27 日修订的新《中华人民共和国民事诉讼法》（简称《民事诉讼法》）第一百九十八条到第二百一十三条规定了我国启动再审程序的主体、再审的对象、再审的事由、提起再审的期限等问题。

第一百九十八条确定了法院启动再审的程序——“各级人民法院院长对本院已经发生法律效力的判决、裁定、调解书，发现确有错误，认为需要再审的，应当提交审判委员会讨论决定。最高人民法院对地方各级人民法院已经发生法律效力的判决、裁定、调解书，上级人民法院对下级人民法院已经发生法律效力的判决、裁定、调解书，发现确有错误的，有权提审或者指令下级人民法院再审。”

第一百九十九条确定了当事人申请再审的途径——“当事人对已经发生法律效力的判决、裁定，认为有错误的，可以向上一级人民法院申请再审；当事人一方人数众多或者当事人双方为公民的案件，也可以向原审人民法院申请再审。当事人申请再审的，不停止判决、裁定的执行。”

第二百条规定了当事人申请再审的事由，具体包括下列情形：

“（一）有新的证据，足以推翻原判决、裁定的；

（二）原判决、裁定认定的基本事实缺乏证据证明的；

（三）原判决、裁定认定事实的主要证据是伪造的；

（四）原判决、裁定认定事实的主要证据未经质证的；

（五）对审理案件需要的主要证据，当事人因客观原因不能自行收集，书面申请人民法院调查收集，人民法院未调查收集的；

（六）原判决、裁定适用法律确有错误的；

（七）审判组织的组成不合法或者依法应当回避的审判人员没有回避的；

（八）无诉讼行为能力人未经法定代理人代为诉讼或者应当参加诉讼的当事人，因不能归责于本人或者其诉讼代理人的事由，未参加诉讼的；

（九）违反法律规定，剥夺当事人辩论权利的；

（十）未经传票传唤，缺席判决的；

（十一）原判决、裁定遗漏或者超出诉讼请求的；

（十二）据以作出原判决、裁定的法律文书被撤销或者变更的；

（十三）审判人员审理该案件时有贪污受贿，徇私舞弊，枉法裁判行为的。”

第二百零一条规定了当事人可以对调解书申请再审——“当事人对已经发生法律效力的调解书，提出证据证明调解违反自愿原则或者调解协议的内容违反法律的，可以申请再审。经人民法院审查属实的，应当再审。”

第二百零五条规定了当事人申请再审的时限——“当事人申请再审，应当在判决、裁定发生法律效力后六个月内提出；有本法第二百条第一项、第三项、第十二项、第十三项规定情形的，自知道或者应当知道之日起六个月内提出。”

第二百零八条规定了检察院启动再审的途径——“最高人民检察院对各级人民法院已经发生法律效力的判决、裁定，上级人民检察院对下级人民法院已经发生法律效力的判决、裁定，发现有本法第二百条规定情形之一的，或者发现调解书损害国家利益、社会公共利益的，应当提出抗诉。地方各级人民检察院对同级人民法院已经发生法律效力的判决、裁定，发现有本法第二百条规定情形之一的，或者发现调解书损害国家利益、社会公共利益的，可以向同级人民法院提出检察建议，并报上级人民检察院备案；也可以提请上级人民检察院向同级人民法院提出抗诉。”

第二百零九条规定了当事人通过检察院抗诉的程序——“有下列情形之一的，当事人可以向人民检察院申请检察建议或者抗诉：

（一）人民法院驳回再审申请的；

（二）人民法院逾期未对再审申请作出裁定的；

（三）再审判决、裁定有明显错误的。

人民检察院对当事人的申请应当在三个月内进行审查，作出提出或者不予提出检察建议或者抗诉的决定。当事人不得再次向人民检察院申请检察建议或者抗诉。”

【问题】

再审应当遵循“有错必纠”还是“有限纠错”？再审的审判事由该如何限定？

【分析】

再审之所以被称为一种非常规的救济渠道，其原因在于再审所针对的是已经生效的判决书、裁定书或调解书。同为纠错，相对于上诉程序对未生效裁判的纠错，再审制度所产生的成本还包括推翻已确定裁判所产生的相应损失。既包括当事人依据已生效裁判所投入的资源的损失，也包括由于裁判终局性的破坏而导致的司法权威的损失。再审程序实际上是民事诉讼在成本约束下实现最优准确性的“最险一环”。没有再审程序，可能难以保障裁判的准确性，从而影响司法权威；若再审程序设计不合理，则可能出现滥用，裁判终局性与确定性被抛之脑后，最终更会损害司法的权威，造成更大的损失。此外，由于再审程序的启动必然将相关主体再次卷入诉讼程序之中，并因此投入物质成本和时间，法院也将为此消耗人力、物力和时间。因此从社会的角度看，再审程序的启动应当是慎重的、有限的，而不是有错必纠。再审程序启动的基本条件应在于它所弥补或纠正的已生效的错误裁判所造成的损失或者说对原有法律制度的扭曲应远远大于推翻已生效裁判对其确定性收益的损失。

如何在提升裁判准确性与诉讼成本之间进行衡量是再审程序设计的关键，除了考虑再审对象、申请再审的时效方面的限制之外，更重要的是科学合理地规定再审事由。所谓再审事由就是启动本案再次审理的理由或根据，一般针对的是原裁判中存在的重大瑕疵。正是因为这些瑕疵的存在，使得原裁判缺乏正当性根据，所以必须通过再审加以纠正或弥补。再审事由是整个再审程序的重中之重，它直接影响着当事人和其他启动主体的行为选择。从激励的角度看，再审事由应当具备一种分离的功能，能够将符合社会所要求的再审启动基本条件的案件筛选出来，将可能存在的滥诉行为排除出去。要实现这种功能，应从两方面入手，一方面列举出确实需要救济的情况；另一方面，从立法技术角度，用语要足够确定具体，以产生明确的指引作用。

纵观我国的立法，再审事由所涉及的问题一般包括三个方面，一是事实和证据问题；二是法律适用问题；三是程序问题，基本上囊括了民事诉讼过程中所有可能出现的问题，但是前面我们已经论述过了，再审程序会产生很大的社会成本，应该慎动。再审事由应该进行明确限定。虽然民事诉讼法对再审事由重新进行了修订，但还有以下几个问题值得思考和完善。

第一，案件事实认定问题该不该作为民事再审事由？如何解决事实认定错误问题？

首先，根据民事诉讼理论，案件事实认定问题通常由较低审级的诉讼程序负责，较高审级的诉讼程序主要负责法律适用问题。之所以有此要求，是因为较低审级的诉讼程序大都由基层法院处理，距离事实发生的时间和地点最近，证据材料的调查搜集最为方便，也最为真实可靠。随着诉讼程序的进行，案件经历的时间越长，案件事实信息遗漏的概率就越大，探知案件事实的难度就越大。相对而言，在案件的事实调查和认定方面，审级越高、时间越往后的诉讼程序反不如较低审级的诉讼程序优越。而在现实中，由于现行民事诉讼法规定当事人可以向上一级人民法院申请再审，申请再审的案件大部分由高级别的法院来处理。高级别的法院要审查事实问题，势必需要进行听证、调卷、预备会议等程序，从空间层面来说，必定要耗费更多的资源。这无疑加剧了法院处理案件资源的紧张性，从而导致现实中很多法院不得不简化程序，进而又造成当事人的质疑和不满。从这个角度讲，事实认定问题作为再审事由不具有效率性。

其次，事实认定问题主要有三种情况，一是没有或缺乏证据；二是证据有问题，导致事实认定有问题；三是证据没有问题，“人”有问题，即法官重大过失或故意行为导致的事实认定问题。除了法官枉法裁判，事实认定问题大都是由证据认定的瑕疵所引起的。诉讼中所追求的是事后的法律真实，不可能做到百分之百地重现事实。针对第一种情况，即原判决、裁定认定的基本事实缺乏证据证明的情况，如果当事人对所主张的事实客观上确实无法证明，无论多少次审理也只是徒劳无功。所以，单纯以此作为再审事由是无效率的。在第二种情况下，由于证据存在重大瑕疵，比如伪证等问题造成的事实认定问题，可能造成对方当事人的重大利益损失，则应当予以明确纠正。针对第三种情况，法官枉法裁判的行为导致的事实认定问题，由于严重损害了司法的公信力，确实需要纠正。

综上所述，原则上，单纯的无证据证明的事实认定问题不应作为再审事由，但由于当事人或法官的过错导致证据重大瑕疵和错误认定问题，应当予以纠正。目前，《民事诉讼法》第二百条第三、四、五、十三款已经有所规定。而第二百条第二款“原判决、裁定认定的基本事实缺乏证据证明的”实际上要解决的问题，与其他条款重复，实无保留的必要。

第二，法院启动再审的理由是否恰当？

根据我国的立法，能够引发再审程序的主体包括三类：法院、当事人和检察院。当事人和检察院作为再审启动主体易于让人理解。首先，当事人基于个体自身利益最大化的考量，当裁判、调解书出现错误影响自身利益时，必然有动力去申请再审。甚至由于当事人在进行决策时不会考虑启动诉讼程序可能造成的社会成本，现实中很多当事人还存在机会主义倾向，出现滥用诉讼程序、过度利用再审程序的问题。其次，检察院作为一个法律监督机构，维护的是公共的法律秩序，基于社会利益的考量，赋予检察院再审启动权，纠正错误裁判可能给这个社会造成的对法律理解的扭曲是具有效率性的。

然而，对于法院的再审启动权问题，且不说其违反程序正义的诉讼法理——法院基于中立性不应依职权主动干预诉讼程序，就其现实的可行性和效率性而言，也颇为令人质疑。

理由一是，再审意味着法院或法官在审理过程存在着或大或小的错误，在目前的法院内部管理体制中，一旦被认为存在错误，审判法官要承担相应的行政责任，而相关法院在同类的绩效考核中的业绩也必受牵连。因此，不论法官还是法院基于自身利益的考虑，自然不愿去找寻自己的麻烦。这也是为什么自我监督最为无力的原因所在。从这一点看，法院启动再审缺乏基本的可行性。

理由二是，从某一个个案的角度具体分析，基于前述理由，如果存在错误损害到当事人利益，当事人是最有动力启动再审的主体。如果基于自身利益的考量，当事人选择放弃再审，法院也没有必要自己亲自启动。毕竟，再审的启动对司法的确定性和权威性会造成很大的打击。如果双方当事人愿意接受最后的结果，相当于在当事人之间达成了新的协议，在此情形下应当尊重当事人的选择。当然肯定会有人质疑，如果一方是被胁迫的或者当事人自身无力解决该问题，岂不是有失公平，产生更坏的社会后果？基于此问题，完全可以通过检察院的抗诉来予以解决。当当事人基于自身利益考虑不予提起再审时，如果检察院认为此案再审的社会收益要大于社会成本，就应当据以抗诉，启动再审。最后，从现实来看，法院启动的再审绝大多数也是由当事人申请才启动的。因此，继续规定法院可以提起再审是没有多大实际意义的，应当予以取消。

第三，再审事由如何具体化？如何能起到明确的分流作用？

法律具有指引的作用，再审事由的规定直接影响着当事人的行为选择。再审事由必须具有具体性和确定性才能发挥再审程序的分流作用，消解“再审常规化”“再审普适化”的问题。

目前的立法中很多概念缺乏明确性，容易导致当事人的误解或滥用。比如“新的证据”“主要证据”“基本事实”“剥夺当事人辩论权利”等说法都很抽象。以第二百条第一款为例，这里的“新的证据”不等于新证据，而应该明确“新的证据”是不可归责于双方当事人的原因导致原审裁判生效后才发现的证据。而且这个“新的证据”必须具有改变事实认定和裁判结果的影响力。否则，当事人很容易以此为借口启动再审。再如第二百条第九款里提到的“剥夺当事人辩论权利”，何种方式、何种程度的剥夺也让人难以捉摸。在无法确切理解法条内容的情况下，当事人基于利己主义的考虑，自然希望一试究竟。这种试探无形中增加了社会成本和法院的压力，使得再审事由的分流作用得不到有效发挥，形同虚设。

再审作为一种特殊的救济方式，必须要慎动。有关事实认定、程序中的轻微瑕疵完全可以通过正常的二审程序予以纠正。所以，再审程序中应该明确规定当事人由于自身原因导致的、不能穷尽二审程序的纠错机制，而已经存在的错误不能提起再审。

总体来说，再审程序不应是提高裁判准确性、纠正错误的通常程序。再审程序应该给予那些真正信任法律、尊重诉讼程序的当事人最后的特殊保障，而不是变成普适化的三审程序。基于客观性和效率性的考虑，我们的社会应该容忍一部分错误的裁判，应将再审这块“好钢”用在纠正那些属于严重错误而通过其他途径又无法解决的“刀刃”上。在进行再审制度设计时，要注意社会的成本收益与当事人个人成本收益的差异，尽可能地使两者兼容，这样才能真正实现诉讼的效率。

第十一章

刑法的经济分析

哪些行为可被确定为犯罪？为了回答这个问题，在几百年的时间里，大陆法系和英美法系的法学家都发展出了用以区分罪与非罪的刑法学理论——犯罪构成理论。这套理论的主要任务是从各种犯罪行为中归纳出犯罪的一般特征，并称之为犯罪的构成要件。原则上，当且仅当一种行为具备了所有犯罪构成要件的时候，才可以被确定为犯罪。犯罪构成理论有很多不同但相似的版本，我国刑法学主要采纳“四要件说”（包括主观方面、客观方面、主体和客体）。

然而，既然犯罪构成理论是归纳形成的，就意味着在这套理论形成之前已经有大量行为被确认为犯罪，但确认犯罪的依据不是犯罪构成理论。这一逻辑上的悖论限制了犯罪构成理论的功能，它无力揭示刑法规则和教义所依循的逻辑，也无力为完善刑法提供评判标准，它甚至不能区分犯罪和侵权（许多侵权行为也具备这四个要件）。总体上说，犯罪构成理论只能算是一种唯象理论（phenomenological theory），它对犯罪与惩罚具有描述功能和预测功能，但不具有解释功能，即“知其然而不知其所以然”。

经济分析可以为犯罪和惩罚提供一套具备解释功能和规范功能的微观理论（microscopic theory）。用经济学方法分析刑法问题可以追溯至18世纪意大利刑法学家贝卡里亚以及19世纪早期英国思想家边沁的著作①，这一研究方向沉寂了一个多世纪之后又在20世纪60年代末的美国奇迹般地复活，经济学家加里·贝克尔的开拓性论文《犯罪与惩罚》(1968)拉开了用现代经济学方法研究犯罪与刑罚的新序幕。②

任何一种刑法学理论都必须回答如下三个问题：(1)哪些行为被确定为犯罪？(2)哪些因素影响犯罪？(3)如何对犯罪进行惩罚？本章将围绕这三个问题阐述关于犯罪与刑罚的经济学理论，并将其与传统刑法学理论进行比较。但在最后一节我们将超越传统刑法的

① 贝卡里亚．论犯罪与刑罚．北京：中国大百科全书出版社，1993；边沁．道德与立法原理导论．北京：商务印书馆，2000.

② Gray S. Becker 1968，“Crime and Punishment：An Economic Approach”，*Journal of Political Economy*，76：pp. 169-217.

范围，探讨犯罪的宏观经济学。

11.1 犯罪与刑罚概论

什么样的行为可被界定为犯罪？人们为什么会选择犯罪？如何确定对犯罪的最优惩罚？刑法的经济学目标是什么？为什么我们的法律制度会设计两套不同制度来分别对付犯罪和侵权？要为诸如此类的问题寻找答案，需要借助一套关于犯罪和刑罚的经济学理论；依据这种理论，犯罪可以被看作一种职业选择，而刑罚则相当于为犯罪确定价格，刑法的经济学功能就是通过为犯罪确定很高的价格（支付罚金、被监禁或被处死）来抑制对犯罪的需求。

11.1.1 犯罪的界定

犯罪肯定是危害社会的行为，但正如《中华人民共和国刑法》（简称《刑法》）第十三条所含蓄表明的，并非所有危害行为都是犯罪。那些“情节显著轻微危害不大的”的行为首先要被排除在外，原因显而易见，仅仅为了避免轻微危害，还不值得去启动昂贵的刑事司法程序。“不用大炮打蚊子”的逻辑表明，确定某种有害行为是否属于犯罪，不仅要评估其危害大小，还必须同时比较防控这种有害行为的社会支出；如果刑事防控措施的成本不合理，首选的方案就是不把这种有害行为规定为犯罪。基于这个逻辑，生产和贩卖烟草——尽管最终可被证明会造成巨大的社会损失——之所以从来都是合法的，就是因为“向烟草宣战”的社会成本极度高昂（其中最难以承受的是打击烟草走私的刑事司法成本）。倘若进而考虑到禁烟的社会成本必须在当下支付，其社会收益却要在未来兑现，则即使后者能够绰绰有余地补偿前者，“向烟草宣战”也不会被落实在刑事司法制度上。禁止大麻的最重要的原因也许不是大麻造成的危害比烟草更大，而是生产和销售大麻的企业远不具备可与烟草公司比拟的强大势力。

审理刑事案件一般要由代表国家的公共机构作为原告来提起诉讼，公共机构提起的诉讼被称作“公诉”，以区别于民事诉讼中私人提起的诉讼。为什么审判罪犯需要由公共机构提起诉讼？传统刑法学提供的解释是，犯罪侵犯了某种社会关系，而生活在某一社会关系中的人们并不只是犯罪的受害人。比如谋杀威胁到了公共秩序，这一犯罪使得包括受害人在内的许多人都担心自己的生命安全。然而这种解释是不充分的，显而易见的质疑是，违约和侵权也都侵犯了某种社会关系，但诉讼制度的设计要求私人来提起诉讼。

刑法的经济学理论关注社会控制成本，广义的社会控制成本包括为威慑和阻止有害行为所需支付的全部费用。犯罪由国家提起公诉，意味着国家承担了对付犯罪（监控、侦察、抓获、审判、监禁以及执行罚金）所需的大部分社会控制成本，在这种意义上，刑事法律制度是由国家提供的公共产品。在无法指望受害人抓获和指控违法者的情况下——尤其是当损害赔偿的数额太高以致违法者无力支付，或者当违法行为的危害后果是分散性的（比如贪污、偷税或伪造货币），或者当违法行为剥夺了受害人的生命（比如谋杀或纵火），或者当违法行为通过自愿交易方式来完成（比如赌博、卖淫、销售色情物品或贩毒）的时候——就必须由国家负责对违法者提起公诉。

然而正如经济学家所强调的，国家过量提供公共产品是缺乏效率的。就对付某些违法行为（违约和侵权）而言，私人“侦察”和“抓获”违法者往往比警察更加方便，此时国家就会把起诉违法者所需要的大部分工作（调查取证、提起诉讼、申请执行、为诉讼程序的某个环节提供担保以及花钱雇用各种专家）交给受害人完成，从而把自己的职责限定为仅仅提供法院。合同法、侵权法之所以被称为“私法”，就是因为这些法律主要依靠私人的力量来实施。因此，如果说由国家提起公诉是威慑犯罪所必需的，那么国家限定公诉的范围（实际上也是限定犯罪的范围）就是节省财政支出的一种策略。在这种意义上，法律制度中公诉的范围是一个国家支付能力的函数，所以毫不奇怪，在一个政府孱弱的社会里（比如萨迦时期的冰岛），许多犯罪行为就是通过私法程序来处理的。

侵权法和刑法的分化反映了公共执法（public enforcement）和私人执法（private enforcement）之间的分工关系。二者的适当分工可以发挥其各自的比较优势，以便最小化社会控制总成本。公共执法相对于私人执法有许多优越之处，国家能够在社会范围内调动人力和财力来维持一种有组织的、集约化的执法力量，这实际上促成了私人之间因受阻于“搭便车”和高昂交易费用而无法实现的合作。从制度上，公共执法的产生可以类比为大规模的股份公司取代了分散的小作坊，因此，公司相对于小作坊的许多优势——包括分散风险，降低交易成本，协同作业，管理者专门知识，以及规模经济——都可以用来解释公共执法相对于私人执法的优势。但公共执法的优势只是相对的，对于某些违法行为（侵权或违约）而言，私人往往能以更低的成本“侦破”违法行为或“抓获”违法者。倘若将某种违法行为规定为犯罪会带来过于高昂的公共执法成本，那么可能出现的结果就是将这种违法行为划入私人控制领域。反通奸法条被废除就是一个很好的例证，最容易发现通奸线索或证据的人是通奸者的配偶和邻居，而不是警察。

11.1.2 犯罪的收益和成本

犯罪行为模型可以非常简单地将从事犯罪的条件概括为：犯罪的预期收益超过其预期成本。这个模型的基本假设是，罪犯（和其他人一样）是追求个人效用最大化的“理性人”。一个人之所以选择犯罪，是因为在他看来犯罪是有利可图的（尽管其社会成本不合理），从事犯罪活动能够获得比选择合法职业更多的收益，在这个意义上，犯罪是一种职业选择。犯罪收益是指罪犯从犯罪中获得的物质性（例如从盗窃、抢劫、欺诈、贪污、贿赂中获得的金钱性收益）和精神性（例如冒险的刺激、复仇的兴奋、强奸的快感或犯罪完成的成就感）的满足。在对犯罪的经济分析中，罪犯获得的物质性收益可以被看作社会收益的一个组成部分（尽管有争议），这就是说，当我们计算犯罪的社会净损失的时候，应把罪犯的物质性收益从犯罪的社会损失中扣除。但罪犯的精神性收益一般不被列入社会收益之中，绝大多数人（包括经济学家）不会同意罪犯从仇杀或强奸中获得的快感可以抵消受害人的一部分损失。以经营某种产品为内容的犯罪，其收益与对犯罪产品的需求密切相关。需求的增加会提高犯罪产品的交易价格，并因此会激励犯罪。正因如此，国家有时会通过某些措施（比如，教育人们远离毒品）压缩对犯罪产品的市场需求以抑制犯罪。

我们重点讨论的犯罪成本包括以下几项：

（1）犯罪的物质性成本。犯罪很少是无本生意，许多犯罪需要支出大量甚至巨额的现金（用于购买枪支、车辆等作案工具或铺设违法物品的销售网点）。如果国家禁止私人生产、销售或持有枪支，就会提高犯罪的预期成本，并因此可以抑制犯罪。但从另一方面也会激励犯罪，因为当潜在受害人也不能合法持有枪支的时候，犯罪的风险会随之降低。

(2) 犯罪的精神性成本。并非只有真正喜欢犯罪的人才会去实施犯罪，许多罪犯在从事犯罪时难免会产生恐惧感、负罪感、焦虑感甚至厌恶感，这些精神损失都应当计入其犯罪的成本。

(3) 犯罪的机会成本。由于犯罪的机会成本取决于罪犯将用于犯罪的资源从事合法职业所获得的收益，所以罪犯从事合法职业的收入越低，他实施犯罪的机会成本就越低；犯罪计量的经验研究验证了这一推测，青少年、独身者、低收入群体、低教育水平群体、贫困区域的犯罪率确实高于平均水平。在理论上，扩大就业机会可以抑制犯罪。即使经验研究很少支持失业率与犯罪率同步上升的推测，但也不能证明理论无效。当失业率上升的时候，经济状况的恶化也会抑制人们对犯罪产品的需求，并因此抑制犯罪。历史经验一再表明，生活水平的普遍提高确实会降低犯罪率，至少会减少盗窃、抢劫等侵犯财产的犯罪数量，尽管也许会激励生产、销售毒品或组织卖淫之类的犯罪。由于贫穷会降低犯罪的机会成本，所以贫穷国家就要被迫制定更严厉的刑罚。

(4) 预期惩罚成本。预期惩罚成本包括所有正式和非正式惩罚给罪犯造成的损失。正式惩罚包括罚金、监禁以及权利、资格或职务的剥夺等；非正式惩罚包括任何私人在罪犯被侦察、抓获、起诉和定罪过程中给其施加的各种不利影响。预期惩罚成本还包括惩罚的附加值，例如，罪犯参与诉讼的成本，惩罚的耻辱效应，雇主、朋友、家庭对罪犯的谴责以及随之发生的社交网络的崩溃。对于潜在的罪犯来说，预期惩罚成本相当于惩罚概率与惩罚严厉程度的乘积。大量实证研究表明，提高预期惩罚成本就可以有效地威慑犯罪；并且，犯罪率与惩罚确定性之间的反向关系似乎更为明显，尤其是罪犯被处以监禁的时候，2 年刑期与 40%惩罚概率的组合要比 4 年刑期与 20%惩罚概率的组合更能有效地威慑犯罪。这一事实可以反映大多数罪犯对待风险的态度——如果罪犯大多是偏好风险的，那么他们对于惩罚概率的变化就会更为敏感。但更重要的原因在于，当惩罚为监禁时，惩罚的附加值不会随刑期的延长而被累加计算。假设这些附加值相当于 1 年刑期的威慑效果，再假设在惩罚概率为 100%的情况下，1 年刑期的威慑效果为 1 个单位；那么，在惩罚概率为 40%的情况下，2 年刑期的威慑效果就是 1.2 个单位；而在惩罚概率为 20%的情况下，4 年刑期的威慑效果仅仅是 1 个单位。此外，我们还应当看到，当惩罚为监禁时，罪犯对未来的刑期会有很高的贴现率。贴现率表示（在罪犯看来）未来惩罚相对于即时惩罚所打的折扣，因此，罪犯的贴现率越高，惩罚的兑现期越长，预期惩罚成本所打的折扣就越大，惩罚本身的威慑效果也就越小。假设每年的贴现率是 10%，那么 10 年之后才实施某个惩罚，其威慑效果大约仅相当于即时惩罚的 0.35 倍。所以，在贴现率不变的情况下，4 年有期徒刑大约只相当于 2 年有期徒刑的威慑效果的 1.28 倍，而不是 2 倍。平均说来，罪犯的贴现率会比普通人更高，实际上，正是贴现率较高的那些人——由于他们会对犯罪行为的预期惩罚成本作出较低的评价——更容易成为罪犯。

11.1.3 犯罪的社会成本和刑法的经济学目标

犯罪的社会成本不同于前面已经分析的犯罪的预期成本，后者是罪犯为准备和实施犯罪而承担的成本，前者是指犯罪行为给社会带来的成本。我们用以下事例来说明犯罪的社会成本。假设窃贼破窗而入盗窃了某人的一条宠物狗，宠物狗的市场价值是 2 000 元，被窃贼破坏的窗子的价值是 1 000 元，那么这次盗窃的社会净损失就是 1 000 元，而不是 3 000 元。社会净损失是社会财富的实际减少，而 2 000 元的宠物狗的价值却只是社会财富的重新分配（从受害人转移到了窃贼）。以上分析似乎表明，如果窃贼实施盗窃而没有造成任何破坏，那么这次盗窃对于整个社会来说就是无成本的（依此类推，如果受贿的法官仍然坚持秉公断案，那么法官的这次受贿也没有造成任何社会损失）。但这是错误的。在一个盗窃失控的社会里，每个人都会为保护自己的财产而不合理地追加防盗成本（购买防盗门、防盗锁以及电子报警设备等），政府也会被迫雇用更多的警察、购买更多的警犬以及在研发各种防盗技术和侦破技术上追加投入。与“天下无贼”的社会相比，这些私人支出和公共支出都属于纯粹的社会浪费。在这个意义上，防控犯罪的支出成为犯罪社会成本的组成部分。刑法的经济目标就是最小化犯罪的社会成本，而犯罪的社会成本则相当于犯罪的社会净损失与预防犯罪的社会成本之和。

11.1.4 最优威慑模型

既然刑法的经济目标被确定为最小化犯罪的社会成本，那么对犯罪的最优威慑就应当在犯罪的社会净损失和预防犯罪的成本之间寻求均衡。图 11-1 描述了一个关于最优威慑的简单模型。纵轴表示金额（以元为单位），横轴表示威慑水平，横轴上 D^* 点向右的区域表示无法达到的威慑水平。曲线 L 描述了犯罪社会净损失的边际变化，显然，威慑水平越高，犯罪的社会净损失（伴随着犯罪数量的减少）就越小，因此曲线 L 向下倾斜。还必须注意到，随着威慑水平的提高，犯罪社会净损失的减少速度也会降低，也就是说，犯罪的社会净损失从 100 元减少 1 元要比从 1 000 元减少 1 元需要更大程度地提高威慑水平，因此曲线 L 的倾斜程度会随横轴的延伸而变小。曲线 C 描述了防控犯罪的社会成本的边际变化。威慑水平越高，预防犯罪的社会成本也越高，因此曲线 C 向上倾斜，并且随着威慑水平的提高，曲线 C 的倾斜程度也会变大，当威慑水平达到 D^* 点时，预防犯罪的社会成本趋向于无穷大。曲线 L 与曲线 C 相交所对应的横轴的 D 点就定位了最优威慑水平，将威慑水平控制在这个点上，犯罪的社会净损失与预防犯罪的社会成本之和降至最低。在 D 点往右的全部区域，预防犯罪的社会成本都会高于犯罪的社会净损失。如果信息技术的提高导致了防控成本的下降，曲线 C 就会向右移动至曲线 C'，相应地，最优威慑水平也会从 D 点移动至 D' 点。

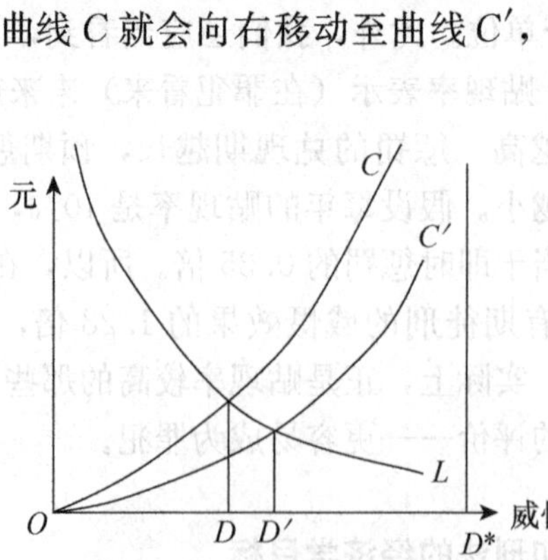

图 11-1　最优威慑水平

既然预期惩罚成本相当于惩罚严厉程度与惩罚概率的乘积，那么，在威慑水平保持稳定的条件下，我们可以选择将更多的资源用于提高惩罚严厉程度，也可以选择将更多的资源用于提高惩罚的确定性，在这里，我们的目标是寻找一个威慑成本最小的均衡点。另外，国家用于威慑罪犯的资源投入要受财政预算的约束，因而，在威慑支出保持稳定的条件下，我们同样可以选择或者将更多的资源用于提高惩罚的严厉性，或者将更多的资源用于提高惩罚的确定性，在这里，我们的目标是寻求一个威慑水平最高的均衡点。

法经济学致力于寻求惩罚严厉程度与惩罚概率的最优组合，这个最优组合能够使最小的威慑支出发挥最高的威慑水平。具体来说，这个最优组合能够满足以下两个条件：(1) 在威慑水平给定的情况下，最小化对应于惩罚严厉程度与惩罚概率的支出之和；(2) 在威慑支出给定的情况下，最大化威慑水平。图 11-2 描述了一个关于惩罚严厉程度与惩罚概率的最优组合的模型。横轴表示惩罚严厉程度，纵轴表示惩罚概率。曲线 D 是一条等威慑水平线，在这条曲线上任何一点所代表的威慑水平都是相等的。曲线 C 是一条等威慑支出线，在这条曲线上任何一点所代表的威慑支出量都是相等的。两条曲线的切点 P 就定位了惩罚严厉程度与惩罚概率的最优组合。

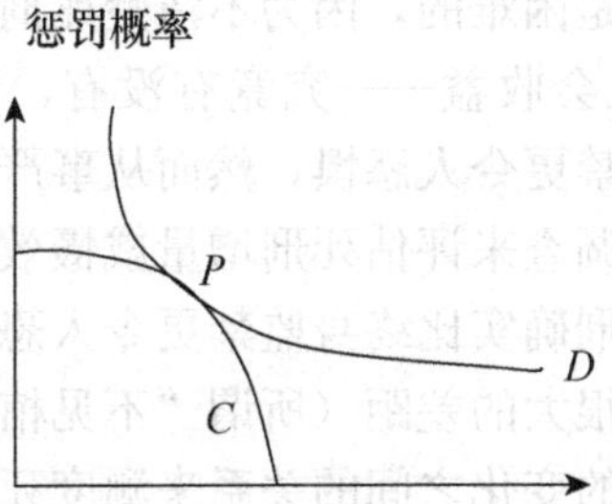

图 11-2 惩罚概率和惩罚严厉程度的最优组合

11.1.5 刑罚

罚金是一种执行成本相对低廉的刑罚，并且在罪犯偿付能力的限度之内，罚金的执行成本随罚金数额增长的速度也低于监禁执行成本随监禁期限增长的速度。罚金还可以使惩罚更为精确，尤其对于金钱性犯罪，只要使罚金等于（或略高于）犯罪的损失，就可以使惩罚获得一个有效率的结果。此外，法经济学家偏爱罚金还有一个重要的理由：在对罪犯征收罚金的同时也给国家创造等额的财政收入。监禁的执行成本显然要高昂得多。建筑、维修、管理监狱需要大量的财政支出；长期监禁还会削弱罪犯的生产能力（这会提高他获释后重新犯罪的概率）；监禁对罪犯的改造功能也十分可疑，许多罪犯在监禁期间反而提高了他们的犯罪技能。但罚金终究不能取代监禁。无论如何，罚金的征收数额要受罪犯偿付能力的限制。一旦罚金的数额超过了罪犯的偿付能力，不仅罚金的征收成本趋向于无穷大，而且罚金的继续增长也不再提升其威慑效果（对于一个支付能力不超过 10 万元的罪犯来说，罚金的数额是 50 万元还是 100 万元都无所谓）。社会的贫富差距也会给适用罚金带来很多问题，其中之一就是富人是否应该支付更高的罚金。对此，法经济学家还没有形成广泛的共识。

监禁的执行成本会因为罪犯在监狱中创造产出而大幅降低。至少在我国，绝大多数监狱其实就是工厂，它们创造的利润有很大比例用于弥补预算内管理经费的不足。更何况，罚金的隐蔽性使它无法带来与监禁可比拟的耻辱效应，而刑罚的耻辱效应是一种免费的威慑。此外，即使长期监禁会削弱罪犯在获释之后的生产能力，但其负面效应会因同时削弱罪犯的犯罪能力（并因此会降低其获释后重新犯罪的概率）而部分抵消。更重要的是，监禁至少可以阻止罪犯在监禁期间继续犯罪，这对于控制职业性暴力犯罪的社会危险十分必要。

最极端的刑罚是死刑。死刑永久性地剥夺了罪犯的犯罪能力，也同时避免了继续监禁罪犯的成本（当然也丧失了罪犯能创造产出的可能性）。然而，由于死刑的过分严厉和不可逆转，一旦发生错判，损失就相当惨重，这迫使法律决策者非常慎重地对待死刑，其结果就是死刑案件的诉讼成本相当高昂（死刑案件需要更高的审级和额外的复核程序）。然而，经济学家并不认为生命是无价的。假设增加一道死刑复核程序每年需耗资 5 000 万元人民币，但平均每年可以避免 50 个人被误杀，而将这笔钱用于防震救灾，则每年可以拯救 50 条生命。假设受政府财政预算的约束，只能在这两个项目之中选择一个，那么理性的决策者就不会支持增加死刑复核程序的法律出台。在我国，死刑只适用于罪行极其严重的罪犯，这一方面是企图通过数量控制来减少死刑的社会成本，另一方面是为了保持刑罚的边际威慑力。对死刑进行经济分析是困难的，因为不清楚死刑（相对于终身监禁）的增量威慑效果——这是死刑最重要的社会收益——究竟有没有，以及，如果有，究竟有多大。绝大多数人会认为死刑比终身监禁更令人恐惧，然而从事严重犯罪的罪犯却可能会低估生命的价值，这就增加了通过问卷调查来评估死刑增量威慑效果的难度。从大多数死刑犯都期望被缓期执行这一事实看，死刑确实比终身监禁更令人恐惧，然而，罪犯在其被抓获前和被宣判后的判断仍可能存在着很大的差距（所谓“不见棺材不落泪”）。社会学家通过死刑适用情况的变化与谋杀犯罪率的变化之间的关系来测度死刑的增量威慑效果，但迄今还没有获得无可置疑的数据去支持任何一种结论。

11.2 刑法的基本原则和核心理念

罪刑法定、刑罚人道主义、无罪推定以及刑法面前人人平等等，通常被宣称为现代刑法的核心理念和基本原则。在道德话语垄断刑法解释的语境中，这些现代刑法基本原则的确立被普遍视为人道主义和法治精神胜利的标志。但借助经济分析的方法，本节将为刑法基本原则的确立提供一种独立于道德观念和意识形态的解释，并由此揭示那些推进刑法制度变迁所必需的物质技术因素，而在传统刑法学的解释中，它们被忽略甚至被掩盖了。

11.2.1 罪刑法定

罪刑法定的基本含义是“法无明文规定不为罪”或“法无明文规定不处罚”。但坚持罪刑法定不是无成本的，许多在实体意义上应被惩罚的有害行为仅仅因为法律没有明文规定就可以逃脱惩罚，这是因立法不完善而产生的错误成本（error cost）；但放弃这一原则会产生另一种司法上的错误成本——许多不应被惩罚的行为会因为法官擅断罪刑（包括扩张解释或适用类推）而被错误定罪；法律的确定性和稳定性也因此被削弱，朝令夕改乃至形同虚设的法律会让民众无所适从。[①] 现代刑法确认罪刑法定原则，意味着在立法者看来，前一种错误成本会小于后一种错误成本。[②] 通过确立罪刑法定原则，立法者含蓄地要求法官放纵一些有意无意"钻法律空子"的有害行为。但若疏纵太多，就会侵蚀刑罚的威慑效果；在立法技术十分落后的年代，其危害之大可能不亚于扩大解释和类推定罪所导致的司法误判。

理论上，只有当立法者对其立法技术和立法知识高度自信的时候，罪刑法定原则才可能被真正确立。确立这个原则意味着在立法者看来，刑法已经相当完善，没有多少漏洞可供居心叵测者去利用了。然而，制定一部完善的刑法典是一个浩大的智力工程，需要事先建立一个包含案例、事实、统计数据以及历史经验和域外经验在内的庞大资料库。现代国家的立法者有能力应对这个挑战。发达的通信技术和交通工具以及充足的经费预算保证了立法者不仅可以开展广泛深入的调研，还能非常方便地借鉴域外经验和历史经验；法律实施过程中遇到的新问题也能以各种便捷方式及时传递给立法者。相比之下，在通信和交通技术都非常落后的古代社会，立法者却几乎不可能完成立法前的调研准备。如果马匹就是最快的交通工具，那么，马匹奔跑的速度上限就是通信速度的最大值；在没有音像存储技术的条件下，语言文字就是传递信息的唯一载体。受信息技术所限，国家管理机构无力开展大范围的统计工作[③]，数量稀少且质量低下的统计数据难以给立法者提供有价值的参考。此外，古代社会的对外交流也十分有限，国外的立法经验无从获知，立法者的经验数据库里只有"前车之鉴"。

受技术手段和经费预算的双重约束，古代立法者很难制定出一部真正完善的刑法典。疏纵太多的法律隐含着巨大的社会风险，客观上需要借助"比附援引"来填补立法空白，甚至"临事制刑"。[④] 在这种条件下，一定限度内的恣意擅断就被视为一种合理成本。由此推论，古代立法者拒绝罪刑法定，未必意味着拒绝文明和进步，而更可能是在立法技术不完善的情况下被迫借助法官知识来填补法律漏洞的立法策略。

任何完备的法律都会在未来实施过程中发现当初立法者意想不到的漏洞。当古代司法者面对这些法律漏洞时会作出不同于现代司法者的利弊权衡。在现代社会，放纵一个实体意义上应受惩罚的有害行为一般不会造成灾难性后果，但破坏或放弃罪刑法定会产生高昂的社会成本。导致这种古今差异的最重要因素很可能是普法宣传在技术手段上的天壤之别。在现代社会，亡羊补牢的刑法修正案可以通过各种媒体向公众迅速传播。而在古代社会，即使立法者有能力对法律漏洞作出快速反应，修订后的新律也很难在短期内被民众知

① 沈家本列举了比附断案的三点流弊：第一，司法之审判官，得以己意，于律无正条之行为，比附类似之条文，致人于罚，是非司法官，直立法官矣。第二，法者与民共信之物，律有明文，乃知应为与不应为，若刑律之外，参以官吏之意见，则民将无所适从。以律无明文之事，忽援类似之罚，是何异于以机阱杀人也？第三，人心不同，亦如其面，若许审判官得据类似之例，科人以刑，即可恣意出入人罪，刑事裁判难期统一也。沈家本．历代刑法考（卷四）．北京：中华书局，1985.

② Richard A. Posner (1973), "An Economic Approach to Legal Procedure and Judicial Administration", *The Journal of Legal Studies*, 2 (2): pp. 399-458.

③ 黄仁宇认为，缺少"数目字管理"的技术手段，是中国古代从传统农业社会过渡到工商业社会的决定性障碍。这一思想散见于黄仁宇的许多著作之中，集中体现在其《万历十五年》以及《资本主义和二十一世纪》中。

④ 《文献通考·卷一百六十二·刑考一》载："昔先王议事以制，不为刑辟，惧民之有争心也。（临事制刑，不豫设法也。法豫设，则民知争端。）"

晓。倘若修订后的新律被立即执行，在新律不为民众所知的情况下，是否坚持罪刑法定的制度，后果差别不大。而如果等民众知晓修律之后再执行新律，因法律漏洞而被放纵的有害行为很可能已经泛滥成灾。这意味着，因普法技术的落后，罪刑法定在古代社会所创造的制度价值较之现代社会要大打折扣。更何况，古人识字率低，文盲多，绝大多数人并不了解法律的具体规定，更很少有人去仔细钻研法律条文；故而，只要比附援引不违背法律的基本精神，民众就不会觉得如此判决属恣意擅断。

11.2.2 刑罚人道主义

在古代社会，造反和叛乱是威胁国家安全和统治者地位的最大祸患。剿匪和平叛是古代统治者面对的最艰巨的政治挑战。匪寇或叛军一旦盘踞一方，就有能力与官兵周旋，非经年累月而不能彻底剿除。反叛势力通常还会寻找国家在军力上的薄弱地区，而在机械化部队出现之前，军队的机动性以马匹奔跑的速度为上限，远距离投送兵力不仅耗资巨大，而且会让匪寇或叛军以逸待劳。在冷兵器时代，武器装备和作战技术的科技含量很低，国家很难通过垄断、管制或技术封锁等措施让官兵在装备和技术上长期保持绝对优势，反叛势力由弱而强并最终打下天下的例子屡见不鲜。

当剿匪和平叛的艰难迫使古代统治者求助于严刑峻法的时候，以株连和酷刑为标志的恐怖刑罚体系就会应运而生。较之现代社会的刑罚，古代刑罚从整体上就相对严酷，这一方面是因为社会的普遍贫困导致犯罪和流亡的机会成本很低，另一方面是因为薄弱的警力会使罪犯逃脱惩罚的概率很高。对于潜在罪犯来说，刑法的威慑效果相当于惩罚概率和惩罚严厉程度的乘积。① 但在惩罚概率较低的情况下，唯有提高惩罚严厉程度才能使刑罚的威慑效果保持稳定。而在刑罚整体上趋于严厉的条件下，为了保持刑罚对付叛逆所必需的边际威慑（marginal deterrence），客观上就需要酷刑或株连。倘若谋杀被处以死刑，那么对付更为严重的犯罪（谋反或谋叛），就需要火刑或凌迟②，甚至满门抄斩、株连九族也不足为怪。

剿匪和平叛会引发一系列灾难性连锁反应：国库空虚，赋税加重，以致民不聊生；倘若再遇上天灾且国家赈灾乏力，就会有大量灾民落草为寇或者径直加入造反的队伍。一旦灾民的死亡率超过了当土匪的死亡率，拼命就成了划算的选择。这一残酷的政治逻辑无疑强化了古代统治者对酷刑的依赖——既然“民不畏死”，刑罚就断不止于“以死惧之”。③

如果说酷刑的主要目的是通过事后的惩罚来强化刑罚的威慑，那么株连作为一种形式连带责任，则除了威慑之外，还具有犯罪预警的功能。将刑事责任扩大到罪犯的亲属和邻人，目的是激励信息优势者监督和告发犯罪，而这反过来又削弱甚至打消了犯罪意图和逃亡动机。刑事连带责任的目的无非利用分散的信息来强化社会控制。在这个意义上，株连实际上缓解了古代国家暴力资源匮乏以及财政基础薄弱所造成的治理困境。进一步看，既然株连降低了社会控制成本，国家就无须供养数量庞大的官僚机构，而官僚机构的精简是统治者和被统治者的双赢。减少财政支出可以减轻赋税，两者都会提高社会福利，降低社

① Gray S. Becker (1968), “Crime and Punishment: An Economic Approach”, *Journal of Political Economy*, 76: pp. 169-217.

② 波斯纳. 法律的经济分析. 北京：中国大百科全书出版社，1997.

③ 关于这个逻辑，吴思讲得最透彻。吴思. 隐蔽的秩序：拆解历史弈局. 海口：海南出版社，2004.

会风险。① 中国古代延续数千年的低成本政治传统在很大程度上要归功于大规模的刑事连带责任。株连固然会导致许多人死于无辜，但若没有这种制度，势必会有更多的人死于频繁发生的战乱和灾荒。

尽管株连和酷刑留给现代人的印象是野蛮残暴，但若考虑到古代统治者在应对造反、叛乱以及天灾等方面的统治困境，就会发现这种评价有失公允。现代刑法之所以能够禁止株连和酷刑，在很大程度上是因为军事科技的发展使得政府军队在武器装备和作战技术上获得相对于反政府武装的代差优势，并因此基本化解了反叛的风险。国家在军事上的自信度越高，其对酷刑的依赖就越小。机械化部队的出现是一个转折点，从那以后，包括中国在内的世界主要强国从未面对真正有威胁的叛乱。

科技强军与科技强警是同步的，现代化的警察系统是国家手里的另一把利刃。科技强警的成就是警察在预防、预警及侦破犯罪方面的能力空前提高。辨认指纹和声纹、鉴定DNA、布设电子眼、保存音像资料、装备警车和警械、训练警犬，这些现代警察的技术手段足以令古代神探望洋兴叹。相对充足的财政预算，既保证了这些技术和装备的供应，也让警察占全部人口的比例稳步上升，警点的区域分布日趋密集。此外，国家对枪支、刀具以及爆破用品的垄断生产及严密管制，更进一步拉大了警察和罪犯之间的实力差距。

科技强警的技术性后果有两个：一是预防和预警犯罪机制的建立；二是破案率的提高。前者可以减少犯罪的数量，后者可以强化刑罚的威慑——在破案率显著提高的条件下，较轻的惩罚也可以创造足够的威慑。相反，在侦破技术十分落后的古代社会，由于破案率低下，加之犯罪的机会成本很低（同时意味着罚金惩罚的意义不大），统治者就只能依靠严刑峻法来控制犯罪的数量，同时通过否认隐私权以及设定刑事连带责任来维持替代性的犯罪预警机制。②

严刑峻法当然有许多负面后果，其中之一是很容易削弱刑罚的边际威慑——这是针对潜在罪犯的一种以轻罪取代重罪的激励。倘若在潜在罪犯看来，增加罪行严重性并不加重惩罚，那么，原本打算只犯轻罪或已经犯下轻罪的罪犯就难以抵制重罪的诱惑。如果盗窃和抢劫被处以同样的刑罚，就等于鼓励盗窃犯在碰巧被受害人发觉并抵抗之后不是选择逃跑而是选择使用暴力；同样，如果抢劫和谋杀被处以同样的刑罚，就等于鼓励抢劫犯杀死受害人以消灭证人。现代刑法中的罪刑相适应原则就描述了法律经济学意义上的边际威慑概念，但它算不上一个现代法治原则，因为“重罪重判，轻罪轻判”是古今所有刑法的共同追求。③ 倘若严刑峻法被推到了极致，即用最严厉的惩罚来对付所有的犯罪，刑罚的边际威慑就会荡然无存，更为严重的社会风险必将接踵而至。④

11.2.3 无罪推定

即使在侦破技术十分发达的现代社会，不枉不纵也是一个遥不可及的司法理想，在

---

① 张维迎，邓峰. 信息、激励与连带责任——对中国古代连坐、保甲制度的法和经济学解释. 中国社会科学，2003 (3).

② 波斯纳. 正义/司法的经济学. 北京：中国政法大学出版社，2002.

③ 德克·布迪，克拉伦斯·莫里斯. 中华帝国的法律. 南京：江苏人民出版社，2008.

④ George J. Stigler (1970), “The Optimum Enforcement of Law”, *Journal of Political Economy*, 78: pp. 526-536.

许多情况下，法律决策者必须在宁纵勿枉和宁枉勿纵之间作出选择。无罪推定意味着疑罪从无，这个原则暗示，冤案（错误定罪）的社会损失大于纵案（错误释放）的社会损失。无罪推定原则的确立也与科技和财政因素密切相关，其根本原因在于，破案率的提高以及反叛风险的降低改变了政府对于冤案和纵案的利弊权衡。

事实上，很难对冤案和纵案的复杂社会成本进行可靠比较。但不可否认，冤案比纵案更容易激发人们的心理恐惧。人们很容易想象自己被冤枉的处境，但不太容易想象自己成为因错误释放而增加的犯罪的受害人。在大量传媒报道的以及文学和影视作品描述的冤假错案中，几乎总是涉及某个被冤枉甚至被屈打成招的悲剧角色，而很少会把某个犯罪受害人的悲惨处境与犯罪率因错误释放而上升的社会原因联系起来。所以毫不奇怪，错误定罪被称为冤案，却没有特别贬义的词汇来指称错误释放（纵案的概念只是笔者的杜撰）。尽管冤案和纵案的社会成本很难比较，但两者给国家和政府带来的成本很容易比较。冤案一旦被发觉，就会严重损害司法机关乃至法律本身的权威和形象。但纵案很少引起人们的大惊小怪，司法机关只要继续采取行动就算亡羊补牢。此外，更重要的是，疑罪从无对于促使警方审慎办案是一个有效的激励，而如果疑罪从有，则警方只需把刑事案件侦破到疑案的程度就可以结案了。①

即使是古代国家的统治者也明白其中的利害关系。这也解释了疑罪从无何以不是一个现代法治原则，而是古已有之。② 但值得注意的是，在现代传媒出现之前，冤案给古代官府造成的麻烦要小得多。

尽管作为一种司法理想可以追溯至遥远的古代，但历史上无罪推定原则从未被认真对待。相反，当证据积累到一定程度且继续搜集证据的成本过于高昂的时候，古代司法者更倾向于作出有罪推定。这是一个无奈的选择。侦破技术落后会造成大量的疑案，众多罪犯因此逍遥法外是古代统治者无法容忍的社会风险。③ 倘若威胁国家安全及统治者地位的谋反、谋叛等重案存疑，统治者的态度更是宁枉勿纵。

基于上述考虑，降低证明标准、弱化证据排除规则的苛刻程度、扩大推定的适用范围以及将部分举证责任转嫁给被告人等，都是古代法律决策经常采用的司法策略。这些司法策略渗透在屡见于古代司法史上的主观归罪及客观归罪之中，尽管表面上两者恰成南辕北辙，但其内在逻辑是一致的，都属于有罪推定。有罪推定是为了控制纵案的数量，但其结果必是冤案丛生。冤案同样是司法的噩梦。在拒绝疑罪从无的条件下，为了减轻冤案的社会损失，古代司法者通常会采取一个折中原则——疑罪从轻。细究之下，更为古老的神明裁判也隐含了疑罪从轻的逻辑，疑案中的犯罪嫌疑人所面对的不是必然性的惩罚，而概率性的惩罚。

值得注意的是，疑罪从轻只是在观念上被现代司法坚定地抛弃了，作为一种制度和实践，它却顽强地存活下来，辩诉交易制度就是一种改头换面的疑罪从轻。事实上，从来没有哪个国家将无罪推定或疑罪从无的原则绝对化。即使在美国，刑事案件的证明标准也仅

---

① 桑本谦．疑案判决的经济学原则分析．中国社会科学，2008（4）．

② 至迟在东晋时代，古人就提出了“与其杀不辜，宁失不经”的主张。出自《尚书·大禹谟》，很多学者认为这个典籍是东晋晚出的伪古文。宋代蔡沈对此解释说：“谓法可以杀，可以无杀。杀之则恐陷于非辜，不杀之恐失于轻纵。二者皆非圣人至公至平之意。而杀不辜，尤圣人之所不忍也。故与其杀之而还彼之生，宁姑全之而自受失刑之责。”（《书集传》）此外明代张居正也曾对万历皇帝说：“与其杀无罪之人，使之含冤而死；宁可失经常之法，而从轻以生全之。”

③ 苏力．窦娥的悲剧——传统司法中的证据问题．中国社会科学，2005（2）．

仅是排除合理怀疑，而非排除一切怀疑；在严格意义上，仅仅排除合理怀疑，仍算是一种有罪推定。① 尽管较之主观归罪和客观归罪，被现代刑法确认的主客观相统一原则大大提高了定罪的证明标准（可见，这个所谓的刑法上的归责原则其实是刑事证据法原则），但也远远达不到"铁案"的标准，因为一个人的心智是无法观察的，我们只能根据一个人的行为去推测这个人的思想。② 因而，现代刑法用以描述心智的概念（故意、过失、蓄谋、冲动、忏悔以及认识错误等）都一概是推测性的。

不难理解，司法上零错判意味着司法成本的无穷大。在证明穷尽之后，冤案与纵案的数量关系很可能是一条此消彼长的无差异曲线；倘将冤案数量降到趋近于零值，其结果就必然是纵案的泛滥成灾，反之亦然。对于危害特别严重的犯罪，纵案的预期损失（相当于纵案的实际损失与纵案发生概率的乘积）完全可能超过冤案的预期损失。这也意味着，科技进步仅仅改变了现代刑事司法制度对待疑罪的态度，但没有改变其处理疑罪的司法逻辑。

11.2.4 刑法面前人人平等

刑法面前人人平等表达了一种现代法治理想：任何人犯罪，不论其家庭出身、社会地位、职业性质、财产状况、政治面貌、才能业绩如何，都应平等地适用刑法追究刑事责任，不允许任何人有凌驾于法律之上的特权。这一现代法治理想也并非现代人所独有。韩非子很早就提出了"法不阿贵"的观念，还主张"刑过不避大臣，赏善不遗匹夫"（《韩非子·有度》）。只不过在中国封建王朝的政法实践中，韩非子的主张几乎流于空谈。王子犯法与庶民同罪这一浪漫的法治观时常败给一个现实主义的政法理念——"刑不上大夫"（《礼记·曲礼上》）。刑法的等级化贯穿于历朝历代，权贵阶层一般拥有犯罪之后可以减免刑罚的特权。

刑法上的贵贱有别是社会博弈的结果。权贵有权有势，无论上对皇权，还是下对百姓，都能在博弈中争取到他们期望的特权。尽管这种特权并不符合皇帝的利益，但若皇权不具备压倒性优势，就只能对特权采取容忍的态度。贸然剥夺权贵的特权，很可能引发巨大的政治风险。③ 普通百姓被激怒，充其量导致民变或造反；握有兵权的将领被激怒，结果可能就是叛乱。权贵作为一个群体，却在很多时候是皇帝也得罪不起的。在皇权与特权的历史博弈中，我们更多观察到的现象不是特权的逐渐削弱，而是皇权向特权越来越多地妥协。王朝之初的反贪反渎通常会进行得轰轰烈烈，但随着时间的延续，整肃吏治就逐渐变成了一个口号。④ 这是实力界定权利的政治逻辑⑤。

---

① 苏力．窦娥的悲剧——传统司法中的证据问题．中国社会科学，2005（2）．

② Richard A. Posner（1985），"An Economic Theory of the Criminal Law"，*Columbia Law Review*，85：10．

③ "打击豪强"和叛乱往往互为因果。但是只有当皇权具有压倒性优势时，"打击豪强"的政策才可能成功。例如，在汉初五十年内，至少发生了五次叛乱，皇位争夺者是握有兵权的军阀和被授予大量封地的皇家子侄。直到汉武帝在位时，才取得了"打击豪强"的胜利，争夺皇位的叛乱才被平息。许倬云．汉代农业：早期中国农业经济的形成．南京：江苏人民出版社，2012．

④ 诚如吴思所言："正义的边界总会变老。"以宋朝为例，北宋初年，贪赃满五贯者处死；四十年之后，宋真宗时期，死刑被流放海岛取代；再过六七十年，贪官流放无须受杖刺字；又过三四十年，宋徽宗时期，贪官的比重据说已到百分之九十，对贪官的处罚只是"去官勿论"，惩贪的法律名存实亡。吴思．潜规则：中国历史中的真实游戏（修订版）．上海：复旦大学出版社，2009．

⑤ John Umbeck（1981），"Might Makes Rights：A Theory of the Formation and Initial Distribution of Property Rights"，*Economic Inquiry*，19：pp. 38-59．

现代刑法确立了刑法面前人人平等原则，科技进步的因素仍在其中发挥了重要作用。军事现代化基本化解了叛乱的风险①，官僚阶层给政权造成的潜在威胁随之大大减轻，其特权也自然要相应减少。此外，科技进步也为监督官员以及反贪反渎提供了更多的技术手段。② 如今，尽管明文规定的刑法特权已经消失，但隐性特权仍然可见。比较一下盗窃犯和贪污犯在最终量刑上的差异就会发现，即使在中国当代的刑事法律制度中，丛林法则依然有迹可循。

当然，实力界定权利作为一个博弈均衡肯定有其合理的一面。倘若恰好某个死刑犯掌握了世界上最廉价的海水淡化技术，那么将他与其他死刑犯一并处死就会严重损害国家利益（甚至全人类利益），为应对诸如此类的情形，特赦也许是最好的办法。③ 此外，现代刑法中还有不少隐性的“合理歧视”。例如，大公司能以发行债券或股票作为合法的融资渠道，但若小公司也这么做，相关责任人就可能会以非法集资被定罪量刑。这种合理歧视看起来都与刑法上的平等原则不相容，但其背后的经济学理由是强有力的：同样的行为在不同实力的机构和集团那里会产生完全不同的社会风险——可以被实力强大的机构或集团安全使用的手段或技术，一旦扩散到实力弱小的机构或集团那里，就可能招致巨大的社会风险。这仍是实力界定权利的典型逻辑。反讽的是，当刑法明确承认实力规则之后，刑法上的平等原则反而可以展示它的另一个维度：任何主体只要具备了法律规定的条件就可以获得从事某种行为的合法性。然而，这种意义上的平等已不再是对所有主体同等对待的平等，而是已弱化为对同等主体同等对待的平等。尽管这种形式上的平等无法完全遮蔽实质上的不平等，但刑法面前人人平等作为一个政治修辞还可以勉强说得过去。

更何况，法律实施不是无成本的，在执法机关受预算约束的现实条件下，刑法（与其他任何法律一样）不可能被完美执行。再者，刑法的经济学目标也不是要清除所有的犯罪（这会让防控犯罪的社会成本趋向无穷大），而只是试图在犯罪的社会损失和防控犯罪的社会成本之间寻求均衡。④ 尽管一再宣称“违法必究”，立法者其实很清楚总有一些罪犯会成为漏网之鱼，犯罪与惩罚之间的关联只是概率性的。即使如此，只要惩罚概率在同类犯罪之间均匀分布，即任何两个犯下同样罪行的人会承受相等概率的惩罚，则刑法面前人人平等仍不乏说服力。但是很遗憾，刑法的执行结果与此相悖：惩罚概率在所有同类罪犯之间不可能均匀分布，那些社会地位更高、更有能力聘请高水平律师或者作案技术更高超的犯罪，总是更有可能逍遥法外。⑤

此外，执法机关的目标函数并不总是与立法者保持一致，将有限执法资源更多投入符合执法机关（尤其是执法机关负责人）自身利益的刑事案件上是“选择性执法”的典型做法。正因如此，那些会给政府带来更大政治麻烦的案件（比如群体性事件中的犯罪）总是能够竞争更多的执法资源，相反的情形是，虚假出资、虚假注册以及虚报注册资本等犯罪行为较少受到关注，不是因为这些犯罪的社会危害较轻，而是其连锁性社会损失不会在短

① 现代军队已向信息化过渡，任何单一军种的叛乱在现代战争的“体系性对抗”之中均不堪一击。

② 例如，“技术侦察”就是一种强有力的反贪手段。

③ 尽管中华人民共和国成立后曾七次特赦罪犯（主要是战争罪犯），但现行刑法已取消特赦制度。

④ 罗伯特·考特，托马斯·尤伦．法和经济学（第三版）．上海：上海财经大学出版社，2002.

⑤ 唐纳德·布莱克．法律的运作行为．北京：中国政法大学出版社，2004.

时间内全部暴露出来。

有时，刑法上的平等原则仅仅反映了信息费用的问题。商家之所以对所有客户一视同仁，不是出于他们对平等的偏爱，更不是因为商品是天生的平等派，而是因为，把所有潜在客户根据购买欲和购买力区分出三六九等以便采取价格歧视所产生的收益，将会被因此支付的高昂信息费用所淹没。法律上的一视同仁也隐含了相同的经济学逻辑，平等原则有时只是规避信息费用的方案。

11.3 犯罪的心理状态

“主观恶性”是传统刑法学理论用以描述罪犯心理状态的核心概念。是故意还是过失？是蓄谋还是冲动？是否认识错误？是否真心忏悔？犯罪意图怎样？犯罪动机如何？提出这些问题就是为了寻找用以衡量罪犯主观恶性程度的区分标准（尽管这些标准仍然是主观性的）。定罪量刑会考虑罪犯的主观恶性程度，在传统刑法学理论中是主客观相统一原则的要求。与侵权法至多关注加害人是否有过错不同，刑法对罪犯心理状态的细致描述和区分使其表现出强烈的道德色彩。然而，一个人的心智是不可观察的，罪犯的主观恶性究竟有多大，我们只能依据罪犯的行为特征、行为后果以及诸多环境因素去作出推测。在这个意义上，经济分析否认传统刑法学理论中的主客观相统一，因为所有描述罪犯主观心理状态的概念都可以被还原为行为和后果的问题。经济学中的效用函数就相当于法律中的意图，它概括了一个追求这种函数的人的口味、偏好以及目的，正因如此，将实体化的精神状态让位于行为主义的假设这一过程就顺理成章地成为经济分析的起点。

11.3.1 故意和过失

经济分析把故意和过失还原为各种客观因素之间的函数关系，并由此展示了二者之间的过渡性连接。倘若把违法行为的发生看作一种事故，则过失的经济学含义可被界定为：在预防事故需要支付的成本低于事故预期损失的条件下，当事人没有为预防事故支付足够的成本。假定事故一旦发生所造成的实际损失是 L，事故发生的概率是 P，预防事故所需支付的成本是 B，当事人为预防事故而实际支付的成本是 C；当 $C<B$ 时，事故就会发生。依据汉德公式，当 $B>PL$ 时，事故的发生属于意外事件，当事人无须承担任何法律责任。但当 $B<PL$ 时，事故的发生就意味着当事人有过错。事故的预期损失（PL）越大，预防事故需要支付的成本（B）越小，即二者之间的差额越大，或实际支付的成本（C）越小，当事人的过错程度就越大。倘若预防事故所需支付的成本（B）趋近于零值（预防事故仅仅是举手之劳），而当事人却无动于衷（$C=0$），过失就会演变为“间接故意”。如果在预防事故所需支付的成本是零值或负值（$B\leqslant 0$）的条件下事故仍然发生了，当事人的过错就达到了“直接故意”的程度。“直接故意”意味着当事人为预防事故而支付的成本是负值（即朝预防事故相反的方向支付作案成本），作案成本越高，当事人的过错程度（主观恶性）就越大。

上述分析表明，区分故意和过失，首先要看行为人是否支付作案成本，故意犯罪中的作案成本为正值，而过失犯罪中的作案成本至多是零值（若 $C<0$，作案成本就是负值）；其次要看预防事故所需支付的成本（B），若 B 趋近于零值，则即使作案成本为零，行为人仍可被认定为“间接故意”。

在过失的情形中，预防成本（B）和事故预期损失（PL）之间的差额不大；倘若对过失侵犯的处罚相当严厉，就会迫使当事人为预防事故支付不合理的成本，导致 C 值太高（不仅远高于 B，而且可能远高于 PL）。例如，如果法律规定对超速驾驶处以死刑，人们为了免遭处罚或为了免遭错误处罚，就会把车开得很慢甚至干脆放弃开车。而在故意的情形中，由于 B 值和 PL 值之间的差额很大，所以，即使非常严厉的惩罚也不至于让 C 值上升到不合理的程度。

11.3.2 蓄谋和冲动

在故意犯罪中，刑法对蓄谋犯罪要比冲动犯罪的惩罚更加严厉。这是因为，与冲动犯罪相比，(1) 蓄谋犯罪更可能成功，因此其危害也更大；(2) 蓄谋罪犯更难以被抓获，其逃脱惩罚的可能性更大；(3) 蓄谋犯罪会支付更高的作案成本，因此防控犯罪的成本也更高。无论在上述哪种意义上，刑罚的威慑理论都要求一旦将蓄谋罪犯抓获，就要对其处以更严厉的惩罚。此外，冲动犯罪通常起因于受害人的挑衅。减轻对冲动犯罪的处罚当然会降低犯罪的成本（因此会增加犯罪的数量），但同时也增加了挑衅的成本（因此会减少挑衅的数量），如果后一因素碰巧压倒了前一因素，那么减轻对冲动犯罪的处罚就会从总体上减少犯罪的数量。最后，在蓄谋犯罪的情形中，冷静思考的罪犯往往事先已经计算了其行为的全部成本和收益，包括预期惩罚成本，因此，较之冲动犯罪，对蓄谋罪犯的惩罚会更有成效。既然增加惩罚相当于追加投资，那么将追加的投资用于对付蓄谋犯罪，就会“购买”到一个更大的犯罪减量。

11.3.3 认识错误

在传统刑法学理论中，如果犯罪起因于行为人的认识错误，通常会被认为主观恶性较小，对此，一个简单的经济学解释是，被告人一旦克服了认识错误，就不会在未来实施类似的犯罪。在发生认识错误的情形中，预防事故的成本由于包含了避免错误的成本而明显提高，所以毫不奇怪，许多认识错误是被当作过失对待的（事实上，过失本身就包含了认识错误）。如果某人误把行人当作野兽射杀了，就属于过失杀人；但反过来，如果此人误把野兽当作仇人射杀了，就是故意杀人罪未遂。借用汉德公式的术语，在前一种情形中，事故发生的概率很低，事故的预期损失也较小，行为人一旦克服了认识错误，未来就不再发生类似事故；而在后一种情形中，如果行为人避免了认识错误，事故发生的概率反而显著提高。但若行为人的错误性质已经严重到让他永远无法完成犯罪的程度，对行为人处以刑罚就没有任何意义了。比如，有人制作了一个巫术布偶，反复用针戳刺，并误以为这样做就可以将仇人置于死地。这种行为就不构成犯罪。

刑法上的认识错误不仅包括对事实的认识错误，还包括对法律的认识错误。倘若被告人以不知道法律是如此规定的或者不清楚自己行为的性质而提出辩解，通常不会被法庭认可；当对被告人是否清楚自己行为性质或是否知道法律规定存有疑问时，法庭会作出不利于被告人的推定。这被称作“不知法不免责”。对此，经济分析提供的解释主要与信息费用相关：如果法庭承认这一辩解的有效性，就会激励那些清楚自己行为性质且通晓法律的罪犯在法庭上撒谎，而在信息费用的刚性约束之下，检控方或法庭却对此难辨真伪；倘若掌握法律知识越多就意味着承担更大的法律风险，那么这种做法对法学教育和普法宣传也十分不利。与之相应，尽管人们知法犯法的道德评价更加负面，但被告人不因此承担更加严厉的惩罚。

即使在对事实认识错误的情形中，看起来合理的辩解也可能在信息费用的约束之下而丧失有效性。倘若与幼女发生性关系的人以确实不知幼女的实际年龄为由提出抗辩，要求法庭做无罪判决，法庭就不应认可。其经济学理由在于：如果法庭承认这一辩解的有效性，潜在的罪犯就会在犯罪前精心伪造确实不知幼女的实际年龄的证据，而控方排除这些伪造证据的信息费用却相当高昂，以致成功指控这种犯罪的希望非常渺茫。在这里，刑法引入了侵权法上的严格责任，以迫使与年轻女性发生性关系的男性在此之前必须谨慎检查其性伙伴的年龄。与侵权法有时适用严格责任的理由一样，刑法在某些时候适用严格责任会降低控方的信息费用，因为证明一个人有过错往往要比证明他作出伤害行为困难得多。

11.3.4 犯罪的目的和动机

在分析大多数犯罪行为时，并不需要讨论犯罪目的。杀人的犯罪目的就是把人杀死，盗窃的犯罪目的就是把财物偷到手，拐卖妇女的犯罪目的就是非法赚钱，这些判断没有实质性的内容。尽管犯罪目的很少在司法实践中被关注，但这个概念也不是完全多余，有时它可以被用来区分罪与非罪。在《刑法》第一百五十二条规定的走私淫秽物品罪中，就特别载明了构成犯罪必须“以牟利或者传播为目的”，其实质性的理由当然不在于考察当事人的心理状态，而是以此来衡量违法行为危害的大小。不“以牟利或者传播为目的”而走私淫秽物品的行为几乎不可能造成太大的社会损失，因此可以被排除在犯罪之外。

与犯罪目的主要用来定罪不同，犯罪动机更多影响量刑。“坏”的犯罪动机要比“好”的犯罪动机受到更严厉的惩罚。犯罪动机的经济学功能是它可以用来衡量犯罪行为的产出。与仅仅是为了贪图享乐而实施的抢劫相比，为了筹备一笔巨额医药费以拯救自己身患重病的孩子而实施的抢劫就会受到较轻的惩罚，其经济学理由是，后一种抢劫是有产出的犯罪，在扣除产出之后，犯罪的社会损失就会减少。同样的道理，为读书而偷书与为卖书而偷书是有差异的，因为前者更可能是一种有产出的盗窃。孔乙己之所以强调读书人“窃书不能算偷”，就是试图把有产出的盗窃和没有产出的盗窃区别开来。如果犯罪行为的产出相当高，甚至远远超过了犯罪的社会损失，就可以考虑援引紧急避险的抗辩了。

11.4 正当行为及其他

有些危害行为是有产出的，倘若产出足以弥补其社会损失，从经济学的角度这些危害行为就不应受到惩罚。紧急避险和正当防卫之所以在传统刑法学理论中被称为“正当行为”，其原因就在于此。借用汉德公式的术语，在紧急避险和正当防卫的情形中，预防事故的成本（B）都会明显高于事故的预期损失（PL）。如果危害行为的产出还不足以补偿其社会损失，那么这些行为仍可能被视为犯罪，但犯罪的产出为“罪轻抗辩”提供了实质性理由。此外，犯罪之后的产出仍可以抵消一部分惩罚，刑法关于自首和立功的规定就是激励罪犯在犯罪之后创造产出的制度。

11.4.1 紧急避险

如前所述，紧急避险的抗辩只适用于有产出且产出明显超过其社会损失的危害行为。然而，倘若一个人在快要饿死的时候偷走了一条价值昂贵的宠物狗并吃掉了它，那么这个人援引紧急避险的抗辩却不一定能成功；理由是，除非他身上没有足够的钱，或者宠物狗的主人不在场，否则他完全可以从主人那里买走这条狗。这一事例表明，紧急避险还隐含了交易成本十分高昂（以致排除交易可能性）的条件：即使危害行为的产出明显超过其社会损失，只要产出可以通过合法交易获得，紧急避险的抗辩仍然不能成立。

如果杀死一个人可以拯救多个人的性命，那么谋杀可否作为紧急避险的抗辩？这个问题至今没有公认的答案，尽管围绕一个著名案例展开的学术争论已经持续了一百多年。在雷吉娜诉达德利和斯蒂芬斯案（Regina v. Dudley and Stephens）中，救生船上濒临死亡的几个人杀死并吃掉了其中身体最虚弱的一个船员；有证据表明，受害人无论如何已经接近死亡，即便他不被杀死，也必定会先于其他几个人而死于严重的饥渴。活下来的几个人向法庭提出紧急避险的抗辩，却最终遭到否决。从经济学的角度看，以杀死一个注定要死亡的人为代价来拯救三个人的生命完全合乎紧急避险的逻辑，更何况，该案中的交易成本非常高（即便受害人知道自己快要死了，也不可能以任何价格出售自己的生命）。这个案例之所以引人注目，不仅因为它提出了谋杀可否作为紧急避险的抗辩的法律难题，还因为它涉及西方两大伦理学传统即功利主义和康德主义之间的激烈冲突。法庭对被告人作出的有罪判决，似乎迎合了“人是目的，不是手段”的康德主义道德律令，这个案例因此被视为功利主义无法垄断所有法律解释的有力例证。然而，仔细分析这个案例却会发现，得出上述结论为时尚早。

如果法律允许人们在濒临死亡的情况下杀死救生船上最弱的一个旅客，就会给滥杀提供危险的激励——那些没有真正绝望的人们可能因此提前动手。假定滥杀的预期生命损失量是 L_1，而否认谋杀作为紧急避险的抗辩而导致的预期生命损失量是 L_2，那么，当 $L_1 > L_2$ 时，法庭的判决就是合理的。进一步分析还会发现，L_2 比人们想象的数量要小，因为，对于那些确实身处绝境的人们而言，法律作为一种激励机制已经基本失效，通常情况下他们不会仅仅因为惧怕刑事责任而放弃自己的行动；这就意味着，即使法庭否认谋杀作为紧急避险的抗辩，也充其量只导致了一个与滥杀相比微不足道的生命损失量。以上讨论表明，遵循功利主义传统的经济分析能够为这个著名案例的判决提供完美的解释。

11.4.2 正当防卫

为了维护公共秩序以及其他政治目的，国家会禁止私人使用暴力。然而，私人暴力是一把双刃剑。作为一种侵犯手段，私人暴力会对公共安全构成威胁；但作为一种报复手段或防御手段，私人暴力可以发挥重要的社会控制功能。后者是私人暴力有时不被视为犯罪的缘由。决斗在中世纪的欧洲曾经是合法的；尽管决斗会造成伤亡，但可以避免冲突升级以及与司法程序相关的高昂费用。此外，以悬赏的方式抓获罪犯也是国家利用私人暴力的一种方式。如果政府无力维持一支足够强大的警察力量，就会借助私人暴力来补充公共执法力量的不足。相反，国家的财政基础越雄厚，暴力资源越充足，就越有条件缩小私人暴力的合法范围。如今，私人暴力可以合法使用的场合仅限于正当防卫了。由于警察很难阻止正在发生的暴力侵犯，所以承认正当防卫的合法性就等于允许甚至鼓励受害人在危急情况下以暴制暴。然而，如果一个人手持武器到仇人家里挑衅，企图等仇人攻击他时就以正当防卫为由把仇人杀死，那么，这种情形不是正当防卫，而更像是决斗。在现代刑法中，决斗不再被视为故意杀人的有效抗辩。

与紧急避险不同，正当防卫会引发暴力犯罪的竞争性投资。倘若潜在罪犯预期受害人会采取防卫措施，则要么放弃犯罪，要么追加犯罪的投入，后者可能会将受害人置于更加危险的处境。刑法赋予某些暴力犯罪的受害人以“无限防卫权”就导致了这种局面，“无限防卫权”确实可以抑制犯罪，但同时也会激励某些罪犯使用更多、更严重的暴力。

11.4.3 避险过当、防卫过当及报复性犯罪

传统刑法理论中的“避险过当”和“防卫过当”描述了危害行为的产出最终被其社会损失所淹没的情形。虽然避险过当和防卫过当都会受到惩罚，但与同等程度的危害行为相比，处罚会轻得多；原因显而易见，避险过当和防卫过当的产出可以抵消其一部分社会损失。与避险过当不同，防卫过当的产出除了保护行为人之外，还会威慑暴力侵犯，增加暴力侵犯的预期成本。就后者而言，报复性犯罪与防卫过当的情形相似。因自己的妻子遭到强奸而复仇行凶属于犯罪，但这种犯罪威慑了强奸；倘若强奸的数量因此减少，则复仇的数量也会随之下降。考虑到报复性犯罪情有可原并且在社会控制方面功不可没，法庭通常会酌情从轻发落。但是，刑法并没有给予报复性犯罪与防卫过当同等的待遇，没有规定对报复性犯罪“应当减轻或免除处罚”，这不难理解，复仇毕竟不同于防卫，前者会引发新的暴力冲突，而这种社会风险是可以通过将复仇的使命交给国家来避免的。

11.4.4 自首和立功

自首和立功都属于罪犯在犯罪之后又创造产出的情形。无论是供认自己的罪行，还是揭发他人的罪行，都相当于给办案机关出售有价值的犯罪信息，从轻、减轻或者免除处罚则是办案机关支付的对价。在这个逻辑之下，法庭在决定对罪犯减轻处罚的幅度时，就必须评估犯罪信息的价值（办案机关获取这些信息会在多大程度上提高破案率以及在多大程度上降低罪犯的抓获成本和案件的侦破成本）。倘若不依靠这些信息，办案机关也能毫不费力地侦破案件并将罪犯抓获，就意味着罪犯提供的信息价值不大，此时的减轻处罚就只应是象征性的。毫无疑问，处罚的过度减轻会削弱刑罚的威慑效果。

此外，从自首通常起因于事后的恐惧或忏悔来看，罪犯一旦决定自首，就不大可能再次犯罪，这使自首制度在个别预防的意义上获得了额外的经济学理由。与自首制度主要在事后发挥作用不同，立功制度的激励效果甚至可以反馈至犯罪完成之前。为了保证自己在落网之后还有戴罪立功的机会，潜在的罪犯会尽力事先搜集其他罪犯的犯罪信息，这样，立功制度就削弱了罪犯之间的相互信任，并因此有助于瓦解一些原本紧密团结的犯罪团伙。

11.5 犯罪的类型化依据

经济分析的逻辑表明，定罪量刑会涉及许多犯罪因素之间的复杂函数关系，这对于法庭而言无疑是一个艰巨的智力挑战。但如果由此而生的信息费用过于高昂，法律决策者就会利用一些显而易见的表面特征对多样化的犯罪分门别类。刑法之所以注重区分犯罪主体的年龄、身份、体能和智力以及受害人的身份及防御能力，之所以强调考察作案手段和作案场所，就是要寻求对犯罪进行类型化处理的便捷依据。在节省决策的信息费用方面，这些便捷依据之于犯罪如同商标之于商品一样。

11.5.1 犯罪主体

既然犯罪是一种职业选择，那么同选择其他职业一样，犯罪也存在一些职业门槛。比如，暴力犯罪的主体一般要具备较好的体能，而贪腐犯罪的主体则必须拥有某种提供便利的职务。对那些无法跨越犯罪职业门槛的人而言，刑罚基本是多余的；而对付那些勉强跨越职业门槛的罪犯，则无须严厉的惩罚——他们作案的成功率很低，并且作案后被抓获的概率很高。刑法依据年龄、身份以及生理功能对犯罪主体进行区分，就可以事先推测潜在罪犯的作案可能性、作案成功率以及作案后被抓获的概率，从而在耗费较低信息费用的条件下也能恰当地定罪量刑。

《刑法》第十七条为刑事处罚规定了年龄底线。不满十四周岁的未成年人无论触犯了哪条刑法都不承担刑事责任。刑法如此规定的理由是，年龄太小的人几乎不具备实施任何犯罪的能力，免除他们的刑事责任并不会导致犯罪数量明显增加；当年龄本身成为无法跨越的职业门槛的时候，其他阻止犯罪的措施就是社会资源的浪费。此外，如果年龄太小（不满十四周岁），其心智就不会成熟到能够理解刑法这一精致激励机制的程度，不可能像心智健全的成年人那样冷静考虑其行为的全部成本和收益（包括预期惩罚成本），因而，在这些未成年人那里（如同在精神病人那里一样），刑罚的威慑效果几乎丧失殆尽。相比之下，年满十四周岁而未满十六周岁的未成年人略有不同。除了心智趋于成熟之外，更重要的变化是他们已经拥有了从事低技术含量犯罪（杀人、重伤、强奸、抢劫、放火、贩毒、爆炸、投毒等）的能力。在这些犯罪的职业门槛消失之后，阻止犯罪的刑事处罚就必须及时跟进。

中国古代的法律制度还曾经尝试免除超过一定年龄的老人犯罪的刑事责任，这也不难理解，在智力型犯罪十分罕见的社会里，衰老到一定程度的人很难保持从事体力型犯罪所需要的体能；对于这些老人来说，免除处罚充其量只会产生一种微弱的犯罪激励，但对于国家来说，却会因此节省一笔可观的财政支出。相比之下，现代国家就明显缺乏这种自信，因为随着智力型犯罪的花样翻新，因衰老而导致体能下降甚至某些肢体功能丧失并不构成难以跨越的职业门槛。即使不能免除处罚，但可以对老人犯罪（如同对未成年人犯罪、盲人犯罪以及聋哑人犯罪一样）降低处罚的严厉程度，原因如上所述，作案成功率的降低意味着犯罪预期损失的减少，而抓获概率的上升则可以节省警方的侦查成本。

身份和年龄一样会成为某些犯罪的职业门槛，不具备某种身份的人自然没有从事相应犯罪的机会和能力；对于这些犯罪而言，简单地识别身份就可以大大缩小侦查的范围。身份的另一经济学功能是可以借此推测犯罪损失的轻重。比如，较之一般国家机关工作人员叛逃，掌握国家秘密的国家工作人员叛逃更可能危害国家安全，因此需要对后者从重处罚。此外，国家工作人员利用职务便利侵占本单位财物就构成贪污罪，而非国家工作人员实施同样行为则只构成职务侵占罪。通过对后一种犯罪规定较轻的处罚，刑法含蓄地表明了非国有资产并没有受到与国有资产同等程度的刑法保护。这么做是有理由的，与非国有资产相比，国有资产通常更容易被拥有职务便利的相关人员非法侵占。在这里，刑法表面上是区分犯罪的主体，实际上则是区分犯罪的受害人。

11.5.2 受害人

对于那些更容易受到伤害的受害人，或者一旦受到伤害就会造成更大损失的受害人，刑法会通过对罪犯规定更严厉的惩罚来对其施加特殊的保护。如果刑法对所有强奸受害人一视同仁，那么防卫能力较弱的幼女就更容易成为潜在罪犯的作案目标。因此，无论在作案成本更低、作案成功率更高的意义上，还是在一旦作案成功就会造成更大损失的意义上，刑法都需要对奸淫幼女的犯罪规定更为严厉的惩罚。此外，与奸淫幼女的“机会型”罪犯略有不同，对“偏好型”罪犯从重处罚还隐含了额外的经济学理由，即在惩罚相当于给犯罪“定价”的逻辑下，对更重视犯罪价值的罪犯理应规定更高的“价格”。

此外，刑法对盗窃金融机构也规定了比一般盗窃更严厉的惩罚。这是因为，金融机构储存大量现金、票证和其他贵重物品，属于可盗窃资产的价值密集区域，金融机构失窃所造成的损失远非一般企事业单位或公民个人能比。基于这个逻辑，如果闯入金融机构的罪犯对现金和票证秋毫无犯，只是偷走了一辆汽车，法庭就不会将其以盗窃金融机构论处。此外，金融机构的防盗设施通常会比一般企事业单位更加严密，这就为作案技术平平的罪犯设置了职业门槛；瞄准金融机构的罪犯通常掌握高超的作案技术，而刑法的经济学逻辑则要求将更严厉的惩罚施加于作案技术高超的罪犯。

有时，犯罪可能起因于受害人的过错（车主忘记锁车导致车辆被盗，或者受害人挑衅导致暴力犯罪）。如果受害人有过错，并且受害人的过错客观上是犯罪发生或罪行加重的必备条件，那么法庭就可以对罪犯处以较轻的惩罚。这不是因为受害人的过错可以“抵消”一部分罪犯的过错（尽管直觉上如此），而是因为，在犯罪的数量更多取决于受害人过错发生频率的时候，减轻处罚并不会导致犯罪数量的明显增加。如果过错的发生是偶然，则犯罪的发生也是偶然。假设受害人过错数量的增加导致了犯罪数量的增加，由于犯罪数量的增加会提高受害人发生过错的成本，因此迫使受害人为避免过错追加支出，而这会减少过错的数量，进而又减少了犯罪的数量。

11.5.3 作案地点、作案时间和作案方式

作案地点和时间的经济学功能是它们可以指示犯罪的损失。同样的犯罪行为会仅仅因为作案地点或时间不同就会造成不同的损失，特定的作案地点或时间因此可能被规定从重处罚的情节，甚至可能被规定为区分罪与非罪的依据。由于入室盗窃在被受害人发觉之后很可能转化为入室抢劫，所以法律对入室盗窃规定了比一般盗窃更为严厉的惩罚。此外，发生在公共场所的强奸妇女、强制猥亵或侮辱妇女、聚众斗殴或寻衅滋事等犯罪行为也会

因其特定的作案场所而受到更为严厉的惩罚。

发生于 2007 年的梁丽案提出了在特定场所"拾金而昧"的法律定性问题。在该案中，梁丽"拾金而昧"的行为之所以引起争议，其关键因素就是其拾金的特定场所。倘若有人把贵重物品遗失在街道上或公园里，则"拾金而昧"者肯定不会构成任何犯罪，因为失主找回其遗失物的希望原本就十分渺茫，遗失物基本上可以被视为物主的沉没成本，"拾金而昧"并没有明显加大物主的损失。然而，梁丽案的特殊之处却在于，物主丢失财物的地点不是街道或公园，而是监控严密的机场。机场内部设有多处监控录像，机场工作人员以及乘客都有明确的身份记录，并且机场内部还设有失物招领处。在这样的环境中，梁丽找到物主并不困难（可以通过机场广播），物主找回遗失物的可能性也很大，这就意味着机场内部的遗失物不能被视为物主的沉没成本。而梁丽"拾金而昧"无疑在很大程度上降低了物归原主的概率，因而会给物主带来明显的私人成本。不仅如此，由于物主不可能自行"侦破"案件找回其财物，所以他无法依靠民事程序获得救济。当失主报案、警方介入的时候，梁丽的"拾金"行为就产生了社会成本。

从罪犯的作案方式可以推测犯罪的成功率、犯罪的实际损失、逃脱惩罚的概率以及犯罪的投入产出比。显然，刑法的经济学逻辑要求对使用更有效率或更难以被抓获的作案手段的罪犯处以更严厉的惩罚，增加的惩罚必须足以让罪犯改进作案方式的举措变得不划算。除了事后增加威慑之外，法律还会通过事先的管制来增加潜在罪犯改进作案方式的成本。着眼于此，传授犯罪方法被规定为犯罪，枪支、弹药、刀具以及其他一些危险物品也受到法律的严格管制。

发生于 2006 年的许霆案提供了一个作案方式影响量刑的最优样本。在该案中，罪犯（许霆）使用自己的储蓄卡从发生故障的自动取款机上恶意支取现金的行为最终被认定为盗窃金融机构且数额特别巨大，但法庭之所以决定适用《刑法》第六十三条规定的减轻处罚情节（减轻处罚意味着可低于法定的量刑最低标准），原因就在于许霆的作案方式与众不同。首先，自动取款机发生故障的概率极低，从事先看来，采取这种作案方式的犯罪成功率趋近于零；其次，使用自己的储蓄卡以及自己设定的账户密码，很容易被银行电子系统全面记录其犯罪过程，从而使得类似案件的破案率趋近于百分之百。倘若盗窃金融机构的罪犯都采取许霆的作案方式，司法机关就要额手称庆了。

11.6　一般预防和个别预防

传统刑法学理论将刑罚的目标概括为"一般预防"和"个别预防"。"一般预防"就是威慑（deterrence）。威慑理论描述了惩罚相当于给犯罪定价的观念，这种观念的灵感来自微观经济学上的价格理论。与提高商品价格会抑制人们对这种商品的需求一样，增加对犯罪的预期惩罚成本就会减少这种犯罪的数量。但若把刑罚的目标仅仅确定为威慑，刑事法律制度的许多特征就成为不解之谜。为什么在罪犯有能力支付高额罚金的情况下还要对他处以监禁？为什么在罪犯没有造成实际损害的情况下（犯罪预备和犯罪未遂）仍然要对他施加惩罚？为什么要对累犯从重处罚？为什么在装扮成吸毒者的警察向毒品商购买毒品时可以将毒品商现场抓获并可以以非法销售毒品罪对其提起公诉？对这些问题的一个合理解释是：如果可以合乎情理地预测到，某些人若不被监禁，就肯定会将犯罪继续下去，那么就有理由通过监禁（或死刑）以剥夺其犯罪能力，即便他尚未真正实施犯罪，或者即便他能够支付相当于监禁损失的罚金。除威慑之外，剥夺罪犯的犯罪能力（incapacitation）是刑罚（尤其是监禁）的另一个目标，传统刑法学将这个目标非常恰当地称为“个别预防”。刑罚的两个目标发生冲突的更为常见的情形是，法律不会放过那些从“个别预防”的角度来看无须处罚的罪犯（真心忏悔不是免责的理由）。这毫不奇怪，威慑理论要求国家必须保持惩罚犯罪的信用，这与企业为了积累良好商业信誉而决定履行一份没有任何收益的合同是一样的道理。

11.6.1 悔改

对那些已经真心悔改的罪犯从轻处罚并不缺乏经济学的理由。首先，悔改是一种自我惩罚，因此可以抵消一部分公共惩罚（相反的情形是，一个人自卖自夸就会减损其实际获得的社会赞誉，因为社会给予的奖励会自动扣除他自我奖励的那一部分）。但更重要的理由是，真心悔改的罪犯不太可能继续犯罪；因而，仅就满足个别预防的需要而言，监禁（或继续监禁）这些罪犯已经没有必要了。然而，忏悔（如同认识错误一样）是可以伪装的，法庭很难辨别罪犯的忏悔是否出自真心。对于那些善于表演的潜在罪犯来说，悔改导致的从轻处罚会明显降低他们实施犯罪的预期成本。因而，如果法庭承认悔改是一个有效抗辩，则不仅会削弱刑罚的威慑效果，还会激励控辩双方围绕这个情节大做文章，并因此提高刑事司法程序的成本。正因如此，“确有悔改表现”从来不是从轻处罚的法定情节，它只是减刑和假释的必要条件。

11.6.2 假释与缓刑

如果可以合乎情理地确信，即便释放某人，这个人也不会继续犯罪，我们是否可以提前释放他呢？刑法中的缓刑制度和假释制度对这种情况作出了回应。缓刑和假释只适用于那些释放后不会继续犯罪的罪犯（显然，累犯不在缓刑和假释的范围之内），这与刑法的个别预防目标相协调。与许多罪犯一旦被监禁就几乎永久性地丧失了继续从事这种犯罪的能力和机会（例如渎职、贪污或受贿在剥夺职务的情况下）不同，暴力罪犯却不会因较短的刑期而丧失继续犯罪的能力，所以毫不奇怪，缓刑和假释都不适用于严重的暴力犯罪。如果刑罚的目标仅仅着眼于剥夺犯罪能力，那么一个被判处 15 年监禁的罪犯在服刑 1 年后如果被确信释放后不会再次犯罪就应当被假释，但这与刑罚的威慑目标相冲突。作为缓解刑罚两个目标之间冲突的一个妥协方案，缓刑只适用于危害较小的犯罪，假释也被规定了严格的服刑期限（《刑法》第八十一条规定，被判处有期徒刑的犯罪分子，执行原判刑期二分之一以上，被判处无期徒刑的犯罪分子，实际执行十三年以上，才可以被假释）。

11.6.3 无实际危害结果的犯罪

某人企图抢劫银行，但在还没有造成危害结果的时候就被银行警卫抓获了。显然，如果他不被抓获，就一定会继续实施犯罪直至成功。监禁未遂犯和预备犯的主要目的就是阻止他们继续实施犯罪，而不是威慑他人。与预备和未遂不同，犯罪中止如果没有造成实际损害就应当被免除处罚，这与个别预防的逻辑也恰好吻合，当某人已经自动打消犯罪意图的时候，通过刑罚来阻止他继续犯罪就是多余的了。类似地，如果某人仅仅表达了犯罪意图而没有为采取任何实际行动，就不被视为预备或未遂，因为与预备犯和未遂犯相比，他实施犯罪的概率要低得多，因此产生很高的错误成本。

为什么对未遂犯和预备犯的惩罚不像对既遂犯那样严厉？一个直觉性的回答是，被告造成的损害比他完成犯罪所造成的损害要小，但这个理由不充分，因为对被告减轻处罚不是比照他完成犯罪时所应受的处罚（这是不可知的），而是比照一般的既遂犯减轻处罚。当然，通常情况下，被告造成的损害确实比一般既遂犯造成的损害要小，这一概率性事实可以构成对被告减轻处罚的理由，但其目的是使错判成本最小化（因为的确存在一种较小的可能性是，被告造成的损害比一般既遂犯造成的损害要大）。对未遂犯和预备犯减轻处罚的另一个理由是企图激励罪犯在最后时刻改变主意，这是刑罚边际威慑力的一种形式。

那些不以危害结果的实际发生为既遂要件的犯罪被称为"危险犯"。就危害结果尚未发生就被处罚而言，危险犯的法律处境与未遂犯相似，但惩罚危险犯的逻辑与惩罚未遂犯不同。危险驾驶不见得一定发生车祸，但车祸一旦发生，就可能会造成巨额社会损失；尽管禁止危险驾驶也会产生社会成本——包括执法成本、驾驶人受罚成本、危险驾驶的替代成本以及执法失误的成本，但即使将这些成本加总，也必定会小于车祸的预期损失（相当于车祸实际损失与醉驾引发车祸概率的乘积）。惩罚危险犯罪的制度是防止危险转化为灾难的事先管制措施。这个制度的合理性还在于其尽可能使惩罚摆脱了罪犯支付能力的限制：事后管制的惩罚依据是事故的实际损失，而事先管制的惩罚依据则是预期事故损失，后者是一个比前者小得多的数目。

11.6.4 精神病人与生理醉酒

对于那些不能辨认或不能控制自己行为的精神病人而言，刑罚不会产生任何威慑效果；如果刑罚仅仅着眼于威慑，惩罚精神病人就纯粹是社会资源的浪费。但从个别预防的角度看，对于那些人身危险性很高的罪犯，恐怕只有死刑、监禁或类似于监禁的强制措施才能阻止其继续实施犯罪（精神病人，尤其是具有暴力倾向的精神分裂症患者的人身危险性可能会高于大多数心智正常的潜在暴力罪犯）。对待精神病人犯罪的两难选择反映了刑罚的一般预防和个别预防之间的激烈冲突，刑法偏向于哪个维度在很大程度上取决于国家支付能力和经济发展水平。古代社会之所以通常不会免除精神病人的刑事责任，不是因为古代社会惨无人道，而是因为其政府财政无力承担强制医疗所需要的巨额开支。事实上，即使现代政府有能力对精神病人进行强制医疗，精神病抗辩也会因下列因素受到诸多限制：(1) 监禁精神病人能以远低于强制医疗的成本阻止精神病人的暴力事件，并且，监禁精神病人不会像监禁其他人那样会严重削弱其劳动能力；(2) 精神病抗辩会显著增加刑事司法程序的成本；(3) 精神病抗辩的存在会导致一些罪犯通过伪装精神病人来逃脱惩罚，并且，虚假鉴定也为鉴定机构的权力寻租提供了机会。

尽管醉酒会使人意识模糊（这一点与精神病相似），但醉酒从不被视为一个有效的抗辩。醉酒与精神病的关键区别是前者是可威慑的：人们可以选择过量饮酒，但不能选择成为一个精神病人，因而，与惩罚精神病人的暴力行为不同，惩罚醉酒者的伤害行为，不仅可以阻止其伤害行为，还可以阻止其过量饮酒；如果法庭因被告醉酒而对其减轻处罚，潜在的罪犯就会为争取可能的减刑而在犯罪前大量饮酒（这将使判决产生一种很坏的激励）。此外，如果法庭承认醉酒是一种有效的抗辩，控方和法庭就要被迫处理刑事被告人的醉酒程度问题（检测被告人的饮酒量以及他对酒精的生理反应)，这将耗费高昂的信息成本。

11.6.5 累犯

对累犯从重处罚通常只被适用于刑罚为监禁的情况。从个别预防的角度看，与延长监禁初犯相比，延长监禁累犯能阻止更多的犯罪。累犯的行为记录表明了累犯具有更为强烈的犯罪偏好，他们更加重视犯罪的价值，在这个意义上对累犯从重处罚就类似于商业领域中的“价格歧视”——谁更重视犯罪的价值，谁就应当为犯罪支付更高的价钱。同样的理由使得过失犯罪不会因成为累犯而被从重处罚。此外，一般来说，较之初犯，累犯的犯罪技术更加娴熟，犯罪成功率更高，作案后更难以被抓获，更容易适应监狱的生活，在以上几点上——致力于补充刑罚的威慑效果——都要求将累犯从重处罚，尤其是，监禁的耻辱效应会边际递减，对于曾经被监禁过的累犯来说，再进一次监狱的耻辱感肯定大大淡化了。对累犯从重处罚还有一个理由，由于判决不能保证百分之百正确，提高惩罚的严厉程度必然会减少错判的成本，但累犯的行为记录表明对累犯从重处罚只会产生较小的错判风险。

11.7 犯罪的宏观经济学

犯罪的宏观经济学主要考察各种宏观经济因素对犯罪及犯罪率的影响。这些研究主要是从20世纪80年代后以计量分析为主要手段逐渐展开的，如今已经深入研究了失业、劳动力市场、收入分配不平等、教育、人口因素、经济增长、城市化、经济周期等对犯罪率的影响，在某些方面达成了一定的共识，但就总体而言，这些研究都还有待继续深化。除了上述内容外，学界也关注了犯罪对经济和其他宏观变量的影响，但这方面的研究还比较缺乏。

11.7.1 影响犯罪率的各种经济因素

1. 失业

失业率是宏观经济的重要指标之一，失业不仅影响到一国的经济增长，而且也可能影响犯罪率水平。失业意味着收入减少，收入减少可能会导致失业者家庭陷入贫困。贫困将会导致一系列的社会问题，其中之一便是可能导致犯罪率的上升。一是生活拮据，需要获取收入，二是失业者失业后的时间变得相对而言更不稀缺，进行犯罪的机会成本下降。一个人处在就业状态从事犯罪活动的机会成本相对较高，但在失业状态下犯罪的机会成本大大减少，由此可能促使犯罪率上升。并且失业还可能引起失业者对社会不满等问题，从而可能导致犯罪率上升。大量的实证研究也表明，失业与犯罪存在着正相关关系。①

2. 劳动力市场环境

劳动力市场环境与失业问题是密切相关的。失业率常常可以用来衡量一个国家劳动力

---

① 这方面的文献很多，代表性的研究如 Richard B. Freeman (1996), “Crime and the Job Market”, National Bureau of Economic Research Working Paper No. 4910, Cambridge MA; Raphael, Steven and Rudolf Winter-Ebmer (2001), “Identifying the Effect of Unemployment on Crime”, *Journal of Law and Economics*, 44, pp. 259-283.

市场环境的好坏。失业率越低，表明劳动力市场所提供的合法就业机会越多，劳动力市场环境越好。但是劳动力市场的好坏不仅反映在它能够提供多少就业机会上，也反映在工资水平上。合法劳动力市场的工资水平越高，表明劳动者从合法就业机会中获得的收入越高，这意味着将时间更多地配置在合法劳动上的收益也越高，如果在合法的工作中所能够获得的收入超过从非法活动中所获得的收益，则劳动者更愿意将时间资源配置在合法活动上，这将减少一个国家或地区的犯罪率。而且，劳动力市场的工资水平高低也代表了犯罪的机会成本，工资水平越高，则劳动者从事非法活动的机会成本越高，因而无论用劳动机会还是工资水平来反映劳动力市场环境，都能够得出劳动力市场环境的改善能够减少犯罪的结论。对劳动力市场环境和犯罪率之间的实证研究也表明，更多的合法劳动机会和更高的工资水平能够有效减少犯罪。①

3. 收入分配不平等

如前所述，犯罪的经济理论认为犯罪是一种经过了理性算计的行为，在不平等程度比较高的地区或国家，穷人从事合法活动的收益较低，因而其犯罪的机会成本低，而同时由于收入分配的不平等，富人的财富对穷人来说形成了巨大的吸引力，如果穷人将时间更多地配置在非法活动上，其收益可能会更高，因此收入分配的不平等鼓励了穷人将从事更多的犯罪活动。② Fleisher（1966）首次研究了收入不平等与不良行为之间的关系，发现收入分配不平等对犯罪有重要的影响③，实证研究一般也都强烈支持收入不平等导致犯罪率上升的观点。④ 有的学者甚至总结认为经济不平等与杀人犯罪之间具有正相关关系是犯罪学中最稳固的结论之一。⑤

4. 教育

现代经济学表明，教育对于人力资本形成及经济增长都有重要影响。教育不仅影响经济增长，而且从多个方面影响人们的犯罪决策。一般而言，教育质量和数量的提高能够对抑制犯罪产生积极影响。一个人受到的教育越多，对自身的教育投资越多，其收入水平也基本上会越高，因此一个人所受到的教育越多将使其犯罪的机会成本越高，从而抑制犯罪；对于受过更高教育的人而言，其时间价值更高，因而对于同样水平的刑事监禁也会使他们有更高的机会成本，这进一步抑制了犯罪；对于有过更好的教育投资、人力资本积累

① 代表性的文献如 Joanne M. Doyle，Ahmed，Ehsan，and Robert N. Horn(1999)，"The Effects of Labor Markets and Income Inequality on Crime：Evidence from Panel Data"，*Southern Economic Journal*，65，pp. 717－738；Gould，Eric，Bruce Weinberg，and David B. Mustard (2002). "Crime Rates and Local Labor Market Opportunities in the United States：1977—1997"，*Review of Economics and Statistics*，84 (1)，pp. 45－61.

② 收入分配不平等与犯罪的关系早已引起了社会学家的重视并进行了相关的研究，社会学的紧张理论（strain theory）和社会瓦解理论（social disorganization theory）都与此有关。紧张理论认为，如果一个人周围的人都比他相对更为成功，那么这个人会感到一种挫败感，产生一种压力和不满，并可能越来越被社会所疏远，这种不平等状况越严重，则这种紧张状态越严重，地位的不公平感导致穷人更可能通过犯罪来提高自身满足度，由此可能引致低地位的人犯罪。社会瓦解理论认为犯罪出现在社会控制能力弱化的时候，而使得社会控制能力弱化的因素包括贫困、种族差异、居住的流动性和家庭稳定性等，收入分配和贫困密切相关，由此影响犯罪。

③ Belton M. Fleisher(1966)，"The Effect of Income on Delinquency"，*The American Economic Review*，56，pp. 118－137.

④ 代表性的文献如 I. Ehrlich (1973)，"Participation in Illegitimate Activities：A Theoretical and Empirical Investigation"，*The Journal of Political Economy*，81/3，pp. 521－565. Fajnzylber，D. Lederman，and N. Loayza (1998)，"Determinants of Crime Rates in Latin America and the World"，World Bank Latin American and Caribbean Viewpoint Series Paper.

⑤ 沃尔德，等. 理论犯罪学. 北京：中国政法大学出版社，2005.

较高的人来说，他们能够从合法活动中获得可观的收入，失业可能性更小，因而他们会将更多的时间资源配置到合法活动中，从事犯罪活动的概率很小；教育水平的提高也能够改变人们的偏好，使人变得更为讲规则、民主、尊重他人等，因而不愿意从事非法活动。而且受过高水平教育的人可能有着体面的生活，一旦犯罪受到惩罚，会对他们的名誉、地位、心理等造成巨大的损失和伤害，这也能够抑制犯罪。

因此，从犯罪的理性决策逻辑来分析，一国教育水平的提高有助于减少犯罪。不过，对于特定种类的犯罪，受到教育水平影响的程度可能是不一样的。比如某些白领犯罪或计算机犯罪等，恰恰只有受到高等教育的人才可能进行。而且不同的教育层次对犯罪的影响可能也是不一样的，中等教育可能比高等教育对犯罪率的影响更大，因为中等教育的对象是青年人，他们如果不受教育走向社会所得到的控制会变得小得多，也容易受到犯罪思想的诱导。

5. 人口因素

人口因素对犯罪率有重要的影响。总人口的数量对犯罪总量会产生重大影响，人口密度也是影响犯罪率的因素之一。人口的性别结构失衡会直接引发很多社会问题，其中部分反映出来会影响犯罪率。种族和民族结构也是人口结构的重要方面，如果处理不得当，这些问题很可能带来更高的犯罪率，甚至一些国家因为民族或者种族问题而战火纷纷。

人口的年龄结构是人口的一个重要因素。全部人口中的年轻人比例越高，犯罪率可能越高。年轻人相对于成年人来说有更充沛的体力和健康的体魄，有着更充裕的时间，他们也更为叛逆和不遵循规矩；年轻人更多的是和伙伴在一起，所以他们更容易受到同伴的不良影响，乐意从事一些非法活动；年轻人收入水平低乃至于没有收入，因而犯罪的机会成本很小，更少担心家庭、地位、名誉等对他们的牵制。所以，一个国家年轻人占总人口的比例对于犯罪率将产生重大影响，实证研究也证实了人口结构对犯罪有重要影响。①

对于中国而言，人口流动是一个特别值得关注的因素。基于城乡的收入差距，中国的农村劳动力进入城市寻求更高的收入，但基于城乡分割和各种现实问题，他们大多无法真正在城市安身立命，造就了大量的流动人口。流动人口脱离了传统的乡村社会，因而传统社会中基于重复博弈和声誉机制的很多约束在城市中便消失了，他们受到的控制减小。而恰恰城市中的诱惑增多，且不平等体现得更加明显，他们有的受到了一些不公正待遇，加之人口的流动和城市的庞杂，这些都可能诱发流动人口的犯罪。

6. 经济增长、城市化

一国经济的持续增长意味着能够提供更多的就业机会，失业率更低，由此能够减少犯罪；同时，经济增长可能带来人们收入的增加和福利状况的改善，减少犯罪意愿。实证研究发现，经济的景气确实能够影响犯罪。在经济繁荣时犯罪率更低，在经济衰退时犯罪率更高。② 不过，经济增长也可能会带来犯罪的增加，经济增长使得社会财富增加，由此可能为犯罪尤其是财产犯罪提供更多的机会，导致犯罪增加。

① J. Grogger (1998), "Market Wages and Youth Crime", *Journal of Labor Economics*, 16 (4), pp. 756-791.

② P. Fajnzylber, D. Lederman, and N. Loayza (2002), "Inequality and Violent Crime", *Journal of Law and Economics*, 45, pp. 1-40.

一个国家的经济增长常常伴随着城市化程度的提高，而城市化对于一国的犯罪率常常有着很直接的影响。城市化的提高使得生活在城市的人口增多，由此导致相对而言更低的被逮捕率和被识别（recognition）率，这会降低犯罪的预期成本，因而鼓励了犯罪，同时，城市中可能有着更多的犯罪机会和更高的犯罪预期收益，由此吸引了更多的人到城市犯罪。结果是在城市中有着更多的犯罪。①

7. 经济周期

各国经济发展的实践表明，经济不可能一直增长或者一直衰退，经济发展从来都是有扩张繁荣，也有衰退危机，经济发展是有周期性的。那么犯罪率是否也会随着经济的繁荣和衰退而相应地呈现出周期性变化呢？

当经济繁荣时，社会为人们提供了更多的合法就业机会，失业率降低，人们的收入水平相对更高，生活水平也得到提升，因而犯罪活动的机会成本相应提高了，由此能够减少犯罪。而且，当经济繁荣时，政府能够用于警察、司法活动的支出也可能增多，从而使得这些部门能够雇用更多的人员，使用更新的警力技术等，加大了对犯罪的威慑力度，进而减少犯罪。与此相对应，当经济衰退时，社会失业增多，收入水平下降，社会不安定因素增多，人们更可能从事非法活动，使得犯罪增多。

不过，经济繁荣也可能带来犯罪增加，因为经济繁荣为犯罪提供了更多的机会，而且，经济繁荣也可能鼓励了如毒品、酒精乃至枪支等物品的消费，而这些物品消费水平的上升常常可能引起更多的犯罪。因而，虽然有许多理由相信犯罪率可能会与经济增长一起呈现出周期性特征，但是这种关系在理论上似乎是无法确证的。相关的实证研究在这个问题上所得出的结论也是不一致的。有的研究发现在长期中经济活动与犯罪率具有相同的发展趋势②，有的则发现经济周期对犯罪的影响不是对称的③，有的甚至发现犯罪率是反周期的。④ 所以，还有待更多的实证研究来进一步确认犯罪率与经济周期的关系。

犯罪率不仅可能有周期性，还可能具有一种惯性（inertia）。⑤ 反映在计量模型上，滞后的犯罪率作为解释变量在回归模型中是显著的。过去的犯罪率和今后的犯罪率保持着一种惯性，这对于犯罪率的预测是有帮助的。

8. 其他经济因素

其他经济因素也可能影响犯罪率，如通货膨胀、贫困、社会福利等。通货膨胀常常可能意味着社会的相对不稳定，容易引发犯罪。而贫困问题尤其可能引发财产犯罪，如果和严重的收入分配不平等联系在一起，则既会引发财产犯罪增多，也会导致暴力犯罪增多。

---

① 关于城市与犯罪的一个代表性研究见 Glaeser，L. Edward and Bruce Sacerdote（1999），“Why Is There More Crime in Cities?”，*Journal of Political Economy*，107，pp. S225-S258.

② Scorcu，E. Antonello and Cellini Roberto（1998），“Economic Activity and Crime in the Long Run：An Empirical Investigation on Aggregate Data from Italy，1951—1994”，*International Review of Law and Economics*，18，pp. 279-292.

③ Cook，J. Philip and Gary A. Zarkin（1985），“Crime and the Business Cycle”，*The Journal of Legal Studies*，14，pp. 115-128.

④ P. Fajnzylber，D. Lederman，and N. Loayza（2002），“What Causes Violent Crime?”，*European Economic Review*，46，pp. 1323-1357.

⑤ 发现犯罪率具有惯性的相关实证研究如 P. Fajnzylber，D. Lederman，and N. Loayza（1998），“Determinants of Crime Rates in Latin America and the World”，World Bank Latin American and Caribbean Viewpoint Series Paper.

良好的社会福利能够起到社会润滑的作用，缓和社会矛盾，减少犯罪。

11.7.2 犯罪对经济的影响

收入分配、失业、经济增长等宏观经济因素对犯罪会产生重要的影响，那么犯罪是否对经济增长等也产生相应的影响？这是犯罪的宏观经济学研究的另外一个问题，不过对这个问题的研究开展得不如前面的部分那么充分。在此类研究中，腐败对经济的影响受到了较为广泛的关注，这里我们也主要介绍腐败犯罪对经济发展的影响。

1. 腐败与经济增长

腐败对经济增长的影响最被文献和大众所关注，大量的研究者和研究机构都主张腐败不利于经济增长，但也有个别理论指出在一些情况下腐败可能促进经济增长。

早期有研究认为，腐败可以在一定程度上克服官僚主义，特别是腐败能够绕过政府的无效管制和各种过时的政策，由此提高了行政效率，进而促进资源的配置效率，从而有利于经济增长。① 后来这些思想进一步深化并形成了排队模型和拍卖模型。排队模型认为，政府官员对诸多的市场排队者发放许可证，有着更高时间价值的人不愿意等待，因而会通过贿赂来最小化时间成本，因而腐败最终类似于对时间成本进行了定价，通过贿赂的机制最终节约了那些时间价值高的人的时间成本而提高了效率。② 拍卖模型则认为，腐败类似于一个竞争性的密封拍卖，腐败本质上是通过拍卖的形式将稀缺资源配置给了对其评价最高的人，尽管拍卖收入被官员收入囊中，但这不妨碍资源配置的结果是有效率的。③

当然，有着大量的反对理由和证据强调腐败不利于经济增长，并且也有着诸多的实证研究发现腐败并不利于经济增长。认为腐败不利于经济增长的理由大致从投资、资源配置、寻租等几个方面展开，强调腐败就如同税收，而且是隐蔽的和不确定的，它的存在加大了私人企业的成本，进而会直接抑制私人投资。同时贿赂如果能够产生高收益，会导致企业将更多的资源用于贿赂和非生产性寻利活动，从而不利于经济增长，而且寻租所带来的社会成本以及扭曲的社会激励效应会导致更大的效率损失。④ 贿赂的高收益不仅会导致私人投资活动的扭曲，而且也会导致人力资本的扭曲配置，有才华的人才被有着更高收益的活动吸引，他们也更加愿意通过寻租活动而非生产活动而获利，甚至导致部分商业精英脱离商业活动而进入政府部门。腐败的存在不仅会对国内投资活动产生负面影响，对国外投资的影响机制也如国内投资一般，会抑制国外资本的进入。

在经验研究方面，多数文献发现腐败阻碍了经济增长。但是也有个别文献也发现，腐败可能不仅没有阻碍经济增长，甚至与经济增长呈正相关关系。⑤ 这是因为这些国家的一

---

① N. H. Leff (1964), "Economic Development through Bureaucratic Corruption", *The American Behavioral Scientists*, 8 (3): 8-14.

② F. T. Lui (1985), "An Equilibrium Queuing Model of Bribery", *Journal of Political Economy*, 93 (4): 760-781.

③ P. J. Beck and M. W. Mather (1986), "A Comparison of Bribery and Bidding in Thin Markets", *Economic Letters*, 20 (1): 1-5.

④ Andrei Shleifer and Robert W. Vishny (1993), "Corruption", *Quarterly Journal of Economics*, 108 (3): 599-617; K. M. Murphy, A. Shleifer, and R. W. Vishny (1991), "The Allocation of Talent: Implications for Growth", *Quarterly Journal of Economics*, 106 (2): 503-530.

⑤ M. T. Rock and H. Bonnett (2004), "The Comparative Politics of Corruption: Accounting for the East Asian Paradox in Empirical Studies of Corruption, Growth and Investment", *World Development*, 32 (6): 999-1017.

些特殊情况可能使得腐败的负面效应被抑制，而积极作用却进一步显现。在政府无效管制较多，或者产权与契约保护不力的国家中，腐败可能绕过了无效管制而改进效率，促进经济增长。同时此时腐败也可能为投资者提供更好的产权与契约保护，从而为投资和经济活动创造更好的基础环境，带来经济绩效的提升。

2. 犯罪的其他影响

腐败犯罪不仅会对经济增长本身产生影响，也会对收入分配产生直接影响。腐败是官员利用了公共权力进行寻租，这种寻租行为在多数情况下不具有改善效率的作用，只是一种财富的再分配而已。并且这种财富的再分配也显然是不公平的，拉大了收入差距。同时腐败通过扭曲税收制度、改变对穷人有利的公共计划、阻碍经济增长、维持或促进垄断、增加要素积累的不确定性等等途径导致收入差距进一步扩大。目前，有大量文献对此进行了经验研究。在国内也有文献关注这个问题，总的结论是趋于一致的，即中国的腐败进一步恶化了收入分配。①

少量的文献考察了犯罪的劳动经济学，发现犯罪会影响一个人未来的就业机会和工资收入水平。犯过罪的人除非其被判刑的信息未被公开，否则犯罪记录将会使得其就业机会减少，即使得到雇用，也可能只得到相对较低的工资。② 尤其是被监禁很久的犯罪人，他们在监狱中容易脱离社会，而且被贴上了“罪犯”的标签，很不受雇主的青睐，这些人中间的少部分甚至因此重新走上犯罪的道路。

还有一些文献关注了犯罪对幸福感的影响。一个人周边的犯罪状况会对个人的生活产生或多或少的影响，暴力犯罪让人恐惧，财产犯罪也让人不安。犯罪被害人因为犯罪而对其主观幸福感产生负面影响。③ 当然，不同国家、不同种类的犯罪以及不同性别的人可能对此的感受会存在一定的差异。④

习　题

1. 简述传统刑法学理论及其不足。
2. 理性犯罪理论的主要内容是什么？
3. 简述犯罪的成本和收益。
4. 影响犯罪的因素有哪些？
5. 阐述刑罚威慑理论。
6. 为什么说剥夺犯罪能力也是刑罚的一个重要目标？

---

① 陈宗胜，周云波．非法非正常收入对居民收入差别的影响及其经济学解释．经济研究，2001（4）；王小鲁．我国的灰色收入与居民收入差距．比较，2007（31）；陈刚，李树．中国的腐败、收入分配和收入差距．经济科学，2010（2）．

② Richard B. Freeman（1996），“Crime and the Job Market”，National Bureau of Economic Research Working Paper No. 4910，Cambridge MA.

③ Masanori Kuroki（2013），“Crime Victimization and Subjective Well-Being：Evidence from Happiness Data”，*Journal of Happiness Studies*，14（3）：783-794.

④ Davies，Simon，and Tim Hinks（2010），“Crime and Happiness Amongst Heads of Households in Malawi”，*Journal of Happiness Studies*，11（4）：457-476.

推荐阅读书目

1. 贝克尔. 人类行为的经济分析. 上海：上海人民出版社，2008.
2. 罗伯特·考特，托马斯·尤伦. 法和经济学（第三版）. 上海：上海财经大学出版社，2002.

案例分析

许霆盗窃金融机构案

2006 年 4 月 21 日晚，在广州打工的青年许霆到该市天河区某处商业银行 ATM 取款时，无意发现 ATM 出现异常——能够超出账户余额取款却不能如实扣账。许霆遂利用自己不具备透支功能、余额为 176.97 元的银行卡在该 ATM 指令取款 175 次，共计取款 17.5 万元。4 月 24 日下午，许霆携款逃匿。广州市商业银行发现许霆账户交易异常后，经多方联系许霆及其亲属，要求退还款项未果，遂向公安机关报案。2007 年 5 月 22 日，许霆在陕西省宝鸡市被抓获归案；10 月 15 日，广州市人民检察院指控被告人许霆犯盗窃罪并提起公诉；11 月 20 日，广州市中级人民法院一审判处许霆无期徒刑。被告人许霆提出上诉，广东省高级人民法院于 2008 年 1 月 9 日裁定撤销原判，发回重审。3 月 31 日，广州市中级人民法院作出重审判决，判处许霆有期徒刑 5 年，并处罚金 2 万元，追缴被告人许霆的犯罪所得 173 826 元①，发还受害单位。该判决将于报请最高人民法院核准后生效。②

【问题】

为什么应该对许霆减轻处罚？

【分析】

在许霆案中，“公开取款”的方式也可以作为对其从轻或减轻处罚的理由，监控录像以及 ATM 的取款记录大大降低了警方的侦察成本；倘若所有盗窃金融机构的潜在罪犯都效仿许霆的作案方式，司法机关就要额手称庆了，如此作案的破案率几乎可以达到百分之百。事实上，在警方介入之前，作为受害人的银行就已经独立“侦破”了案件。根据本章介绍的法律经济学的理论，刑罚的威慑效果相当于惩罚概率和惩罚严厉程度的乘积，因而，如果一种犯罪的破案率很高，那么即使减轻处罚也能使刑罚的威慑效果保持稳定。

此外，ATM 发生故障的概率极低，利用 ATM 故障而实施盗窃的作案方式几近于守株待兔，许霆作案成功只是一系列巧合的结果。这种情形所产生的经济学效果是，即使对许霆减轻处罚，也不会导致类似犯罪数量的明显增加。哪怕许霆被当庭释放，想必他在余

① 法院计算许霆犯罪所得的依据是：许霆指令取款 175 次，共计取款 175 000 元，扣除第一次取款 1 000 元（属于不当得利），再扣除许霆指令取款应得的 174 元，最后的得数是 173 826 元。但在笔者看来，这个计算方式略有不当，许霆指令取款应得的 174 元应看作他为实现犯罪所得的作案支出，而在计算犯罪所得时不应将该作案支出扣除，因此许霆的犯罪所得应被计算为 174 000 元。

② 参见广东省广州市中级人民法院［2008］穗中法刑二重字第 2 号刑事判决书。

生也多半不会再次犯下类似罪行；即使他还想那么做，他也不大可能再有过去的机会了。刑罚的主要目标就是威慑，即通过惩罚当下的犯罪而阻止未来的犯罪；刑罚的另一个目标是剥夺罪犯的犯罪能力，这通常需要采取监禁和死刑的方式来实现。无论着眼于哪个目标，对许霆处以严厉的刑罚都没有太大必要。惩罚需要国家的投资，但国家的惩罚资源却不是无限可取的。受公共预算的约束，理性的法律决策者会把更多资源投入产生更大惩罚收益的地方。为什么通过破坏ATM的方式盗取现金就要受到更严厉的惩罚？一个最重要的经济学理由是，把同等数量的惩罚资源投入这种犯罪，可以“购买”到一个更大的犯罪减量。

第十二章

公司法的经济分析

12.1　公司与公司法概述

12.1.1　公司的概念及其特征

在汉语中，“公”含有无私、共同的意思，“司”则是指主持、管理，二者合在一起就是众人无私地从事或者主持其共同事务的意思。这是“公司”二字的字面意思。现代社会中的公司是依法设立的，以营利为目的的企业组织。虽然由于各国法律传统和公司法律制度的不同，公司的概念表述不尽一致，但大都认可现代的公司具有法定性、法人性和有限责任性这三个特性。

第一，法定性。所谓法定性是指企业组织的类型、设立等都由法律事先规定。公司是当今社会一种重要的企业组织形式，对市场经济甚至整个社会的发展起着重要的推动作用。公司的具体类型、设立程序以及内部结构安排等都由相应的公司法律制度予以规定，设立者必须遵照相应的法律规定。

第二，法人性。公司是法人，具有独立的法律人格，这是公司最重要、最基本的法律特征。法人是由法律规定的具有独立的民事权利能力、民事行为能力的组织。公司的法人性具体体现为：公司拥有自己的财产，能够以自己的名义享受权利与承担义务。公司的财产来自股东的投资，股东一旦将投资的财产移交给公司，所有权便归于公司。公司以自己的名义拥有财产，是公司行使权利、承担责任的物质基础。公司与股东在法律地位上相分离，股东不直接参与经营管理，公司以自己的名义订立合同、起诉、应诉，由专门的管理人员来管理公司。公司独立的法人人格，不仅大大减少了投资者的风险，更有利于资本的集中与管理的专业化。

第三，有限责任性。公司的法人性确立了公司对于公司债务的无限责任，即公司以其自身全部财产承担责任。股东的财产与公司的财产相分离，股东只以自己认缴的出资额或认购的股份为限承担责任。所谓有限责任是针对股东而言的，有限责任制的确立降低了投资者的风险，大大刺激了资本持有者的投资积极性。但是，法人性和有限责任性也给投机者带来了很多机会，为了防止利用公司进行不法行为，很多国家公司法规定了“揭开公司面纱”制度，也称为“公司法人人格否认”制度，即当股东有利用公司损害公司或其他股东利益的情形，受害人可以依法直接追究股东的责任，而不是由公司承担责任。

相较于合伙企业、个人独资企业等其他企业形式，公司的这些基本特性凸显了公司作为一种高级商事组织形式在吸收资本方面的优势，但同时也对公司的风险控制提出了更大的挑战。各国的公司法律制度无不在平衡这两者之间的关系上努力协调，由此构成了公司法的基本主线。

12.1.2　公司法的基本内容

公司是营利性的企业法人组织。首先，公司的首要目标是追求营利，具有营利性质。其次，公司具有社会性，是社会基本的经济组织。公司的营利性与社会性之间的规范和协调是公司法的一个重要内容。所谓公司法是指调整公司的设立、组织、管理与终止的法律、法规的总称。从法律条文来看，广义的公司法包括公司法以及证券法、破产法等相关法律。本章分析的主要对象是我国的公司法，是对《中华人民共和国公司法》（简称《公司法》）本身的规定予以分析。

公司法一方面要鼓励投资，促进契约的达成，有利于公司的设立；另一方面要保障利益相关者的利益，防范公司制度给他人、社会带来不当的损失。公司法的基本内容主要包括公司的设立、资本制度、内部治理结构与外部关系，为实现公司的基本制度安排——有限责任、资本联合与两权分离设定法律支持，形成了特定的治理安排。在有限责任下，股份公司在财产权利结构上产生了质的飞跃，单个资本发展成为联合资本。资本财产的所有权与经营权分离，为生产力的发展提供了更大的空间；而股份公司的股东不再亲自参与公司的日常管理，为减少管理层的机会主义行为，股东会、董事会、监事会、独立董事等制度作为相互制衡的治理安排而出现。公司法鼓励投资提高效率的同时，也强调保护各方利益，实现利益均衡，因此立法在寻求平衡时往往要考量立法的背景、社会经济发展状况，所以公司法的发展相比其他法律更具动态平衡性。

我国第一部严格意义上的公司法是于 1993 年 12 月 29 日通过、1994 年 7 月 1 日实施的《中华人民共和国公司法》。此后，1999 年、2004 年此法进行了两次修订，2005 年进行了较大的修订，2013 年又进行了一次修订，目前适用的是 2014 年 3 月 1 日实施的《公司法》。2005 年那次较大的修订，调整了公司设立和公司资本制度，完善了公司法人治理结构，充实了职工民主管理和保护职工权益的内容，健全了对股东，尤其是中小股东的保护机制，严格了公司股东的责任。时隔 8 年，2013 年《公司法》又修改了 12 个条款，其重点在于进一步降低公司设立的门槛，将公司注册资本实缴登记制改为认缴登记制，取消公司注册资本最低限额、放宽注册资本登记条件、简化登记事项和登记文件等。① 2014 年最新《公司法》（下文称现行公司法）全文共有规定 218 条，涉及有限责任公司与股份有限公司的设立、组织机构、股权转让、公司合并、分立、增资、减资和公司债券等内容。

---

①　本文在涉及《公司法》相关法条时，如无特别提示，是指 2013 年 12 月修改、2014 年 3 月 1 日实施的最新《公司法》。

12.2 企业理论与公司

12.2.1 交易成本与企业的性质

1937年科斯发表了《企业的性质》一文，开创了现代企业理论。他指出企业和市场是契约的两种形式。企业是对市场机制的替代组织，市场机制对生产要素的协调是通过一系列契约来实现的，而企业是一个长期契约。

他强调，作为价格机制的替代物是企业的本质。利用价格机制是有成本的，发现所有的相对价格需要付出高昂的成本，因此通过形成一个组织，并允许某个权威（一个"企业家"）来支配资源，就能节约某些市场运行成本。① 由此，科斯成功回答了企业理论的第一个主要问题：企业为什么会出现？

在没有交易成本的完美世界里，交易可以通过市场自由达成，不需要企业组织来协调各要素之间的交易。因而，企业必须（也必然）出现在交易成本为正的世界里。当市场交易成本太高时，企业这种市场组织方式就可以利用权威减少、节约和规避利用市场进行交易的成本，因而企业是对市场的一种替代。"企业将倾向于扩张直到在企业内部组织一笔额外交易的成本，等于在公开市场上完成同一笔交易的成本或在另一个企业中组织同样交易的成本为止。"② 这就是企业家权威的限度和企业的边界。由此科斯回答了企业理论的第二个重要问题：企业边界是如何决定的？

企业作为一个契约集合，是用一组长期契约替代了市场上的一系列契约，由于这种契约具有不完全性，所以企业契约才会赋予某个签约人以"权威"，令其有权在一定限度内指挥其他人。张五常（1983）补充、发展了科斯的企业理论，认为企业对市场的替代是要素契约对产品契约的替代。企业是生产要素所有者签署的契约，而市场上签署的是中间产品商之间的契约。中间产品市场上进行的是产品的直接定价，企业则用企业权威代替了直接定价，是一种间接定价，只有当生产要素市场上的交易费用小于产品市场的交易费用时，企业才会出现。企业的边界是两种费用边际比较的结果。③

12.2.2 不确定风险与剩余索取权

奈特（1921）认为因为企业家承担了决策和不确定性风险，确保工人拥有固定的收入，从而应该给予企业家以控制和支配权。阿尔钦和德姆塞茨（1972）认为，在团队生产中，每个成员都有偷懒的动机，因此需要一个监督者。为激励监督者有效监督，就应当赋予监督者以"剩余索取权"，进而他们把企业所有权定义为"剩余索取权"。④

威廉姆森（1975）认为，由于契约是不完全的，企业作为纵向一体化实体可以防止或至少可以减少市场交易中资产专用性所产生的机会主义。⑤ 格罗斯曼和哈特（1986）进一

---

①② R. Coase (1937), "The Nature of the Firm", *Economica*, 4: 386-405.

③ S. Cheung (1983), "The Contractual Nature of the Firm", *Journal of Law and Economics*, 26 (1).

④ Alchian and Demsetz (1972), "Production, Information Costs, and Economic Organization", *The American Economic Review*, 62: 777-795.

⑤ O. Williamson (1975), *Markets and Hiearchies: Analysis and Anti-trust Implication*, New York: The Free Press.

步指出，由于契约是不完备的，从而所有权是重要的。如果未明事项发生，谁能对契约中不完备的地方拥有决策权，谁就是雇主，谁就有权获得企业产生的剩余收入，没有剩余权的就是雇员。在这里企业被看作不完全的契约，企业的所有权被定义为“剩余控制权”。[①]

按完备程度可以将契约分为完备契约与不完备契约。完备契约要求签约人在签约前能够预料到未来所有可能发生的情况，并能准确估计发生事件对各方签约人的影响，契约中明确规定在各种情况下每个当事人的具体行为方式，并可以由第三方保证实施。在不确定的世界里，由于信息不完全和有限理性，在签订契约的时候，双方不可能把未来所有的复杂情况考虑在内；即使有这个可能，签订这样一个完备的契约也需要耗费高昂的成本，因此不得不放弃。所以契约总是不完备的，必然产生剩余权益，对剩余权益的控制权利即剩余控制权，对剩余收益[②]的索取权为剩余索取权。

12.2.3 委托—代理问题

委托—代理问题是指在委托—代理契约的执行过程中，由于信息不对称等原因所引起的道德风险、逆向选择等问题。委托—代理理论的任务就是找出解决委托—代理问题的对策。委托—代理关系是指这样一种显明或隐含的契约关系，一个或多个行为主体指定、雇用另一些行为主体为其提供服务，与此同时授予后者一定的决策权利，并依据其提供服务的数量和质量支付相应的报酬。授权者是委托人，被授权者是代理人。代理人经营企业的价值与他是企业完全所有者时经营企业的价值之间的差额被称为代理成本。

造成代理成本的原因如下：(1) 信息不对称。委托人与代理人双方信息不对称，代理人的行为不是可完全观察的，结果导致代理人可能偏离委托人的利益行事。(2) 激励不相容。在两权分离的现代公司中，委托人与代理人之间的目标并不一致，双方都有谋求自身利益最大化的机会主义倾向。(3) 契约不完备。由于契约是不完全的，代理人总能规避自己的责任。(4) 由于信息不对称、激励不相容和契约不完备，必然导致责任不对等，代理人利用委托人不知情而推脱责任。总之，公司委托人希望代理人根据其自身的利益目标选择行动方式。但是由于各种条件的限制，委托人又不可能直接观测到代理人的行为选择，他们所能准确掌握的只是一些由代理人行为及其他外生随机因素共同决定的变量。于是代理人有可能采取损害委托人利益的行为，代理成本由此产生。

委托—代理问题分为道德风险和逆向选择两种情况：(1) 道德风险是指代理人借委托人观察监督困难之际而采取不利于委托人的行动，从而损害委托人利益的情况。道德风险又可以分为大股东对小股东的道德风险与经理对股东的道德风险两种情况。(2) 逆向选择是指代理人在签约前已经掌握了一些委托人难以观察到的信息，这些信息很可能是对委托人不利的，代理人隐瞒这些信息，并利用这些私人信息进行决策，签订对自己有利的合同。在逆向选择中，委托人会由于信息劣势而处于不利的地位。以雇用合同为例，由于代理人的能力难以观察，公司所有者很难了解即将受雇的经营管理者的能力，应聘者可能为自己进行各式各样的包装从而虚夸自身价值，在既定的价格下，低能力的代理人可能会把

---

① Grossman and Hart (1986), “The Costs and Benefits of Ownership: A Theory of Vertical and Lateral Integration”, *Journal of Political Economy*, 94: 691-719.

② 因为风险的原因，收益可能是负值。

高能力的代理人排挤出市场。

委托—代理问题在美国表现为上市公司股权的过度分散，形成经理人内部控制，而它的外部控制系统主要依靠资本市场发挥作用，因此美国在监管方面着重于在经理层激励与股东保护之间进行利弊权衡：过多地保护股东，经理的激励不足；过多地保护经理，股东的投资不足①。委托—代理问题在中国则表现为股权过度集中带来的一系列问题，大股东与小股东之间利益均衡是中国公司治理面对的挑战。大股东主导下的内部人控制、信息披露、股利政策、财务调整等都是大股东主导的问题体现。

上述理论说明：企业是特定产权结构下形成的专业化的生产协作组织，它追求利润，具有生产与交易的双重功能。(1) 企业作为一种协作生产组织，是社会经济条件发展到一定阶段的产物。(2) 企业是一个生产单位，把资源有效组织起来，通过分工进行合作生产。(3) 企业具有交易功能，企业与市场之间存在着一定的替代关系。(4) 公司是一个独立的法人，有独立的人格权与财产权，但与社会其他主体之间形成了复杂关系。首先，公司作为一个整体参与社会行动，受制和影响社区、政府、债权人、消费者等多方面的关系。其次，公司内部存在着错综复杂的利益关系，包括股东之间的关系、股东与管理层以及普通员工三者之间的关系。

因此，从法经济学的角度看，公司法的作用在于：第一，在公司成立之前，降低交易成本，促进契约的达成。第二，减少公司成立、契约达成后所可能产生的负外部性。第三，确立科学的公司治理模式，防范公司内部委托代理人的道德风险。

12.3　公司设立的法经济学分析

公司设立是自由与限制的权衡。最大化创业自由是公司设立的第一原则，维护交易安全是第二原则。原因在于：(1) 创业是成立公司诉求的直接目标。正是为了创业，股东之间才进行资本和其他方面的合作。(2) 创业在社会发展中处于重要位置，是社会发展重要的原动力。(3) 交易安全虽然也十分重要，但是交易安全的实现并不主要以公司法律为依托，社会已经发展出了丰富的制度和机制来保护交易安全，如合同法、破产法。(4) 市场具有为风险进行自动定价的功能，面对风险高的公司完全可以要求较高的风险对价。

为了更好地平衡便宜性与安全性之间的关系，公司法一般从公司的设立条件和公司的登记审查两方面予以控制。

12.3.1　公司的设立条件

公司的设立条件应该遵循两个原则：(1) 方便公司设立原则。公司是契约的联结，只有遵循自由设立的原则，才能与私法上的意思自治理念相协调，才能鼓励投资、方便设立。(2) 维护交易安全原则。一个公司的成立意味着它有资格和其他经济主体进行经济交往，同时也意味着它必须承担与经济交往相伴而生的责任。一个公司承担的能力，一是取

① M. Burkart, D. Gromb, and F. Panunzi (1997), "Large Shareholders, Monitoring, and the Value of the Firm", *Quarterly Journal of Economics*, 112: 693-728.

决于其成立时的基础，二是取决于公司成立后的发展。从理论上看，存在一个能力门槛，要求公司在成立之初就必须具备一定的责任承担能力，以维护交易安全。

1. 公司设立的人数

我国《公司法》在1993年颁布之初对公司设立的人数、注册资本额、出资方式、程序等有着严格的限制和区分。当时立法的目的主要在于维护交易的安全性。因为当时我国刚开始发展市场经济，更关注的是对公司、股东、债权人的权益和社会经济秩序的维护，强调规范、限制和管理。随着市场化水平的不断提高，公司设立的创业自由原则应当得到更为充分的体现，因此《公司法》修改规定，“有限责任公司由五十个以下股东出资设立”；“设立股份有限公司，应当有二人以上二百人以下为发起人”。这意味一个人也可以开公司，即所谓“一人公司”。“一人公司”是指只有一个自然人股东或者一个法人股东的有限责任公司。

允许设立一人公司降低了门槛，可以吸引更多社会资金，提高了资金的使用效率，促进了经济发展，扩大就业；并且消除了不同股东之间的身份歧视，有利于平等竞争；减少了为规定股东人数限制造成的纠纷。允许成立一人公司实际上是创业自由最大化原则的一个体现。但是一人公司在鼓励投资的同时也增加了相应的市场风险。由于一人公司中只有一个股东，股东权利很容易过大。由于监督的困难，一人公司抽逃、挪用资本非常容易。因而其恶意利用公司有限责任进行欺骗行为的风险比其他类型公司要高。

为了控制风险，我国《公司法》做了限制性规定：(1) 为了防止关联交易，“一个自然人只能投资设立一个一人有限责任公司。该一人有限责任公司不能投资设立新的一人有限责任公司”（《公司法》第五十八条）。(2) 为了提高利益相关者的风险防范意识，“一人有限责任公司应当在公司登记中注明自然人独资或者法人独资，并在公司营业执照中载明”（《公司法》第五十九条）。(3) 为了监督一人公司的经营行为，“一人有限责任公司应当在每一会计年度终了时编制财务会计报告，并经会计师事务所审计”（《公司法》第六十二条）。(4) 为保护债权人的利益，杜绝利用公司逃避债务的情况发生，“一人有限责任公司的股东不能证明公司财产独立于股东自己的财产的，应当对公司债务承担连带责任”（《公司法》第六十三条）。

2. 公司的章程

公司是股东、管理者、债权人和消费者等多个相关主体之间缔结的一种关系契约。它区别于没有交易成本下自我实施的古典契约以及有交易成本下需要第三方执行的新古典契约。它更多是依靠公司上述参与者建立的长期合同关系来维护和实施。其中，股东（货币资本）与管理层（人力资本）的关系契约尤为重要。公司章程是公司据以成立和运转的规范性文件。形式上表现为记载公司组织架构和运行规范的书面文件，实质上则是公司内部关于公司权利义务配置所达成的契约。

我国《公司法》规定，有限责任公司章程由全体股东制定，应载明：（一）公司名称和住所；（二）公司经营范围；（三）公司注册资本；（四）股东的姓名或者名称；（五）股东的出资方式、出资额和出资时间；（六）公司的机构及其产生办法、职权、议事规则；（七）公司法定代表人；（八）股东会会议认为需要规定的其他事项。股东应当在公司章程上签名、盖章。

股份有限责任公司章程则要求由发起人制订，采用募集方式设立并经创立大会通过。

内容应包括：（一）公司名称和住所；（二）公司经营范围；（三）公司设立方式；（四）公司股份总数、每股金额和注册资本；（五）发起人的姓名或者名称、认购的股份数、出资方式和出资时间；（六）董事会的组成、职权和议事规则；（七）公司法定代表人；（八）监事会的组成、职权和议事规则；（九）公司利润分配办法；（十）公司的解散事由与清算办法；（十一）公司的通知和公告办法；（十二）股东大会会议认为需要规定的其他事项。

公司章程可谓公司的“宪法”，是公司组织和活动的根本准则，既是一种重要的权利约束机制，也是一种重要的权利授予和救济机制。由于信息不对称，股东对于管理层的行为难以观察，也就难以单纯依赖以证据对质模式为核心的诉讼机制实现对股东权利的救济。同时，公司的目的在于追求利润、创造财富，烦琐的诉讼程序不利于公司经营效率要求的决策，从而会损害股东、董事和公司的利益。公司章程是通过股东与董事之间的协商缔约对未来事件进行管理的方式，是公司相关主体之间进行自我管理的主要制度安排，也是一种节约交易成本的权利平衡机制。特别是对于有限责任公司而言，由于相关主体的数量较少且明确，完全可以充分利用公司章程来对公司内部权力进行配置，实现股东权利保护，从而规定更多的并不被公司法禁止的安排，实现对公司法的“选入”或者“选出”。

随着我国公司设立门槛的逐步降低，公司法进一步放松管制扩大公司自治乃大势所趋，事关股东、债权人、董监事及高管利益的重大事项都将在公司章程中有所反映。不断完善公司章程的制定水平，提升其在公司自治方面的作用是当务之急。

12.3.2　公司的登记审查

政府对于公司的成立有三种不同水平的控制：注册备案、证明（证书）与发给执照。这三种制度安排中，注册备案控制水平最低，而发给执照控制水平最高。发给执照主要是因为外部性或者说邻近影响的存在。如果没有营业执照，可能会产生大量的不具有生产性努力的（或者说不符合要求的）公司。就该公司仅仅伤害债权人而言，这只是债权人和公司之间自愿订立的合同和交换的问题。在这一点上政府没有干预的理由。然而，如果单个公司的欺骗行为让所有债权人对交易安全的信任大打折扣，谨慎地展开对外交往（如减少借贷额度、降低借贷频率、进行更多的事前考察等），伤害了所有公司的利益，在这种情况下，人们会把开办公司的权利限制于“合格”的公司，以免危及交易安全。在这里，注册资本大小、净资产状况与股东资信情况就是合格的一个信号。

然而，政府的控制是有代价的，不仅要直接付出控制成本，更主要的是管制可能会成为牺牲公共利益而取得垄断地位的特殊集团的工具。由于利益集团（既有公司与工商管理官员等）的利益比一般公众的利益更为集中，它们更关心这种制度安排，从而不可避免地施加压力，不断强化这种控制权力。一旦高门槛的制度得以确立，就会产生自我维持的内在动力，难以推翻。先入者与管理者对加入公司的人数加以控制，因而会建立一种事实上的垄断地位，从而损害社会福利。因此要在控制以保护交易安全和保障创业自由之间进行适当权衡。

虽然现行《公司法》将企业年度检验制度改为企业年度报告公示制度，取消每年到工商机关递交书面年检材料的程序，给企业减少了很大的工作量，但是我国现有的公司登记制度具有明显的过多的控制特征。根据《企业法人登记管理条例》《公司登记管理条例》

等法规，县级以上工商行政管理部门承担着企业登记审查的职能，审查的内容包括：审查提交的文件、证件和填报的登记注册书的真实性、合法性、有效性，并核实有关登记事项和开办条件。

这种全面审查制度有以下弊端：(1) 降低了行政管理的效率，使管理机构没有精力对注册资本进行查验，导致大量瑕疵登记；(2) 对设立人可能形成合法的伤害，妨碍了公司注册；(3) 在行政保护伞下，一些瑕疵企业比较容易进入市场，危害交易安全；(4) 权责不对等，加大了道德风险。法律对登记机关瑕疵登记导致第三人利益受损缺乏救济规定，对登记机关有关人员故意或工作失误引起的登记瑕疵应如何承担责任缺少明确的规定。这种权责不对等的制度漏洞，使得有关审查工作人员在审查时或怠于履行审查职责，或肆无忌惮地庇护虚假出资，或故意刁难设立人。因此，还要进一步放松管制，改革公司登记制度。

就现行法律而言，虽然《公司法》对注册资本实行认缴登记制，但《公司法》第二十七条对股东的出资方式仍有要求，因而对股东出资方式的规范以及公司登记主管机关对股东出资方式的审核仍具有实际意义。因为实行注册资本认缴登记制后，对股东出资财产验资证明的审核就失去了其原有的价值，所以《公司法》删除了有关验资证明的规定。但是，按照现行的有关规定，发起设立的外商投资企业采用股份有限公司组织形式股东首次出资的，设立时仍需要提交验资证明。一般而言，实行注册资本认缴登记制后，无须对非货币财产出资评估作价进行审核，也不必要求股东提交财产权转移证明和股权认缴出资承诺书。出资财产是否需要评估，出资财产是否需要转移或何时转移，均可由股东自主决定，因为这些事项主要涉及公司内部利益关系。当然，对以募集方式设立股份有限责任公司的发起人以非货币财产出资的应当对其出资财产进行评估，并应当要求其依法办理财产权的转移手续，这是为了保护认股人的权益。此外，如果法律法规有特别规定或者章程有特别要求，公司登记主管机关应当予以相应审核。①

12.4 公司资本制度的经济学分析

公司资本对公司具有重要意义。首先，它是公司成立的基础，也是公司得以存续和从事经营的基本物质条件；其次，资本信用是公司的生存之本。公司净资产决定了公司的信用基础与债权担保能力等。完善的公司资本制度对维护交易安全具有重要意义，因而各国公司法都通过强制性规范对公司资本制度作出规定。各国早期的公司法、会计法确立了资本确定、资本维持和资本不变三个基本原则。大陆法系国家公司法还确立了最低注册资本原则。随着情势变革，传统的资本制度发生了重大变化，创业自由最大化原则得到了更加充分的体现，正在推动公司资本制度从强调严格的资本三原则向强调对债权人进行实质保护的原则过渡。

我国 1993 年《公司法》设定了较高的法定最低注册资本，且出资方式实行法定资本制，出资品种以及不同出资所占的比重规定过严，以致设立公司成为“有钱人的游戏”。

① 沈贵明. 论公司资本登记制改革的配套措施跟进. 法学，2014 (4).

有鉴于此，当2005年《公司法》修订时，将法定最低注册资本额做了大幅度降低，但是仍不能很好地发挥激励创业的作用。我国的法定注册资本制度过于依赖公司资本的担保功能而没有在实质上保护债权人的利益。实际上，公司的债务承担能力主要是由公司的净资产和发展潜力来体现的，与注册资本没有多大关系。因此债权人在选择债权保护措施时基本上不把注册资本考虑在内。依靠注册资本来保护债权人利益实际上是一个制度陷阱，反而不利于债权人保护。因此，在世界范围内公司法的发展已经表现出放弃注册资本债权人保护功能的趋势，突出强调创业自由最大化，大大降低了创业的资本门槛。顺应公司法的发展潮流，我国2013年修订的《公司法》取消了法定最低注册资本额，把实缴资本制改为认缴资本制。第二十三条规定，公司有符合公司章程规定的全体股东认缴的出资额就可以设立。第二十六条规定，有限责任公司的注册资本为在公司登记机关登记的全体股东认缴的出资额，而非实际缴纳的出资额。

12.5 公司内部治理的经济学分析

公司内部关系在本质上也是一种契约关系，涉及股东之间、股东与公司之间、公司组织机构之间的关系。它不仅反映了股东作为委托人与作为代理人的管理者之间的契约关系，同时强调了公司内部稳定的权力分立和制衡机制。

狭义地说，公司治理是指有关公司股东会、董事会、监事会、独立董事的功能和结构等方面的制度安排。广义地讲，公司治理是指有关公司控制权（包括剩余控制权与剩余索取权）分配的一整套法律、文化和制度性安排。OECD（1999）在《公司治理原则》中指出，公司治理是一种据以对公司进行管理和控制的体系。它明确规定了公司各个参与者的责任和权利分布，并且清楚地说明了决策公司事务所应遵循的规则和程序。同时，它还提供一种结构，使之用以设置公司目标，也提供了达到这些目标和监控营运的手段。

公司治理也是在股东、债权人、职工、关联企业、顾客等企业权益人之间有关经营与权利的配置机制。① 公司的所有权结构与控制权结构决定了公司运营的内部环境。(1) 在资本结构比较分散的情况下，主要问题是如何防止经理内部人控制。(2) 在资本结构相对集中的情况下，企业由控股股东控制，主要问题是如何协调控股股东与中小股东的冲突。(3) 对于国有控股企业，目标则是有效地监督、激励企业家以实现国有企业的保值增值、保护中小股东的利益，此时公司治理结构的重点是制衡内部人与实际控制人对企业的控制。

12.5.1 股东会——股东间利益关系的平衡

公司治理如同国家治理，其关键是三权分离与制衡。类比起来，股东就是选民，股东会就是公司的权力机构，董事会就是行政机构，董事、经理对应着行政领导人，监事会（或独立董事）则是司法机构的缩影。

1. 股东权益与股东投票权

股东组成股东会行使重大决策权，选举董事会，由其选择经理，可以中途更换董事、

① 青木昌彦，奥野正宽. 经济体制的比较制度分析. 北京：中国发展出版社，1999.

经理。股东享有参与决策权，没有直接控制权，股东权益不同于公司权益。这是因为：(1) 公司一旦成立，股东即丧失对出资财产的直接支配权。股东得到的是公司股份。股票是公司股份的书面凭证，是股东基于其出资参与公司经营管理而分享利益的权利。(2) 在两权分离下，股东出资的财产作为公司财产，委托给管理层进行管理。股东保有更换不合格管理层成员和对影响公司结构与解散等重大事项进行决策的权利。(3) 由于公司股东众多（比较简单的有限责任公司和一人公司除外），各股东（控股股东除外）不再对企业事务具有绝对的控制权。股东以集体决策的形式（资本多数决）参与公司经营管理的权利称为共益权。股东分享公司利益的权利为自益权。(4) 股东只有出资义务，并不直接对公司债务负责。(5) 如果股东与管理层意见不一致，在不能控制管理者的决策（用手投票）的情况下，享有股票转让权，有权利出售公司股票，即用脚投票。

股东权益的行使是通过投票权实现的。如果没有一个良好的投票机制，就不会有一个良好的公司治理。公司法实践中对股东投票权及其程序大致有如下规定：

(1) 投票权的归属。一是股东拥有投票权；二是除了给普通股股东投票权外，在公司陷入财务困境时，优先股股东与债权人也可以拥有投票权。

(2) 投票权的形式。股东可自行投票，也可以授权委托他人投票。

(3) 议事规则。一是一股一票，需要回避的股东除外；二是资本多数决，资本数量决定拥有票数的多少，按照少数服从多数的规则决定投票结果；三是在符合要求的条件下股东投票权可累积。

(4) 议事主要内容。主要是公司成立、运营、解散中的重大事项。

2. 大股东对中小股东的侵害威胁

我国多数公司都具有大股东绝对控股的局面。在资本多数决制度下，具有资本优势的股东容易获得对公司的控制权，这样就对中小股东形成了潜在的侵害威胁。

(1) 对中小股东而言，在资本多数决制度下，投票权是一种虚假的权利。投资者绝大部分是中小股东，在信息获取中处于明显劣势，所以他们的利益很容易受到侵害；小股东实力有限，组织松散，难以实施有效的自我保护，因而大股东（包括管理者）容易采取机会主义行为侵害中小股东的利益。在股权相对分散的情况下，各股东持股比例相差不大，权利比较容易制衡。然而，在持股相差悬殊的情况下，控股股东的意志就是股东会决议。① 股东会是股东行使权利的机构，它仅仅以会议的形式存在。在资本多数决安排下，控制股东推荐、选派的代表往往控制了董事会与监事会。② 广大中小股东没有自己的代言人，即使有也很难发挥作用。在控股股东的支配下，如果缺乏对中小股东的特殊保护，中小股东就容易受到侵害。

(2) 控股股东的机会主义行为。具有权利、信息和控制优势的控股股东具有采取机会

---

① 从上市公司披露的股东会决议来看，出席会议的表决权数与大股东持股数相当接近，股东大会正在演变成“大股东大会”，股东会决议极少与董事会议案相佐，公司董事蜕变为大股东的代言人。

② 有学者对我国上市公司的统计表明，在 1997 年 6 月至 1999 年 5 月的 222 家上市公司中，74.33%的公司其董事会成员所占股权比例超过公司总股本的 50%，甚至有 43.69%的公司其董事会代表的股权比例超过三分之二。另外，直接由最大股东选派的董事超过董事会成员数一半的公司占 36.49%。可见，上市公司董事会成员的选任与股东有较大关系（李东明，邓世强. 上市公司董事会结构、职能的实证研究. 上市公司，1999 (10)）。

主义行为的内在动机。其行为表现为：控股股东往往利用自己在公司中的优势地位，通过对股东出席股东大会设限、对少数股东选派的代表进行排挤等来侵害中小股东权力的行使；采用有利于自己的股利分配政策、新股发行政策等剥夺中小股东的利益；"掏空"公司等。

3. 累积投票制

《公司法》第一百零五条规定："股东大会选举董事、监事，可以依照公司章程的规定或者股东大会的决议，实行累积投票制。本法所称累积投票制，是指股东大会选举董事或者监事时，每一股份拥有与应选董事或者监事人数相同的表决权，股东拥有的表决权可以集中使用。"累积投票制是指股东大会在选举两名以上董事的时候，股东所持有的每一股份拥有与应选董事总人数相等的投票权，股东既可以用所有的投票权集中投票选举一人，也可以分散投票选举数人，按得票多少依次决定董事人选的表决制度。通过这种局部集中的投票方法，可以使中小股东选出自己满意的董事，避免控股股东垄断全部董事的选任。累积投票制的直接目的在于防止控股股东完全操纵选举，矫正"一股一票"表决权制度存在的弊端。

12.5.2 股东与管理者的利益关系平衡

1. 股东与管理者之间的委托—代理与激励约束

公司治理的一个重点是解决两权分离下所有者与经营者之间的委托—代理问题。解决委托—代理问题，并不是要求代理人工作不出偏差，而是要求他能够像为自己工作一样那么努力尽心。一般来说，公司控制权应该由能够给投资者带来最大回报的人掌握。相应地，如果其承诺可信的话，承诺最多回报的人会获得更多的投资。在信息完备的情况下，一个详细的契约就可以达到这个目的。然而由于合同是不完备的，为此需要一种自我履行机制。[①] 该机制越完善，说明承诺就越能履行，投资者因而就越相信企业家的承诺。

为表明诺言的自我履行，(1) 必须构建一个良好的公司治理结构，对管理层进行事前监督。由监事或外部董事监督内部董事、董事监督经理、经理监督部门经理或车间主任等。(2) 对道德风险进行事后惩罚。道德风险问题防不胜防，事前监督成本太高，必须进行事后惩罚。在一定的限度内让管理层自由行事，等到出现问题的时候对其进行惩罚。惩罚作为威慑手段，促进管理层有效消除自身的道德风险。(3) 建立良好的自我调控机制。自我调控机制主要是指对管理者的激励赋予良好声誉或失去在职岗位的威胁等。经理市场的竞争使得怠慢和不忠的经理受到惩罚，谨慎的经理获得奖励；控制权市场的存在，使得管理层谨慎行事，否则就会面临职位的威胁；产品市场的竞争也使得经理必须谨慎而行，否则公司就会面临破产的威胁；激励机制则直接把经理与股东利益捆绑在一起。

2. 经营层内部人控制及其制衡

经营层内部人控制是公司治理制度不完善的衍生产物，是指在现代企业制度下，由于股权高度分散或所有者缺位，独立于股东的经理人员掌握了企业的实际控制权，并利用其与股东之间的信息不对称，在公司战略决策中最大可能地为自己谋福利，甚至与公司职工

---

① Frank Easterbrook and Daniel Fischel (1991), *The Economic Structure of Corporate Law*, Harvard University Press.

联手架空所有者的控制和监督，从而使所有者权益受到侵害的一种现象。

经营层内部人控制是经理人行为的扭曲，它加大了代理成本，降低了公司的效率，损害了中小股东与国家的利益。在这里不仅仅指内部人的实际行为，而且包括内部人采取行动的潜在可能性。与外国相比，我国资本市场、经理市场均不完善，控制权竞争对经理层的监督和约束力较小，内部人控制更为严重。

自19世纪80年代以来，各国机构投资者逐步登上公司治理的舞台，由于所持股份不断增多，它在公司治理中越来越重要①，受到的关注程度也越来越高。以美国为例，从公司股权结构看，投资基金、保险基金、养老基金等机构投资者多成为公司第一大股东；从整个证券市场看，机构投资者成为大公司股份的主要持有者。

由于机构投资者持有公司股份较大，拥有专业的投资经理，有能力也有动力参与公司治理，有利于解决经营层内部人控制问题。与广大中小股东相比，机构投资者可以在以下几个方面有所作为：（1）机构投资者由于其持有较多股份，激活了用手投票。（2）在委托投票中，机构投资者更容易得到信任。（3）机构投资者可以通过发布公司治理准则等方式，倡导自己的投资理念，改善所投资公司的治理结构，对公司经营者施加压力。

在机构投资者的影响下，投资者对经理等管理者的监督约束加强，美国的内部人控制程度有所缓解，标志着美国的企业制度已经从经理人资本主义转变成投资人资本主义。②我国也对机构投资者采取积极支持发展的态度，并鼓励外国投资者积极参与。我国《上市公司治理准则》第十一条规定："机构投资者应在公司董事选任、经营者激励与监督、重大事项决策等方面发挥作用"，目的就在于通过改变投资者结构来实现对管理层潜在机会主义行为的事前克服。

3. 管理层的约束——忠实与勤勉义务

除了公司章程中的规定，公司法对于管理者的诚信义务做了强制性的规定，以此来约束他们可能存在的投机行为。《公司法》第一百四十七、一百四十八条确立了管理层的忠实、勤勉义务。我国《公司法》第一百四十七条规定："董事、监事、高级管理人员应当遵守法律、行政法规和公司章程，对公司负有忠实义务和勤勉义务。董事、监事、高级管理人员不得利用职权收受贿赂或者其他非法收入，不得侵占公司的财产。"第一百四十八条规定："董事、高级管理人员不得有下列行为：（一）挪用公司资金；（二）将公司资金以其个人名义或者以其他个人名义开立账户存储；（三）违反公司章程的规定，未经股东会、股东大会或者董事会同意，将公司资金借贷给他人或者以公司财产为他人提供担保；（四）违反公司章程的规定或者未经股东会、股东大会同意，与本公司订立合同或者进行交易；（五）未经股东会或者股东大会同意，利用职务便利为自己或者他人谋取属于公司的商业机会，自营或者为他人经营与所任职公司同类的业务；（六）接受他人与公司交易的佣金归为己有；（七）擅自披露公司秘密；（八）违反对公司忠实义务的其他行为。董事、高级管理人员违反前款规定所得的收入应当归公司所有。"

（1）忠实义务。

忠实义务是由英美法判例确认的一项重要制度，现在成了英美公司法的一个基石。传

① 另外，个人投资者则依托投资基金分散了风险。

② 闻洁. 从经理革命到机构投资者觉醒. 经济研究，2000（11）.

统的大陆法系一般仅仅规定代理人对于委托人负有善管义务，而忠实义务仅仅是一种道德劝告。近年来，随着委托—代理问题的日益严重，大陆法系国家也引入了忠实义务。董事忠实义务要求董事应当在法律与公序良俗允许的范围内，以公司利益最大化为目标来决定自己的行为。除公司对其的正常报酬和开支外，董事所有因公司职务身份所得到的利益都是不合理的。由于法律不能穷尽各种可能，法律只能对此作出大体的原则性规定。忠实义务具体包括以下四方面：

第一，管理层对公司承担不得逾越权限的义务。国际上随着越权原则的没落，许多国家已经取消了这个方面的规定。然而由于我国董事经理的道德风险问题比较严重，为保护中小股东利益，我国《公司法》第一百四十八条第三款与保护公司的股东和债权人的合法权益的宗旨相呼应，该条款在于限制董事、经理对其权利的滥用（刘敏，2002）。[①] 该行为可能是董事经理利用职务优势的行为体现，也可能是代表控股股东的行为。由于控股股东享有控制权，其可以通过董事会决议、股东大会决议等方式将个体意志表现为公司意志。

第二，管理层面临冲突性交易时负有忠实义务。当管理层通过交易获取的利益与公司利益冲突时，管理层利益服从于公司利益，不得利用交易侵害公司利益。由于并不是所有的管理层与公司间的交易都与公司利益相冲突，也存在着有利于和提升公司利益的以管理层为交易对象的交易，因此不应全面禁止与管理层有关的关联交易，而是将是否存在利益冲突的判断权交给公司章程或者股东大会，要求与管理层的关联交易必须经过其批准。

本着上述基本原则，基于公司权益保护的需要，应该对《公司法》第一百四十八条第四款进行宽泛解释：一是公司应包括本公司、子公司与控股的其他公司；二是交易包括直接交易（董事与公司之间）与间接交易（董事的利害关系人与公司之间），交易行为包括合同行为与单方的民事行为（如债务的免除）；三是董事的利害关系人包括董事的合伙人和与董事关系密切的亲属、朋友及其合伙人，董事被雇用或担任董事职务的另一家公司，董事所监护的被监护人以及其他与董事有法律或利益关系的自然人或法人；四是对交易合理性的判断应该以一般的市场价格为参照，如果有异常，股东可以要求董事作出合理的说明，否则无效；五是要列明特殊情形，如果董事与公司之间的交易不可能导致公司受损，则不应视为董事拥有冲突性利益的交易，例如董事对于公司的赠与合同等。

第三，管理层的竞业禁止义务。为防止管理层不当损害所在公司利益，管理层不得经营与所在公司业务相冲突的业务，也不得为其他人从所在公司牟取不当利益。

首先，所谓“自营或者为他人经营”是指由于该竞争营业而产生的权利义务以及从竞争营业中产生的损益归于管理层自己或者第三者。管理层以自己的名义或者他人名义与自己利益相一致的竞业行为应属禁止之列。但是由于举证的困难，对于管理层以他人名义从事的使他人得利的行为，事实上很难禁止。“同类的营业”以公司实际上进行的营业为准，而不是以公司章程为准。同类的营业可以是完全相同的商品或者服务，也可以是同种或者类似的商品或者服务。

其次，禁止竞业义务的时间期限，并非终止于管理层解任或辞任之时。虽然管理层卸任后，失去了对原公司物质财产的控制力，但管理层对无形资产的控制力并没有随之丧

---

① 刘敏．从《公司法》第六十条谈对公司中小股东利益的保护．法律适用，2002（10）．

失，特别是对银行、咨询公司或营销公司来说，客户资料与业务信息是至关重要的，应该通过法律或者公司章程对管理层禁止竞业义务的时间作出规定。然而由于公司类别的不同，管理层所能够控制的无形资产滞后期与作用就不同，因而成文法很难作出切实的规定，国外的成文法对管理层禁止竞业的时间期限没有作出明确规定就是例证。国外大都是通过判例法规定，管理层卸任后，仍不得利用其曾任职公司的有关无形资产为自己谋利益。

最后，禁止兼任有竞争关系公司的职务。各国公司法为维护公司利益，除禁止管理层从事有竞争性的生产和销售活动外，还禁止管理层兼任有竞争关系的公司的管理层（高级员工）。我国公司法并没有明文规定禁止管理层兼任。仅《公司法》第六十九条规定，"国有独资公司的董事长、副董事长、董事、高级管理人员，未经国有资产监督管理机构同意，不得在其他有限责任公司、股份有限公司或者其他经济组织兼职。"最初，我国《公司法》规定只要董事从事了竞业活动，不管公司是否予以批准，都必须向公司承担义务违反的职责，然而实践中这种从严规定并没有达到预期的目的。借鉴外国立法，现行《公司法》放宽了规定。董事在从事竞业活动之前，必须向股东会申请批准。其制度改进更为科学，也更有效率。

第四，禁止管理层篡夺公司商业机会。公司的董事、高管人员不得将公司的商业机会篡夺自用。实践中，许多高管人员利用职务之便争夺公司的商业机会，或者推动公司与和自己有利害关系的企业进行交易，严重损害了公司的利益。

在公司机会标准的判断上，美国有关做法值得借鉴。美国判例法认定公司机会的标准有三条：一是利益或期待标准，即公司机会必须涉及公司拥有既得利益的财产或者公司拥有由既得权利而产生的期待。二是经营范围标准，即公司机会必须与公司现在或未来的经营活动有关。某一机会与公司经营活动之间的联系越密切，就越有可能构成公司机会。三是公平标准，即判断某一机会是否构成公司机会，单纯以公平的道德尺度予以衡量。① 其中，第一项标准是美国法院早期采纳的，根据该标准确定的公司机会较为狭窄。现代的法院判例趋向于同时采纳第二项和第三项标准，即首先运用第二项标准判断公司对某一机会是否有利益；如果有，再运用第三项标准，判断管理层在何种情况下可利用这种机会。

（2）勤勉尽责义务。

管理层的勤勉尽责义务的基本含义是指管理层成员在领导业务时，应当具有一个正直的、有责任心的业务领导人的细心。有关公司的机密数据和秘密，特别是那些他们在董事会工作中了解到的经营或商业秘密，他们必须做到守口如瓶。如果股东等对他们是否发挥了一个正直的和有责任心的业务领导人的细心存在争议，那么他们负有举证责任。

对于勤勉尽责义务，最为关键的是确定勤勉尽责的标准。一是标准难以确定。如果没有标准，会导致法官滥用自由裁量权。但是如果制订标准，由于不同公司千差万别，不同董事职务各不相同，加之不同时点的其他因素，标准很难有针对性，不得不依靠法院的自由裁量权。二是标准的高低难以确定。如果过低，会有大量的庸才充斥管理层市场；如果过高，会使有才华而较为谨慎的管理者望而却步，从而管理层市场成了冒险家的乐园。三是设立标准后司法审查成本昂贵。法官并不胜任作出商业判定。出于承担责任的担忧，管

---

① Harry G. Henn and John R. Alexander (1983), *Law of Corporation*, Honn Book Series, West Publishing Company.

理层可能过于谨慎，缺乏冒险精神，并且也难以因此认为管理层没有尽到勤勉尽责义务。

管理层在履行勤勉尽责义务时，如果因为错误的经营决策而导致公司受到损失时，在符合法定条件的情况下可以依据"经营判断原则"免责。经营判断原则是美国法院发展出来的关于管理层免于就合理的经营失误承担责任的一项法律原则。美国法学研究所起草的《公司管理项目》第4.01条（C）项就"经营判断原则"下了一个权威性定义："如果作出经营判断的董事或职员符合下述三项条件，他就被认为诚实地履行了其义务：（1）他与该交易无利害关系；（2）他有正当理由相信其掌握的有关经营判断的信息在当时情形下是妥当的；（3）他有理由认为他的经营判断符合公司的最佳利益。"经营判断原则是对董事勤勉尽责义务的重要补充。但是，如果有相反的证据证明董事的经营判断存在重大过失时，不适用经营判断原则。

12.5.3　公司股东权益的救济

1. *异议股票转让制度*

我国《公司法》第七十四条规定："有下列情形之一的，对股东会该项决议投反对票的股东可以请求公司按照合理的价格收购其股权：（一）公司连续五年不向股东分配利润，而公司该五年连续盈利，并且符合本法规定的分配利润条件的；（二）公司合并、分立、转让主要财产的；（三）公司章程规定的营业期限届满或者章程规定的其他解散事由出现，股东会会议通过决议修改章程使公司存续的。"此条所规定的异议股票转让制度是平衡公司股东利益冲突的另一种制度安排，即当股东对股东（大）会及公司其他重大决策有异议时，可以提请其他股东按照合理价格收购自己的股份（其他股东不愿收购时可以向外人出售），从而退出公司。这样通过退出使异议股东避免所预期到的潜在侵害。这种制度主要解决的是非上市公司的股东利益平衡问题。

非上市公司包括有限责任公司与非上市的股份有限公司。非上市公司的特点是：（1）公司具有简单的社团性，有限责任公司一般由2～50个经济主体联合而成。（2）公司具有人合与资合的双重特点。一方面公司与股东的人格和财产相分离，另一方面股东身份具有一定影响，公司股东比较稳定，股东的变更往往会影响公司的存在和活动。（3）公司治理结构简单，董事、监事人数较少，股东往往直接介入公司的日常经营管理。（4）公司数量居多，具有灵活的特点与优势。（5）公司设立以登记主义为主，国家一般不对其进行干预。

非上市公司中矛盾的焦点在于股东争执的协调问题。利用资本多数决安排，非上市公司的大股东非常容易控制公司，采取机会主义行为。在经营问题上，大股东决策往往忽视小股东意见，容易使公司丧失经营时机，增加了公司的运营成本。

由于缺乏股权交易的公开市场，非上市公司中小股东的剥夺风险更为明显，其表现在：（1）由于不存在股票的市场价格，买主的范围又受到法律和公司章程的限制，即使允许股权转让，高昂的交易成本也使得交易难以达成；（2）非上市公司投资者的利益实现主要依靠股利分配，所以在股利和其他分配政策方面，更容易冲突；（3）非上市公司没有公众的监督机制；（4）外部投资者由于信息不充分，很难以合适的价格购买股票。① 非上市

---

① Frank Easterbrook and Daniel Fischel (1991), *The Economic Structure of Corporate Law*, Harvard University Press.

公司采取全体一致同意原则可以避免大股东排挤小股东，但这大大提高了公司决策的成本，增加了交易成本。因此，异议股权转让制度可以更好地解决这个问题。

但是异议股权转让制度也存在不少不足：正是由于股权本身受到不法侵害，股东才会转让股权，否则不会转让。由于担心受到大股东的欺骗或其他损害，外部投资者并不乐意接受股票，其必然表现为股票价格低于真实价值，因而股权转让并不具有实质意义。同时也要对非上市公司的股权转让进行必要的限制：(1) 应规定股东未出资或出资不到位的禁止其转让；(2) 若股东对公司负债时应该限制其转让；(3) 股东股权做了担保或质押的，其股权转让应该履行特别的程序。

2. 股东直接诉讼

所谓股东直接诉讼，是指对在股东对公司内部治理的过程中违反法律或公司章程，损害股东自身利益的行为依法向法院提起的诉讼。《公司法》第二十二条规定："股东会或者股东大会、董事会的会议召集程序、表决方式违反法律、行政法规或者公司章程，或者决议内容违反公司章程的，股东可以自决议作出之日起六十日内，请求人民法院撤销。"第三十三条规定："股东有权查阅、复制公司章程、股东会会议记录、董事会会议决议、监事会会议决议和财务会计报告……公司拒绝提供查阅的，股东可以请求人民法院要求公司提供查阅"。第一百五十二条规定："董事、高级管理人员违反法律、行政法规或者公司章程的规定，损害股东利益的，股东可以向人民法院提起诉讼。"根据诉因，具体而言可以分为以下四种，第一种是决议无效之诉；第二种是决议撤销之诉；第三种是查阅请求之诉；第四种是损害赔偿之诉。

我国的股东直接诉讼具有以下特点：(1) 责任主体的宽泛性，包括股东会、董事会、董事与高管人员；(2) 起诉原因的多样性，不仅仅包括法律法规，而且包含公司章程，不仅仅是决议的内容，而且包括程序问题；(3) 起诉程序的便宜性，诉讼渠道更为畅通；(4) 责任承担的多层次性，包括行政、刑事、民事责任。

虽然股东直接诉讼具有上述优点，但也存在着不可忽视的问题：(1) 诉求不甚合理。《公司法》第二十二条仅规定行为无效或可撤销，没有具体赔偿责任，严重影响了该条款的救济力。(2) 诉因不够全面。现实中大多数侵害股东权益的行为并没有明显违法，而是显失公平。(3) 诉讼成本太高。(4) 诉讼主体难以联合，难以解决总损害巨大但具体某个股东可能不是很多的这种情况。①

同时，由于诉讼主体比较复杂，法院在处理中小股东对公司的诉讼时，一定要审慎行事，在保护个别股东利益与保护其他股东和公司利益中寻求一种公平的解决方式。如现在很多公司有大量股东，绝大部分股东不起诉，极个别股东要起诉。如果不保护他的权利，会造成其利益的损失；如果保护他的权利，就可能影响其他股东的利益。并且诉讼可能对被诉公司在资本市场上的价值带来负面影响。

3. 股东派生诉讼

股东派生诉讼（shareholder derivative suit）又称股东代表诉讼，是指当公司的合法权益受到公司董事、监事、高级管理人员或其他人的侵害而公司拒绝或怠于提起诉讼时，

---

① 有鉴于此，我国应当设立集团诉讼制度。在股东众多、个别股东诉讼成本过高的情形下，所有股东联合起来进行集团诉讼就可以实现诉讼的规模经济，足以支付巨额的诉讼成本，以此形成公众与股权保护的激励机制。

符合法定条件的股东以自己的名义为公司的利益对侵害公司利益之人提起诉讼并追究其法律责任的诉讼制度。股东派生诉讼与直接诉讼的最大区别在于：一是直接目的不同，前者目的是维护公司的利益，后者维护的是股东的自身利益；二是诉讼利益归属不同，前者归属公司，后者归属股东个人。

我国《公司法》第一百五十一条规定了股东派生诉讼，规定当董事、高级管理人员没有按照要求列席股东会并接受质询，没有如实向监事会或者不设监事会的有限责任公司的监事提供有关情况和资料，妨碍监事会或者监事行使职权时，"有限责任公司的股东、股份有限公司连续一百八十日以上单独或者合计持有公司百分之一以上股份的股东，可以书面请求监事会或者不设监事会的有限责任公司的监事向人民法院提起诉讼…… 监事会、不设监事会的有限责任公司的监事，或者董事会、执行董事收到前款规定的股东书面请求后拒绝提起诉讼，或者自收到请求之日起三十日内未提起诉讼，或者情况紧急、不立即提起诉讼将会使公司利益受到难以弥补的损害的，前款规定的股东有权为了公司的利益以自己的名义直接向人民法院提起诉讼。他人侵犯公司合法权益，给公司造成损失的，本条第一款规定的股东可以依照前两款的规定向人民法院提起诉讼。"

该制度表面上是维护公司的利益以至维护中小股东的利益，实际上是在平衡中小股东与大股东董事及公司高级管理人员之间的利益冲突，使公司不同利益主体之间的权利得以平衡。有研究表明，虽然我国引入股东派生诉讼制度的时间不长，但该制度已经在现实中得到了积极运用，并产生了实质性的诉讼利益。① 但是由于股东派生诉讼的收益归属于公司，提起诉讼的股东要付出相应的成本，而一旦败诉更是要独自承担不利的后果。所以，在实践中仍然存在着激励不足、"搭便车"的问题。

为此，应进一步完善相应的激励措施。第一，确立对股东的诉讼费用补偿制度，即当股东提起派生诉讼并胜诉时，原告股东可以从被告处获得其预缴的法定诉讼费用及其支付的律师报酬等其他必要费用的合理补偿，以平衡原告股东与公司之间利益风险的负担。第二，在收益方面，赋予原告股东有条件地享有直接受偿权。我国上市公司股权比较集中，现实中普遍存在大股东违反法律法规侵犯公司利益的问题。如果在此情况下，诉讼利益不加区别地分摊给所有股东，就可能会产生过错人反而受益的结果，显然有失公平。另一个情形是当公司不再是持续经营的企业时，比如，当公司准备清算时，如果将胜诉所得归于公司，赔偿金就将归入清算财产，根据债权优于股权的分配原则，原告股东就可能难以得到合理补偿。②

12.6 公司外部关系的经济学分析

公司外部关系是指公司与第三人（包括债权人和债务人）、公司与社会之间的关系。

12.6.1 有限责任与债权人保护

保护债权人利益是交易安全中的一个最为重要的内容。尽管世界范围内通过完善公司

①② 黄辉. 中国股东派生诉讼制度：实证研究及完善建议. 人大法律评论，2014.

设立制度保护债权人利益的功能在削弱，但是它依然是公司设立制度的一个重要内容。其中原因就在于有限责任制度给债权人带来了不可避免的外部性。

首先，有限责任是股东与（自愿）债权人间的风险分担机制。根据权责利匹配原则，股东拥有剩余控制权，理应在公司经营不善时最后得到补偿。债权人作为公司的利益主体是基于其与公司的自愿合同关系，合同价格本身就包含了对风险的判断。正如波斯纳（1976）所说，“有限责任对于自愿性债权人无所谓外部性问题，因为对于公司不能履行债务之风险，债权人已经于事前获得补偿了。”① 所以，对于一般债权人来说，他们可以通过高利率、担保等将风险内部化。

然而，一是对于受公司侵害的特殊债权人（比如因环境污染导致的受害者、被拖欠薪酬的职工）来说，既不能从事先谈判确定补偿，由于有限责任制度的限制，又不能从事后得到相应的赔偿。

二是股东和债权人之间的信息不对称，导致股东有激励和可能采取机会主义行为。（1）有限责任旨在刺激股东投资从事生产经营，但扭曲了股东（公司）的风险偏好，鼓励股东偏好风险更高的经营方案。（2）有限责任诱使股东偏爱债权融资。因为股东可以利用债权人不知情，通过利润分配方案，逃避公司债务。

所以，基于有限责任制度产生了对债权人利益的内在威胁。尽管可以通过市场机制为债权人保护提供支持，但在公司法中建立相应的保护制度也是必需的。② 比如公司解散清算时，根据《公司法》第一百八十六条第二款的规定：“公司财产在分别支付清算费用、职工的工资、社会保险费用和法定补偿金，缴纳所欠税款，清偿公司债务后的剩余财产，有限责任公司按照股东的出资比例分配，股份有限公司按照股东持有的股份比例分配。”相较股权和公司债务，公司的财产要先清偿公司债务，然后才能向股东分配剩余财产。《中华人民共和国企业破产法》第一百一十三条关于公司破产财产清偿顺序的规定也指出：“破产财产在优先清偿破产费用和共益债务后，依照下列顺序清偿：（一）破产人所欠职工的工资和医疗、伤残补助、抚恤费用，所欠的应当划入职工个人账户的基本养老保险、基本医疗保险费用，以及法律、行政法规规定应当支付给职工的补偿金；（二）破产人欠缴的除前项规定以外的社会保险费用和破产人所欠税款；（三）普通破产债权。”

12.6.2 公司法人人格的否认

公司法人人格否认理论始于19世纪末的美国，被形象地称为“揭开公司的面纱”。根据有限责任原则，公司作为独立的法人犹如一层面纱，把股东和债权人隔离开来。可是依据人格否认理论，在公司的控股股东等违反诚实信用和禁止滥用权利原则，借助于公司法人人格和股东有限责任原则，从事损害公司、其他股东或公司债权人利益的行为时，法院可根据当事人的诉请揭开公司的面纱，即否认公司的法人资格并令隐藏在公司背后的股东（一般是控股股东）承担无限连带责任。

---

① Richard Posner (1976), “The Rights of Creditors of Affiliated Corporations”, *University of Chicago Law Review*, 43: 503.

② 如Robert Clark (1999) 提出了最低资本数额、强制保险、赋予侵权债权人优先权等方法；Brian Cheffins (2001) 的建议则为强制保险与赋予侵权债权人优先权；Easterbrook and Fischel (1985) 的方法是最低资本要求、强制保险、加强经营者责任及政府管制；Hansmanna and Kraakman (1991) 则主张股东对侵权债权人承担无限责任。

《公司法》第二十条规定："公司股东应当遵守法律、行政法规和公司章程，依法行使股东权利，不得滥用股东权利损害公司或者其他股东的利益；不得滥用公司法人独立地位和股东有限责任损害公司债权人的利益。公司股东滥用股东权利给公司或者其他股东造成损失的，应当依法承担赔偿责任。公司股东滥用公司法人独立地位和股东有限责任，逃避债务，严重损害公司债权人利益的，应当对公司债务承担连带责任。"

公司法人人格否认并不是对公司独立人格的完全否定，其实质是对滥用公司独立人格的股东有限责任的否定。[①] 这样的规定给予那些意图利用有限责任逃避责任、获取不当利益的控股股东以强力威慑，使其主动放弃利用信息优势侵害债权人利益的行为。

12.7　公司职工的权益保护

12.7.1　股东与职工关系的新变化

公司作为市场经济的基本细胞，公司雇员的地位与公司内部的民主状况直接关系着整个社会的稳定，因而雇员问题受到各国的普遍关注。在资本雇用劳动的前提下，雇佣双方产生一定的利益冲突是不可避免的。由于雇佣契约双方的谈判地位并不平等，因而各国一般不通过公司法对职工与公司间的权利义务关系进行规定，而是通过劳动法、社会保障法等经济法进行调整。

职工有狭义与广义的区分。广义上的职工是指所有受雇主雇用，从事工作，获取工资者。狭义上的职工是指受雇于公司而地位相对较低的人员。比如高级管理人员是广义上的职工而不是狭义上的职工。这里使用的是狭义概念。

在资本主义发展之初，基于资本雇用劳动的现实，观念上普遍把股东作为公司的主人，公司财产是股东的。在资本家监督下劳动的职工，仅仅是为资本赚钱的工具。股东与职工利益冲突非常严重。雇员的劳动条件极其恶劣，职工劳动保护的立法也无从谈起。为维护自身权益，工人不得不展开罢工或者革命暴动。随着工人运动的高涨与资本主义经济的发展，英国 1819 年通过了第一个工厂法令，1833 年第一次设置了带薪的政府监察员，以监督该法令的执行。[②] 随着劳动保护与社会保障等立法的不断完善，雇佣双方的利益冲突逐渐缓和。

随着生产力水平的发展和科学技术的进步，雇佣关系出现了一些新特点：(1) 在观念上，交易成本理论认为企业之所以雇用工人进行生产，是因为雇佣契约能降低交易费用。契约理论则更进一步将企业和市场看作具有基本相同性质的不同类型的契约。(2) 在实践上，网络型企业的出现使职工通过网络等与公司联系，没有了上班时间和地点的限制。并且许多知识型工作不需要公司监督，与市场独立缔约人身份比较相似，是一种比较平等自由的契约关系。同时，由于与巨型公司相比，作为供应方的缔约人往往受制于公司，处于弱势地位，本来是平等关系的双方签订的契约却具有不平等的性质，类似于权威命令（雇用）关系。(3) 在法律上，各国通过职工参与、职工持股等方式对股东与职工之间的利益

① 沈贵明. 论公司资本登记制改革的配套措施跟进. 法学，2014 (4).

② 大卫·威勒，玛丽亚·西兰琶. 利益相关者公司. 北京：经济管理出版社，2002.

冲突进行调和，两者的紧张关系有所缓和。职工参与公司治理，提高了职工与股东讨价还价的能力，使双方不平等的谈判地位有所矫正。

显然，与传统的雇佣关系相比，共同治理、职工持股无疑是历史的巨大进步。控制权的分享提高了职工的社会地位，提高了其生产的积极性。然而，股东与职工之间是两个具有不同利益诉求的主体。由于其本质的资本雇用劳动没有改变，工人与其他公司参与者的利益冲突在某种程度上是不可避免的。[①]在资本雇用劳动下，公司盈利是所有者权益（股东资本的增值），而职工工资是公司的成本支出，两者依然是截然对立的。

12.7.2 职工权益保护的措施

基于资本雇用劳动的现实，传统公司法坚持股东至上。随着情势变革，各国先后放弃了简单的资本雇用劳动理念，强调在股东至上的基础上实现利益兼顾。职工参与公司治理，在平衡股东与职工利益冲突上发挥着不可替代的作用。职工参与公司治理成为各国平衡股东与职工利益冲突的首选途径。

职工参与公司治理，各国的普遍做法是，股东给予职工一部分剩余索取权（职工持股），或者是选派代表进入董事会、监事会等公司机关。

（1）职工持股。职工持有公司股份，那么职工就不仅仅是雇员，而且还是公司股东。在资本雇用劳动的逻辑下，作为公司的股东，他自然有权利参与公司治理；职工拥有剩余索取权，其有提高公司绩效的动力；职工熟悉公司情况，拥有比单纯股东更多的信息，参与经营管理的成本较低。由于职工持股好处多多，许多国家推行职工持股计划。1991年，全美共有11 000家公司实施了职工股份持有制方案（ESOP），职工所持股份占公司总股本的4%，1997年全美约有10%的劳动力加入了ESOP。[②] 欧盟则全面推行了利润共享制度，鼓励职工持股。

（2）职工董事。职工持股旨在提高职工的法律地位，而职工直接进入公司机关参与公司治理则是寻求权利保护的另一个途径与平台。传统公司法认为董事是股东的代理人，董事会权力的大小完全来自股东会的授权。而现代公司治理理念则要求董事会应对包括职工在内的利益相关者负责。许多国家先后修改公司立法，专门设立了职工董事职位，通过事前参与来保护职工利益。

（3）职工监事。德国是实行职工监事最为典型的国家。根据相关法律规定，凡是雇用员工超过5人的企业，可以由职工选举产生工会，工会有权参与企业的经营决策，雇主在招收与解雇员工方面必须与工会进行协商。1951年德国颁布了《煤炭和钢铁工业职工共同决定法》，该法规定，拥有1 000名以上职工的公司，监事会由5名资方代表、5名劳方代表以及另外11名中立的成员组成，劳方代表与资方代表在公司监事会上处于同等地位。监事会在任命董事会成员时，应当有劳方董事。[③] 1976年德国的《职工共同决定法》规定，拥有2 000名以上职工的公司，监事会由人数对等的股东代表和职工代表组成。根据

---

① 布莱恩·柴芬斯．公司法：理论、结构和运作．北京：法律出版社，2001.

② 顾士明，周春平．职工持股：西方的经验与中国的实践．经济管理，2001（14）.

③ 德国职工参与公司决策的历史很长。1848年，在德国国民会议讨论《工厂法》时，就有人提出建立工人委员会，选举公司员工参与公司决策。目前德国在公司治理中重视员工利益，是由于员工近2/3的养老金留在公司，这是公司内部融资的重要来源。

1997年5月由欧盟公司法专家组提交的《有关欧盟公司章程及其他立法建议中职工参与的欧洲制度的最终报告》，15个欧盟成员国中有7个国家制定了有关职工参与各类公司机关的法律。

12.7.3 中国的职工持股

随着20世纪90年代上海、深圳证券市场的开辟，中国的拟上市公司出现了内部职工股。随后，中国的职工持股有了很大的发展，特别是在国有企业改革过程中，职工持股基本上成为一个必经的阶段。但是我国的职工持股与国外的职工持股有所不同。

为了协调公司股东与雇员之间的利益冲突，将员工利益与公司的发展紧密连在一起，西方国家推行了促进雇员拥有本公司股票的ESOP。在ESOP中，职工的持股比例没有限制，职工可以通过大量持股取得对公司的控制权。该方案对职工形成了有效的激励和约束。同时为防止职工用ESOP谋求不当得利，各国注重用法律制度对其进行规范。① 雇员股票依附于雇员的特定身份，其上市流通受到诸多限制，职工一般只能在退休或雇佣关系终止后才能向单位转让股份。

20世纪90年代初期我国的职工持股制度的发展不是很规范。《公司法》没有对职工持股作出规定，部委与地方政府规章规定得较为简略。② 制度的不规范导致实践中出现了一些问题：(1) 由于没有流通限制，职工持股的目的不是关心公司的未来发展，而是企图通过股票上市套现牟利。职工股降低了证券市场的效率，这对广大的市场股东来说是不公平的。(2) 许多公司的管理层利用内部职工股进行寻租。大庆联谊等股票案件就是“权力股”的冰山一角。(3) 如果说短期套利降低了职工参与公司治理的积极性，那么职工持股比例太低则使改进公司治理变成空话。职工股权的作用微乎其微，这又反过来促进了职工的套利动机。(4) 在一股独大的情况下，没有相应的制度保障，持股职工的合法权益遭到侵犯就难以避免。

西方发达国家推行职工持股，职工购股资金来源于公司利润或信贷杠杆等，职工仅支付很少一部分资金或有时可以无偿取得职工股。20世纪90年代初期，我国进行公司改制，其过程中出现了以下几个问题：(1) 经营不善的公司融资困难，职工融资属于生产自救资金。雇员为尽可能获取多样化收益应该将其个人财富投资于与雇用他的公司无关的资产上……将其个人财富与雇用他的公司捆在一起的人把太多的鸡蛋放在了一个篮子里，因此如果公司失败，他就既丢掉了工作，又失去了积蓄。③ (2) 经营较好的公司以人力资本理论为基础，鼓励经理持大股，其购股资金多来源于公司的抵押贷款等，而普通职工的收入偏低，没有能力购买为数不多的股份。

由于该制度的不规范发展，1998年中国证监会发布了《关于停止发行内部职工股的通知》。之后，随着市场经济的不断发展，上市公司员工持股越来越普遍，员工取得公司股份的途径也日趋多样化。为了规范上市公司员工的持股行为，促进员工持股计划

---

① 如德国通过《联邦德国股份公司法》与《鼓励雇员储蓄法》对职工持股作出规定；法国《商事公司法》根据1973年第73～1196号法律对职工认购和购买股份作了专节规定。

② 国家体改委先后发布的《股份有限公司规范意见》和《定向募集股份有限公司内部职工持股管理规定》，时间相距仅一年，但对内部职工认购股份占公司总份额的要求差距较大。

③ 布莱恩·柴芬斯. 公司法：理论、结构和运作. 北京：法律出版社，2001.

良性发展，2014年中国证监会制定并发布《关于上市公司实施员工持股计划试点的指导意见》（以下简称《指导意见》），在上市公司中开展员工持股计划试点。《指导意见》指明，上市公司可以根据员工意愿实施员工持股计划，通过合法方式使员工获得本公司股票并长期持有，股份权益按约定分配给员工。实施员工持股计划，相关资金可以来自员工薪酬或以其他合法方式筹集，所需本公司股票可以来自上市公司回购、直接从二级市场购买、认购非公开发行股票、公司股东自愿赠与等合法方式。《指导意见》还就员工持股计划的实施程序、管理模式、信息披露及内幕交易防控等问题作出规定。

习 题

1. 公司设立制度是如何实现创业自由和交易安全间的均衡的？
2. 试对管理层的忠实和勤勉义务进行经济分析。
3. 如何有效克服大股东的机会主义行为？
4. 如何更好地克服股东诉讼中“搭便车”的行为？
5. 公司法如何对债权人利益进行良好保护？
6. 有人认为职工权益保护的最优途径是职工持股成为股东，对此你有什么看法？

推荐阅读书目

1. Bernard Black and Reinier Kraakman (1996), “A Self-enforcing Model of Corporate Law”, *Harvard Law Review*, 109 (8): 1911-1982.

2. M. Burkart, D. Gromb, and F. Panunzi (1997), “Large Shareholders, Monitoring, and the Value of the Firm”, *Quarterly Journal of Economics*, 112: 693-728.

3. Frank Easterbrook, Daniel Fischel (1991), *The Economic Structure of Corporate Law*, Harvard University Press.

4. Simon Johnson, Rafael La Porta, Florencio Lopez-de-Silanes, Andrei Shleifer (2000), “Tunneling”, *American Economic Review*, 90 (2): 22-27.

5. 布莱恩·柴芬斯．公司法：理论、结构和运作．北京：法律出版社，2001.

6. 崔之元．美国二十九个州公司法变革的理论背景及对我国的启发．经济研究，1996 (4).

7. 邓辉．论公司法中的国家强制．北京：中国政法大学出版社，2004.

案例分析

南京安盛财务顾问有限公司诉祝某股东会决议罚款纠纷案

南京安盛财务顾问有限公司（以下简称安盛公司）因与祝某发生股东会决议罚款纠

纷，向江苏省南京市鼓楼区人民法院提起诉讼。

安盛公司成立于2002年11月18日，注册资本180万元。2004年8月，被告祝某成为安盛公司员工，在审核岗位从事审核会计工作。2006年1月1日，祝某向安盛公司出资2万元，占注册资本的1.11%，安盛公司据此向祝某出具了股权证书。2007年1月1日，安盛公司对《公司章程》进行了修订，修订后的《公司章程》将祝某记载为股东。《公司章程》第十四条载明：安盛股份实行股东身份必须首先是员工身份的原则。第十六条载明：新加入的股东若三年内离开公司，其股份由公司强行回购，回购价格按上年（自总经理批准离职之日起算）账面每股净资产扣除约定风险金比例后的余额确定，回购款项的支付时间为年度股东大会通过利润分配方案以后90日内。第十九条载明：股东会由全体股东组成，是公司的最高权力机构，行使下列职权：(一) 决定公司的经营方针、发展计划和重大资产购置方案；(二) 选举和更换董事，决定董事的报酬事项；(三) 选举和更换由股东代表出任的监事，决定有关监事的报酬事项；（四）审议批准董事会的报告；（五）审议批准监事会或监事的报告；（六）审议批准公司的年度财务预算方案、决算方案；(七) 审议批准公司的利润分配方案和弥补亏损方案；（八）对公司增加或者减少注册资本作出决议；(九) 对公司合并、分立、变更公司形式、解散和清算等事项作出决议；(十) 修改公司章程。

安盛公司诉称：祝某原系安盛公司的股东，并在公司审核岗位从事审核会计工作。2008年7月23日，祝某向安盛公司提出辞职申请，同月24日下午办完了交接手续，同月25日双方解除了劳动关系。经查，祝某在公司经营过程中，存有严重违反《公司章程》规定的行为，具体表现为：(1) 祝某作为新股东，不满三年即离开公司；(2) 祝某具有主观故意侵占或损害公司利益、利用在公司的地位和职权为自己牟私利、违反公司同业禁止约定的行为。鉴于上述内容，安盛公司为维护公司正常的经营管理秩序，于2009年1月5日依法律及《公司章程》规定召开股东会，并依据《公司章程》第十四条、十六条、三十六条之规定，经全体股东表决一致通过对祝某处以50 000元罚款的股东会决议。在该决议作出后，安盛公司多次要求祝某履行决议，均被祝某拒绝，故诉至法院请求判令祝某立即给付安盛公司罚款人民币50 000元。审理中，安盛公司将诉讼请求变更为要求祝某立即给付安盛公司人民币25 893元。

祝某辩称、诉称：安盛公司曾于2009年7月以劳动争议纠纷起诉祝某，后经法院审理双方以调解方式一次性了结纠纷，现安盛公司诉讼的主要事实与劳动争议纠纷案件一致，属重复诉讼，违反了“一事不再理”原则，应予裁定驳回。安盛公司2009年1月5日作出的对祝某处以50 000元罚款的股东会决议，缺乏事实与规范依据，且内容、目的违法，对祝某不具有法律约束力，安盛公司据此股东会决议要求祝某给付25 893元不能成立，亦应驳回。公司与股东是平等的民事主体，安盛公司通过股东会决议形式对祝某处以罚款，不仅违反了民事主体平等原则，也侵害了祝某的财产权，故反诉要求确认安盛公司2009年1月5日所作股东会决议中关于罚款内容部分无效。

安盛公司针对反诉辩称：安盛公司的《公司章程》中明确载明了股东会可对股东处以罚款，安盛公司根据《公司章程》的记载对被告祝某处以罚款具有事实依据，不违反法律、行政法规的强制性规定，应属有效决议，请求法院驳回祝某的反诉请求。

资料来源：《最高人民法院公报案例库》，http://www.pkulaw.cn/case/pfnl_119206070.html? match=Exact.

【问题】

公司章程的效力如何？与公司法的强制性规范之间是何关系？如何利用公司章程保护股东、管理层等利益相关者的权益？

【分析】

公司章程是由发起设立公司的投资者制定的，具体规定公司的设立宗旨、经营范围、组织机构、经营规则和权利义务等内容，对公司、股东、董事、监事、高级管理人员具有约束力的自治规范，是公司运行的基本准则。

公司章程是通过股东与董事之间的协商缔约对未来事件进行管理的方式，是公司相关主体之间进行自我管理的主要制度安排，也是一种节约交易成本的权利平衡机制。公司章程是发起人经过协商之后的共同意思表示，是一种合意。因此，公司章程本质上是发起人之间的有关公司发展、自身权利义务的一种协议。对公司章程的处理应遵循合同法的一般原理。

作为企业，公司是以营利为目的的，发起人是以自身利益最大化为目标的。因而，公司法应当更多地通过任意性规范的引导来尊重公司章程的内容，不应过多干预。

然而，根据契约理论，现实中的契约总是不完全的，总是存在着很多问题。第一，当事人的理性总是有限的，在知识和信息的获取上都存在着局限性。在处理信息时总会出现问题，要么以偏概全，要么信假为真。而公司的发起人之间在能力、财力上存在着的差异，必然导致其在合同中地位的不平等。第二，公司章程是一个长期的不完全契约。公司章程在订立之后可能会出现一系列变化。如果没有合理的强制性规范去制衡，在日后的修改中势必会出现对弱势一方不利的局面。因此，完全的章程自治存在一定缺陷，公司章程的意思自治还必须有强制性规范予以保障，解决上述可能出现的问题。所以，我国的公司法明确划定了公司章程自治的范围，在自治范围内，遵循契约自由原则，保障股东的意思自治。同时又明确规定了一些强制性规范，股东行为一旦触犯这些规定，就要承担相应的责任。

本案是一个关于公司章程的纠纷，实际反映了公司章程自治的问题。公司章程关于股东会对股东处以罚款的规定，系公司全体股东所预设的对违反公司章程股东的一种制裁措施，符合公司的整体利益，体现了有限公司的人合性特征，不违反公司法的禁止性规定，应合法有效。但公司章程在赋予股东会对股东处以罚款职权时，应明确规定罚款的标准、幅度，股东会在没有明确标准、幅度的情况下处罚股东，属法定依据不足，相应决议无效。

此外，值得注意的是，很多公司的股东和管理层对公司章程大都不够重视，对于公司章程的规定事项不够审慎或者尚没有注意到运用公司章程实现自我管理。因此，一方面，司法判决应该指引股东以及利益相关者善用公司章程，不能迎合股东的利益而漠视公司章程的约束力。股东在制定公司章程时要认真讨论公司章程的相关条款，聘请律师，规定有关权利保护和实施程序的条款，而不是简单抄搬公司法或者其他公司的公司章程。另一方面，要倡导诚信原则，实现公司对公司章程的忠实履行。

第十三章

反垄断与规制的经济分析

13.1 反垄断与规制的经济学原理

反垄断与规制是现代市场经济体制中政府直接干预市场运作最常见的两种方式，其目的在于纠正市场失灵所带来的效率扭曲或外部性所带来的资源配置扭曲，从而提高社会总福利和消费者福利。反垄断与规制也是国家竞争政策的重要组成部分，一般而言，反垄断是通过消除阻碍竞争的各种壁垒实现福利目标，而规制则是通过对厂商行为的直接控制达到福利目标。

13.1.1 垄断与竞争

1. 垄断的含义

经济学对于垄断含义的界定经历了一个动态发展的过程，受哈佛学派的影响，目前经济学中对垄断的认识侧重于垄断的状态，即垄断的市场结构。经济学给出了一些衡量垄断水平的指标，最常用的是产业集中度。产业集中度是指同一产业内前若干家企业的销售收入（或产量等）占整个产业的比重，比重越高则垄断程度越高。在法学领域，对垄断含义的理解往往包含了垄断状态和垄断行为两方面。法学家认为，垄断状态往往形成于合法的竞争过程之中，是竞争的结果或规模经济的表现，因而不应主动去限制；垄断行为是指具有市场支配能力的厂商故意实施的排除或限制竞争的行为，因而需要政府干预。经济学家则认为，对于垄断状态需要通过规制进行干预，而对于垄断行为则需要通过反垄断法进行干预。

2. 市场势力

市场势力是讨论反垄断与规制时最重要的概念之一，它是指厂商通过有利可图的方式把价格提升到竞争水平之上的能力。由于厂商在市场中经营的最低价格等于边际生产成本，因而市场势力通常被定义为产品价格与其边际成本之差，这样就可以通过勒纳指数来衡量厂商的市场势力。勒纳指数也称为勒纳垄断势力指数。它通过对价格与边际成本偏离程度的度量，反映市场中垄断势力的强弱。勒纳指数的数学表示为 $L=(P-MC)/P$，此处 P 为产品价格，MC 为生产产品的边际成本。由于市场势力反映出厂商高于成本定价的能力，因此可以认为不受竞争挑战的垄断厂商有尽可能大的市场势力，而竞争越激烈，厂商的市场势力就越小。

13.1.2 垄断与社会福利

市场势力体现出厂商的定价能力。新古典的经济学理论认为完全竞争的市场结构是最具效率的，此时厂商没有市场势力。当市场结构趋于垄断时，拥有市场势力的厂商能够把价格提得过高而导致福利损失。这种福利损失也被称为配置效率损失，在独家垄断时该损失最大。此外，当厂商的独家经营成本高于竞争环境下的经营成本时，可能会导致另一种福利损失，即所谓的生产效率损失。拥有市场势力的厂商所带来的福利损失是以上两种效率损失之和，因而反垄断和规制政策都立足于消除厂商的市场势力。

1. 配置效率

社会福利是指消费者剩余和生产者剩余之和。在完全竞争的情况下，当市场中产品的供给和需求达到均衡时，可以获得均衡价格 P^C 以及均衡消费数量 Q^C。当厂商拥有市场势力时，基于扩大自身利益的目的，它可能会提高产品的价格。当产品价格上升到 P^M 时，一些消费者会由于价格上涨而无法消费，因而此时的消费数量 Q^M 要少于完全竞争时的数量 Q^C。对经济体来说，消费数量的减少导致了福利损失的出现，这种社会福利的损失被称为社会福利净损失。实际上，与完全竞争的状况相比，垄断所带来的是生产者剩余的增加、消费者剩余的减少，以及社会福利净损失的出现。价格 P^M 越高，市场势力导致的社会福利净损失就越严重，因而可以说社会福利随市场势力而减小。当然，市场势力导致的福利损失程度取决于市场需求弹性。如果需求弹性很大，厂商就不能制定高于边际成本太多的价格。随着市场需求弹性的下降，厂商抬高价格的能力和社会福利净损失都会增长。社会福利净损失的大小也取决于市场规模，市场势力在小规模市场中所带来的社会福利净损失一定小于在大规模市场中带来的损失。由市场势力导致的社会福利净损失通常也被称为垄断配置无效率。

仅仅考虑配置无效率可能会低估市场势力的负效应。厂商往往会通过政治游说等寻租行为获取或维持其市场势力。在这个过程中，厂商实际上动用了本来可以用于生产率更高用途的资源，这种资源的错误配置也会造成社会福利净损失。具体而言，垄断厂商的社会成本等于该厂商所获得的垄断利润。这是因为垄断厂商把部分资源浪费在维持或获得市场势力的行动上，这些行动不会产生社会价值。无论是垄断厂商还是公共规制政策所造就的垄断状态都会产生租金。相关的行为主体会通过向官员行贿、组成利益联盟等活动把租金占为已有。相关的行为主体之间的相互竞争会导致寻租活动的总支出等于预期垄断利润，从而造成租金浪费殆尽，造成社会福利净损失。

2. 生产效率

如果在某个竞争性的行业中厂商经营的边际成本为 C，而垄断厂商以较高的边际成本 C^M 开展经营活动，那么当该行业中垄断代替了竞争后，社会福利净损失还增加了高成本 (C^M-C) 带来的损失，这就是垄断所带来的生产无效率。也就是说，如果垄断厂商采取一种效率低于竞争性厂商的技术，就会导致生产效率损失，因而需要通过规制的方法促使垄断厂商提高生产效率。

然而，为什么垄断厂商一定会导致生产无效率？经济学给出了两种主要论据。首先，垄断厂商的管理者努力工作的动机比较弱。从亚当·斯密开始，经济学就认为竞争压力会促使厂商寻求效率最高的方式组织生产并降低成本，而垄断势力则会致使经理人松懈，从而导致管理无效率。其次，市场是一种达尔文式的淘汰机制。在存在竞争的情况下，效率较高的厂商才能够求得生存和发展，而效率较低的厂商则不得不退出市场。如果出现独家垄断，那么市场就失去了任何选择功能，无论这个垄断厂商效率如何，它都可以生存并盈利。因此，独家垄断会导致生产效率的损失。

13.2 反垄断的经济学分析

13.2.1 哈佛学派和芝加哥学派

哈佛学派和芝加哥学派是产业经济学研究中的两个著名学派，它们都对竞争与垄断这个问题进行了深入研究，它们以及后芝加哥学派对垄断的认识和研究也深深地影响了世界范围内反垄断的立法与实践。

1. 哈佛学派

哈佛学派诞生于20世纪30年代产业经济学的理论突破之中。当时，产业经济学的研究出现了两套全新的理论来解释市场：一是张伯伦与罗宾逊的不完全竞争理论，二是科斯的企业理论。哈佛大学的梅森和贝恩将这两套理论与他们所作的分产业案例研究相结合，逐渐形成了哈佛学派。哈佛学派以新古典经济学的价格理论为基础，以实证研究为主要手段，将特定市场从结构、行为、绩效三个方面进行分析，形成了结构（structure）—行为（conduct）—绩效（performance）的分析框架（SCP分析框架）。该学派认为，结构、行为、绩效之间存在着因果关系，市场结构决定企业行为，企业行为决定市场绩效。因此，市场结构在它们的研究中处于核心地位。如果市场是高度集中的，它们认为这将破坏市场的竞争性，使得企业获得高额利润，但市场将产生低绩效，于是它们提出了“集中度—利润率”的假说。哈佛学派的分析范式强调市场结构的决定作用，其深层次的伦理观念根植于平民主义，即保护中小竞争者的利益。

2. 芝加哥学派

芝加哥大学的经济学历来有着自由主义传统，在反垄断问题上同样如此。芝加哥学派不认同哈佛学派“结构—行为—绩效”的因果链。高集中度市场上的企业高利润到底是来自垄断势力还是来自垄断企业的高效率，是两大学派争论的焦点所在。芝加哥学派不认为市场结构是市场绩效的决定因素，强调高集中度市场上的企业常常有着高效率，高效率主要源自规模经济、先进技术和完善的管理等因素。因此，市场集中度高未必市场绩效不高，只要市场绩效良好，则政府就没有必要进行规制和反垄断。芝加哥学派还进行了一些实证研究以反驳哈佛学派的“集中度—利润率”假说。芝加哥学派坚信自由竞争的市场才是效率的最优保证，它们对于政府的过多干预表示忧虑和怀疑，它们认为市场中并不存在哈佛学派认为的那么多垄断，强调大公司的高利润常常都是高效率的结果，所以它们主张放松反垄断法的实施和政府规制。

反垄断与规制的目标也是哈佛学派与芝加哥学派争论的焦点之一。尽管两个学派都认同反垄断与规制的经济学原理在于保护竞争或经济自由以达到经济效益最大化，但对于这个原理的界定则存在巨大分歧。哈佛学派强调的是保护、维持竞争才能达到经济效益的最大化，其中考虑到了公平。而芝加哥学派更强调维持竞争环境的公平，而不太考虑分配公平。芝加哥学派特别强调的是，反对利用反垄断和规制去保护没有效率、没有竞争能力的小厂商，认为大企业比小企业更能促进消费者福利的提高。按照芝加哥学派的观点，兼并可能是有利于竞争的，仅使用哈佛学派的市场份额、产业集中度等指标评估兼并是不合适的。

3. *后芝加哥学派*

20 世纪 80 年代之后，针对芝加哥学派的批判逐渐增加。后芝加哥学派主要是从技术的层面对芝加哥学派的理论进行修正。首先，后芝加哥学派承认市场集中度和市场份额可以提供关于竞争状况的大量信息，并通过实证研究证明了这一点；其次，后芝加哥学派认为现实中的市场进入壁垒比芝加哥学派所说的严重；最后，后芝加哥学派认为掠夺性定价等滥用市场支配地位的行为的确存在。由此，后芝加哥学派怀疑市场约束企业的能力，提出对厂商的行为必须具体事件具体分析，不能把具体事件生硬地塞进理论框架直接评估。虽然后芝加哥学派还没有形成取代芝加哥学派的统一分析范式，但其主张在近年的反垄断立法和执法中已被逐渐采纳和应用。

13.2.2 美国反垄断法的演变

美国是世界上第一个立法反垄断的国家，也是反垄断立法与执法经验最为丰富的国家。近几十年来美国的反垄断执法一直在哈佛学派的干预主义和芝加哥学派的放任自流之间徘徊。回顾美国反垄断法的演变，有助于了解反垄断经济学分析的演进历程。

1.*《谢尔曼法》及其早期执法*

19 世纪后期的美国经历了制造业的革命，包括运输和通信在内的基础设施建设也迅速发展，统一的大市场逐渐形成。伴随着统一市场的形成，厂商利用规模经济和范围经济的冲动也相应提升。一方面，企业为了享受规模经济和范围经济而进行的大规模投资导致了成本和价格的下降。为了补偿巨额的固定资本投资，厂商想方设法地降低产品价格，从而引发了价格战。另一方面，企业又常常通过达成能够维持高利润和高价格的协议来保证相互的利益。然而，价格协议带来的稳定价格只会使参与协议的厂商获益，而最终消费者则要承受高价格的伤害，中小型企业也在这种不公平的竞争中受到伤害。

消费者和中小企业在美国的一些州拥有强大的政治力量，在他们的推动下美国的不少州都颁布了反垄断法。如 1883 年，亚拉巴马州就已经通过了该州的反垄断法。然而，这些法律对于涉及一个州以上的协议几乎不起作用。在 1887 年，美国国会通过了对铁路部门实行调控的法案，即《州际贸易法》。1890 年，美国又通过了著名的《谢尔曼法》，其主要目的是控制经济垄断权力，消除竞争限制。

《谢尔曼法》共有八条，其核心是第一条和第二条，包括认定任何阻碍州际商业活动或同国外的商业活动的协议，或者其他造成垄断的企业合并或营业的合谋都是非法的，力图在贸易中进行垄断的图谋亦是非法的等。《谢尔曼法》的颁布是一个里程碑，它被认为是现代反垄断立法的开端。

《谢尔曼法》的一个重要特点是违法者将被处以刑事惩罚，包括监禁和罚款。然而在该法颁布以后的头十年中，执法并不严格。但是，《谢尔曼法》的早期执法也产生了影响反垄断法发展的两个基本原则，即本身违法原则和合理性原则。

1898 年，美国联邦第六区上诉法院在美国诉艾迪斯顿管材与钢铁公司案（U.S. v. Addiston Pipe and Steel Co.）中形成了本身违法原则。只要法院认定企业行为是非法的，其恶意串通事实本身就足以构成追究企业责任的理由，这甚至无须原告证明其行为给竞争带来或将带来什么影响。本身违法原则确立了一些不能豁免的反竞争行为，如价格操纵、市场瓜分、某些联合抵制和搭配销售等，它对于企业的垄断行为起到了威慑作用。本身违法原则比较容易确认，也简化了手续，缩短了对于限制竞争行为的认定时间和过程，节约了社会资源，但是它可能导致过分限制企业行为，最终反而与促进竞争的目的相违背。

1911 年，美国最高法院又确立了合理性原则。这一原则规定，在决定解散垄断公司的时候必须采取谨慎的态度，认真权衡利弊，减少消极影响。合理性原则认为，只有被认为是不合理的限制竞争行为才应该属于被禁止之列，这样，合理性原则便给了企业一个较大的活动空间。

2.《克莱顿法》与《联邦贸易委员会法》

在《谢尔曼法》颁布之后，美国许多公司仍然得以合并，公司规模不断扩张，垄断的趋势仍在继续。鉴于此，美国于 1914 年颁布了两部重要的反垄断法，即《联邦贸易委员会法》和《克莱顿法》，由此形成了美国反垄断领域的三大法案，成为美国反垄断法体系的主体，这些法律一直到今天仍然具有法律效力。同时，美国还建立了联邦贸易委员会，专门负责这些法律的实施。为强化《克莱顿法》，美国国会于 1936 年又通过了《罗宾逊-帕特曼法》，明文禁止各种形式的价格歧视行为；1950 年通过了《塞勒-凯弗维尔法》，严格控制可能削弱竞争的企业合并行为；此后，美国又根据形势陆续通过了一些反垄断方面的法律，使得内容更加具体化，也更加完备。需要指出的是，在两次世界大战期间，美国反垄断的力度有所减弱，20 世纪 30 年代的大萧条巩固了美国官商联袂治理经济的模式，《罗宾逊-帕特曼法》就是这一背景下的产物。该法案旨在消除可能导致中小店铺破产，而有利于大型连锁店的价格歧视。

从 20 世纪 70 年代开始，芝加哥学派的思想逐渐开始影响美国反垄断执法，其显著特点是合理性原则在法院判决中不断出现。同时，芝加哥学派最为推崇的效率标准也被执法者采用。由于美国反托拉斯法条文具有很大的模糊性，法院的“自由裁量”余地相当大，在如何判断合理竞争与垄断行为的问题上产生模糊时，常常就会遵循效率标准来进行处理。芝加哥学派认为，反托拉斯法应该以效率为目标，以效率标准来评价企业及其行为。企业行为只要符合效率标准就应该被认为是合理的，而不论它是否会损害其他竞争者。所以，效率标准认为不能对任何表面看起来有限制竞争之虞的行为都加以禁止。

13.2.3 欧洲反垄断法的发展

与美国相比，欧洲的反垄断法具有两个显著的特点。第一，欧洲具有国家和欧盟两个不同层次的司法权，国家层面的反垄断法与欧盟的反垄断法可能存在目标的差异。第二，欧洲的反垄断法更注重对竞争的保护，在反垄断的同时也促进市场一体化。以下分别介绍英国和欧盟的竞争法，以体现欧洲反垄断法的经济学原理。

1. 英国的竞争法

英国对于反垄断问题的严肃关注开始于 20 世纪 40 年代。在第二次世界大战结束前夕，英国基于经济原因引入了反垄断法律体系。当时，失业是英国社会面临的重大问题，从而市场竞争有利于充分就业的思想促成了 1948 年《垄断与限制性行为法案》。在此之后，1956 年颁布了《限制性交易行为法》，该法没有禁止价格协议，而是规定了注册登记制度。基于该法，1964 年颁布了《转售价格法》，1965 年颁布了《垄断与合并法》。这些法案一直沿用到 1998 年英国颁布了与欧盟反垄断原则相对一致的《竞争法案》。

英国的反垄断法律体系有着其独特的特点。第一，英国从来没有具体确定过反垄断的立法目的，而只是含糊地表述为保护公共利益。这样的表述给予了执法者相当大的自由裁量权。第二，英国的反垄断法缺乏处罚体系和执行工具。英国反垄断执法机构不能对从事违反公共利益活动的企业处以罚款，也无权搜索企业总部取证和查封文件。第三，英国反垄断法保留了通过市场份额定义垄断的方式（一家企业拥有 25%以上的市场份额），从而保留了哈佛学派所倡导的进行结构性干预的法律通道。

2. 欧盟的竞争法

欧盟的竞争法的起点是法国、德国、意大利、比利时、荷兰和卢森堡于 1951 年签署的以促进竞争为主旨思想的《巴黎条约》。该条约禁止贸易壁垒以及歧视性行为和其他可能扭曲参与国之间竞争的限制性行为。《巴黎条约》签署的经济背景是：当时自由竞争原则开始被视为实现市场高效运作的唯一可行方式。当时经济学界对第二次世界大战前后美国经济空前发展的解释是维护竞争、不断反垄断的结果。因此，与集中的市场组织形式相比，自由竞争更受青睐。1957 年的《罗马条约》进一步说明了欧洲反垄断法着重促进竞争的原因。《罗马条约》指出竞争不是目的本身，而是促进经济发展和欧共体公民福利的一个途径。正如该条约指出的那样，促进公民福利是当时欧盟反垄断法的目标。时至今日，欧盟反垄断法的主要目标可能是经济效率和欧洲一体化的综合考虑。这也体现出反垄断法在立法和执法过程中一直要面对的促进竞争与产业政策之间的权衡问题。

13.2.4 反垄断法的主要目标

1. 福利

福利是经济学中衡量绩效的概念。社会福利是指一个经济体中不同群体的福利加总。在反垄断的语境下，社会福利等于消费者福利和生产者福利之和。需要指出的是，社会福利的概念并没有考虑消费者和生产者之间的分配问题，而只反映总体效率。在其他条件不变的情况下，产品的价格上涨会导致消费者福利减小和生产者福利增加。福利无疑是反垄断法的目标，然而有些国家注重的是社会福利，而另一些国家注重的则是消费者福利。在不同的反垄断领域中，对于以社会福利为目标还是以消费者福利为目标的权衡也有所不同。一般而言，在反垄断实践中，对于并购控制案件，社会总福利的考虑会多一些。而对于滥用市场势力案件，特别是价格歧视案件，主要以保护消费者福利为反垄断的目标。

2. 对中小企业的保护

保护中小企业也是反垄断法的目标，这一点在美国的反垄断法中比较显著。美国 19

世纪末颁布反垄断法的原因就是农户和中小企业控诉大企业滥用市场势力和达成垄断协议。从经济学的角度考虑，如果反垄断法能够保护中小企业与大企业公平竞争，或为中小企业创造与大企业竞争的条件，那么无疑是有利于社会福利增长的。但若反垄断法保护了那些效率低下的小企业，就会造成无效率的资源配置，导致价格居高不下，这就与经济福利的目标相悖了。

支持保护中小企业的另一种观点来自欧盟的反垄断法，这种观点认为中小企业比大企业更具有活力，更能实施创新和创造就业机会。此外，保护中小企业的目标也常常与反通货膨胀相联系。由于垄断企业是高于边际成本定价的，市场势力越大，价格加成就越高。当企业成本上升时，如果产业内都是高价格加成的大企业，通货膨胀就可能发生。相反，当中小企业充斥于产业中，这种成本上升所引发的恶性通货膨胀就不太可能发生。

13.2.5 中国反垄断法

《中华人民共和国反垄断法》（简称《反垄断法》）早在1994年就已经开始了立法程序，伴随着中国经济改革和体制改革的历程，在竞争政策和产业政策的争论中多次修改初稿。《反垄断法》经历了13年的立法进程，最终各利益群体取得了共识，于2007年颁布，2008年正式实施。

1. 中国反垄断法的总体目标

从经济学的角度分析，世界各国反垄断法的核心目标都是维护市场竞争机制，有效配置资源，保护和促进竞争。不同的国家也将不同的社会公共目标纳入反垄断法的目标之中，如保护消费者利益、维护社会公共利益等。中国反垄断法的总体目标包括“保护市场公平竞争，提高经济运行效率，维护消费者和社会公共利益，促进社会主义市场经济健康发展”。在这些目标中，每个目标都有着明确的经济学含义。中国反垄断法的总体目标充分体现了社会各群体间利益的平衡。

第一，保护市场竞争机制，实现资源的有效配置，从而提高整体的经济效率。反垄断法保护竞争性的市场环境，而不是保护特定的竞争者。其所维护的市场公平竞争，是要保护多个竞争者的经济行为自由，不允许个别经营者利用市场势力强加市场条件。

第二，提高消费者福利，维护消费者的合法权益。中国反垄断法从原则上接受哈佛学派的观点，认为垄断的市场结构必然导致消费者福利受损，因而需要使市场始终处于有竞争的状态。

第三，基于我国经济发展的现实状况，中国反垄断法将维护社会公共利益作为立法目标。比如，能够实现环境保护、节约能源的垄断协议可以得到豁免；保障对外贸易和经贸合作中正当利益的垄断协议也可以得到豁免；并购中如果能够证明该并购符合社会公共利益，即使该并购可能产生排除、限制竞争的效果，也可以不予禁止等。

2. 中国反垄断法的具体内容

中国反垄断法在总体框架和主要内容上，和美国和欧盟的反垄断法基本一致，确立了禁止垄断协议、禁止滥用市场支配地位以及控制经营者集中三大制度。同时，又立足于中国国情增加了反行政性垄断的内容。

（1）对横向垄断协议和纵向垄断协议分别作出了禁止规定。“核心卡特尔”是指竞争者之间达成的关于固定价格、限制产量、划分市场以及串通招投标等的垄断协议。中国反垄断法对核心卡特尔是完全禁止的，禁止行业协会组织本行业经营者实施垄断协议。但对于那些不会严重限制相关市场的竞争及能够使消费者分享由此产生的利益的协议则可以适度豁免。

（2）中国反垄断法不反对经营者具有市场支配地位，但严格禁止其滥用市场支配地位实施排除、限制竞争，损害消费者利益的垄断行为。反垄断法列举了垄断价格、掠夺性定价、拒绝交易、强制交易、搭售、差别待遇等典型的滥用市场支配地位行为。为了增强反垄断法的操作性，反垄断法规定了认定经营者拥有市场支配地位应当依据的因素和市场支配地位推定制度。

（3）经营者集中。经营者集中即通常所说的企业并购，它对经济运行有两方面的影响：一方面有利于形成规模经济，从而提高经济效益和企业的竞争力；另一方面又可能产生或者加强市场支配地位，导致排除或限制竞争。因此各国反垄断法都对经营者集中实行必要的控制。然而，对经营者集中的控制属于事前控制，是基于哈佛学派 SCP 分析框架的立法，因而也受到信奉芝加哥学派观点学者的攻击。中国反垄断法鼓励经营者通过依法实施集中等方式做大做强，同时依法规制经营者集中行为，规定经营者集中达到国务院规定的申报标准的，应当事先向国务院反垄断执法机构申报，未申报的不得实施集中。

（4）反行政性垄断。针对滥用行政权力排除、限制市场竞争的行政性垄断行为，《反垄断法》第五章对其进行了专门规定。反行政性垄断条款是世界其他国家的反垄断法中不多见的。中国反垄断法列举了强制交易、地区封锁（包括限制商品在地区间流通、阻碍外地经营者参加本地招投标活动、以不公平方式设定市场准入等）、强制经营者从事垄断行为等滥用行政权力排除、限制市场竞争的行为，比较全面地涵盖了我国目前存在的滥用行政权力排除、限制竞争行为的主要表现形式。同时，反垄断法还专门针对含有限制竞争内容的抽象行政行为做了专门规定，要求行政机关不得滥用行政权力，制定含有排除、限制竞争内容的规定。反垄断法对滥用行政权力排除、限制竞争行为的禁止规定，表明立法者坚决反对和制止滥用行政权力排除、限制竞争，坚定不移地推进全国统一、公平竞争、规范有序的市场体系建立的决心。

13.3 规制的基本概念

13.3.1 什么是规制

1. 规制的定义

规制（regulation）通常是指公共权力施加给市场行为主体经济行为的控制。规制既包括国家以经济调控的名义进行的干预，也包括对企业之价格、销售、生产决策等采取的限制等。规制的主体是广义的政府，规制的对象主要是企业。

2. 规制的分类

从不同的角度可以把规制分为不同的类型。从规制的手段来看，可分为直接规制和间接规制。间接规制是政府主要利用法律手段进行的规制，比如利用竞争政策、消费者权益保护法、产品质量法等对企业行为进行的规制。直接规制是由行政机关直接用行政手段进行的规制行为。

从规制的内容上分类，可将规制分为经济规制和社会规制。经济规制主要是政府对于经济方面的规制，尤其是对于企业、产业的规制，包括对电信、电力、银行、证券、保险等的规制，是现代社会中十分常见的规制。这些规制的主要内容包括价格规制、质量规制、进入规制、投资规制等。如工商总局就是专门从事经济规制的政府部门。经济规制又可以分为微观规制和宏观规制，微观规制是主要针对企业所实施的规制，如反垄断中的价格规制等，而宏观规制主要是利用财政政策、货币政策等宏观调控手段对宏观经济进行的规制，如中国人民银行就属于中国专门执掌货币政策的政府规制机构。社会规制主要是对环境、健康、卫生、生产安全等所实施的规制，如中国的国家食品药品监督管理总局、国家安全生产监督管理总局、国家环保总局等皆属于主要从事社会规制的政府部门。

3. 规制的经济原因

微观经济学已经证明，在完全竞争的市场条件下，市场达到均衡，生产和消费皆达到了帕累托效率，整个市场处于帕累托最优状态。此时，政府没有必要对市场行为进行干涉。但是完全竞争的状态是难以实现的，市场失灵无处不在。导致市场失灵的因素大致包括外部性、不完全信息、公共产品和垄断。根据哈佛学派干涉主义的观点，当存在市场失灵时，政府应主动行动。这为规制提供了根据和理由。也正因如此，现实中的政府不会是一个简单的“守夜人”，干预市场并克服市场失灵是它的重要任务之一。

13.3.2 规制的起源与变迁

1. 规制的起源及其发展

现代意义上的规制最早出现在19世纪70年代的美国。1877年，美国里程碑式的案件马恩诉伊利诺伊州案（Munn v. Illinois）判决结果揭晓，促使伊利诺伊州政府开始着手对粮食价格的规制。该案确立了美国法律中的一个重要原则，即当财产的使用具有公共影响的时候，它的使用便附着了公共利益。出于对公共利益的维护，因而财产的这种使用必须接受政府的规制。该案判决所确立的规则为美国政府的经济规制提供了最初的法理基础。

此时，美国的铁路业迅速发展，也出现了铁路对消费者实行价格歧视等现象。消费者因此呼吁政府加以规制。在此背景下，美国于1887年出台了州际商业法，并为此专门成立了相应的规制机构，对铁路价格进行规制。

此后，美国政府的规制活动继续增多，到了20世纪30年代，形成了一次规制浪潮。1934年，在著名的内伯亚诉纽约州案（Nebbia v. New York）中，美国最高法院对经济规制给予了更为宽泛的定义，认为即使是非公共领域，出于公共福利的需要，政府仍然能够进行规制，这为政府的规制行为扫除了宪法障碍。在这一时期，美国政府对于广播、电力、天然气、运输等皆开始实施规制。30年代的大萧条更让美国政府对银行、证券和其他经济领域实施了极为广泛的规制。

到了50年代，美国扩大了在能源方面的规制。此后规制逐渐发展成为国际性趋势，许多市场经济国家都在众多领域引入了政府规制。到了20世纪70年代，政府规制几乎达到了一个顶峰。不过，也正是从此时开始，规制发生了巨大变化，一股放松规制的浪潮从发达国家开始并蔓延到其他国家，这时候的政府规制不仅开始缩小范围，而且出现了许多新的政府规制方式，规制思想和理念也发生了一些变化。

2. 规制与放松规制

在政府规制随着经济发展不断增多的同时，规制方式也在不断更新。但是，到了

20世纪70年代，人们开始反思政府规制。因为人们发现，规制并没有如想象的那么有效率，并且政府失灵的情况不断出现，这说明规制很可能是没有效率的，甚至是成本高昂的。

规制失灵包括两个方面：(1) 政府的规制可能是没有效率的，即政府规制并没有实现纠正市场失灵的规制目标。(2) 政府规制可能代价太高。具体而言，一是政府为了执行相应的规制行为，必须建立相应的机构，由此产生了人员工资成本、行政机关运转费用等成本，并且这种行政成本常常存在着一种自动扩大的趋势；二是政府规制有可能导致被规制企业的无效率，导致规制期待的效果无法实现。

更值得警惕的是，政府在规制中可能被俘虏。公共选择理论已经成功地说明，政府也是"经济人"，利益集团对政府政策有着重大影响，政府的规制完全可能被利益集团左右，从而使规制背离了所标榜的公共利益目标。并且规制也可能引发寻租行为，造成社会福利净损失。

同时，放松规制也有一定的经济背景。一是70年代之后以信息和其他高科技为中心的技术创新突飞猛进，某些行业技术变革的发生让以前政府规制的理由难以继续成立。二是随着全球贸易的增长和全球市场的发展，产品和要素开始在各国之间频繁流动。

在上述背景下，从美国开始的放松规制浪潮首先波及英国、日本，继而波及其他国家，形成了全球范围内的放松规制。当然，放松规制不仅仅体现在规制领域的缩小，也伴随着规制方式的变革和创新。同时，放松规制并非一种绝对的趋势，实际上，放松规制的同时也可能伴随着某些领域规制的加强。不过总的来说，放松规制取得了很大的成就，它增大了企业的活力，并使得市场更为繁荣，也减少了规制的行政成本和寻租等造成的社会福利净损失。

13.3.3 规制理论

1. 规制公共利益理论

规制公共利益理论是基于市场失灵而产生的。垄断、外部性、不完全信息等的存在使市场失灵，为政府规制提供了理由。规制的目标是提高社会福利、纠正资源配置的无效率。规制公共利益理论强调，政府应基于公共利益的需要对市场失灵进行规制，促使市场有效运行。

规制公共利益理论本来是一个规范性的理论，即它阐明在什么情况下应该进行政府规制，但是公共利益理论运用规范化分析推出了一个实证理论，也被称为实证理论的规范分析（NPT）。规制公共利益理论首先说明了在市场失灵时应当进行规制，同时也表明，在市场失灵的时候，公众会有要求政府进行规制的需求，因为只有这样才能纠正市场的低效率，提高公共福利，这样就导出了规制何时产生的实证理论。

规制公共利益理论与一些经验事实是符合的。不过，该理论缺乏对于公众促使规制发生机制的描述，同时也没有阐释清楚规制者是如何采取适当行为进行有效规制的。这是对规制公共利益理论的第一个批评。规制公共利益理论面临的第二个批评是，现实中存在大量能够反驳它的事实依据，这成为规制公共利益理论几十年来缺少支持的主要原因。比如，既不存在自然垄断也不存在外部性的出租车业存在价格和进入规制。更重要的是，有些规制完全可能是基于利益集团的游说而进行的，因为这样减少了这些行业的竞争，维护了利益集团的利益。规制公共利益的第三个批评是针对自然垄断规制的，因为人们发现规制实际上可能并不能有效地约束自然垄断企业的定价行为。如有些手机用户可能感受到了规制带来的高价格，而在早些年，安装固定电话还需要所谓的初装费，这些都是规制无效的明证。

2. 规制俘获理论

正是由于规制公共利益理论似乎与事实有较大出入，促使了规制俘获理论的产生。规制的发展历史也表明，规制似乎并不是与市场失灵紧密联系在一起的，甚至规制常常有利于厂商而不利于公共利益，规制常常提高和维护了厂商的高额利润，牺牲了消费者利益。

规制俘获理论认为，规制实际上体现了企业对规制的需求，是那些追求垄断利润的企业推动政府实施了规制，在规制中政府逐渐被企业所控制，导致政府被“俘获”，所以政府规制最终维护的不是公共利益，而是维护和保护了企业的高额利润。这完全动摇了政府规制的内在基础。

规制俘获理论与规制的实践常常比较符合，比规制公共利益理论更有现实说服力。但是，该理论仍然只是对于经验事实的总结，并没有提出一个真正的理论范式，也没有解释政府为什么被俘获。此外，虽然现实中有证据支持该理论，但同样有一些事实与之相反，比如一些交叉补贴和对小企业的优惠。

3. 规制经济理论

规制公共利益理论和规制俘获理论虽然都在一定程度上反映了现实规制实践，但是它们都只不过是对现实的一种假设和陈述，而且现实中还存在着许多和它们不相符合的规制现象。并且它们其实也并没有对规制现实提出自己的解释，因而从根本上说谈不上是一种完全的理论，规制经济理论的出现改变了上述局面。

规制经济理论由施蒂格勒 1971 年的经典论文《经济规制理论》始创，后经其他学者发展而成熟。① 该理论从一些基本的假设前提出发，运用经济学的基本范畴和供求标准分析方法来分析规制的产生，力图解释规制的产生原因，这是规制理论的一个重大进步。施蒂格勒假设，强制力是政府的根本资源，同时各个规制机构都是“经济人”，都追求效用最大化。同样追求利润最大化的利益集团会通过游说政府来实现改善处境和获取利益的目的。规制经济理论表明：(1) 由于生产者能够进行良好的组织并有更充分的财力，它们常常能够对政府进行游说并施加更多影响，从而政府规制的结果常常是有利于生产者的；(2) 但是即使在有利于生产者的规制政策中，由于消费者集团的影响，价格仍然是在生产者利润最大化水平之下；(3) 规制可能更多地存在于相对竞争或相对垄断的产业；(4) 在市场失灵的情况下，规制更有可能存在，因为此时某些利益集团相对于其他利益集团的损失而言较大，它们会对立法产生更大影响。

虽然规制经济理论相对于之前的理论有很大进步，然而它假设利益集团能够直接影响政府的规制政策，但是政府的规制政策显然是受到多重因素影响的，决策过程十分复杂，利益集团到底是如何做到这一点的，以及是否能够做到这一点，该理论都未给予充分说明。另外，现实生活中仍然有与规制经济理论不相符合的规制实践，尤其是一些行业的放松规制。

---

① G. Stigler (1971), “The Theory of Economic Regulation”, *Bell Journal of Economic*, 2: 3-21.

4．激励性规制理论

传统的规制理论都假定规制者与被规制者之间的信息是充分的，然而在具体的规制实践中，规制者与被规制者之间、规制者与公众之间的信息不对称却是常态。从20世纪80年代中期开始，伴随着迈尔森等将激励理论引入规制分析①，以及让·雅克·拉丰和让·梯若尔将博弈论应用于激励性规制设计②，规制经济学达到了一个发展高峰。激励性规制理论放松了信息充分的假设，着重研究了信息不对称条件下规制者与被规制者之间激励机制的设计问题，解决由规制者与被规制者之间的信息不对称所引发的逆向选择、道德风险、竞争不足以及设租、寻租等问题。

日本著名的规制经济学家植草益③认为，所谓激励性规制，就是在保持原有规制结构的条件下，激励被规制企业提高内部效率，也就是给予被规制企业以竞争压力和提高生产或经营效率的正面诱因。激励性规制关键是要设计一种规制合同，从激励强度看，激励性规制合同包括强激励型和弱激励型两种。

强激励型合同是指在边际上企业承受较高比例的成本，企业利润的多少与企业成本的高低密切相关，企业得到的总货币补偿量随企业实际成本的变化而变化，成本越高，企业的净收益越低。弱激励型合同是指企业的利润不受成本变动的影响，企业的成本将完全得到补偿，同时企业降低成本的收益不完全归企业所有，而是将部分转移给政府和消费者。

现代西方国家实行的激励性规制种类很多，常见的主要类型有价格上限规制、特许投标规制、利润分享规制、联合回报率规制、区域间竞争规制以及菜单规制等。激励性规制理论对于中国的政府规制有相当的借鉴作用。

13.4 对自然垄断的规制

13.4.1 自然垄断的基本理论

当面对一定规模的市场，单个企业的生产平均成本随着产量的增加而持续下降，产量越大则成本越低，那么由单个企业生产就是成本最低、最有效率的供给方式，此时就出现了自然垄断现象。自然垄断的基本特征就是生产函数呈现规模报酬递增状态，自然垄断市场常常只能容纳这样一家企业进行生产。虽然由一家生产形成了垄断，但由一家生产能够获得最低的平均成本。规模经济是自然垄断的基本特征之一。

随着研究的深入，学者们又提出了自然垄断的范围经济和成本弱可加性特性。成本弱可加性是指单一企业生产能够比多家企业生产这些产品获得更低的总成本。当企业以任意组合方式生产两种或者多种产品的成本能够低于两家或者多家企业各自生产一种产品的成本时，便产生了范围经济。规模经济只是解释了单一产品情况下的自然垄断，用范围经济则可以解释多种产品情况下的自然垄断。

更进一步的研究认为，严格的成本弱可加性才是自然垄断的充要条件，规模经济并不

① D. Baron and R. Myerson (1982), "Regulating a Monopolist with Unknown Costs", *Econometrica*, 50: 911-930.

② J. Laffont and Tirole (1993), *A Theory of Incentives in Procurement and Regulation*, Cambridge: MIT Press.

③ 植草益．微观规制经济学．北京：中国发展出版社，1992.

一定能够导致成本弱可加性。在单一产品情形下，规模经济虽然是平均成本下降的充分条件，但不是必要条件。无论是单一产品还是多产品，只要成本函数在相关的全部产量范围内是严格劣可加的，就必然会导致自然垄断，而此时由单一企业进行生产是成本最低的。就多产品生产而言，即使规模经济和范围经济一起也不能必然推导出成本劣可加性，因而即使存在规模经济和范围经济，也未必一定是自然垄断。成本劣可加性概念的提出可以说大大深化了对于自然垄断的认识，标志着理论研究把单一产品领域和多产品领域的自然垄断结合起来加以研究。

13.4.2 自然垄断的价格规制

1. 自然垄断企业的定价原则

对自然垄断的规制手段一般是对价格水平、服务质量以及市场准入进行规制。其中价格规制是关键。在理论上有三种定价原则，即边际成本定价原则、平均成本定价原则和垄断定价原则。

边际成本定价原则。按照社会最优福利的要求，企业应该遵循边际成本等于价格进行定价，即 $P=MC$。但如果按照边际成本定价原则定价，由于自然垄断企业常常伴随着巨大的固定投入，无法弥补企业所投入的固定成本，造成企业亏损，因而边际成本定价原则虽然是一种理想的定价模式，现实中却难以执行。

平均成本定价原则则是将自然垄断企业的固定成本分摊在其所生产的产品上，从而弥补其投入的固定成本，使得企业达到财务上的平衡，不至于亏损。这种定价方式比前一种更可行，但也存在着对企业激励不足的问题。

垄断定价原则则是企业从自身利益最大化出发，最终的定价最高，消费者福利和社会福利损失最大的一种方式，所以政府都对这种定价加以规制。

2. 自然垄断的价格规制

上述三种定价原则实际上仅仅具有理论意义，现实中自然垄断的价格规制更为复杂，大致包括两种规制方式，即公平回报率规制（rate of return regulation，ROR）和完全成本分摊规制（fully distribution costs regulation，FDC）。

（1）公平回报率规制。公平回报率规制是根据整个社会平均或正常的投资利润率以及自然垄断企业为提供一定数量产品所付出的成本来确定一个公平的投资回报率，并以此来确定企业的产品价格。企业投资包括企业生产、经营过程中的固定资本、流动资本及其他资本。如果企业所有资本为 V，确定的资本公平回报率为 i，则企业的公平回报率定价为 $P=\frac{Vi}{Q}$，其中 Q 为产品数量。

公平回报率规制是以平均成本定价为分析基础所作的一种现实选择，是平均成本定价模式的进一步深化，其优点在于能保障企业财务收支的平衡，不至于使自然垄断企业亏损。

不过，这种规制方法存在一些问题：首先，它必须确定什么样的回报率是一个公平的回报率。这并不是一件容易的事情，不同行业、不同时段甚至不同经济形势下都并不一样，而且，公平回报率的制定过程也可能导致利益集团的寻租行为，造成社会福利净损失。其次，制定公平回报率时必须清楚自然垄断企业的成本和资本投入以及产出效益等信息，但对于规制者而言，这些都未必是清楚的。最后，这种价格规制中常常伴随着所谓的“A-J 效应”，即在这种规制之下，企业过多地使用资本，因为收益决定于资本的总规模。而劳动的利用则不足，无法导致成本最低的生产方案，内部效率低下。

（2）完全成本分摊规制。完全成本分摊规制的基本思路是将自然垄断企业生产经营中所发生的所有成本分摊到其所生产的产品上，这样可使企业的成本得以弥补，维持企业运转。这也是规制实践中常用的一种价格规制方法。

完全成本分摊规制的具体方法有多种，其中最主要的是对公共成本加以分摊，但这一部分成本较难很清晰地分摊到每一单位产品上。一种分摊方法是将所有公共成本全部平均分摊到每一单位产品上，另一种分摊方法是一次性收取一定的固定费用，之后便不在产品上分摊公共成本。除了这两种之外，还可以有许多处于这两者之间的分摊方法，具体主要是分摊比例高低不同而已，本质上并无差别。

根据单位产品来分摊公共成本，是一个从理论上来说精确而简易的方法。但是，在实践操作中，如何确定产品的单位和如何具体确定分摊的产品总量都是一个问题。首先，不同产品的计量单位是不同的，如果产品能够用如吨、瓦等单位来进行计量，则可按照这些已经为大家所公认的计量单位来进行分摊。但如果没有这些已经公认的计量单位，则只有按照价格进行加成，分摊公共成本。其次，如何确定到底多少产品分摊公共成本？产品通常是在一定期限内生产的，而投入的公共成本也是在未来一定期限内逐步折旧，因而确定分摊产品的数量或者确定分摊期限也是一个现实问题。不同的选择显然会对消费者造成不同的影响。而这些都只能根据具体情势选择一个比较合适的分摊方式。

收取规定费用进行分摊的方法也被称为两部类收费，这和厂商在价格歧视时所使用的两部类收费制完全一样。这种收费实际上是将定额和从量收费结合起来。对于消费者而言，必须首先付出一个固定的价格，然后在此基础之上按照消费的产品数量多少再行付费。这种收费在消费者支付固定费用之后颇类似于按照边际成本定价进行收费，但它又保证了企业不至于亏损。不过这种付费方式有可能使得一部分消费者退出市场，不再消费该种产品，这样将减少消费者福利。此时，一个比较折中的收费方法是让消费者支付一定数额的固定费用，但同时也在产品价格上分摊部分公共成本。这种定价方式降低了消费门槛，使得本来退出消费的部分消费者重新消费该产品。

总的来说，完全成本分摊定价虽然使得企业弥补了它的生产经营成本，但是这种方法无法激励企业降低成本，刺激企业改善技术，也难以激励企业提高产品质量，造成常见的服务质量不高和效率低下的缺陷，同时这种定价也难以做到社会福利最大化。

13.4.3 对自然垄断价格规制的替代：激励性规制

传统的价格规制方法都存在一个问题，就是对自然垄断企业的激励不足，造成企业效率低下。因此，社会希望找到既能够保持原有价格规制的好处，同时又能够给予企业以一定激励的规制方法，激励性规制便由此应运而生。激励性规制主要包括价格上限规制、特许投标与进入规制和区域间竞争理论等。

1. 价格上限规制

价格上限规制本不是一件新事物，在许多特殊情况下，政府都会采取价格上限规制，如战争期间和物资紧缺时期，不过这种价格上限规制导致的排队现象和低效率一直以来饱受批评。所以，对于自然垄断的规制显然不能简单沿袭以前的价格上限规制方法。作为对公平回报率规制的替代，新型的价格上限规制是由英国的利特柴尔德教授于1983年提出的①，他当时受英国政府的委托而提出了这种新的价格上限规制，其目的是希望既能合理控制垄断企业的产品价格，又能够节约规制费用，给被规制企业以提高效率的激励。他认为，对自然垄断的规制需要分清楚高额利润的三种来源，即高效率、垄断和好运气，并将价格上涨率与零售物价指数、生产效率增长率挂钩。

以 *RPI* 表示零售物价指数，也即通货膨胀率，*X* 表示由规制者确定的在一定时期内的生产效率增长率，则价格上限系数 $PCI=RPI-X$。比如，零售物价指数为9%，规制当局确定的企业生产效率增长率为5%，则价格上限系数为4%，也即价格上浮的上限为4%。

这种新型的价格上限规制方式在英国、美国和日本受到了重视和较多运用。这种方式能够给企业一定的价格自由度，同时它也减少了规制机构所必需的信息，降低了规制成本，并给了企业降低成本方面的激励。

不过，这种新型的价格上限规制也有它的问题，一是在设定 *X* 的值时必须掌握相当的信息，但规制机构未必具备这些条件；二是 *X* 值的经常变动会削弱其激励作用；三是规制机构在 *X* 值的设定过程中仍然可能存在寻租和被俘虏的问题。

2. 特许投标与进入规制

在自然垄断行业中，由于存在成本劣可加性，满足一定社会需求的产量只需要一家企业即已足够提供，多家企业竞争反而是无效的，此时政府需要对产业的进入进行一定的规制。虽然政府利用行政或者法律手段阻止非特许企业的进入是一件轻易的事情，但这样容易让在位企业独享高额利润，效率低下。

1968年，德姆塞茨发表《为什么要规制公用事业》② 一文，提出特许投标理论。该理论认为，可在企业是否有权进入自然垄断行业上进行特许投标，即在企业进入行业之前引入竞争，最终获胜者可独享特许经营权，中标企业以最低价格提供商品或服务，这种特许经营权同时是有期限的，期满之后再行竞争下一期特许经营权。这种方式在事前就让企业进行了充分的竞争，使得最终选择的企业具有较高的效率，而合同也约束企业提供一定价格水平下的产品，如果在事前竞争充分，则仍然达到了通过竞争获得高效的结果。

特许投标制在一些领域内也取得了良好的效果，但是它也并非灵丹妙药。在初期投资规模大的行业中，第二次投标时的资产处理、如何防止在位企业的阻碍进入行为、政府对中标企业合同的执行和监督等都是特许投标制存在的问题。

在市场进入规制方面，现在还出现了非对称规制。在垄断行业中，原来的在位企业已经有了较为充分的发展，实力比较强大。但对于新进入企业而言，实力通常相对弱小，尤其如果原企业是多元化经营，新进入企业则只提供特定领域的产品或服务，此时原有企业很容易利用交叉补贴的方法排挤新企业。这种情况下可对原企业实行较为严格的规制，对新企业则不加规制或者加非常弱的规制，即非对称的规制，以创造一个实质上更公平的竞争环境。但是，这种规制方法也受到了许多经济学家的批评，认为反垄断是保护竞争，而

---

① S. Littlechild (1983), *Regulation of British Telecommunication Profitability*, London: HMSO.

② H. Demsetz (1968), "Why Regulate Utilities", *Journal of Law and Economics*, 11: 55-65.

不是保护竞争者，关键问题不在于看企业行为是否有害于其他竞争者，而在于看是否有利于效率的提高。

3. 区域间竞争理论

如果在一国之内，自然垄断企业在不同区域内形成不同规模的自然垄断需求，政府可利用这些不同区域之间垄断企业的竞争达到政府规制的目标，借以提高效率，此即区域间竞争理论，也被称为标尺竞争理论。

区域间竞争理论是首先由英国提出并使用的，区域间竞争理论对价格的规制是以被规制企业以外的其他同类企业的成本等指标为基础来确定的，它利用了区域间垄断企业的成本差异，通过参考绩效比较好的企业的经营状况作为制定标尺的基础，同时综合考虑到不同区域之间的差异，切合实际地制定规制价格。因而如果企业能够通过自身努力提高效率，则可以使得自己在依照标尺而制定的价格下有更多的盈利，这样将能够激励企业努力降低成本，实现对企业的激励性规制。

这种激励性规制的实施需要一定的条件，规制当局必须能够了解各区域不同垄断企业的成本和经营信息，然后才能够找到一个比较合理的标尺，并进而依据不同地区的实际情况制定各地区的规制价格。同时，区域间竞争理论的使用必须存在着需求条件、费用条件等大致相似的多家企业，并能够保证在政府规制实施过程中各个企业无法进行合谋行为，否则政府规制效果将被抵消。

习　题

1. 从经济学角度评述中国反垄断法的总体目标。
2. 为什么要进行规制？
3. 评述各种关于规制的理论。
4. 评述对自然垄断进行政府规制的方法。
5. 以实际例子分析各种市场失灵与政府规制。

推荐阅读书目

1. 奥利弗·威廉姆森. 反托拉斯经济学——兼并、协议和策略行为. 北京：经济科学出版社，1999.
2. 理查德·波斯纳. 反托拉斯法（第二版）. 北京：中国政法大学出版社，2003.
3. 马西莫·莫塔. 竞争政策：理论与实践. 上海：上海财经大学出版社，2006.
4. 张昕竹. 中国规制与竞争：理论与政策. 北京：社会科学文献出版社，2000.

案例分析

奇虎360诉腾讯QQ案

2010年11月3日，腾讯发布《致广大QQ用户的一封信》，腾讯（腾讯科技（深圳）

有限公司与深圳市腾讯计算机系统有限公司）宣布在装有 360 软件的电脑上停止运行 QQ 软件，用户必须卸载 360 软件才可登录 QQ，要求用户“二选一”，导致大量用户被迫删除 360 软件。在工信部介入之后，腾讯公司恢复兼容 360 软件，两家公司分别向用户致歉。但是随后在法院展开了新一轮的较量。

2011 年 11 月 15 日，奇虎 360 向广东省高级人民法院起诉，主张腾讯滥用在即时通信软件及服务相关市场的市场支配地位，排除、妨碍了竞争，构成垄断。

2013 年 3 月 20 日，广东省高级人民法院作出一审判决，认为奇虎 360 所提供的证据不足以证明腾讯在相关市场上具有垄断地位，驳回奇虎 360 的全部诉讼请求。对于上述判决，奇虎 360 表示不服，向最高人民法院提起上诉。

【问题】

处理该上诉案件，最高人民法院会基于哪些反垄断法的经济学原理进行分析？

【分析】

最高人民法院认为该案的经济学分析主要集中于以下四个方面：第一，如何界定本案的相关市场；第二，被上诉人是否具有市场支配地位；第三，被上诉人是否构成反垄断法所禁止的滥用市场支配地位的行为；第四，一审法院审理程序是否违法。

一、如何界定相关市场

该案的核心问题是认定被上诉人是否构成反垄断法所禁止的滥用市场支配地位的行为。那么，首先需要确定的是被上诉人所在的市场是什么，在市场中处于什么地位，也即定义相关市场，考察被上诉人是否在该市场中具有支配地位。

最高人民法院认为：(1) 并非在任何滥用市场支配地位的案件中均必须明确而清楚地界定相关市场，可以通过排除或妨碍竞争的直接证据对被诉经营者的市场支配地位及垄断行为可能的市场影响进行评估。(2) 在滥用案件中，主张他人滥用市场支配地位的当事人承担相关市场界定是否合理的举证责任。(3) 一审法院对相关市场的界定为：综合性即时通信服务、跨平台即时通信服务、跨网络即时通信服务属于本案相关商品市场范围，单一即时通信、社交网站、微博服务不属于相关商品市场范围。虽仅对其边界可能性进行分析，但实际已经对商品市场作出了界定。

最高人民法院认为，由于极高的价格敏感度，一审对免费的互联网基础即时通信服务直接采用基于价格的假定垄断者测试是不合理的。因为商品是免费的，无法进行有效的“相对”价格比较，如若采用假定垄断者测试方法分析本案相关市场，也应该采用质量相对下降作为分析指标。考虑到质量数据难以获得，可采用定性而不是定量分析。

最高人民法院肯定了一审中单一文字、音频以及视频等非综合性即时通信服务应该纳入本案相关商品市场范围；并认为移动通讯端即时通信服务应纳入相关商品市场范围。当事人对于社交网站、微博提供的即时通信服务纳入相关商品市场范围无争议，但因为开放性群体交流和双边私密交流或者小群体的内部交流的关键差异，社交网络与微博本身不应纳入相关商品市场范围内，因而二审认为一审法院关于手机短信、电子邮箱不应纳入本案相关商品市场范围的认定正确。

最高人民法院认为，广告主一般不关心商品或服务的差异，只关心广告的价格和效果，功能和用途不同的互联网平台是可以替代的，但从免费端的用户来说，一般不会这么认为。把市场界定为互联网应用平台会弱化被上诉人的市场势力，本案不应把商品市场界定为互联网应用平台。一审也并没有明确认定那样的界定，最高人民法院对一审提出的同时应考虑互联网领域平台竞争的特点表示认同。

最高人民法院认为，一审法院关于全球市场的界定欠妥，相关地域市场应为中国大陆地区市场。

二、市场支配地位认定

最高人民法院认为，市场份额在认定市场支配地位方面的地位和作用必须根据案件的具体情况而定，其只是一项比较粗糙且可能具有误导性的指标，特别是在竞争的动态的互联网领域，更不能高估市场份额的指示作用。最高人民法院调查发现，被上诉人不管是在个人电脑端还是在移动端，其占技术通信服务市场的份额都超过80%，如上所述，高的市场份额并不当然意味着高的市场支配地位。即时通信领域的竞争格局正日趋多元化，创新活跃，市场竞争充分，被上诉人对价格、质量或其他交易条件的控制能力较弱，财力和技术条件对市场的影响有限，用户使用多款即时通信服务的现象比较明显，跨软件的转移好友技术的发展降低了用户的黏性。

奇虎360主张，即时通信服务市场高度集中，新进入者市场份额较低，不足以形成有效的竞争约束。最高人民法院认为，低的市场份额并不意味着弱的竞争约束力，只要能够迅速并有效地扩大市场，就足以对在位竞争者形成有效的竞争约束。二审调查数据显示，被上诉人实行“二选一”行为后，其他竞争对手的用户数大幅度增加。综上所述，二审认为被上诉人在即时通信服务上不具有明显的市场支配地位。

三、滥用市场支配地位的认定

最高人民法院指出，原则上经营者不具有市场支配地位就不存在滥用的问题，但是在相关商品市场界定边界模糊、被诉经营者是否具有市场支配地位不甚明确时，可进一步分析。最高人民法院认为有必要对被诉垄断行为对竞争的影响及合法性进行分析认定。(1)被上诉人实施产品不兼容行为是否构成反垄断法禁止的限制交易行为？虽然被上诉人实施产品不兼容行为对用户造成不便，但被上诉人为排除或限制即时通信服务的竞争而采取该行为的动机不明显，且并未导致排除或者限制竞争的明显效果，说明其产品不兼容行为不构成滥用市场支配地位行为，反而佐证了被上诉人不具有市场支配地位。(2)是否构成搭售行为？奇虎360主张，被上诉人将QQ软件管家和即时通信软件捆绑搭售，并以QQ软件管家的名义安装QQ医生，使消费者选择权受到限制。然而最高人民法院认为，本案没有证据证明搭售行为使得被上诉人将其在即时通信市场上的领先地位延伸到安全软件市场；QQ即时通信软件与QQ软件管家打包安装具有一定的合理性；被上诉人提供了卸载QQ软件管家的功能，被上诉人搭售行为的强制性并不明显。(3)举证责任分担问题。最高人民法院认为，一审法院在现有证据不能证明被上诉人具有市场支配地位的情况下，要求上诉人举证证明被上诉人搭售行为产生排除、限制竞争的后果并无明显不当。综上，最高人民法院认为上诉人主张被上诉人滥用市场地位的上诉理由不成立。

四、一审程序是否违法

奇虎360主张，一审法院在重新界定相关市场后，未组织双方当事人按照重新界定的市场计算市场份额，违反法定程序。最高人民法院认为：(1)确定被诉经营者在相关市场的市场份额并非本案审理的必经步骤，一审法院的上述做法并不违反法定程序。(2)一审法院从控制商品价格、数量或其他交易条件的能力，以及是否具备阻碍、影响其他经营者进入市场能力两方面分析，得出被上诉人不具有市场支配地位的结论，这一处理并无不当。

奇虎360主张，一审法院违背证据规则而引入未经质证的证据。最高人民法院认为，被上诉人提交的关于欧盟委员会Skype/Microsoft案的决定，经过了当事人质证，而上诉人过分机械地理解证据的质证与认定；一审判决的部分观点与全球咨询出具的报告有相同之处，并不说明一审法院采信该报告，其主张不能成立。

奇虎360主张，一审法院以QQ成功进入MSN占较高市场份额的早期通信服务市场为例，证明网络效应和用户黏性并非不可逾越的障碍，此做法不合理。最高人民法院认为，由于市场环境的改变，一审法院的这一论证缺乏扎实的事实基础和说服力，但对市场进入容易的认定是综合多种因素分析的最终判断，这一论据不影响结果的正确性。

一审认定被上诉人实施的产品不兼容行为属于限制交易行为。奇虎360主张，即使不构成反垄断法下的违法行为，也构成反不正当竞争法下的不正当行为。最高人民法院认为，反垄断法与反不正当竞争法有不同的规制对象和法律要件，具体违反何种法律需要根据相关法规分别判断，并不是非此即彼。一审法院在认定产品不兼容行为不违反反垄断法后，并未认定该行为构成不正当竞争，因此不违反法律程序。

第十四章

法律与经济增长

1960年科斯通过科斯定理阐述了法律与资源配置效率之间的关系，强调法律对于经济增长具有重要作用，现代法经济学随之诞生和发展。其实，法律与经济增长之间的关系在科斯之前就已经广受关注，众多学者都分别阐述了不同的思想。但是在科斯之后，法经济学并没有全力研讨法律与经济发展之间的关系，而是集中于分析法律本身的经济结构，集中于法律的微观经济分析。本书从第六章到第十三章分别展现了法律的微观分析的基本成果。尽管法律与经济增长之间的关系没有成为法经济学兴起后的主攻方向，但该领域一直处于法经济学研究的视野内。尤其是在法律的微观分析取得了巨大成功后，借助于这个越来越坚实的基础，对法律与经济增长关系的研究也随之更加深入和系统，从而形成了法经济学的另一个日益重要且前沿的研究领域——法律的宏观分析。

法律与经济增长之间的关系要研究的主要问题包括：法律在经济增长中发挥何种作用？这些作用有多大？哪些法律制度在经济增长中发挥重要作用？如何实现法律对经济增长的促进作用？总的来说，上述问题可以归纳为“法律是否作为经济增长的工具”和“法律是经济发展的结果还是原因”这两个核心问题。本章将通过介绍古典社会理论、现代化理论、依赖理论、新制度主义理论、法律经济学关于法律与经济增长命题的相关理论与研究，说明法律与经济增长的基本理论框架。

需要注意的是经济增长与经济发展之间的关系。经济增长强调一国或地区经济总量以及人均经济总量的增长，通常以GDP、人均GDP或GDP增长率为主要衡量指标；经济发展则在强调“量”的同时，也关注“质”的问题，既强调经济总量、人均经济总量的增加，也强调经济社会结构的改善和社会质量的提高。因此，两者之间不能画等号，经济发展比经济增长有着更为丰富的内涵。不过，一般认为，经济增长是经济发展的核心及前提，前者是后者的必要条件。鉴于此，法律与经济增长的理论可视为法律与经济发展理论的核心构成。所以，本章并没有刻意区别经济增长和经济发展，特此说明。

14.1 古典社会理论

法律与经济增长的理论渊源可以追溯到19世纪的古典社会理论，其中马克斯·韦伯（Max Weber）、卡尔·马克思（Karl Marx）、梅因（Henry Sumner Maine）、涂尔干（Emile Durkheim）等皆是该领域的巨擘。古典社会理论中关于法律与经济增长的观点可简单概括为：法律要随着社会经济环境的变化而不断发展、演化。马克思、梅因、涂尔干、韦伯等伟大的思想家、理论家们都肯定了法律对于经济增长的重要性，差异主要在于他们分别从不同角度阐释了法律与经济增长之间的关系。其中马克思、韦伯的观点在法律与经济增长领域影响最大。

14.1.1 马克思

卡尔·马克思（1818—1883）的经典著作《资本论》阐释了法律与经济增长之间的关系。马克思从历史唯物主义角度出发，分析了人类社会中法律与政治经济之间的演化及其相互关系。马克思的基本观点是：经济基础决定上层建筑，上层建筑反作用于经济基础；生产力决定生产关系，生产关系反作用于生产力。这两个著名论述是关于法律与经济增长的马克思理论的最优浓缩，因此有学者认为马克思关于法律与经济关系的论述开创了法律经济学研究的先河。①

在马克思的理论中，法律作为上层建筑由经济基础所决定，即经济发展决定法律发展，同时，法律发展对经济发展也有一定的反作用（促进或者抑制）。理解经济制度是理解整个社会运作的关键：物质因素的变化决定着整个社会变化的方向，也即生产力决定生产关系。马克思将每个社会、每个时代中的法律制度定义为社会共同的，由一定的物质生产方式所产生的利益和需要的表现，物质生产方式对生产关系（法权关系、人与人之间的关系）及其附属的法律具有决定作用。该观点被恩格斯形象地喻为法律对经济关系的翻译。亦即：经济基础对法律的作用是第一位的，法律对经济的影响则是第二位的。

马克思强调，意识形态是法律与经济之间的中间作用因素。他从阶级利益角度出发，论述了阶级利益等意识形态是行为的主要决定因素，人的阶级位置决定了其经济地位，进而决定了其在社会其他关系中的地位和行为选择。在马克思看来，国家是阶级矛盾不可调和的产物，阶级利益的变化、物质基础的变化决定了社会发展的方向。

14.1.2 马克斯·韦伯

马克斯·韦伯（1864—1920）关于法律与经济增长的论述尤为突出，被视为正统法律

① 诺思对此评价道："在详细描述长期变迁的各种现存理论中，马克思的分析框架是最有说服力的，恰恰是因为它包括了古典经济分析所遗漏的法律相关因素：制度、产权、国家和意识形态。马克思强调在有效率的经济组织中产权的重要作用，以及现有产权制度与新技术生产力之间的不适应性，这是一个根本贡献。"（道格拉斯·诺思．经济史中的结构与变迁．上海：上海三联书店、上海人民出版社，1994.）关于马克思理论作为法律经济学基础理论的详细论述，可参看周林彬．法律经济学论纲．北京：北京大学出版社，1998。

与经济增长理论的鼻祖。① 他试图从历史的、比较的研究角度系统地解释和识别在西方文明兴起过程中法律制度的作用，他关注的主要问题是：如何解释西方资本主义的兴起、工业化文明的出现？

他认为，法律发展与政治、经济转型之间存在着某种因果关系，富有逻辑性的、正式的、理性的法律是推动西方新教和资本主义经济发展的关键因素。② 换言之，他认为，理性法律通过为私人交易提供可预测性，推动了资本主义的发展、西方工业文明的兴起。韦伯关于西方资本主义兴起研究的基本结论可概括为以下三点：(1) 越理性的法律体系，对资本主义产生的促进作用越显著；(2) 较其他社会文明中的法律体系而言，欧洲法律体系更具理性；(3) 这种对经济有促进作用的法律理性主义，在西方工业经济系统全面发展之前已在欧洲大量存在。韦伯将欧洲资本主义的兴起的主要功劳之一归功于其法律系统。③ 在他看来，理性法律培育了西方竞争性市场体系；不断发展的市场反过来促进法律的进一步理性化，而这种理性化使得中央化国家的发展成为可能，等级式国家行政体系、以法典形式实现的理性法律制度更能推进经济发展。④

韦伯肯定了理性法律在经济增长中的关键性，并清晰界定了“理性法律”的基本构成因素：自治性（autonomy）、精心设计（conscious design）、普适性（universality）。只有满足这三个要求的法律体系才能称之为“理性”：(1) 相对于其他社会范畴而言具有自治性；(2) 其所阐明并实施的规范是被精心设计的；(3) 这些法律规范被一致地运用于类似的案例。满足上述条件的法律体系才能确保法律具有可预测性以及发展实质性条款（主要是那些与契约自由相关的条款）的能力。这些实质性条款是市场机制运作的必要条件，是推动资本主义兴起的催化剂。

韦伯进一步地分析了文化、传统和意识形态在法律发展中的重要性，尤其是对法律机构和国家官僚体系运作方面的重要影响。他认为，中央化国家、中央化官僚系统先于经济状况而发生变化并发展，从而便利了资本主义的兴起。该观点在其《新教伦理和资本主义精神》一书中得到完美阐释。他认为，制度本身并不足以创设现代资本主义。虽然理性法律是经济发展的根基，但是与此同时，必须拥有相对应的意识形态变化，即新教伦理的革新。这也是韦伯解释为何古代中国无法产生资本主义的主要原因：古代中国的技术创新并没有具备相应的文化、传统变革，加之古代中国司法与行政之间并无清晰界限。⑤ 这样，韦伯就阐释了法律促进政治、经济增长的前提条件。

---

① 从理论根源来说，二战后国际组织推行的“法律与发展”运动就是源自韦伯的理论。现代化理论、依附理论、新制度主义理论、法律经济学都或多或少地与韦伯理论有关。韦伯的文献是法律与经济增长研究者的必读文献之一。

② 韦伯关于法律与发展的理论集中在其著作《经济与社会》中。（Max Weber (1978), *Economy and Society*, G. Roth and C. Wittich (trans. and eds.), Berkeley and Los Angeles: University of California Press.）

③ 关于韦伯观点的剖析，可参看 David M. Trubek (1972), “Toward a Social Theory of Law: An Essay on the Study of Law & Development”, *Yale Law Journal*, 82 (1): 1-16; David M. Trubek (1973), “Max Weber on Law and the Rise of Capitalism”, *Wisconsin Law Review*, 3: 720。

④ 但韦伯的这一观点经常被学者从经验角度进行批判，因为其无法解释英格兰的案例。资本主义工业化最先出现在英格兰而不是韦伯所推崇的欧洲，且英格兰实施的是普通法系，而非法典化法律体系。由此也就引发了何种法律体系（普通法系还是大陆法系）更有利于经济增长的研究和争论。

⑤ Tom Ginsburg (2000), “Does Law Matter for Economic Development? Evidence From East Asia”, *Law & Society Review*, 34 (3): 829-856.

马克思理论与韦伯理论存在着一定的共同点与差异。在某种意义上，韦伯的研究是在检验马克思理论的基础上展开的。[①] 这两位伟大的德国理论家都深受德国社会学历史学派的影响，均致力于从历史角度研究西方资本主义兴起的原因，在世界历史视角下解释西欧经济、社会的发展。他们皆肯定文化、意识形态在经济发展中的重要性，肯定法律对经济的积极作用。他们的差异在于，韦伯从信仰、宗教伦理角度阐释意识形态在经济、社会发展中的作用，而马克思从阶级利益角度解释；韦伯认为意识形态对经济社会历史发展具有一定独立、预想不到的影响，而马克思则认为意识形态是阶级地位的简单反映，意识形态对历史发展的影响依赖于阶级作用；韦伯强调法律对资本主义经济增长具有第一位的影响，而马克思则认为法律的作用只是反作用，经济基础更重要。

14.1.3 梅因

以“从身份到契约”闻名于世的英国历史法学家梅因（1822—1888），在其代表作《古代法》（1861）中构建了法律与社会进步之间关系的理论，该理论也被视为现代法律与经济增长理论的源泉之一。[②]

梅因开创的历史法学研究，强调从社会思想、文化、政治演变的角度来研究法律制度的变迁以及法律变迁对社会发展的影响。他在《古代法》一书中从法律史的角度对古代法律的起源、拟制、父权、习惯、契约等在古代法律形成中的作用，以及民法、刑法等部门法的形成做了系统的研究。基于对各国法律历史演变进程的深入剖析，梅因得出了著名结论：“所有进步社会的运动，到此处为止，是一个从身份到契约的运动。”[③] 他认为古代法律发展一般沿着判决—习惯—法典这一基本顺序演化，并从中指出了法律在社会进步中的关键作用。

《古代法》开篇就指出：“世界上最著名的一个法律学制度从一部‘法典’开始，也随着它而结束。”[④] 在梅因看来，罗马法典[⑤]的出现是西方近代社会发展的关键。罗马法典是西方新思想的“助产妇”，是社会进步的工具。罗马帝国在扩大的同时也扩大了罗马法典统治的范围。反过来，罗马法典也扩大了西方文明、西方思想影响的范围，进而促进了社会进步。因此，梅因将罗马帝国的发展、日耳曼民族的兴起、西方文明的传播归功于罗马法典的推广。梅因认为，罗马法典是连接未开化习俗和成熟法学的桥梁，罗马法典的发展和扩张过程显示了法律如何成为稳定的制度、如何成为推进物质和道德进步工具的过程。

在梅因的法律与社会进步理论中，法律果实是衡量社会发展健康度的最优指标，法律是社会进步、经济发展的关键。世界上存在物质文明，但不是物质文明拓展法律，而是法律限制物质文明。[⑥] 换言之，梅因特别强调法律对于经济增长的反作用。这是他与马克思

---

① 关于马克思与韦伯思想、理论的比较研究，可参看 N. Birnbaum（1953），“Conflicting Interpretations of the Rise of Capitalism：Marx and Weber”，*The British Journal of Sociology*，4（2）：125-141；Gerd Schroeter（1985），“Review：Exploring the Marx-Weber Nexus”，*Canadian Journal of Sociology*，109（1）：69-89；Karl Lowith（1993），*Max Weber and Karl Marx*，Routledge。

② 关于梅因思想的介绍与分析，可参看 Russell Kirk（1953），“The Thought of Sir Henry Maine”，*The Review of Politics*，15（1）：86-96；Dante J. Scala（2002），“Henry Sumner Maine's Ancient Law”，*Society*，39（4）：46-54。

③ Henry Sumner Maine（2004），*Ancient Law*，Kessinger Publishing，p. 81.

④ 同上，第2页。

⑤ 这里主要指《十二铜表法》，该法典不仅是罗马法的研究起点，也被梅因称为“法典时代”的范例。

⑥ Henry Sumner Maine（2004），*Ancient Law*，Kessinger Publishing，p. 12.

的最大不同所在。

梅因特别推崇以立法作为促进法律发展的基本手段。他分析了三种促进法律发展的手段：法律拟制（legal fiction），如罗马的法律解答；衡平方法（equity），如古罗马以裁判官法来补《十二铜表法》之不足；立法（law-making），即由立法机关制定法规。梅因认为拟制和衡平各有不足，尤其是强调衡平法在一定程度上很可能成为法律发展的障碍而非帮助。也就是说，他和韦伯一样都认为成文法对于法律和经济增长的作用更为重要。①

14.1.4 涂尔干

与马克思巨大的政治社会影响，韦伯宏大的跨学科论述，梅因在法学、社会学的深远影响相比，涂尔干（1858—1917）可谓更纯粹的社会学家。② 他为社会学的学科基本问题、方法论作出了奠基性贡献。虽然涂尔干的著作里并没有关于法律的专门论述，但能够从他关于劳动分工、社会团结以及道德等各方面的分析中，提炼出关于法律与发展的理论。

涂尔干从劳动分工、社会团结、道德的角度提供了一个分析法律与经济发展关系的新视角。他认为经济发展导致了社会劳动分工，而劳动分工的发展使得社会对解决纠纷的规则与制度的需求随之上升，因而导致了更多的合作性法律规则的产生。他认为，随着社会分工的分化度和专业度的提高，社会团结由机械型向有机型转化，法律也相应地由压制性法律（repressive law，惩罚性法律）向恢复性法律（restitutive law，合作性法律）转化。

在以高度发展的社会分工为特征的复杂工业社会中，法律体系以恢复性法律/合作性法律为主；在社会分工低的非工业社会中，法律体系则以压制性法律/惩罚性法律为主。恢复性法律包括合同法、国内法、商法、程序法、行政法和宪法等法律部门，其中的惩罚条款较非工业社会减少甚多。在涂尔干看来，恢复性法律反映的是一种积极的团结，一种从本质上由社会分工延伸出来的合作。③ 而压制性法律，以刑法为主，是集体意识（conscience collective）受到损害而施加于犯罪者身上的伤害，或者至少是损失的规则。

社会的发展过程是一个从非工业社会向工业社会发展的过程，相应地法律体系的发展是一个从压制性法律体系向合作性法律体系发展的过程。法律通过反映社会道德基础、实现并维护社会团结的渠道来支持工业社会发展。法律先作为社会分工、社会发展的结果，再作为促进社会团结与发展的工具，其中法律体系的作用有一个动态转化过程。也即，一方面，法律的存在与变迁是社会道德变迁的结果；另一方面，法律是社会团结的显著符号，其目的在于反映并维护社会团结的功能。

14.2 现代化理论

现代化理论将西方法律、西方法律制度作为促进经济发展的关键，将西方社会制度作

---

① 20世纪五六十年代的“法律与发展”运动主张发展中国家主要通过立法改革等法律变革手段培育经济增长，从某种程度上说，这可以从梅因和韦伯的理论中找到理论根源。

② 关于马克思、韦伯和涂尔干的法律社会学理论对比研究，可参看刘思达. 经典社会理论中的法律：马克思、涂尔干、韦伯与法律社会学//高鸿钧，马剑银. 社会理论之法：解读与评析. 北京：清华大学出版社，2006。

③ E. Durkheim (1964), *The Division of Labor in Society*, New York: Free Press, p. 122.

为发展中国家发展演变的最终目标，认为发展中国家经济发展、社会发展的最终结果是发展出和西方发达国家类似的法律制度、社会制度——自由市场、自由民主政治体制和法治。[①] 在此基本思想的推动下，20 世纪 50 年代至 70 年代中的政治发展运动（political development movement）以及 20 世纪 60 年代中期至 70 年代的法律与发展运动（law and development movement）揭开了现代法律与经济发展实践的序幕。

14.2.1　政治发展运动（20 世纪 50 年代至 70 年代）

二战后由美国经济学家、社会学家、政治科学家共同努力所推动的政治发展运动，是随后的法律与发展运动的先锋，也是现代化理论、现代法律与发展理论的前奏。他们将西方模式（尤其是美国模式）作为发展中国家的发展宏图，主张通过在发展中国家构建与西方国家类似的法律政治体系来实现经济增长、社会发展。他们特别强调政治制度的重要性，认为促进经济发展的现代法律政治制度由四个关键要素构成：（1）理性化，即韦伯理论所强调的普适性，涂尔干理论所强调的法律与社会功能需求相适应。（2）国家团结与整合，尤其是要消除民族冲突的威胁。（3）民主化，强调多元主义、竞争性和政府可信度。（4）参与性，强调通过教育来提高民众在政治领域的参与度。

与该理论预测相反，政治发展运动在发展中国家的实践结果差强人意。简单模仿美国模式的法律政治制度改革，并没有带来预期中的经济发展，反而在发展中国家出现了不少独裁主义、军事政治体系，经济增长远远偏离理论预测。政治发展运动在发展中国家的失败引发了学术界对现代化理论的深度批判。批判者指出现代化理论实际上是民族优越主义（ethnocentrism）、演化主义，推理不严，过于天真。[②] 他们认为推行西方制度的现代化理论实际上是一种维护不平等的理论，为维护西方利益却穿上了中性、科学的欺骗外衣。

Huntington（1965）认为将现代化与政治发展等同乃是其致命的错误，强调发展中国家中经济发展与政治发展之间的非同步性。他认为，发展中国家现代化的很多方面，比如城市化、工业化、教育水平的提高等很多方面往往伴随着滞后的政治发展。他主张该运动的首要目标是提高发展中国家的政治稳定性。

为维护现代化理论，有学者将发展中国家改革实践的失败归结于其内部原因——缺乏维持西方先进制度的合适的政治、人文文化等社会制度环境。他们认为缺乏这些相应的文化等软环境，导致改革的发展中国家无法建立可信而独立的司法体系，有法不依，执法不严，政治家与政府官僚软约束，民主价值没有得到民众的认可。

从该理论的社会背景看，政治发展运动可谓典型的美国运动，其发展过程与当时美国在二战胜利后的社会乐观主义、60 年代越战后美国社会的动荡与悲观主义相一致。

14.2.2　法律与发展运动（20 世纪 60 年代中期至 70 年代）

在现代化理论的先锋——政治发展运动日渐衰落后，20 世纪 60 年代中期，现代化理

---

① David Apter（1987），*Rethinking Development：Modernization，Dependency，and Post-modern Political*，Beverly Hills：Sage；Brian Z. Tamanaha（1995），“The Lessons of Law-and-Development Studies”，*The American Journal of International Law*，89（2）：470-486.

② Brian Z. Tamanaha（1995），“The Lessons of Law-and-Development Studies”，*The American Journal of International Law*，89（2）：470-486.

论的另一个浪潮——法律与发展运动已经在悄然开展。这场运动依然信奉现代化理论的基本信条——将西方法律、社会制度视为经济、社会发展演化的最终结果。这也从根本上注定了这场作为政治发展运动的后续运动的失败结局。从政治发展运动的失败中吸取经验，法律与发展运动理论将重心从政治制度转移到法律制度上。Galanter（1966）、Trubek（1972）、Trubek and Galanter（1974）是该理论的主要代表。

以韦伯的思想为基础，法律与发展运动将法律作为经济发展的关键，不再简单地强调政治发展的首要性。该理论认为，法律在促进市场体系成功运作方面具有核心作用，必不可少，因此认为法律是促进经济增长的首要工具；同时，法律也是自由民主国家的中流砥柱，是政治发展的有力助手，因为法律是政府实现其目标的工具，也是限制、规范政府行为的手段。该理论强调通过法学教育与法律职业改革、法律文化与制度移植等手段将西方法律文化和制度移植到发展中国家，强调产权法、商法、人权法、行政法、独立而有效的司法体系在发展中的重要性。该理论也意识到了发展中国家书本上的法与行动中的法之间的巨大差异。就此提出的解决方案是进行法学教育改革、法律职业改革，试图根据美国的经验利用律师、法官的作用来缩小该差距。

自由法治模式（liberal rule-of-law model）是该运动欲建立的法律模式（Trubek and Galanter，1974）。这个模式包括：（1）社会由那些同意国家代理其福利的个体所构成；（2）国家通过法律行使对个体的控制，与此同时，国家也受法律限制；（3）法律被设计用来实现社会目标的同时，不给任何群体或个人提供特殊优惠，法律被公平地适用于所有公民；（4）法庭是定义、运用法律的首要法律机构；（5）判决建立在权威规则和教条上，司法决策不受外部影响；（6）法律参与者依从法律规则，大部分民众将法律内部化，任何违法行为都将得到一致的惩罚。不难看出，自由法治模式背后仍是与政治发展运动相似的信条——民主、法治。

但是实践表明：法律与发展运动所提倡的法学教育改革、法律职业改革、法律文化与制度移植，并没有取得成功。这些改革措施不仅无法在短时间内实现，而且其有效性无一不受本土文化、本土制度的制约。而该运动主张的改革措施难以解决与现代法律政治制度相一致的文化氛围建设问题，并且文化移植往往与本土文化形成尖锐冲突。

Trubek and Galanter（1974）深刻批判了法律与发展运动所强调的法律工具主义观在发展中国家运动的高度危险性。他们指出，由于发展中国家最大的压迫、剥削源泉就是独裁政府，由于缺乏内在的价值与文化支持，法律很可能被独裁政府转化为剥削人民、为本土利益集团服务的工具。他们的批评吹响了法律与发展运动的终场哨声，1974 年成为法律与发展运动的终止年。①

从政治发展运动、法律与发展运动的先后失败中得出的重要教训是：法律与经济增长不存在放之四海而皆准的模式，需要考虑多样化路径；法律制度能否自动在经济和社会发展中发挥整体自治作用值得推敲；法律制度自身难以提供解决经济发展、社会发展的有效方案；法律制度的有效性依赖于其他一系列制度有效性。因此，仍需要对法律在经济增长

① Tamanaha（2011）在全面回顾 20 世纪 60 年代以来法律与发展运动并深入分析其失败原因时，也指出由于本土法律文化的缺失、实际行动中的法的差异、法律的非移植性特征等原因，20 世纪 60 年代至 70 年代推行的以西方法律制度与法规为模本的法律移植与法律改革运动最终以失败告终。

中的作用、法律与政治之间的关系、民主和经济发展之间的关系进行更深层次的探讨。

14.3 依附理论

与现代化理论从发展中国家的内部因素这个视角分析其落后的根源相对，20 世纪 70 年代中期发展起来的依附理论则强调从全球资本主义系统的结构和历史这一外部视角来追寻发展中国家落后的原因。

该理论以马克思主义为基础，提出一个中心—外围理论来解释发展中国家贫穷落后的原因，认为发达国家与发展中国家形成了中心—外围格局，作为中心的发达国家的财富是建立在保持发展中国家的永久落后与依附状态之上的，这是导致发展中国家贫穷落后的主要根源。这一以马克思理论为基础的理论主要由拉丁美洲、非洲国家学者所发展。① 普雷维什（R. Prebisch）、弗兰克（A. G. Frank）、阿明（Samir Amin）、桑托斯（Theotonio Dos Santos）、卡多索（F. H. Cardoso）、法拉图（E. Faletto）乃其主要代表人物。

14.3.1 理论主张与实践表现

依附理论②强调社会现实的历史本质，它将世界划分为中心国家与外围国家，认为由发达国家构成的中心体系仍在继续殖民时代的剥削活动，中心国家借助工业经济优势（包括金融优势）、技术优势，在国际市场上占据垄断地位，从而使外围国家一直处于依附状态，继续遭受剥削。外围国家因历史、经济、技术上的落后一直处于不利地位，其经济结构严重依赖于中心国家，产品多以原材料、简单劳动密集型产品等简单、初级、低技术含量、低附加值产品为主。中心国家的“发展、繁荣”是以外围国家的“贫穷、落后”为代价的。依附理论还特别强调发展中国家的本土精英或特定阶级，比如地方政府、利益集团等，会与外国利益集团、外国资本家形成某种联盟。发展中国家的广大老百姓、穷苦人民成为全球化运动中的最大受害者。

归纳起来，依附理论的理论特征有四：其一，强调分析发展问题的历史视角；其二，试图超越经济学与政治学的学科界限，从经济学与政治学相结合的视角展开分析；其三，关注理论的政治结论、政治意味；其四，强调“为谁发展”这一基本问题。该理论将依附定义为：“一种条件性状态——一组国家的经济取决于其他国家（发达国家）的发展与扩张。”③

---

① 当然，依附理论并非完全属于马克思主义。准确来说，依附理论部分修正、扩展了马克思主义，是马克思方法和核心思想的扩展。

② 关于依附理论的介绍，请参看 David F. Greenberg (1980), “Law and Development in Light of Dependency Theory”, *Research in Law and Society*, 3: 129-159; Francis G. Synder (1980), “Law and Development in the Light of Dependency Theory”, *Law and Society Review*, 14 (3): 723-804; Brian Z. Tamanaha (1995), “The Lessons of Law-and-Development Studies”, *The American Journal of International Law*, 89 (2): 470-486; Matias Vernengo (2006). “Technology, Finance and Dependency: Latin American Radical Political Economy in Retospect”, *Review of Radical Political Economics*, 38 (4): 551-568.

③ T. Dos Santos (1973), “The Crisis of Development Theory and the Problem of Dependence in Latin America”, in Henry Bernstein (ed.), *Underdevelopment and Development: The Third World Today*, Harmondsworth, England: Penguin, p. 76.

依附理论强烈质疑法律移植策略的有效性，认为在缺乏政治改革的情况下法律改革难以对发展中国家的经济发展起到显著作用。按照马克思主义的逻辑，相对于经济基础而言，法律形式和思想都是次要的、衍生的，因此法律在经济增长、社会发展中的地位是次要的。不过，依附理论提出了"国际发展法"这一概念，突出强调了发展中国家应当享有发展权。

自20世纪80年代中后期以来，依附理论出现了一个新发展。不少学者将发达国家与发展中国家经济发展之间的巨大差距归结于金融依附性（Tavares，1985；Arrighi，1994；Ocampo，2000；Vernengo，2006；等）。他们认为，导致外围国家处于落后地位的主要原因，不仅是进口替代产业化过程中的技术发展问题、内需发展困境问题、本土精英与外国利益集团的结盟问题等，更重要的是金融依附问题；发达国家利用其国际货币发行国等金融优势（尤其是美元垄断优势），成功地保持在国际分工体系、经济、技术、贸易上的优势，而拉美等发展中国家却因此陷入不断的金融危机，造成经济发展滞后的局面。20世纪80年代的拉美国家债务危机、1994年的墨西哥比索危机、1999年的巴西危机、2001年的阿根廷问题等，均是金融依附主张的证据。金融依附理论建议发展中国家实施需求引致型经济发展政策，鼓励通过扩大内需来实现经济增长；同时，该理论主张通过国际货币制度等金融领域的改革来降低发展中国家对发达国家的金融依赖性。

依附理论在实践上主要表现为，20世纪七八十年代以来在拉美国家、印度等发展中国家出现了一系列经济民族主义运动和保护主义运动。它们强调用进口替代政策替代出口导向政策，实施对本土工业的保护政策，限制外资投资利润的转移，限制外资投资领域，限定涉外纠纷的司法管辖权等，试图借此改善发展中国家的经济状况与地位。

14.3.2 评价

现代化理论的衰落引致了依附理论的出现，依附理论的主要观点如下：其一，将发展中国家的不利归罪于西方帝国主义；其二，宣扬社会主义优于自由主义；其三，认为发展中国家的文化必须保护西方价值的入侵；其四，提倡发展中国家多样化的发展模式，反对现代化理论提倡的单一性西方发展模式。

依附理论主张从与发达国家的经济、政治、文化关系等方面解释发展中国家的落后原因，这个解释反映了资本主义国家对发展中国家的"剥削"现实，具有合理性。特别是依附理论说明了：在很多情况下，法律被作为了西方殖民者的压迫工具，是实现西方商业利益的手段。这无疑在一定程度上揭露了西方推行法律与发展运动的本质。而国际发展法、发展中国家的发展权的提出，无论其成功与否，都将成为法律发展史上一个重要的转折点。

但是依附理论也有明显的不足。首先，依附理论的现实解释力有限。自1970年以来，许多发展中国家工业、经济的发展取得了依附理论意想不到的成功。中国的崛起就是例证。中国的经济增长率大大超出西方国家平均增长率。① 其次，依附理论强调从意识形态、阶级角度以及外部角度解释发展中国家落后的原因，具有一定的片面性，因为外部国际结构和历史只是导致发展中国家落后的因素之一，发展中国家的内部因素是更重要的原

① Brian Z. Tamanaha (1995), "The Lessons of Law-and-Development Studies", *The American Journal of International Law*, 89 (2): 470-486.

因。最后，发展中国家面临的一些问题需要多方面的解决手段，有的依靠非法律解决方案；有的却依靠发展法治民主制度。如不少学者认为大规模消除贫困国家债务才是有效解决其债务危机的途径。而女性权利和地位的保护、保护环境问题等，则需要学习民主法治体系的优点。

14.4　新制度主义理论

在法律与发展运动陷入困境之际，将制度作为经济增长关键因素的新制度主义理论给法律与经济增长理论注入了新动力，打破了僵局。以诺思为领军人物的新制度主义理论，强调经济增长和发展的关键因素是制度。在新制度主义理论的推动下，从20世纪90年代开始，国际发展组织掀起了法治与发展运动（rule of law and development movement）——继法律与发展运动后的又一大规模支持发展中国家法律改革的国际发展援助活动。世界银行的数据显示，自1990年以来，仅世界银行就资助了330个法治改革项目，共资助了29亿美元。[①]世界银行2014年年度报告显示，自2010年以来，世界银行为法治改革项目提供的总贷款额高达233.45亿美元。

现代法律通过产权保护、契约实施为私人交易提供可预测性和有效激励，进而有效约束政府的掠夺，从而成为经济增长的主要源泉。这是新制度主义理论的核心观念。诺思是最突出的代表人物[②]，法律与经济增长的新制度主义理论主要围绕诺思理论的三大核心展开——制度与经济增长、国家的作用、意识形态的作用。

14.4.1　制度与经济增长

在诺思看来，制度决定一个社会、政治制度、经济制度的激励结构，从而成为经济绩效的决定性因素。他说："有效率的经济制度是经济增长的关键，一个有效率的经济制度在西欧的发展正是西方兴起的原因所在。"[③]诺思强调从微观角度进行分析，认为个体决策在资本利用、如何有效配置资源方面起着关键作用。当个体能从投资中得到回报时，他们就会不断进行促进经济增长的投资。因此，确保产权安全和契约实施的法律制度就成为激励投资的关键因素。产权安全的制度安排一方面确保了私人投资将得到回报，另一方面严格限制了政府的掠夺行为。契约有效实施的制度安排，即第三方实施下的非个人交易（制度），在有效司法系统的有力支持下，已经成为涉及复杂契约关系的现代经济成功增长的首要源泉[④]；经济增长取决于能为非个人政治、经济市场交易提供低交易成本的稳定的政

---

① David M. Trubek (2006), "The Rule of Law, in Development Assistance: Past, Present, and Future", in *The New Law and Economic Development: A Critical Appraisal* (Trubek and Santos ed.), Cambridge, p. 74.

② 诺思理论主要反映在：Douglass North and Robert Thomas (1973), *The Rise of the Western World: A New Economic History*, Cambridge University Press; Douglass North (1990), *Institutions, Institutional Change, and Economic Performance*, Cambridge: Cambridge University Press; North (1992), "Institutions, Ideology, and Economic Performance", *Cato Journal*, 11: 477-487.

③ 道格拉斯·诺思，罗伯特·托马斯. 西方世界的兴起. 北京：华夏出版社，1999.

④ Douglass North (1990), *Institutions, Institutional Change, and Economic Performance*, Cambridge: Cambridge University Press, p. 35.

治/经济制度。[①] 通过比较不同国家长期经济绩效的差异，诺思指出那些提供了产权保护、为解决纠纷提供了可预测规则的国家的经济绩效要明显优于其他国家。

这样，诺思通过将解释的重点从韦伯的理性法律转移到法律制度的有效性上，成功地解释了韦伯理论所不能解释的英格兰法律与经济增长问题。虽然英格兰法律不是韦伯意义上的"理性法律"，但其能有效地反映社会、政治制度的需求，成功地降低了国家对个人利益的掠夺，从而提高了产权安全性，实现了经济绩效。

14.4.2 国家的作用

要实现产权保护、契约顺利实施的目标，就需要国家发挥重要的作用。国家作为经济增长中的特殊主体，在产权界定、创设、行使、保护方面，以及在契约实施机制方面具备天然的低成本优势。因此，在经济发展过程中，要积极发挥国家在产权保护与契约实施等方面的作用，尤其是国家强制力在确保制度实施、制度质量上的重要性。

但是国家并非自动地、完美地为经济增长创设条件。诺思指出，国家有两个追求目标：一是建立一套基本规则（即在要素和产品市场上界定产权结构）以使统治者的租金最大化，二是降低交易费用以使社会产出最大进而实现增加国家税收的目的。这两个目的往往是相悖的，从而导致使统治者的租金最大化的所有权结构与降低交易费用和促进经济增长的效率体制之间存在着持久冲突。正是基于这一冲突，才使得有些社会不能实现持续的经济增长，国家的兴衰也源于此。这就是诺思的国家悖论。政府行为决定了产权结构的有效性，从而成为经济增长的源泉或者经济衰退、停滞的源泉。[②]

可见，任何经济中的正式规则都需要由国家制定和维持，国家的作用不言而喻。但要避免国家成为经济增长的障碍，并不必然意味着取消或弱化政府干预，核心在于通过规范政府行为来实现经济发展。诺思强调国家的作用，其逻辑在于制度的有效性在经济增长中处于核心地位，而国家是实现制度有效性的重要主体。根据诺思理论，制度质量、制度的有效性除了取决于正式规则（法律等）与非正式约束（习俗、惯例、意识形态等）是否相容、完善外，更重要的是取决于实施机制是否完善。[③] 制度实施机制是制度的生命线，需要以国家为主体，依靠国家的强制力来保证正式约束和非正式约束的实施。

正是基于此，20 世纪 90 年代以来推行的法治与发展运动不再是简单地推行法律移植，而是鼓励政府在构建法律体系过程中发挥积极作用，将重点放在推动法律实施和利用法律制度对政府进行有效约束上。

14.4.3 意识形态的作用

任何经济中的正式规则或产权都是由国家制定和维持的，可是为什么会有不同的

---

① Douglass North (1995), "Some Fundamental Puzzles in Economic History/Development", Paper presented at the Seminar on Development, Economics Department, University of California at Berkeley.

② North (1981), *Structure and Change in Economic History*, New York: W. W. Norton.

③ 在诺思的眼中，制度实施机制包括三种机制：自我实施机制（比如自愿履行承诺）、对方实施机制（比如复仇，环境污染受害人对侵权人的诉讼）、第三方实施机制（比如国家强制执行、社会制裁、政府对污染环境的小造纸厂的关停等）（诺思，1994）。

制度结构？为什么有的制度结构并不能为其社会成员提供有效的激励以有助于经济增长呢？诺思指出，答案在于社会成员或公众的精神模式（mental model），亦即看待问题的方式不同——世界观不同以及制度实施的不同。用诺思的话来说，包括意识形态在内的非正式规范以及实施，是不同经济体有不同经济绩效的一个主要原因。①

诺思将意识形态定义为：一种节约化机制（economizing device），人们通过它与所相处的环境相适应，并且提供一种世界观以简化日常决策过程。意识形态表述了人们对社会的劳动分工、分配制度、制度结构等是否合意的信息。当个人经验及其意识形态不一致时，人们会改变其意识形态观念，即人们会试图学习并发展一套新的合理化观念以适应现实。在人们改变其意识形态之前，经验与意识形态之间的不一致必须经过一定的累积过程。②

诺思等强调意识形态等非正式约束决定了法律等制度的变迁方向，影响着长期经济绩效。诺思认为在非正式约束中，文化/意识形态的长期意义是，它左右制度变迁的渐进过程，因此是路径依赖的源泉之一。如果修正过的正式规则与未改变的非正式约束之间存在着紧张关系，所产生的结果对经济体系变化方式有着重大意义。③进言之，意识形态这种非正式制度，其主要功能在于借助社会或群体共有的世界观，节约日常决策的信息成本，同时也为其他制度安排的运作减少了交易成本，因而在制度变迁、经济增长过程中也发挥着决定性作用。

但是社会的意识形态是存在差异的，这些差异将必然反映在各种制度和政策中，因此也就决定了制度实施被社会公众接受程度的不同，进而导致不同的经济绩效差异。如何确保制度和意识形态之间的一致性成为关键所在。这也是法治与发展运动逐步关注与发展中国家本土国情适应的最小法治原则的另一理论背景。

14.5　现代观点：法律经济学

在新制度主义理论的推动下，一系列关于法律与经济增长的现代观点相继涌现。学者们不再局限于从法律这一单一视角来分析法律与经济增长的关系，开始关注从新制度主义理论强调的非正式制度的视角来探索法律在经济增长中的作用：什么是促进经济增长的合意制度？基于西方发展经验的法律与经济增长理论能否在不同文化背景的发展中国家中成功运用？法律在后发国家、发展中国家中是否发挥了不同的作用？非正式制度与法律在发展中国家经济发展过程中的关系如何？与此同时，东亚经济奇迹、中东欧与中国等转轨经济改革的发展实践极大地挑战了传统法律与经济增长理论的有效性，强调政府与政策、非正式制度对法律秩序的替代、文化、法律渊源等在经济增长中作用的现代法律与经济增

① Douglass North (1994), "Economic Performance through Time", *The American Economic Review*, 84 (3): 359-368.

② North (1981), *Structure and Change in Economic History*, New York: W. W. Norton, p. 49.

③ Douglass North (1990), *Institutions, Institutional Change, and Economic Performance*, Cambridge: Cambridge University Press, pp. 44-45.

长理论应运而生。[1] 现代法律与经济增长理论大致概括为政府论、替代论、文化论和法与金融。

14.5.1 政府论

虽然法律制度、产权安全、契约实施的重要性在古典社会理论、新制度主义理论中得到了充分肯定，然而实践表明，对这些法律制度的实际需要很可能被高估了。鉴于这个事实，政府论就突出强调政府（国家）在经济发展中具有关键作用，认为政府的参与、政府的授权等行政性介入是各种交易活动法律秩序的有效替代。

由亚洲发展银行资助的 Pistor and Wellons（1999）的《法律和法律制度在亚洲经济发展中的作用：1960—1995》一文是该观点的代表性文献。他们通过对中国、印度、日本、韩国、马来西亚等经济高速增长的地区的发展实践进行比较分析，重点强调了当局在经济增长中的重要作用。该研究发现：在很多情况下，当局成为私人交易秩序的有效替代，当局在经济发展中通过制定不同的经济发展政策，从出口导向到进口替代、从稳定政策到自由化改革，并利用法律作为当局政策的工具与支持，成功地实现了经济快速发展。结论是：（1）在这些区域，相对较高水平的当局参与、当局授权和高速经济增长是相伴而生的，因此当局参与很可能是经济增长的关键。（2）虽然在不少领域存在一定程度的法律趋同，但并不存在全球性的法律趋同。

不过该研究并没有完全将法律的作用边缘化，当政府的经济政策向更深层次的市场化方向深入时，法律对经济增长的促进作用也随之越来越重要。

许多研究进一步支持了政府论。McMillan and Naughton（1992）就指出中国的政府干预对确保改革顺利进行、经济高速发展发挥了重要作用。Tom Ginsburg（2000）也承认法律在中国等东亚经济奇迹中并非首要因素，反而政府对私人秩序的有效替代成功地实现了高经济增长。Rodrik（2004）通过中国和俄罗斯的比较研究指出，法律制度对经济增长本身可能并不重要，但地方政府的参与实现了中国商业活动的成功。

Ginsburg（2000）指出，政府论与新制度主义理论等的主要分歧体现为：（1）政府论倾向于降低韦伯等理论所强调的法律普适性、一致执行的必要性。东亚经验显示，当法律规则没能被执行或遵循时，企业等经济主体能发展出与法律一样有效的替代安排，比如利用和政府官员的关系、与政府合作等。中国乡镇企业的发展就是典范之一。（2）政府论强调政府授权在经济增长中的重要性，而非韦伯、诺思理论所强调的法律对政府的约束。政府经济发展政策的有效性要求信息在政府与私人之间能有效流通。而政府行政体系的弹性很可能成为这种信息交流的有效机制，政府通过行政审查调节、细化过于原则性的法律。这虽然降低了法律的可预测性，但在很大程度上提高了政府政策的有效性。

14.5.2 替代论

政府论强调政府对法律秩序的替代，而替代论则强调关系、社会资本、社团（包括家

---

[1] Tom Ginsburg (2000), "Does Law Matter for Economic Development? Evidence From East Asia", *Law & Society Review*, 34 (3): 829-856; Frank B. Cross (2002), "Law and Economic Growth", *Texas Law Review*, 80 (7): 1736-1775; Guangdong Xu (2011), "The Role of Law in Economic Growth: A Literature Review", *Journal of Economic Surveys*, 25 (5): 833-871.

族）等非正式制度对法律秩序的替代作用。从替代论看来，关系、社会资本、社团（包括家族）等非正式机制一定程度上能发挥正式法律制度具有的产权保护和契约实施功能，从而成为不少发展中国家、转轨国家经济成功不可忽视的因素。虽然古典社会理论、新制度主义理论都强调了文化、意识形态等非正式制度、社会规范对于经济增长的重要性，但它们是通过说明这些对法律制度具有的作用的基础上进行阐释的，都强调法律制度对于经济增长具有首要影响，而替代论则意图直接挑战法律制度的首要地位。

此前就有不少学者批判了法律中心主义，认为非法律秩序在支持经济发展方面发挥着与法律秩序相等的作用。如 Ellickson（1991）就利用经验证据反驳了法律制度的重要性，指出正式法律可能并不是有效经济安排的必要条件。

在法律制度并不完善的基础上，中国创造了持续 20 多年 9.5%GDP 增长率①这一“中国奇迹”，强力支持了替代论的主张。Allen，Qian，and Qian（2005）从中国法律体系、金融制度的特点出发，将金融作为法律与中国经济增长之间的媒介，认为国有部门、上市公司与私人部门三者之间不平衡的发展事实说明了基于声誉和关系的非正式融资渠道和治理机制支持了私人部门的发展。Ma（2004）强调了亚洲长期以来的社会网络、社团、非正式制度有助于减少交易成本和提供信任促进，并特别强调非正式制度、相应的意识形态等在中国的长期经济增长中具有重要作用。Lubman（1996）、Jones（1994）对中国经济增长的研究表明，对法律秩序依赖性的不断增加并不会取代基于关系的经济组织系统。Redding（1990）等则将中国经济奇迹归功于以强调关系、倾向于用非正式机制而不是法院来解决纠纷、偏好家族生意、拥有共同的儒家文化价值等为特征的中国式机制。Ang et al.（2009）通过研究社会资本在吸引外资高科技企业投资过程中的作用，指出社会资本也是法律保护的替代机制之一。有研究显示，关系是中国中小企业发展的动力（Ji，2009）。

但是强调替代法律的机制的重要性，并不代表就直接否定了法律正式制度的重要性，实际上这些非正式制度是不能够完全替代法律的。因为关系、社会资本、社团等非正式制度都具有自身的局限。例如交易范围的局限、在交易关系日益复杂情况下信息成本难以降低的局限。并且非正式制度替代法律需要一定的前提条件，例如，重复交易、对交易方有充足的信息、小群体、特定文化背景等。正式法律在节约交易成本方面有着不可否认的优势，尤其在非个人交易的现代社会中。

因此，法律对于大型国家的经济增长具有难以取代的作用。中国越来越重视法治建设，强调依法治国，就是例证。Peerenboom（2002）在强调非正式制度对中国经济发展的重要性的同时，也指出了法治对于支持长期经济增长的关键性，认为正式法律秩序与私人秩序相互补充和相互支持是最优的策略。Chen（1999）在重新检验了中国文化中的关系在经济发展中的作用后，认为建立理性法律仍是支持中国经济长期增长的关键。Yu（2009）认为产权保护是吸引私人投资的重要因素，其实证结果支持法律与中国经济之间的正向关系。

此外，缺乏法律、产权安全的危害性也在实践中得到说明。腐败以及黑手党等有组织犯罪集团在俄罗斯、一些拉美国家的泛滥对经济的危害就充分说明了这一点。

---

① OECD（2005）：Economic Survey of China，http://www.oecd.org/dataoecd/10/25/35294862.pdf.

14.5.3 文化论

文化论将解释经济增长的焦点放在本土文化上，质疑西方文化背景下的法律制度和产权、契约实施在其他国家中的有效性，认为文化差异才是决定一国社会和经济发展的关键。① 文化论放大了诺思关于文化/意识形态在决定制度变迁、经济绩效中的作用，将其上升到了高于法律等正式制度的地位。

该理论主要基于东亚国家的发展事实，认为儒家文化是中国、韩国等东亚国家经济成功的核心因素，法律的作用并不显著。儒家文化、中国悠久的历史等因素决定了包括中国在内的发展中国家的法律概念与西方意义上的法律概念有着巨大差距（Baum，2001）。在文化论看来，资本、劳动力这些被新古典发展经济学视为增长的关键因素，实际上是第二重要的，文化等非物质因素才是关键。Gong and Jang（1998）将文化论划分为三个分支，并指出了各种理论分支的局限：

（1）新儒家文化主义理论。该理论认为，虽然儒家文化在从传统社会向市场经济社会转变过程中起负面作用，但是一旦建立了市场经济制度，儒家文化在经济发展方面就将发挥积极作用（Berger，1983；Tai，1989；等），儒家文化中的集体主义在东亚经济奇迹中发挥了关键作用。

（2）修正主义专制国家理论。该理论认为，简单地将儒家文化与经济发展联系起来过于肤浅，应该深究东亚经济奇迹中国家所发挥的作用，应当深入地从文化根源角度剖析这些专制政府取得高速经济增长的文化制度原因（Chen，1988；Ellison and Gereffi，1990）。文化被看作专制国家取得经济增长的条件变量和强化因素。

（3）发展的制度理论。该理论关注在特定制度条件下文化所产生的影响，即使是相同的文化特征在不同的制度条件下也会导致不同的社会经济发展结果（Clegg et al.，1990；Morishima，1982；Senghass，1988）。

Gong and Jang（1998）在剖析前三种文化论的基础上，试图建立第四种文化论——微观导向新文化论。他们认为前三种文化论存在过于一般化和因果关系模糊等缺陷的主要根源在于，它们在方法论上直接将非物质的宏观社会事实——文化与物质性社会事实——与经济发展联系在了一起。在他们看来，新的文化论应该将儒家文化价值效用化、从动态角度考察儒家文化的价值、从微观角度分析儒家文化影响经济发展的机制。Chen（1990）、Ma and Smith（1992）等均从微观角度分析了儒家文化的作用模式。Guiso et al.（2006）通过回顾、分析有关文化与经济增长的理论与实证研究，强调了文化对经济产出的显著影响。他们认为文化，比如道德背景、信仰等通过影响人们的信念或偏好，从而能影响经济产出。

然而，文化论仍缺乏微观基础及相应的实证证据，其结论的有效性仍未被有效认可。Daniels et al.（2004）在分析发展中国家法治建设时指出，文化等因素是制约发展中国家实现法治的一大障碍。Acemoglu（2009）指出如何有效量化文化，是学术界至今仍未解决的问题，亦是文化与经济发展领域的难题。

因此，文化对于经济增长和法律制度运行的作用的效力是否在法律制度之上、文化是内生于社会经济制度还是外生于法律制度等问题，远未有定论。

---

① 该观点在 Gong and Jang（1998）、Cross（2002）中得到了较全面的回顾与分析。

14.5.4 法与金融

法与金融的相关文献强调法律对投资者、债权人权利保护是促进金融、经济发展的关键。La Porta，Lopez-de-Silanes，Shleifer，and Vishny（1997，1998）（以下简称 LSSV）的经典论文证明，不同的法律体系决定着投资者和债权人权利保护程度不一，从而影响着金融发展水平，最终导致不同的经济绩效。LSSV（1997，1998）、Levine（1999），Levine，Loayza and Beck（1999）、La Porta et al.（2008）等学者认为不同的法律起源导致法律体系的质量差异、投资者保护程度不同，他们认为更好的投资者保护水平能培育更成熟的金融市场，金融市场和银行所提供的金融服务水平与质量也更佳，经济增长率也随之更高。Wurgler（2000）的研究表明，对少数投资者的法律保护水平与一个国家的资本积累呈正向关系。肖珉、沈艺峰（2008）以赴香港跨地上市后返回内地发行A股的公司为研究对象，认为严格的投资者保护制度有效地降低了公司的权益资本成本。郑志刚、邓贺斐（2010）研究表明我国法律环境的改善在区域资本市场规模及银行信贷规模发展方面影响显著。

法律、金融发展与经济增长三者之间的正向关系在转轨经济实践中受到学者的质疑。有学者通过分析发展中国家及转轨国家的情况指出，行动中的法律比书面上的法律在金融发展与经济发展中更为重要，他们强调法律实效性的重要性（Lu and Yao，2009；Berkowitz，Pistor，and Richard，2003；Pistor，2002；Pistor，Raiser，and Gelfer，2000；Allen，Qian，and Qian，2005）。De Haas（2004）认为基于转轨过程中的特殊性——尤其是预算软约束的存在，转轨国家的法律只能在很有限的程度上作为金融发展的决定因素，法律通过对金融系统的影响间接地促进经济增长这一结论不能毫无限制地运用于转轨经济。

卢峰、姚洋（2004，2009）从法与金融角度探讨我国法律、金融发展与经济增长之间的关系，认为不完善的法治体系导致金融资源从国有部门流向私人部门的漏损效应的存在，从而影响经济增长。他们指出加强法治并不能显著提高经济增长水平；法治只有在其他配套制度安排完善的条件下才能发挥法律对经济发展的积极效应，在以金融压抑为特征的经济中加强法治很可能对金融发展产生消极影响。他们强调法治对经济增长的双面影响，以各省法院每年经济案件的结案率作为法治指标有待商榷。Allen，Qian，and Qian（2005）也指出中国是法律、金融与经济增长研究领域的反例之一，声誉机制和关系等非正式制度替代机制支持了中国经济的快速发展，法律与非正式制度的互动关系应成为研究的重点。

研究显示，法律与金融之间可能存在双向关系。Mahoney（2000）认为法律起源不仅仅是金融发展的工具，也是金融发展的结果。De Haas（2004）在回顾转轨经济中法律、金融与经济增长的研究时指出，实证研究表明，某些国家的金融与经济增长之间存在双向关系。Deakin and Pistor（2012）认为法律与金融之间存在双向因果关系，LSSV 及其追随者将法律渊源视为完全外生因素的这一做法值得商榷。

显然，法律影响金融发展的途径仍有待深入与细化，学术界至今仍未就该论题达成共识。

总而言之，法律与增长的现代观点仍需要大量的经验与理论证据。法律、政府、非正式制度、文化与经济增长之间的关系仍亟待深入研究。

习　题

1. 古典社会理论四位代表人物关于法律与经济增长之间关系的理论有何异同？
2. 现代化理论为什么会失败？
3. 阐述新制度主义理论构建的法律与经济增长关系模型。
4. 中国的长期经济增长对法律与发展的传统理论提出了挑战，如何认识政府论、替代论、文化论等对中国经济增长的解释？

推荐阅读书目

1. 马克斯·韦伯. 论经济与社会中的法律. 北京：中国大百科全书出版社，1998.

2. 道格拉斯·诺思. 制度、制度变迁与经济绩效. 上海：上海三联书店，1994.

3. Frank B. Cross（2002），"Law and Economic Growth"，*Texas La Review*，80（7）：1736−1775.

4. Tom Ginsburg（2000），"Does Law Matter for Economic Development? Evidence from East Asia"，*Law & Society Review*，34（3）：829−856.

5. David M. Trubek（1972），"Toward a Social Theory of Law：An Essay on the Study of Law & Development"，*Yale Law Journal*，82（1）：1−16.

6. Xu，Guangdong（2011），"The Role of Law in Economic Growth：A Literature Review"，*Journal of Economic Surveys*，25（5）：833−871.

参考文献

第一章 法经济学导论

Gerrit De Geest (1996), "The Debate on the Scientific Status of Law & Economics", *European Economic Review*, Vol. 40: 999-1006.

Mitchell Polinsky (2003), *An Introduction to Law and Economics*, Third Edition, Gaithersburg, Md.: Aspen Publishers.

Richard A. Posner (1987), "The Law and Economics Movement", *American Economic Review*. Papers and Proceedings, Vol. 77: 1-13.

William M. Lades and Richard A. Posner (1992), "The Influence of the Economics on Law: A Quantitative Study", Chicago Law & Economics Working Paper (2D series), No. 9.

波斯纳. 法律的经济分析. 北京：中国大百科全书出版社，1997.

大卫·D. 弗里德曼. 经济学语境下的法律规则. 北京：法律出版社，2004.

罗宾·保罗·麦乐怡. 法与经济学. 杭州：浙江人民出版社，1999.

苏力. 法治及其本土资源. 北京：中国政法大学出版社，1996.

张乃根. 法经济学. 北京：中国政法大学出版社，2003.

第二章 法经济学的发展历史

Armen A. Alchian (1965), "Some Economics of Property Rights", *Politico*, 30: 816-829.

Deffains and Kirat (2001), *Law and Economics in Civil Law Countries*, Routledge (UK).

Ejan Mackaay (2000), History of Law and Economics, *Encyclopedia of Law and Economics* (*Volume Ⅰ*): *The History and Methodology of Law and Economics*, (ed.) Boudewijn Bouckaert and Gerrit De Geest, Edward Elgar, Cheltenham, UK · Northampton, MA, USA.

Guido Calabresi (1961), "Some Thoughts on Risk-Distribution and the Law of Tort, *Yale Law Journal*, Vol. 70: 499-553.

Heath Pearson (1997), *Origins of Law and Economics: The Economists' New Science of Law, 1830—1930*, Cambridge University Press.

Nicholas Mercuro and Steven G. Medema (1997), *Economics and the Law: From Posner to Post-Modernism*, Princeton University Press.

Richard A. Epstein (1997), "Law and Economics: Its Glorious Past and Cloudy Future", *University of Chicago Law Review*, 64 (4): 1167-1174.

Williaw M. Landes and Richard A. Posner (1993), "The Influence of Economics on Law: A Quantitative Study", *Journal of Law and Economics*, 36 (1): 385-424.

科斯. 财产权利与制度变迁. 上海：上海三联书店、上海人民出版社，1994.

配第. 配第经济著作选集. 北京：商务印书馆，1981.

盛洪. 现代制度经济学. 北京：北京大学出版社，2004.

施蒂格勒. 经济学家和说教者. 上海：上海三联书店，1990.

魏建，宋艳锴. 刑罚威慑理论：过去、现在和未来. 学习与探索，2006 (4).

吴锦宇. 略述"法和经济学运动"在中国大陆的发展（1983—2003）//黄少安. 制度经济学研究（第二辑）. 北京：经济科学出版社，2003.

张乃根. 西方法哲学史纲. 北京：中国政法大学出版社，1997.

第三章　理性选择的经济学：法经济学的经济学基础

Cass R. Sunstein (2000), *Behavioral Law and Economics 1-10*, Cambridge University Press, Cambridge, UK.

Cooter and Ulen (2003), *Law and Economics*, 4rd Ed., Pearson Education, Inc., Publishing.

Kahneman and Tversky (1979), "Prospect Theory: An Analysis of Decision under Risk", *Econometrica*, 47.

第四章　法律与法律制度概论

李胜兰，周林彬，邱海洋. 法律成本与中国经济法制建设. 中国社会科学，1997 (4).

梅夏英. 财产权构造的基础分析. 北京：人民法院出版社，2002.

徐昕. 论私力救济. 北京：中国政法大学出版社，2005.

周林彬. 物权法新论. 北京：北京大学出版社，2002.

第五章　法经济学的基础理论与分析方法

Cooter and Ulen (2003), *Law and Economics*, 4rd Ed., Pearson Education, Inc., Publishing.

George J. Stigler (1966), *The Theory of Price*, 3rd Ed., New York, MacMillan.

Jolls, Sunstein, and Thaler (1998), "A Behavioral Approach of Law and Economics", *Stanford Law Review*, 50.

Korobkin, B. Russell and Ulen (2000), "Law and Behavioral Science: Removing the Rationality Assumption from Law and Economics", *California Law Review*, 88.

Ronald H. Coase (1991), "The Institutional Structure of Production", Alfred Nobel Memorial Prize Lecture in Economic Sciences.

Ulen, Thomas S. (2000), "Rational Choice Theory in Law and Economics", *Encyclopedia of Law and Economics*, (ed.) Boudewijn Bouckaert and Gerrit De Geest, Edward Elgar, Cheltenham, UK • Northampton, MA, USA.

拜尔，等. 法律的博弈分析. 北京：法律出版社，1999.

陈郁. 企业制度与市场组织：交易费用经济学文选. 上海：上海三联书店、上海人民出版社，2006.

黄少安. 产权经济学导论. 济南：山东人民出版社，1995.

科斯. 财产权利与制度变迁. 上海：上海三联书店、上海人民出版社，1994.

科斯. 企业、市场与法律. 上海：上海三联书店，1990.

科斯. 契约经济学. 北京：经济科学出版社，1999.

魏建. 法经济学分析范式的演变及其方向瞻望. 学术月刊，2006 (7).

魏建. 谈判理论：法经济学的核心理论. 兰州大学学报（社会科学版），1999 (4).

第六章 财产法的经济分析

Alchian (1966), "Some Economics of Property Rights", *Politico*, 30: 816-818.

Cooter and Ulen (2003), *Law and Economics*, 4rd Ed., Pearson Education, Inc., Publishing.

G. Hardin (1968), "The Tragedy of the Commons", *Science*, 162: 1243-1248.

Hanley, Nick, Sumner, Charles (1995), "Bargaining Over Common Property Resources: Applying the Coase Theorem to Red Deer in the Scottish Highlands", *Journal of Environmental Management*, 43: 87-95.

H. S. Gordon (1954), "The Economic Theory of a Common Property Resource: The Fishery", *Journal of Political Economy*, 2: 124-142.

J. Netter P. Hersch, and W. Manson (1986), "A Economic Analysis of Adverse Possession Statutes", *International Review of Law and Economics*, 6: 217-227.

Kenneth R. Vogel (1987), "The Coase Theorem and California Animal Trespass Law", *Journal of Legal Studies*, 16: 149-187.

M. Baker, T. Miceli, C. F. Sirmans, and G. Turnbull (2001), "Property Rights by Squatting: Land Ownership Risk and Adverse Possession Statutes", *Land Economics*, 77: 360-370.

M. Heller (1998), "The Tragedy of the Anti-commons: Property in Transition from Marx to Markets", *Harvard Law Review*, 111: 621-688.

R. Leiter (1999), *National Survey of State Laws*, 3rd Ed., Detroit: Gale Research.

R. Posner (2003), *Economic Analysis of Law*, 6th Ed., New York: Aspen Law & Business.

Ward Farnsworth (1999), "Do Parties to Nuisance Cases Bargain after the Judgment? A Glimpse Inside the Cathedral", *University of Chicago Law Review*, 66: 373.

第七章　知识产权法的经济分析

William, W. F. III (1988), "Restructuring the Fair Use Doctrine", *Harvard Law Review*, 101 (8): 1696-1745.

阿瑟·R. 米勒，等. 知识产权法概要. 北京：中国社会科学出版社，1998.

菲德里克·毛思德. 驰名商标在非竞争性商品上的保护//郑成思. 知识产权研究（第一卷）. 北京：中国方正出版社，1996.

赫尔南多·德·索托. 资本的秘密. 南京：江苏人民出版社，2001.

科斯. 企业、市场与法律. 上海：上海三联书店，1990.

迈克尔·D. 贝勒斯. 法律的原则——一个规范的分析. 北京：中国大百科全书出版社，1996.

尼尔·胡德，斯蒂芬·扬. 跨国企业经济学. 北京：经济科学出版社，1990.

瓦尔特·欧根. 建立竞争秩序的政策//何梦笔. 德国秩序政策理论与实践. 上海：上海人民出版社，2000.

吴欣望. 专利经济学. 北京：社会科学文献出版社，2005.

谢尔曼，等. 现代知识产权法的演进：英国的历程（1760—1911）. 北京：北京大学出版社，2006.

薛虹. 网络时代的知识产权法. 北京：法律出版社，2000.

伊东光晴. 现代经济的蜕变. 上海：上海财经大学出版社，1999.

伊利奇·考夫. 专利制度经济学. 北京：北京大学出版社，2005.

詹森，麦克林. 专门知识、一般知识和组织结构//科斯，等. 契约经济学. 北京：经济科学出版社，1999.

张五常. 经济解释——张五常经济论文选. 北京：商务印书馆，2000.

郑文通. 宪法和知识产权：美国最高法院"米老鼠案"述评//吴敬琏. 比较（第8期）. 北京：中信出版社，2003.

第八章　合同法的经济分析

Cooter and Ulen (2003), *Law and Economics*, 4rd Ed., Pearson Education, Inc., Publishing.

Hermalin, Katz, and Craswell (2006), "Law and Economics of Contracts", Forthcoming in *The Handbook of Law & Economics*.

Miceli (2004), *The Economic Approach to Law*, Stanford, California: Stanford University Press.

Posner and Rosenfield (1977), "Impossibility and Related Doctrines in Contract Law: An Economic Analysis", *Journal of Legal Studies*, 6: 83-118.

Rea (1998), "Penalty Doctrine in Contract Law", in *The Palgrave Dictionary Law and Economics*, (ed.) P. Newman. New York: Stockton Press.

波斯纳. 法律的经济分析. 北京：中国大百科全书出版社，1997.

弗里德曼. 经济学语境下的法律规则. 北京：法律出版社，2004.

王利明. 中国民法案例与学理研究［债权篇］. 北京：法律出版社，2003.

第九章 侵权法的经济分析

Cooter and Ulen (2003)，*Law and Economics*，4rd Ed.，Pearson Education，Inc.，Publishing.

Giuseppe Dari Mattiacci (2009)，"Tort Law and Economics"，Forthcoming in Hatzis Aritides (ed.)，*Economic Analysis of Law*：*A European Perspective*，Edward Elgar，Downloadable from SSRN.

Steven Shavell (1980)，"Negligence versus Strict Liability"，*Journal of Legal Studies*，9：1.

Steven Shavell (2004)，*Foundations of Economic Analysis of Law*，Harvard University Press.

第十章 民事程序的经济分析

Baird，Gertner and Picker (1994)，*Game Theory and the Law*，Cambridge，Mass.：Harvard University Press.

Bebchuk (1984)，"Litigation and Settlement Under Imperfect Information"，*Rand Journal of Economics*，15：404-415.

Bebchuk (1988)，"Suing Solely to Extract a Settlement Offer"，*Journal of Legal Studies*，17：437-450.

Bryan A. Garner (1999)，*Black's Law Dictionary*，West Group.

Cooter and Rubinfeld (1989)，"An Economic Analysis of Legal Disputes and Their Resolution"，*Journal of Economic Literature*，27：1067-1097.

Cooter and Ulen (2003)，*Law and Economics*，4rd Ed.，Pearson Education，Inc.，Publishing.

Daniel Kahneman and Amos Tversky (1979)，"Prospect Theory：An Analysis of Decision Under Risk"，*Econometrica*，47：263.

Gould (1973)，"The Economics of Legal Conflicts"，*Journal of Legal Studies*，2：279-300.

Jeff Rachlinski (1996)，"Gains，Losses，and the Psychology of Litigation"，*South California Law Review*，70：113.

Katz (1990)，"The Effect of Frivolous Litigation on the Settlement of Legal Disputes"，*International Review of Law and Economics*，10：3-27.

Landes (1971)，"An Economic Analysis of the Courts"，*Journal of Law and Economics*，14：61-107.

Miceli (2004)，*The Economic Approach to Law*，Stanford，California：Stanford University Press.

Nalebuff (1987), "Credible Pretrail Negotiation", *Rand Journal of Economics*, 18: 198-210.

Posner (1998), *Economic Analysis of Law*. 5th ed., New York: Aspen Law & Business.

Posner (1973), "An Economic Approach to Legal Procedure and Judicial Administration", *Journal of Legal Studies*, 2: 399.

Priest (1977), "The Common Law Process and the Selection of Efficient Rules", *Journal of Legal Studies*, 5: 65-82.

Rosenberg and Shavell (1985), "A Model in Which Suits are Brought for Their Nuisance Value", *International Review of Law and Economics*, 5: 3-13.

Rubin (1977), "Why Is the Common Law Efficient?", *Journal of Legal Studies*, 6: 51-63.

Shavell (1982b), "Suit, Settlement, and Trail: A Theoretical Analysis Under Alternative Methods for the Allocation of Legal Costs", *Journal of Legal Studies*, 11: 55-81.

Steven Shavell (1982), "The Social versus Private Incentive to Bring Suits in a Costly Legal System", *Journal of Legal Studies*, 11: 333-339.

Shavell (1995), "The Appeals Process as A Means of Error Correction", *Journal of Legal Studies*, 24: 379-426.

波斯纳．证据法的经济分析．北京：中国法制出版社，2001.

常怡．比较民事诉讼法．北京：中国政法大学出版社，2002.

何家弘．总序//汤维健．美国民事诉讼规则．北京：中国检察出版社，2003.

兼子一，竹下守夫．日本民事诉讼法．北京：法律出版社，1995.

徐昕．论私力救济．北京：中国政法大学出版社，2005.

张卫平．诉讼架构与程式——民事诉讼的法理分析．北京：清华大学出版社，2000.

第十一章　刑法的经济分析

Alon Harel (1994), "Efficiency and Fairness in Criminal Law: The Case for a Criminal Law Principle of Comparative Fault", *California Law Review*, 82: 1181.

Ann Dryden Witte (1980), "Estimating the Economic Model of Crime with Individual Data", *Quarterly Journal of Economics*, 94: 57-84.

Belton M. Fleisher (1966), "The Effect of Income on Delinquency", *The American Economic Review*, 56, pp. 118-137.

C. Cornwell and W. N. Trumbull (1994), "Estimating the Economic Model of Crime with Panel Date", *Review of Economics and Statistics*, 76: 360-366.

Christine Jolls, Cass R. Sustein, and Richard Thaler (1998), "A Behavioral Approach to Law and Economics", *Stanford Law Review*, 50: 1471.

Cook, J. Philip and Gary A. Zarkin (1985), "Crime and the Business Cycle", *The Journal of Legal Studies*, 14, pp. 115-128.

C. T. Clotfelter (1983), "Tax Evasion and Tax Rates: An Analysis of Individual Returns", *Review of Economics and Statistics*, 65: 363-373.

Daniel S. Nagin and Raymond A. Paternoster (1993), "Enduring Individual Differences and Rational Choice Theory of Crime", *Law and Society Review*, 27: 467-496.

Dan M. Kahan (2002), "The Theory of Value Dilemma: A Critique of the Economic Analysis of Criminal Law", *Yale Law & Economics Research Paper*, 280.

George J. Stigler (1970), "The Optimum Enforcement of Law", *Journal of Political Economy*, 78: 526-536.

Glaeser, L. Edward and Bruce Sacerdote (1999), "Why Is There More Crime in Cities?", *Journal of Political Economy*, 107, pp. S225-S258.

Gould, Eric, Bruce Weinberg, and David B. Mustard (2002), "Crime Rates and Local Labor Market Opportunities in the United States: 1977—1997", *Review of Economics and Statistics*, 84 (1), pp. 45-61.

Gray S. Becker (1968), "Crime and Punishment: An Economic Approach", *Journal of Political Economy*, 76: pp. 169-217.

Isaac. Ehrlich (1973), "Participation in Illegitimate Activities: A Theoretical and Empirical Investigation", *The Journal of Political Economy*, 81 (3), pp. 521-565.

Isaac Ehrlich (1973), "Participation in Illegitimate Activities: A Theoretical and Empirical Investigation", *Journal of Political Economy*, 81: 521-565.

J. Grogger (1998), "Market Wages and Youth Crime", *Journal of Labor Economics*, 16 (4), pp. 756-791.

Joanne M. Doyle, Ahmed, Ehsan, and Robert N. Horn (1999), "The Effects of Labor Markets and Income Inequality on Crime: Evidence from Panel Data", *Southern Economic Journal*, 65, pp. 717-738.

J. Slemrod (1985), "An Empirical Test of Tax Evasion", *Review of Economics and Statistics*, 67: 232-238.

Marcel Alexander Niggli (1994), "Rational Choice Theory and Crime Prevention", *Studies on Crime and Crime Prevention*, 3: 83-103.

Michael K. Block and Robert C. Lind (1975), "An Economic Analysis of Crimes Punishable by Imprisonment", *Journal of Legal Studies*, 479, 481.

Mitchell Polinsky and Daniel L. Rubinfeld (1991), "A Model of Optimal Fines for Repeat Offenders", *Journal of Public Economics*, 46: 291-306.

Peter Schmidt and Ann Dryden Witte (1984), *An Economic Analysis of Crime and Justice: Theory, Methods, and Applications*, New York, Academic Press.

P. Fajnzylber, D. Lederman, and N. Loayza (1998), "Determinants of Crime Rates in Latin America and the World", World Bank Latin American and Caribbean Viewpoint Series Paper.

P. Fajnzylber, D. Lederman, and N. Loayza (2002) "Inequality and Violent Crime", *Journal of Law and Economics*, 45, pp. 1-40.

P. Fajnzylber, D. Lederman, and N. Loayza (2002), "What Causes Violent Crime?", *European Economic Review*, 46, pp.1323-1357.

Raphael, Steven and Rudolf Winter-Ebmer (2001), "Identifying the Effect of Unemployment on Crime", *Journal of Law and Economics* 44：259-283.

Richard A. Posner (1985), "An Economic Theory of the Criminal Law", *Columbia Law Review*, 85：1193，1222-1223.

Richard A. Posner (1992), *Economic Analysis of Law*, Little, Brown and Company.

Richard B. Freeman (1996), "Crime and the Job Market", National Bureau of Economic Research Working Paper No. 4910, Cambridge MA.

Robert Cooter (1984), "Prices and Sanctions", *Columbia Law Review*, 84：1523.

Samuel L. Myers (1982), "Crime in Urban Areas：New Evidence and Result", *Journal of Urban Economics*, 11：148-158.

Scorcu, E. Antonello and Cellini Roberto (1998), "Economic Activity and Crime in the Long Run：An Empirical Investigation on Aggregate Data from Italy, 1951—1994", *International Review of Law and Economics*, 18, pp. 279-292.

William Lan Miller (1990), *Bloodtaking and Peacemaking：Feud, Law, and Society in Saga Iceland*, University of Chicago Press.

William N. Trumbull (1989), "Estimations of the Economic Model of Crime Using Aggregate and Individual Level Date", *Southern Economic Journal*, 56：423-439.

贝卡里亚．论犯罪与刑罚．北京：中国大百科全书出版社，1993.

边沁．道德与立法原理导论．北京：商务印书馆，2000.

波斯纳．超越法律．北京：中国政法大学出版社，2001.

波斯纳．法律理论的前沿．北京：中国政法大学出版社，2003.

罗伯特·考特，托马斯·尤伦．法和经济学（第三版）．上海：上海财经大学出版社，2002.

罗吉尔·胡德．死刑的全球考察．北京：中国人民公安大学出版社，2005.

第十二章　公司法的经济分析

Alchian and Demsetz (1972), "Production, Information Costs, and Economic Organization", *The American Economic Review*, 62：777-795.

Frank Easterbrook and Daniel Fischel (1991), *The Economic Structure of Corporate Law*, Harvard University Press.

Grossman and Hart (1986), "The Costs and Benefits of Ownership：A Theory of Vertical and Lateral Integration", *Journal of Political Economy*, 94：691-719.

Harry G. Henn and John R. Alexander (1983), *Law of Corporation*, Honn Book Series, West Publishing Company.

M. Burkart, D. Gromb, and F. Panunzi (1997), "Large Shareholders, Monitoring, and the Value of the Firm", *Quarterly Journal of Economics*, 112：693-728.

O. Williamson (1975), *Markets and Hiearchies：Analysis and Anti-trust Implication*, New York：The Free Press.

R. Coase (1937), "The Nature of the Firm", *Economica*, 4：386-405.

S. Cheung (1983), "The Contractual Nature of the Firm", *Journal of Law and Eco-*

nomics，26 (1).

布莱恩·柴芬斯．公司法：理论、结构和运作．北京：法律出版社，2001.

大卫·威勒，玛丽亚·西兰琶．利益相关者公司．北京：经济管理出版社，2002.

顾士明，周春平．职工持股：西方的经验与中国的实践．经济管理，2001 (14).

李东明，邓世强．上市公司董事会结构、职能的实证研究．上市公司，1999 (10).

青木昌彦，奥野正宽．经济体制的比较制度分析．北京：中国发展出版社，1999.

闻洁．从经理革命到机构投资者觉醒．经济研究，2000 (11).

第十三章 反垄断与规制的经济分析

A. C. Pigou (1932), *The Economics of Welfare*, London: Macmillan.

A. Mitchell Polinsky (1983), *An Introduction to Law and Economics*, Boston, Little Brown.

A. Mitchell. Polinsky (1980), "Resolving Nuisance Disputes: The Simple Economics of Injunctive and Damage Remedies", *Stanford Law Review*, 33: 1075-1112.

D. Baron and R. Myerson (1982), "Regulating a Monopolist with Unknown Costs", *Econometrica*, 50: 911-930.

G. Stigler (1971), "The Theory of Economic Regulation", *Bell Journal of Economics*, 2: 3-21.

Guido Calabresi and A. Douglas Melamed (1972), "Property Rules, Liability Rules and Inalienability: One View of the Cathedral", *Harvard Law Review*, 85: 1089-1128.

H. Demsetz (1968), "Why Regulate Utilities", *Journal of Law and Economics*, 11: 55-65.

Ian. Ayres and Eric. Talley (1995), "Solomonic Bargaining: Dividing a Legal Entitlement to Facilitate Coasean Trade", *Yale Law Journal*, 104: 1027-1117.

J. Laffont and Tirole (1993), A Theory of Incentives in Procurement and Regulation, Cambridge: MIT Press.

Louis Kaplow and Steven Shavell (1996), "Property Rules Versus Liability Rules: An Economic Analysis", *Harvard Law Review*, 109: 713-790.

Ronald H. Coase (1960), "The Problem of Social Cost", *Journal of Law and Economics*, 3 (1): 1-44.

S. Littlechild (1983), *Regulation of British Telecommunication Profitability*, London: HMSO.

W. J. Baumol, J. Panzar, and R. Willing (1982), *Contestable Markets and the Theory of Industry Structure*, NY: Harcourt Brace, Jovanovich.

W. 吉帕·维斯库斯，约翰·M. 弗农，小约瑟夫·E. 哈林顿．反垄断与管制经济学，北京：机械工业出版社，2004.

保罗·萨缪尔森，威廉·诺德豪斯．微观经济学．北京：华夏出版社，1999.

黄继忠，曲文轶．自然垄断与管制：理论和经验．北京：经济科学出版社，2004.

李怀．自然垄断理论研究．大连：东北财经大学出版社，2003.

刘伟. 反垄断的经济分析. 上海：上海财经大学出版社，2004.
刘小兵. 政府管制的经济分析. 上海：上海财经大学出版社，2004.
吕忠梅. 环境法学. 北京：法律出版社，2004.
戚聿东. 中国经济运行中的垄断与竞争. 北京：人民出版社，2004.
王传辉. 反垄断的经济学分析. 北京：中国人民大学出版社，2004.
王明远. 环境侵权救济法律制度. 北京：中国法制出版社，2001.
韦伟，周耀东. 现代企业理论和产业组织理论. 北京：人民出版社，2000.
夏大慰. 产业组织：竞争与管制. 上海：上海财经大学出版社，2002.
小贾尔斯·伯金斯. 管制和反垄断经济学. 上海：上海财经大学出版社，2003.
肖兴志. 自然垄断产业管制改革模式研究. 大连：东北财经大学出版社，2003.
袁持平. 政府管制的经济分析. 北京：人民出版社，2005.
郑毓盛，李崇高. 中国地方分割的效率损失. 中国社会科学，2003 (1).
植草益. 微观规制经济学. 北京：中国发展出版社，1992.
种明钊. 竞争法学. 北京：高等教育出版社，2002.

第十四章　法律与经济增长

Albert H. Y. Chen (1999), "Rational Law, Economic Development and the Case of China", *Social & Legal Studies*, 8: 97-120.

Allen, Franklin, Jun Qian, and Meijun Qian (2005), "Law, Finance, and Economic Growth in China", *Journal of Financial Economics*, 77: 57-116.

Brian Z. Tamanaha (1995), "The Lessons of Law-and-Development Studies", *The American Journal of International Law*, 89 (2): 470-486.

Carol G. Jones (1994), "Capitalism, Globalism, and the Rule of Law: An Alternative Trajectory of Legal Change in China", *Social &Legal Studies*, 3: 195-221.

C. Ellison and G. Gereffi (1990), "Explaining Strategies and Patterns of Industrial Development", Gary Gereffi and Donald L. Wyman (eds.), *Manufacturing Miracles: Paths of Industrialization in Latin America and East Asia*, Princeton University Press, pp. 368-403.

Charles Baum (2001), "Trade Sanctions and the Rule of Law: Lessons from China", *Stanford Journal of East Asian Affairs*, 1: 46-74.

Dani Rodrik (2004), "Getting Institutions Right", http://ksghome.harvard.edu/~drodrik/papers.html.

David M. Trubek and Glalanter (1974), "Scholars in Self-estrangement: Some Reflections on the Crisis in Law and Development Studies in United Stated", *Wisconsin Law Review*, pp. 1062-1102.

David M. Trubek (1972), "Toward a Social Theory of Law: An Essay on the Study of Law & Development", *Yale Law Journal*, 82 (1): 1-16.

Debin Ma (2004), "Law, Commerce And Knowledge In 18～20th Century China: An Institutional Perspective On The 'Great Divergence'", http://www.fed.org.cn/

paperdownload. asp? paperID=30.

Douglass North and Robert Thomas (1973). *The Rise of the Western World: A New Economic History*. Cambridge University Press.

Douglass North (1990), *Institutions, Institutional Change, and Economic Performance*, Cambridge: Cambridge University Press.

D. Senghass (1988), "European Development and the Third World", *Review*, 11 (1).

Edward K. Y. Chen (1988), "The Economics and Non-Economics of Asia's Four Little Dragons", *University of Hong Kong Supplement to the Gazette*, 35 (1): 23-30.

Frank B. Cross (2002), "Law and Economic Growth", *Texas La Review*, 80 (7): 1736-1775.

John McMillan & Barry Naughton (1992), "How to Reform a Planned Economy: Lessons from China", *Oxford Review of Economic Policy*, 8 (1): 130-143.

Katharina Pistor & Philip A. Wellons (1999), *The Role of Law and Legal Institutions in Asian Economic Development, 1960—1995*, New York: Oxford University Press.

Kenneth W. Dam (2006), "China As a Test Case: Is the Rule of Law Essential for Economic Growth?", http://www. law. uchicago. edu/Lawecon/index. html.

Kevine Davis and Michael J. Trebilcock (2001), "Legal Reforms and Development", *Third World Quarterly*, 22 (1): 21-36.

Laul Galanter (1966), "the Modernization of Law", in *Modernization* (Myron Weiner ed.).

Ma, Li-Chen and Smith Kevin (1992), "Social Correlates of Confucian Ethics in Taiwan", *Journal of Social Psychology*, 132 (5): 655-659.

Michio Morishima (1982), *Why has Japan Succeeded? Western Technology and the Japanese Ethos*, Cambridge University Press.

Peter, Berger (1983), "Secularity: East and West", in *Cultural Identity and Modernization in Asian Countries*, Preceeding of Kokugakuin University Centennial Symposium, Tokyo: Kokugakuin University Press.

Randall Peerenboom (2002), "Social Networks, Rule of Law and Economic Growth in China: The Elusive Pursuit of the Right Combination of Private and Public Ordering", *Global Economic Review*, 31 (2).

Ronald J. Daniels, Michael Trebilcock, and Joshua Rosensweig (2004), "The Political Economy of Rule of Law Reform in Developing Countries", *Michigan Journal of International Law*.

Samuel P. Huntington (1965), "Political Development and Political Decay", *World Politics*, 17 (3): 386-430.

S. Gordon Redding (1990), *The Spirit of Chinese Capitalism*, Berlin: de Gruyter.

Stanley Lubman (1996), *China's Legal Reform*. New York: Oxford University Press.

Steward R. Clegg, Winton Higgins, and Tony Spybey (1990), "Post-Confucianism, Social Democracy and Economic Culture", S. R. Clegg and S. G. Redding (eds.),

Capitalism in Contrasting Cultures，New York：Walter de Gruyter.

Tai，Hung-Chao（1989），*Confucianism and Economic Development*：*An Oriental Alternative*?. The Washington Institute Press.

Tom Ginsburg（2000），"Does Law Matter for Economic Development? Evidence from East Asia"，*Law & Society Review*，34（3）：829－856.

Yooshik Gong and Wonho Jang（1998），"Culture and Development Reassessing Cultural Explanations on Asian Economic Development"，*Development and Society*，27（1）：77－97.

罗伯特·埃里克森. 秩序无需法律. 北京：中国政法大学出版社，2003.

信春鹰，等. 车之两轮、鸟之双翼：改革发展中的经济与法律. 北京：社会科学文献出版社，2004.

后 记

《法经济学》教材于2008年出版，随着时间的推移，法经济学新的观点和新的法律实践不断出现，并且在教学中也发现该教材存在一些瑕疵，因此在中国人民大学出版社的推动下进行了再版修订。

此次修订主要围绕两个方面展开，一是对法经济学发展比较快和法律实践变化比较大的几个领域进行了完善，基本概念和较为传统的领域，如财产法、合同法、侵权法和程序法等都没有进行大的修改。二是对修订的领域采取经济学和法学交叉的方式进行修订，也即原先由经济学学者撰写的内容这次修订主要由法学学者完成，反之亦然。我们希望进一步强化经济学和法学的水乳交融。

修订后各章的作者分别是（按编写章节的先后顺序排序）：第一章，周林彬（中山大学）；第二章，黄立君（中国政法大学）、周林彬；第三章，魏建（山东大学）；第四章，周林彬、冯曦（中山大学）；第五章，魏建；第六章，魏建；第七章，谢晓尧（中山大学）、董雪兵（浙江大学）、朱慧（浙江工商大学）；第八章，魏建、柯华庆（中国政法大学）；第九章，魏建；第十章，魏建、陈慰星（华侨大学）、宁静波（山东师范大学）；第十一章，桑本谦（山东大学）、陈屹立（山东大学）；第十二章，李振宇（北京师范大学）、宁静波；第十三章，陈屹立、乔岳（山东大学）；第十四章，黄健梅（中山大学）。其中的案例分析由魏建、冯曦合作完成。魏建和周林彬共同对全书进行了统筹、定稿。

全书在写作过程中使用了大量的参考文献，书中列举出了一些，但依然有一些实际上参考了但因为体例限制等原因没有注明，敬请读者谅解。

本书的写作和出版，不仅得到了全体作者的大力支持，作者们投入了大量的精力和时间来精益求精地完善各个章节，而且得到了众多学术前辈、同仁的关心和支持。山东大学经济研究院、法学院的研究生在教材使用过程中提出了不少修改建议。中国人民大学出版社规划启动了本书的修订，高晓斐老师进行了精心的策划工作。在此，对大家表示衷心感谢。

魏建

图书在版编目（CIP）数据

法经济学/魏建，周林彬主编. —2版. —北京：中国人民大学出版社，2017.10
新编21世纪经济学系列教材
ISBN 978-7-300-24945-2

Ⅰ.①法… Ⅱ.①魏… ②周… Ⅲ.①法学-经济学-高等学校-教材 Ⅳ.①D90-059

中国版本图书馆CIP数据核字（2017）第219803号

新编21世纪经济学系列教材
法经济学（第二版）
魏　建　周林彬　主编
Fa Jingjixue

出版发行	中国人民大学出版社		
社　址	北京中关村大街31号	邮政编码	100080
电　话	010-62511242（总编室）		010-62511770（质管部）
	010-82501766（邮购部）		010-62514148（门市部）
	010-62515195（发行公司）		010-62515275（盗版举报）
网　址	http://www.crup.com.cn		
经　销	新华书店		
印　刷	固安县铭成印刷有限公司	版　次	2008年5月第1版
开　本	787 mm×1092 mm　1/16		2017年10月第2版
印　张	20.5	印　次	2024年8月第5次印刷
字　数	486 000	定　价	42.00元

教学支持说明

1. 教辅资源获取方式

为秉承中国人民大学出版社对教材类产品一贯的教学支持，我们将向采纳本书作为教材的教师免费提供丰富的教辅资源。您可直接到中国人民大学出版社官网的教师服务中心注册下载——http://www.crup.com.cn/Teacher。

如遇到注册、搜索等技术问题，可咨询网页右下角在线 QQ 客服，周一到周五工作时间有专人负责处理。

注册成为我社教师会员后，您可长期根据您所属的课程类别申请纸质样书、电子样书和教辅资源，自行完成免费下载。您也可登录我社官网的“教师服务中心”，我们经常举办赠送纸质样书、赠送电子样书、线上直播、资源下载、全国各专业培训及会议信息共享等网上教材进校园活动，期待您的积极参与！

2. 高校教师可加入下述学科教师 QQ 交流群，获取更多教学服务

经济类教师交流群：781029042

财政金融教师交流群：766895628

国际贸易教师交流群：162921240

税收教师交流群：119667851

3. 购书联系方式

网上书店咨询电话：010－82501766

邮购咨询电话：010－62515351

团购咨询电话：010－62513136

中国人民大学出版社经济分社

地址：北京市海淀区中关村大街甲 59 号文化大厦 1506 室　100872

电话：010－62513572　010－62515803

传真：010－62514775

E-mail：jjfs@crup.com.cn